国际能源大转型
机遇与挑战

中国现代国际关系研究院能源安全研究中心

时事出版社
北京

策　划：傅梦孜

主　编：赵宏图
副主编：张茂荣　梁建武

撰稿人：（按拼音顺序排列）
　　　　曹　廷　陈晴宜　董春岭　董一凡
　　　　韩立群　毛吉康　尚　月　汤　祺
　　　　唐恬波　王晨曦　王海霞　王际杰
　　　　魏　蔚　吴翰传　徐　刚　颜泽洋
　　　　杨光星　张茂荣

序

在人类社会发展漫长的历史长河中，作为一种能量资源或能源资源，从薪柴取火和水力取能开始，能源一直有着十分重要的意义。从古代的能源到现代能源、从传统能源到新能源，在不同时期，不同的能源成为支撑世界各地经济活动和社会发展的重要物质条件。

18世纪70年代，随着蒸汽机的发明与应用，世界进入了大规模生产的工业化时代，煤炭在全球范围得以大规模开采和利用，成为人类生活的主导性能源。自此100年后，电力时代的到来，更是标志着古代能源到现代能源的飞跃性转变。自此再过大概100年后的20世纪60年代，随着内燃机的出现及其普及应用，石油取代煤炭取得能源消费中的主导地位，国际能源格局正式进入了油气时代。

从古代能源到现代能源，即从薪柴燃能到煤炭化石能源的发展，正是人类能源利用或能源转型的基本轨迹。工业革命开始时期伦敦上空滚滚浓烟在早期甚至被视为繁荣景象的标配早已成为历史。包括煤炭油气在内的化石能源利用造成环境污染的局限受到越来越多的关注。对洁净空气的向往、对生命健康的担忧和气候变化造成海平面升高带来的巨大威胁催生了很多国家"告别传统"的呼唤，清洁、高效能源研发成为人类寻求最新一轮能源转型的现实命题。

今天，关于"能源"的定义依然是五花八门，但"能源"这个概念的内涵与外延已进一步深化扩大，构成能源利用与开发一幅绚丽多彩的画卷，其中推动能源继续转型成为世界面向未来的方向性选择。

国际能源大转型：机遇与挑战

《国际能源大转型：机遇与挑战》应需而出。此书对能源转型的机遇与挑战做了全面通透的解读。此书的特点鲜明，有以下三点特别值得肯定。

一是研究视角新。能源并非是单一属性的物质。两次石油危机之后能源被赋予更多的意涵，从能源史或纯专业视角研究者有之，从地缘政治、大国博弈研究者有之，从技术研发、经济发展、供需格局关系的研究者等等亦有之，可谓研究者甚众，成果汗牛充栋，研究视角多元，侧重不一。选择能源转型作为基点展开应该是一种慎重而理性的考虑。本来，五年前全球应对气候变化的《巴黎协定》达成后，各签约方纷纷制订各自降低温室气体排放的"国家自主贡献"方案，尽管美国特朗普政府已启动退出协定程序使这个协定的执行效果打了折扣，但推进能源消费从传统的高污染化石能源转向低排放的可再生能源转型，同时大力推进煤炭等化石能源的清洁化利用成为大势所趋。能源转型这一研究视角超越了对能源问题研究的一般性习惯，也正好是对当今国际能源领域的热点关注话题的应时探索与回答。

二是历史逻辑清晰。此书成稿源于不同作者的共同努力，独立章节各自成篇，整体而言，却有清晰的历史脉络，对能源和可再生能源、对能源转型等问题的研究，从概念到定义及对其发展历程、现实状况和未来前景等等，均有尽可能的交代。历史逻辑不全是直线式的，绝非简单的"昨天、今天与明天"线索性叙事。能源转型的路径选择、转型过程的艰辛与曲折，决定着不同时期一些国家成功的速度、效率与程度。英国、德国和荷兰曾经是先后引领能源转型的成功者（一般而言，一种先进能源占能源消费超过50%可以算是转型成功），而在19世纪中期的美国，木柴仍然是最大的能源消费品种。今天，美国可再生能源、天然气发电和核电组成的清洁电力占发电总量的比例2010年超过54%，2019年大幅提升到79%。可谓超越其他国家成为较为成功的能源转型大国。这种国际能源转型进程中各国的跃动与角色变换给人以清晰的参照。书中章节的铺陈，可以让读者全面把握能源转型的历史渊源、发展轨迹及内在演变。此外，对各国能源转型的政策诉求、变化和技术发展提供的支撑等等，都做了一种难能可贵的探索。

三是整体观感好。本书结构设计是合理的。即综合篇、地区篇与中国篇。综合篇对可再生能源的发展、传统能源的清洁利用的研究必然是优先导入性的。能源转型的大背景与应对气候变化的全球治理密切相关。通过电网实现大规模清洁能源大范围优化配置的广泛互联，提供了与时俱进的技术条件分析。本书没有落下能源转型对国际能源政治以及经济全球化的影响的研究，使人们对能源转型问题可以有一个全貌性的整体了解。地区篇对主要大国和一些发展中国家和地区能源转型提供了并非仅仅是个案性的研究。从不同角度，对能源转型的历史、动因、进展与挫折及政府的政策倾向、转型的成效都做了充分的说明与评估。中国能源构成中"富煤、贫油、少气"的特点，使我们作为能源净进口大户，能源安全难以避免受到国际供需格局及地区形势动荡的影响，能源转型至少是结构优化、避免"能源约束"更是与经济换挡升级，保障国家能源安全之所需，通过能源转型强化环境治理，更是满足人民对蓝天、洁水、净土的美好生活向往的迫切需要。中国能源转型，特别是促进可再生能源、清洁能源的发展具有重要意义。中国能源转型与治理充分考虑能源国情特点，可再生能源发展加快，能源清洁利用体系逐步成型，能源互联网取得长足进展以及全国碳市场建设的启动与推进，将映射中国能源转型征程中的全貌。把中国篇作为最后一篇是有十分重要的现实与战略意义的。综上而言，综合篇、地区篇、中国篇三部分的篇章结构十分清晰，三篇的安排一气呵成，充分而合理。本书中有很多有价值的观点更是值得引起关注。

中国现代国际关系研究院是国内较早从事国际能源问题研究的机构之一，多年来在能源安全、能源外交和国际能源政治等领域取得了诸多较有影响的研究成果，也形成了一个有战斗力的研究团队。继《全球能源大棋局》《国际战略资源调查》《新能源观：从"战场"到"市场"的国际能源政治》《超越能源安全："一带一路"能源合作新局》等著作之后，该团队如今又拿出了最新研究成果。该书是对国际能源转型这一新领域较为全面和深入的探索，既保留了中国现代国际关系研究院国际问题研究的传统特色，又体现了国际能源问题研究的专业视角。

本书作者既有相关研究领域的知名专家，他们具有深厚的理论功底和精益求精的"工匠精神"，亦有从事综合、国别问题研究的年轻新秀，他们不乏浓郁的对能源转型问题进行探索之勇气。特别是作者中部分院外专家的加盟，完成了一些专业性较强的问题研究，不仅使全书结构更为完整，也厚染了全书的学术成色。本书主要参考资料来源较为权威，如主要收集了国际能源署、国际可再生能源署、美国能源信息署以及相关国家的官方统计数据等，并进行了历史比较，具有较强的说服力。值得一提的是，此书研究与写作过程中，研究团队曾赴国内外交流，也考察过国外和中国可再生能源发展的具体情况，案头研究与田野调查相结合，使本书兼具学术与现场感。

本书主编赵宏图研究员是长期从事能源问题研究的知名学者，兼任现代院能源安全研究中心主任，为本书的写作与协调做了大量辛苦的工作。当他将此书稿送交本人希望为之作序时，本人并非能源问题研究者而心有忐忑，但亦感荣幸。通阅全稿，颇有收获，深感他们共同付出的努力终有所得。衷心祝贺此书的出版，并希望研究团队继续努力，不断有更多研究成果面世。

聊为序。

傅梦孜
2020 年 4 月于京西万寿寺

目　录

前　言 ………………………………………………………………… (1)

第一部分　综合篇

第一章　国际可再生能源发展 ……………………………………… (7)
　第一节　发展历程 ……………………………………………… (7)
　第二节　当前现状 ……………………………………………… (14)
　第三节　未来前景 ……………………………………………… (25)

第二章　世界传统能源的清洁利用 ………………………………… (31)
　第一节　煤炭在世界能源结构中的地位 ……………………… (32)
　第二节　主要国家推进传统能源清洁利用的做法 …………… (34)
　第三节　煤炭清洁利用的进展 ………………………………… (38)
　第四节　石油的清洁利用 ……………………………………… (44)

第三章　世界能源互联网发展态势 ………………………………… (49)
　第一节　能源互联网概念 ……………………………………… (49)
　第二节　能源互联网关键问题 ………………………………… (51)
　第三节　主要国家能源互联网发展概况 ……………………… (57)

第四章　全球气候治理与国际能源转型 …………………………… (65)
　第一节　新一轮能源转型与气候治理进程的联系与相关性 …… (65)
　第二节　第三次能源转型与全球气候治理互动机制 ………… (73)
　第三节　气候治理新阶段下的能源转型进程 ………………… (79)

· 1 ·

第五章　能源转型对国际能源政治的影响 ……………………（83）
　　第一节　国际能源政治的历史演变及特点 …………………（83）
　　第二节　新一轮能源转型发挥影响的途径 …………………（87）
　　第三节　影响效应 ……………………………………………（90）
　　第四节　案例介绍 ……………………………………………（96）

第六章　能源转型与经济全球化 ……………………………（100）
　　第一节　历史回顾 ……………………………………………（100）
　　第二节　本次能源转型的独特之处 …………………………（104）
　　第三节　能源转型推动经济全球化深度嬗变 ………………（108）
　　第四节　逆全球化中的能源因素 ……………………………（115）
　　第五节　未来展望 ……………………………………………（118）

第二部分　地区篇

第七章　美国能源转型 ………………………………………（123）
　　第一节　美国能源转型的历史回顾 …………………………（123）
　　第二节　美国能源转型政策:从奥巴马到特朗普 …………（126）
　　第三节　转型进展 ……………………………………………（130）
　　第四节　低碳转型前景暂遇波折但不会逆转 ………………（137）

第八章　欧盟能源转型问题及前景 …………………………（143）
　　第一节　历程及现状 …………………………………………（143）
　　第二节　政策框架演变 ………………………………………（146）
　　第三节　主要进展 ……………………………………………（149）
　　第四节　主要国家的能源转型 ………………………………（163）
　　第五节　欧盟能源转型的前景 ………………………………（172）

第九章　俄罗斯对能源转型的认知与对策 …………………（178）
　　第一节　背景与认知:优势与隐忧并存 ……………………（178）
　　第二节　可再生能源发展:特征与现状 ……………………（181）
　　第三节　低碳经济:道阻且长 ………………………………（186）
　　第四节　数字化:能源行业的新焦点 ………………………（192）

第十章 日本能源新战略与能源转型 (195)
- 第一节 能源转型历程及当前主要政策方针 (195)
- 第二节 各主要能源的政策动向 (198)
- 第三节 日本能源转型面临的主要问题与政策展望 (206)

第十一章 印度能源转型概况及前景 (210)
- 第一节 新能源发展历史与现状 (210)
- 第二节 能源转型政策 (215)
- 第三节 能源转型动因 (218)
- 第四节 前景及制约因素 (223)

第十二章 中东能源转型的态势与走向 (226)
- 第一节 积极发展清洁能源 (226)
- 第二节 传统能源产业加快转型与升级 (234)
- 第三节 问题及前景 (246)

第十三章 拉美国家能源转型特点及前景 (254)
- 第一节 基本情况和特点 (254)
- 第二节 能源转型的动因 (266)
- 第三节 面临的困难和挑战 (267)

第十四章 非洲能源发展与转型 (271)
- 第一节 能源利用现状 (271)
- 第二节 能源发展与转型进程 (273)
- 第三节 主要国家清洁能源发展概况 (285)
- 第四节 能源转型的特征及趋势 (289)
- 第五节 能源转型的意义 (295)

第三部分 中国篇

第十五章 中国可再生能源发展现状及趋势 (301)
- 第一节 发展历程 (301)
- 第二节 发展现状 (306)

第三节　发展趋势 …………………………………………… (315)

第十六章　中国传统能源产业的转型与应对 ………………… (322)
　　第一节　传统能源清洁利用体系逐步成形 …………………… (322)
　　第二节　煤炭业的清洁开采与利用 …………………………… (325)
　　第三节　石油石化和汽车产业清洁化发展 …………………… (334)

第十七章　中国能源互联网发展概况 ………………………… (340)
　　第一节　建设能源互联网的意义 ……………………………… (340)
　　第二节　能源互联网发展政策框架 …………………………… (342)
　　第三节　能源互联网建设基础与实践 ………………………… (347)
　　第四节　存在问题及对策 ……………………………………… (352)

第十八章　中国碳市场建设进展 ……………………………… (355)
　　第一节　碳市场建立的背景及进程 …………………………… (355)
　　第二节　试点碳市场的建设情况 ……………………………… (358)
　　第三节　全国碳市场的建设情况 ……………………………… (364)
　　第四节　碳市场对能源转型的影响 …………………………… (369)

前　　言

近年来，能源转型成为国际社会的热门话题，世界主要国家把清洁能源发展与利用作为本国能源转型和产业发展的重要方向。可再生能源在很多国家得到快速发展，英国、法国、德国等纷纷提出在 2030 年或 2040 年要禁售燃油汽车。目前，世界上超过 100 个国家已经制定了新能源扶持政策，60 多个国家明确设定了可再生能源占终端能源比重目标。特朗普上台后逆势而动，大力发展传统化石能源，成为国际能源清洁发展的不和谐音。但总体看，尽管存在类似特朗普能源新政等政策风险及成本、技术等方面的挑战，国际能源转型持续推进的大趋势仍不可逆转。

低碳化是当前国际能源转型的核心。一方面，主体能源加速由化石能源向低碳能源转变。从化石能源向新能源和可再生能源、从高碳向低碳发展，已成为国际社会的共识。全球清洁能源投资持续增长，可再生能源进入快速增长期，新能源汽车高速发展，储能产业规模迅速扩大。总体上，可再生能源增长显著快于化石能源，未来世界新增能源需求将主要由可再生能源满足。另一方面，传统的化石能源随着煤炭清洁利用、碳捕捉、气代煤等领域的发展而继续低碳化和清洁化。

在全球数字经济快速发展的大背景下，能源电气化、网络化和智能化趋势显著增强。可再生能源及核能快速发展以及燃油车禁售推动下电动汽车的高速发展等，都将进一步加速能源结构的再电气化。电力和油气行业增长出现此消彼长的趋势性变化，电力有望成为未来能源的主导，2016 年全球电力行业的投资超过了油气行业的投资。随着数字经济浪潮的蓬勃兴起，能源行业也将出现数字化转型。伴随着分布式能源技术的发展，能源系统加速由集中能源时代转向综合能源时代，现代能源产业更加集约和互联，更加智能和高效。

当前，世界大部分国家都在积极推进能源转型实践，向清洁低碳的能源体系转型成为各国能源战略的重要内容。在能源转型过程当中，发达国家在技术等方面相对领先，清洁能源在能源结构中占比更高。尽管特朗普

国际能源大转型：机遇与挑战

能源新政出现某种倒退，欧洲面临新能源补贴削减等挑战，但总体来讲，发达国家在国际能源转型进程中处于领先地位。发展中国家，尤其是中国、印度等新兴经济体，后发优势较为明显。一些产油国也在大力发展可再生能源，如沙特、阿联酋等。石油公司也在逐渐向全方位的能源公司转型，壳牌等国际知名石油公司加紧布局新能源业务。

由传统化石能源向低碳、清洁能源的转型是国际政治经济、气候变化、技术进步等诸多因素共同作用的结果，而能源转型的推进也将对国际政治经济格局、全球气候治理和国际能源地缘政治等带来诸多影响。能源结构调整将使化石能源及相关因素的重要性相对下降，与化石能源相关的资源禀赋、大型油气公司和交易定价场所的影响随之削弱，波斯湾、霍尔木兹海峡等战略性能源航道的作用将有所下降。在油价低迷等因素影响下，俄罗斯、沙特、卡塔尔、土库曼斯坦、尼日利亚等对能源财政依赖严重的国家可能出现财政危机，委内瑞拉、伊拉克、伊朗、阿尔及利亚等国可能出现更加严重的政治动荡，局部地缘政治危机概率增大。

能源转型是长期的过程，是一个必然的趋势，发展前景乐观，但是路程还很长，挑战还很多。除了本身技术、环保等问题外，还有很多其他问题需要解决。特别是太阳能、风能等可再生能源虽满足低碳要求，但总体上属于低密度能源，并不符合国际能源密度越来越高的历史发展大趋势。随着人类社会的进步，未来能源需求还将大幅度增加。在积极探讨新型的低碳、高能量、资源充足、技术可控的能源类型的同时，当前能源科技攻关重点应着眼于能源储存和转换技术的重大突破，高密度储能设备有望发挥与当年的蒸汽机、内燃机类似的作用。

国际能源转型快速推进的大趋势下，围绕化石能源制定的传统能源发展战略将逐渐失去现实基础，各国的能源安全理念也将出现相应的调整。以前人们谈得比较多的是油气供应安全，未来应该是一个立体的、多元的能源安全概念，不仅要关注油气，也要关注电力和可再生能源等，由注重供应安全转向关注使用安全、需求安全及综合安全。以前世界能源的主题主要是能源博弈和地缘政治，未来更多的将是可持续发展和合作，能源的战略属性显著下降。而再电气化的持续推进，特别是能源系统的数字化和智能化发展，将使网络安全成为能源安全重要的组成部分。

就中国而言，近年来在能源转型方面取得了很大的进展，特别是在可再生能源发展方面成为世界的引领者。中国政府提出科学发展、生态文明、"美丽中国"、"绿色发展的中国梦"等理念，低碳经济从高端概念演变成全社会的行动，太阳能、风能、生物质能、地热能、新能源汽车、工业节能、低碳建筑等领域都得到快速发展。随着经济结构的转型和能源与环境治理机制的不断创新，中国有望成为全球绿色经济的领跑者和全球"智慧能源"的先行者。

不过，中国的能源转型仍然任重道远，仍面临单位国内生产总值能耗偏高和空气污染等诸多挑战，不仅清洁能源占比仍明显低于西方国家，在能源体制等方面还存在诸多问题。我们的能源安全观相对滞后，以前过多担心石油短缺，不得不过多强调能源的战略属性，甚至把它上升到国家安全高度，这在一定程度上导致了我们把一些该由市场解决的问题提升到国家安全层面，导致对市场改革的顾虑及措施推出的滞后。就未来的发展趋势和思路而言，我们在能源转型方面应大力推动市场化和能源体制改革，推进碳交易市场和能源互联网建设，提高可持续发展能力。

第一部分

综合篇

第一章

国际可再生能源发展[①]

目前,国际社会对可再生能源尚无普遍接受的统一定义。国际能源署(IEA)可再生能源工作小组(REWP)将其界定为:"从持续不断地补充的自然过程中得到的能源。"[②] 美国能源信息署(EIA)指出,可再生能源单位时间内可用的能源数量有限,但持续时间无穷无尽。[③] 可再生能源种类多样,主要包括太阳能、风能、生物质能、水能、地热能和海洋能等。除了地热能和潮汐能(海洋能的一种),大部分可再生能源都来自太阳的辐射能量。[④] 相较于煤炭、石油、天然气等化石燃料和核能,可再生能源取之不尽、用之不竭,在人类有生之年都无储备耗尽之虞,加之分布广泛、清洁环保[⑤],近年来发展迅速,"已成为全球能源供应体系的重要组成部分、推进能源转型的核心内容和应对气候变化的重要途径"。[⑥]

第一节 发展历程

人类利用可再生能源的历史非常悠久。在19世纪中叶煤炭发展之前,人类所用能源几乎全部为可再生能源,[⑦] 尤其生物质能占绝对主导。人类

[①] 本章作者:陈晴宜,中国现代国际关系研究院世界经济研究所副研究员,主要从事世界经济、能源和贸易等问题研究。

[②] IEA Renewable Energy Working Party, *Renewable Energy into the Mainstream*, p. 9, https://library.umac.mo/ebooks/b1362376x.pdf.

[③] 美国能源信息署网站,*Renewable energy explained*, https://www.eia.gov/energyexplained/renewable-sources/.

[④] 香港可再生能源网,https://re.emsd.gov.hk/sc_chi/gen/overview/over_what.html.

[⑤] 使用可再生能源发电或产热对环境造成的影响较化石燃料轻微,几乎不会产生排放物。但倘若规划、管理不当,如以燃烧的方式利用生物质能、风机选址未考虑周边鸟类,亦有可能污染环境或破坏生态。

[⑥] 张玉清:《发展可再生能源已成为推进能源转型核心内容》,能源新闻网,2019年8月27日,http://www.energynews.com.cn/show-55-16961-1.html.

[⑦] 参阅 Wikipedia,词条"Renewable energy," History, https://en.wikipedia.org/wiki/Renewable_energy#History.

第一代主体能源薪柴就是典型的生物质能。据考古发现，可能在100万—150万年前或更早，现代人类的祖先（如直立人）就已知用火。① 在漫长的古代社会，我们今天称为生物质能的树枝、秸秆等是人类利用最早、最普遍、最重要的"古典"能源。② 2017年，加拿大学者瓦茨拉夫·斯米尔在其著作《能源转型：全球和国家视角》一书中指出，在工业化前的近5000年里，人类几乎完全依赖低效燃烧的生物质燃料来获取热能以及利用人力和畜力来获取机械能。③ 据他估计，直至1840年，传统生物质燃料仍占全球一次能源消费的95%。④ EIA的数据也显示，截至1851年，木柴占美国能源消费的比重仍接近90%（参见图1-1）。

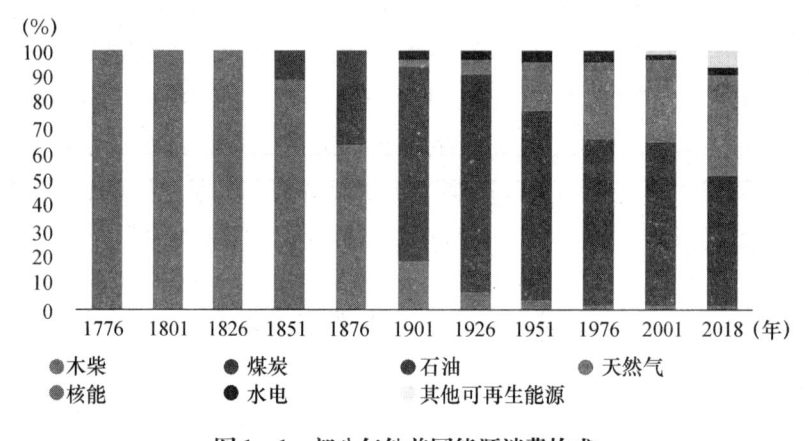

图1-1 部分年份美国能源消费构成

资料来源：EIA, *Shares of total U. S. energy consumption by major sources in selected years* (1776 - 2018), https://www.eia.gov/energyexplained/renewable - sources/。

除了生物质能，早期人类对其他可再生能源也有零星利用。例如，水

---

① 参阅维基百科，词条"早期人类对火的使用"，https://zh.wikipedia.org/wiki/%E6%97%A9%E6%9C%9F%E4%BA%BA%E7%B1%BB%E5%AF%B9%E7%81%AB%E7%9A%84%E4%BD%BF%E7%94%A8。

② 《"古典"能源阔步迈上复兴路——中国生物质能开发利用成果丰硕》，新华网，2018年6月30日，http://www.xinhuanet.com/2018-06/30/c_1123057864.htm。

③ Vaclav Smil, *Energy Transitions: Global and National Perspectives* (Second Edition), p. 24, Praeger, 2017.

④ Vaclav Smil, *Energy Transitions: Global and National Perspectives* (Second Edition), Appendix A, Table 2, p. 242, Praeger, 2017.

能——2000多年前，古希腊人利用水力推动轮子来研磨谷物；① 公元前202年至公元9年汉朝时期，中国开始使用立式水车带动杵锤碾谷、碎矿和早期造纸；② 风能——公元前5000年，尼罗河上船只借助风力航行；公元前200年，中国人使用简单的风车抽水，而波斯和中东地区出现了带有芦苇编成的风帆的垂直轴风车；③ 地热能——有证据表明，早在1万年前，美洲原住民就使用地热能做饭；古时候，希腊人和罗马人使用温泉加热的浴室；地热供热的例子至少可追溯至公元1世纪罗马城市庞贝。④

19世纪中叶以后，煤炭和油气相继崛起，传统生物质燃料逐渐式微，世界主体能源从可再生能源过渡至化石能源。瓦茨拉夫·斯米尔研究发现，直到19世纪上半叶，生物质燃料在全球能源构成中的地位尚未发生明显的变化，但1850年后，其占比急剧下降（参见图1-2）；大致在19世纪90年代后期的某个时候，终于被煤炭超越。⑤ 人类实现历史上第一次能源转型，⑥ 从薪柴时代步入煤炭时代。

此后，传统生物质燃料颓势不改：1970年占全球一次能源消费总量的比重不足15%，不仅远低于原油的41.62%和煤炭的26.64%，甚至被天然气（15.01%）赶超，排名跌至世界第四。⑦

19世纪末至20世纪初，随着科学技术的进步，传统生物质以外的其他可再生能源，即我们通常所称的现代可再生能源，⑧ 逐渐加入世界能源供应行列。

---

① 国际可再生能源机构网站，https://www.irena.org/hydropower。

② 国际水电协会网站，*A brief history of hydropower*，https://www.hydropower.org/a-brief-history-of-hydropower。

③ The history of wind energy, https://www.daviddarling.info/encyclopedia/W/AE_wind_energy.html.

④ Geothermal energy, https://www.britannica.com/science/geothermal-energy/History.

⑤ Vaclav Smil, *Energy Transitions: Global and National Perspectives* (Second Edition), pp. 79-80, Praeger, 2017.

⑥ 不同的学者对能源转型有不同的定义。一般认为，人类迄今共经历过两次能源转型：一次是煤炭取代薪柴；另一次是油气取代煤炭成为主要能源。当前，第三次能源转型正在进行，但处于初期阶段。参阅史丹：《全球能源转型特征与中国的选择》，中国理论网，http://www.ccpph.com.cn/xsts/jj/201608/t20160818_229517.htm。

⑦ "Our World in Data" 网站，*Global Primary Energy Consumption*，https://ourworldindata.org/energy。

⑧ 包括水电、太阳能、风能、地热能和现代生物质燃料等。

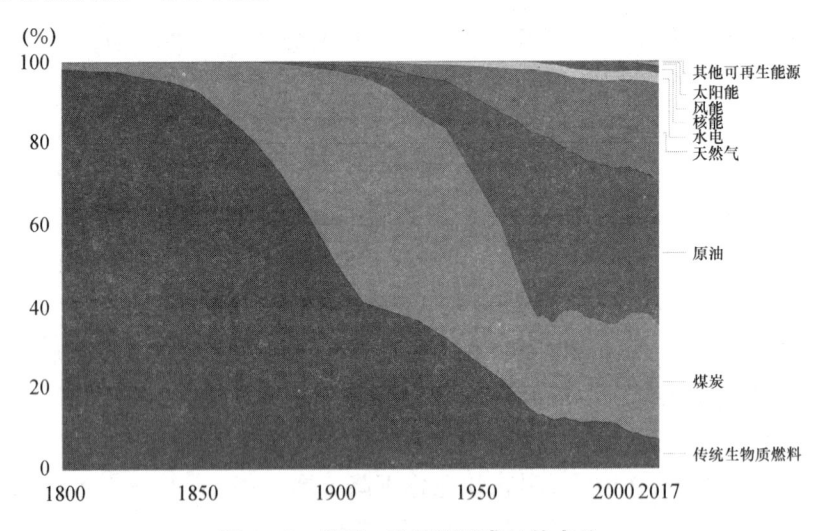

图1-2 世界一次能源消费结构变化

资料来源：Vaclav Smil（2017）and BP Statistical Review of World Energy，"Our World in Data"网站整理，*Global Primary Energy Consumption*（*Relative*），https：//ourworldindata.org/energy。

水电——人类利用水能发电已有逾140年的历史。1878年，世界上第一个水电项目点亮了英格兰诺森伯兰克拉格塞德乡间别墅的一盏灯。四年后，第一座服务于私人和商业用户的水电厂在美国威斯康星州诞生。接下来的十年间，数以百计的水电厂投产运行，水电技术在全球范围内传播开来。1891年，德国制造出第一个三相水电系统。1895年，澳大利亚在南半球建立了第一座公有水电站。1895年，爱德华·迪恩·亚当斯水电站在尼亚加拉大瀑布建成，这是当时世界上最大的水电开发项目。①

风电——风力涡轮机最早出现于一个多世纪前。19世纪30年代发电机问世之后，工程师们开始尝试利用风能发电。1887年和1888年，英国和美国都有了风力发电。但现代风力发电最早被认为是在丹麦开发：丹麦1891年建造了水平轴风力涡轮机，并于1897年开始运营一台22.8米的风力涡轮机。②

地热——1892年，美国爱达荷州博伊西市建成了世界首个地热区域供热系统。③ 1904年，意大利比萨省拉尔代雷洛开发了一座试验性的地热电

---

① 国际水电协会网站，*A brief history of hydropower*，https：//www.hydropower.org/a-brief-history-of-hydropower。

② 国际可再生能源机构网站，https：//www.irena.org/wind。

③ Historical Timeline，History of Alternative Energy and Fossil Fuels，https：//alternativeenergy.procon.org/view.timeline.php?timelineID=000015#1800-1899.

厂。1913 年，该市 250 千瓦地热电厂建成，地热发电技术首次投入商业应用。①

虽然可再生能源资源丰富，但能量密度低，囿于当时的科技水平，转换效率差、成本居高不下，难与传统化石能源竞争。据统计，截至 1970 年，全球水力发电量仅为 1100 多太瓦时，占世界一次能源消费比重不足 2%；其他可再生能源规模更加微乎其微，几乎可以忽略不计（参见图 1-2）。②

20 世纪 70 年代后，可再生能源发展逐渐获各国重视，技术进步和实际应用速度加快。

第一个阶段是石油危机以后。1973—1974 年、1979 年至 20 世纪 80 年代初两次石油危机重创了世界经济，能源作为全球安全问题首次引起国际社会的战略关注。③ 在美国的倡导下，1974 年 IEA 成立，正式提出以稳定原油供应和价格为中心的国家能源安全理念。西方发达国家开始调整能源政策，千方百计减少对中东石油的依赖。1980 年，德国应用生态学研究所（Öko-Institut）出版《能源转型：没有石油和铀的增长与繁荣》一书，首次提出"能源转型"（Energiewende）概念。④

发达国家制订专项计划，加强可再生能源的研究与利用。如美国 1973 年制订光伏发电计划；1978 年颁布《国家能源法》，涉及太阳能利用、扶持小水电发展、鼓励开发地热以及对酒精燃料免征商品税等多个方面；1980 年颁布《能源安全法》《可再生能源法》《美国合成燃料公司法》《生物能源和酒精燃料法》；1982 年颁布《太阳能和能源节约法》《地热能法》。德国从 1977 年开始出台五个能源研究计划。丹麦从 20 世纪 70 年代开始制订五年周期研究开发计划。日本 1974 年出台了专门应对石油危机的"阳光计划"，核心内容是太阳能的开发利用，同时也包括地热能开发、风力发电和大型风电机研制、海洋能源开发。英国 1989 年颁布《电力法》和相应的《非矿物燃料义务》，促进新能源技术开发。⑤

---

① Geothermal energy, https://www.britannica.com/science/geothermal-energy/History.

② "Our World in Data" 网站，*Global Primary Energy Consumption*, https://ourworldindata.org/energy。

③ 韩文科、张有生：《能源安全战略》，学习出版社，2014 年 1 月 1 日版。

④ 参阅 Wikipedia，词条 "Energiewende"，注释 17，https://en.wikipedia.org/wiki/Energiewende。

⑤ 陈昭玖、翁贞林主编：《新能源经济学》，清华大学出版社，2015 年版。

第二个阶段是以 1992 年在巴西里约热内卢召开的环境与发展大会为标志。大会通过了《里约宣言》《21 世纪议程》《关于森林问题的原则声明》这三个文件和《气候变化框架公约》《生物多样性公约》这两个公约，确定了相关环境责任原则，可持续发展的观念逐渐形成，可再生能源的开发利用再次引起重视，提到许多国家的议事日程上来。

美国 1996 年颁布了《能源政策法》，提出 2010 年可再生能源供应量要比 1988 年增加 75%；1998 年出台《国家综合能源战略》，要求发展可再生能源、开发非常规甲烷资源以及大力倡导发展氢能；1999 年，克林顿发布"开发和推进生物基产品和生物能源"总统令，大力推行生物燃料，替代甲醇燃料。德国 1998 年开始实施"10 万屋顶计划"，提出从居民屋顶获得 300 兆瓦太阳能电力的目标；1999 年开始征收生态税，对象主要是传统的能源产品。法国 1996 年开始实施"太阳行动"计划，提出到 2011 年之前，每个大区至少建设一个太阳能发电站。英国 1994 年发布"新能源和可再生能源：英国未来的展望"白皮书，阐述了发展新能源和可再生能源的政策、战略计划。日本 1993 年"新阳光计划"涵盖七大研究领域，其中再生能源技术研究包括太阳能、风能、温差发电、生物能和地热利用等；1994 年"新能源推广大纲"提出，到 2010 年，新能源和再生能源占全国能源供应 3% 以上的目标；1997 年出台"环境保护与新商业活动发展"计划和"关于促进新能源利用等的基本方针"。[1]

第三个阶段是进入 21 世纪以后。世界能源发展的国际形势发生了深刻变化，能源资源约束不断加大、[2] 环境问题日益突出、应对气候变化成为国际共识，[3] 各国对可再生能源的支持力度进一步加大。

特别是金融危机后，世界经济发展进入新一轮调整期，全球能源转型也迎来新契机。各主要经济体对可再生能源发展给予了前所未有的重视，希望通过推动其发展来拉动经济复苏，占据未来国际竞争的制高点，"可再生能源从全球能源与发展政策的边缘走向中心"。[4]

---

[1] 陈昭玖、翁贞林主编：《新能源经济学》，清华大学出版社，2015 年版。
[2] 21 世纪初，随着能源需求的增长，国际油价大幅上涨，以伦敦布伦特原油为例，2008 年 7 月期现货价曾创下峰值每桶 148 美元。
[3] 2005 年《京都议定书》正式生效。
[4] IRENA, 10 Years: Progress to Action, January 2020.

第一章 国际可再生能源发展

联合国环境规划署（UNEP）提出"全球绿色新政"的概念。① 美国奥巴马政府推行能源新政，2009年6月通过的《美国清洁能源安全法案》首次提出国家减排方案，同时也正式提出国家层面的可再生能源目标，要求到2020年时，电力部门至少有12%的发电量来自风能、太阳能等可再生能源。② 欧盟2001年在成员国内部颁布实施《可再生电力促进法案》，提出到2010年可再生能源发电量要占总发电量的22%；2007年提出"20－20－20"目标，即到2020年，能源效率提高20%，消费至少20%的可再生能源，减少20%的温室气体排放。③ 日本2011年福岛核泄漏事故发生后，重新权衡核电在其电力供应中的地位；2015年"长期能源供需展望"提出2030年可再生能源占22%－24%的电源结构目标；2018年公布"第五次能源基本计划"，首次将可再生能源确定为到2050年实现经济自立的脱碳化"主力电源"。

除发达国家外，发展中国家也对可再生能源给予了极大重视。印度专门组建了"新能源和可再生能源部"，大力发展风电、太阳能和生物质能源技术。巴西则利用丰富的甘蔗、木薯等资源，大力发展生物燃料，在世界上首次实现了全国范围内不供应纯汽油。

可再生能源的开发利用呈规模化发展趋势。"21世纪可再生能源政策网"（REN21）《2019年全球可再生能源现状报告》显示，2006－2016年全球最终能源消费总量（TFEC）平均增速为1.5%，而同期现代可再生能源消费增速高达4.5%，约为前者的3倍；截至2017年，现代可再生能源占全球TFEC的比重已达10.6%，若与传统生物质合计，则达18.1%（见图1－3）。④

---

① 《全球绿色新政政策简报》，参见 https：//www.uncclearn.org/sites/default/files/inventory/unep90_chn_0.pdf。

② 《美国推出清洁能源安全法案》，国际能源网，2009年10月22日，https：//www.in－en.com/article/html/energy－485534.shtml。

③ 《可持续发展与环境管理：经验与案例研究》，https：//books.google.com.hk/books?id=cqU18AYk3NIC&pg=PA270&lpg=PA270&dq=%E6%AC%A7%E7%9B%9F%EF%BC%8C%E2%80%9C20－20－20%E2%80%9D%E6%88%98%E7%95%A5&source=bl&ots=GqAdPp5WN9&sig=ACfU3U0__PCZlSorqykBdflfsOS7zrBFjw&hl=zh－CN&sa=X&redir_esc=y&sourceid=cndr#v=onepage&q=%E6%AC%A7%E7%9B%9F%EF%BC%8C%E2%80%9C20－20－20%E2%80%9D%E6%88%98%E7%95%A5&f=false。

④ REN21, *RENEWABLES 2019 GLOBAL STATUS REPORT*, https：//www.ren21.net/wp－content/uploads/2019/05/gsr_2019_full_report_en.pdf。

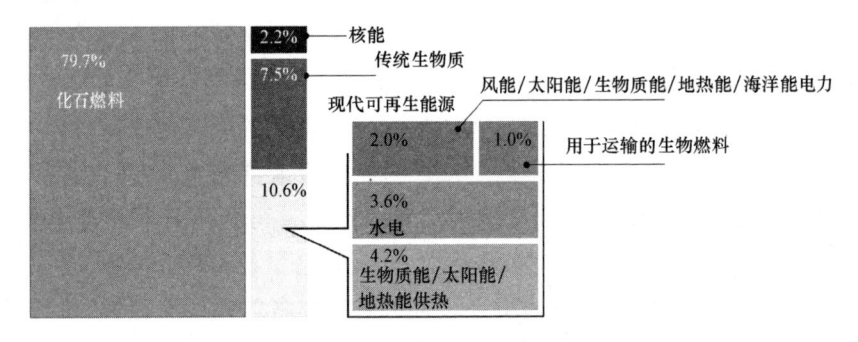

图 1-3　2017 年全球 TFEC 构成

资料来源：REN21，*Renewables 2019 Global Status Report*。

第二节　当前现状

近年来，世界各国都在积极探索未来能源转型发展路线，加快可再生能源的开发利用是多数国家的共识和行动。可再生能源产业在全球已初具规模，但距应对全球气候变化、实现可持续发展目标的要求仍然较远，发展不充分、不平衡的矛盾依然突出。

一、可再生能源发电进入大范围增量替代和区域性存量替代阶段，但电力以外应用进展缓慢

2000 年以来，全球可再生能源消费 56% 的增量源于电力需求。① REN21 的数据显示，2018 年全球可再生能源发电新增装机约 181 吉瓦，刷新上一年创下的历史纪录，占全球净增发电装机容量近 2/3，已连续 4 年保持 50% 以上的份额（参见图 1-4）。

截至 2018 年年底，全球可再生能源发电装机容量已达到 2378 吉瓦，占全球发电总装机容量的 33% 以上（参见图 1-5）。

可再生能源发电装机容量在 1 吉瓦以上的国家有 90 多个，超过 10 吉瓦的国家至少有 30 个。含水电，全球可再生能源发电装机容量最多的 5 个国家依次为中国、美国、巴西、印度和德国；不含水电，则依次为中国、美国、德国、印度和日本（参见表 1-1）。

---

① 国际能源署网站，*SDG7：Data and Projections*，https://www.iea.org/reports/sdg7-data-and-projections/modern-renewables#abstract。

第一章 国际可再生能源发展

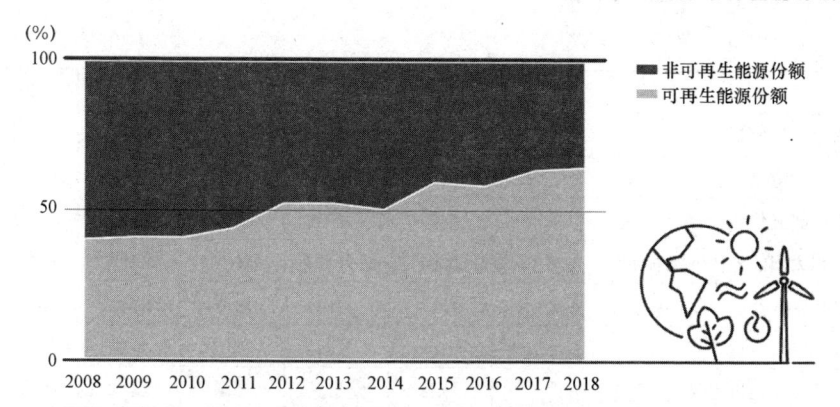

图 1-4　2008—2018 年全球净增发电装机容量

资料来源：REN21，*Renewables 2019 Global Status Report*。

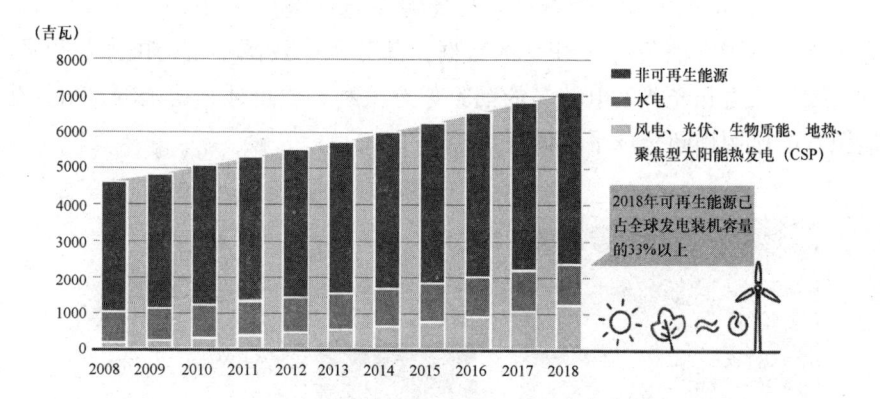

图 1-5　2008—2018 年全球发电装机容量

资料来源：REN21，*Renewables 2019 Global Status Report*。

表 1-1　截至 2018 年年底各国可再生能源总装机容量或发电量排行榜

项目	1	2	3	4	5
可再生能源发电装机容量（含水电）	中国	美国	巴西	印度	德国
可再生能源发电装机容量（不含水电）	中国	美国	德国	印度	日本
人均可再生能源发电装机容量（不含水电）	冰岛	丹麦	德国	瑞典	芬兰
生物质发电量	中国	美国	巴西	德国	印度
生物质发电装机容量	中国	美国	巴西	印度	德国
地热发电装机容量	美国	印尼	菲律宾	土耳其	新西兰

· 15 ·

续表

项目	1	2	3	4	5
水电装机容量	中国	巴西	加拿大	美国	俄罗斯
水电发电量	中国	加拿大	巴西	美国	俄罗斯
太阳能光伏装机容量	中国	美国	日本	德国	印度
人均太阳能光伏装机容量	德国	澳大利亚	日本	比利时	意大利
CSP 装机容量	西班牙	美国	南非	摩洛哥	印度
风电装机容量	中国	美国	德国	印度	西班牙
人均风电装机容量	丹麦	爱尔兰	德国	瑞典	葡萄牙

资料来源：REN21, *Renewables 2019 Global Status Report*。

截至 2018 年年底，全球可再生能源发电比例已超过 26%（见图 1-6）。而据英国石油公司（BP）的数据，部分水电资源丰富的国家如巴西、加拿大，风力和光伏发电较多的国家如意大利、西班牙、德国等，可再生能源发电比例均超全球平均值（参见表 1-2）。

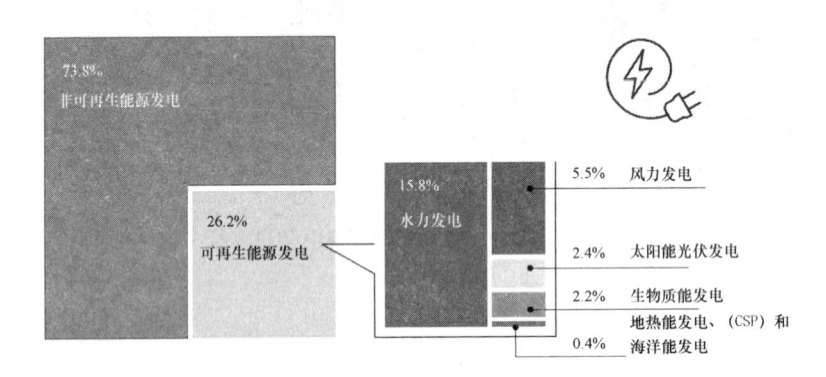

图 1-6　截至 2018 年年底全球发电比例

资料来源：REN21, *Renewables 2019 Global Status Report*。

表 1-2　2018 年主要国家可再生能源发电比例

国家	非可再生能源发电量①	可再生能源发电量②	总发电量③	②/③
巴西	95.8	492.2	588	83.7%
加拿大	221.8	432.6	654.4	66.1%
西班牙	169.1	105.9	275	38.5%

第一章 国际可再生能源发展

续表

国家	非可再生能源发电量①	可再生能源发电量②	总发电量③	②/③
意大利	178.6	111.9	290.6	38.5%
德国	422.6	226.1	648.7	34.9%
中国	5275.1	1836.6	7111.8	25.8%
日本	858.5	193.1	1051.6	18.4%
俄罗斯	919.3	191.5	1110.8	17.2%
美国	3713.6	747.2	4460.8	16.8%
印度	1300	261.2	1561.1	16.7%
韩国	569.4	24.8	594.3	4.2%
世界总计	19941.3	6673.5	26614.8	25.1%

注：BP 统计可再生能源不含水电，经作者处理，此表中的可再生能源发电量含水电；非可再生能源发电包括石油、天然气、煤炭发电、核电及其他；发电量单位为太瓦时。

资料来源：BP, *Statistical Review of World Energy* 2019。

可再生能源发电蓬勃发展，离不开政策的大力扶持，更得益于技术进步带来的成本下降。2019 年 5 月，国际可再生能源机构（IRENA）报告指出，可再生能源已成为当今世界许多地区最便宜的电力来源。2018 年，全球聚焦型太阳能热发电（CSP）加权平均电力成本同比下降了 26%，生物质能发电下降了 14%，太阳能光伏和陆上风电均下降了 13%，水电下降了 11%，地热和海上风电下降了 1%（参见表 1-3）。在 IRENA 全球数据库中，有逾 3/4 的陆上风电和 4/5 的大型电站级太阳能光伏发电产能将于 2020 年投产，发电价格比新建燃煤、石油或天然气发电能实现的最低电价更经济。在没有任何财政援助的情况下，陆上风电和太阳能光伏发电经常比化石燃料发电还便宜。即便和现有运营中的燃煤发电厂相比，安装新的太阳能和风能发电设施成本优势也越来越明显。有些地区陆上风电和太阳能光伏发电成本已经能控制在每千瓦时 3—4 美分，智利、墨西哥、秘鲁、沙特、阿联酋等太阳能光伏拍卖价创下历史新低，发电成本低至每千瓦时 3 美分。

表1-3　2018年全球电力成本

项目	全球加权平均电力成本（美元/千瓦时）	电力成本第5和第95百分位数（美元/千瓦时）	相较2017年电力成本变化（%）
生物质能发电	0.062	0.048－0.243	－14
地热能发电	0.072	0.060－0.143	－1
水电	0.047	0.030－0.0136	－11
太阳能光伏发电	0.085	0.058－0.219	－13
CSP	0.185	0.109－0.272	－26
海上风电	0.127	0.102－0.198	－1
陆上风电	0.056	0.044－0.100	－13

资料来源：IRENA，*Renewable Power Generation Costs in 2018*。

然而，在全球TFEC中，电力占比不到1/5，供热、制冷和交通运输占80%以上。在这些领域，可再生能源的应用发展仍然缓慢。REN21数据显示，2016年，可再生能源在全球供热和制冷领域的渗透率不足10%，在交通运输领域的渗透率仅3.3%（参见图1-7）。

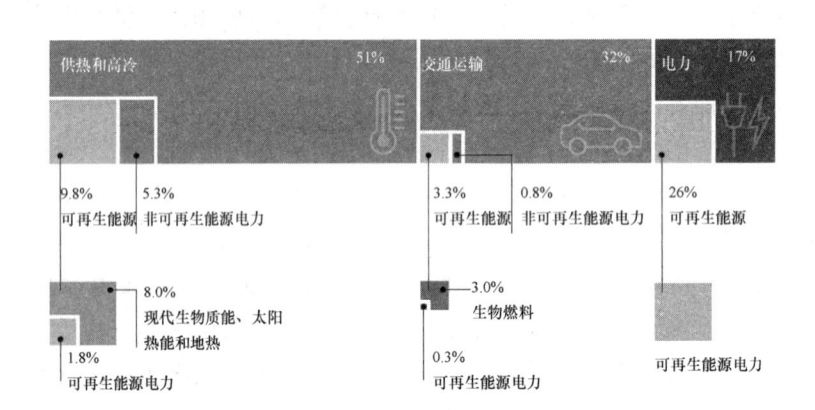

图1-7　2016年可再生能源在全球TFEC中的分布

资料来源：REN21，*Renewables 2019 Global Status Report*。

二、全球可再生能源发展的政策框架进一步完善，但距可持续发展目标要求仍较远

制定并不断提升可再生能源发展目标。据REN21统计，截至2018年，

第一章 国际可再生能源发展

全球在国家或州/省一级制定了可再生能源发展目标的国家达169个；制定了"可再生能源占最终能源100%"目标的国家1个（丹麦）；制定了"可再生能源发电比例100%"目标的国家65个；制定了"可再生能源供热和制冷比例100%"以及"可再生能源交通运输比例100%"目标的国家均为1个。IRENA表示，在2019年向《巴黎协定》提交的105个"国家自主贡献"中，有67%制定了可再生能源目标。①

主要经济体中，欧盟公布《欧洲气候法》草案，决定以立法的形式明确到2050年实现"碳中和"的目标，并承诺2030年可再生能源使用比例提至32%。按照德国最新"能源转型"计划，2030年可再生能源发电比例需达到65%，2050年达到80%。作为全球核电大国，法国计划到2030年全国40%电力来自可再生能源，可再生能源占TEEC的比例提高至32%。虽然特朗普政府退出《巴黎协定》，但美国社会对环保整体态度未变，截至2018年年底，全美至少有100座城镇做出了100%可再生能源的承诺，部分城市已提前实现100%可再生能源发电的目标（参见表1-4）。

表1-4 部分国家/地区可再生能源发展目标

国家及地区	目标达成时间	可再生能源占比目标
欧盟	2030年	占最终能源消费的32%
丹麦	2050年	占全国发电量的100%
德国	2050年	占全国发电量的80%
法国	2030年	占最终能源消费的32%
英国	2020年	占最终能源消费的15%
意大利	2020年	占全国发电量的26%
冰岛	2020年	占最终能源消费的64%
挪威	2020年	占最终能源消费的67.5%
瑞典	2020年	占最终能源消费的49%
立陶宛	2050年	占最终能源消费的80%
危地马拉	2026年	占最终能源消费的80%
阿联酋	2021年	占最终能源消费的24%
日本	2030年	占全国发电量的22%~24%
韩国	2030年	占全国发电量的20%

资料来源：REN21, Renewables 2019 Global Status Report。

---

① IRENA, 10 Years: Progress to Action, January 2020.

国际能源大转型：机遇与挑战

继续推进碳排放定价。碳定价有助于将气候变化的外部成本内部化，增加能源使用成本，刺激消费者节约能源并转向低碳能源，各国对其在脱碳经济转型中的作用日益达成共识。世界银行《2019 年碳定价现状与趋势》报告指出，许多国家都在致力于利用碳定价机制实现国家气候目标。在向《巴黎协定》提交"国家自主贡献"的 185 个缔约方中，有 96 个缔约方（占全球温室气体排放量的 55%）表示正规划或考虑将碳定价作为实现减排承诺的工具，该数量比 2018 年同期增加了 8 个。2018 年至 2019 年，全球共实施新的碳定价政策 11 项（参见表 1-5）。截至 2019 年 4 月 1 日，全球已实施或计划实施的碳定价政策总数达到 57 项，同比增加 6 项。其中，排放交易体系（ETS）28 项，碳税 29 项，共计涵盖全球约 20% 的温室气体排放量。

表 1-5　2018-2019 年部分国家新的碳定价政策

2018 年新增的政策
美国马萨诸塞州实施针对发电厂的 ETS
阿根廷针对大多数液体燃料征收碳税
2019 年新增的政策
加拿大联邦政府推出适用于发电和工业设施的 ETS 及涵盖各种化石燃料和可燃废物的碳税型燃油收费
加拿大新斯科舍省实施适用于工业、电力、建筑和运输部门的 ETS
加拿大纽芬兰与拉布拉多省对大型工业和发电设施实施 ETS，对主要用于运输、建筑供热和发电的燃料征收碳税
加拿大爱德华王子岛征收类似于联邦政府燃料收费的碳税
加拿大萨斯喀彻温省涵盖大型工业设施的 ETS
新加坡对所有大型排放设施征收碳税
南非在整个经济范围内征收碳税，成为首个实施碳税的非洲国家

资料来源：World Bank, *State and Trends of Carbon Pricing* 2019。

提高能源系统灵活性。包括：1. 发展和部署使能技术（enabling technology）。尤其是储能、热泵和电动汽车等技术，不仅有助于整合可变可再生能源①在电力部门的应用，还可以在供热和交通运输领域带来新需求。如美国自 2011 年起将储能纳入自发电激励计划（SGIP）支持范围，2019

---

① 可变可再生能源（Variable Renewable Energy，VRE），主要指风电、光伏等因天然属性而具有波动特性的可再生能源。

年提出《更好的储能技术法案》，为储能技术研发提供 5 年资助；2018 年欧洲热泵市场增长了 12%；2018 年全球电动汽车库存超过 510 万辆，全球范围内安装了 10 万多个公共电动汽车充电点。2. 增强电力调配能力。如日本 2020 年将创建"供需调整市场"，实行跨区域电力调配，今后还计划创设"容量市场"，通过供需实时调整确保足够的电力调节能力；欧盟正在为 4 条跨越欧洲的主要输电线路的建设提供资金支持，以保证电力富余地区的电力可以被其他地区消纳或储存。3. 支持分布式可再生能源系统。如墨西哥解除对分布式发电系统的限制，允许中小型光伏发电系统接入国家电网；2018 年，全球发展金融机构约 7% 的能源项目投资投向离网系统，亚洲有约 2000 个、非洲有约 800 个太阳能迷你电网在运营。

加速能源转型仍迫在眉睫。REN21 指出，尽管各国在推动可再生能源发展方面取得进展，但不足以实现《巴黎协定》和"可持续发展目标 7"中设定的目标。根据 2018 年 10 月联合国政府间气候变迁小组发表的《全球升温 1.5℃ 特别报告》，目前地球升温已达 1℃，要阻止全球暖化失控，到 2030 年碳排放量必须减少 45%，并于 2050 年归零。2019 年 11 月联合国环境规划署（UNEP）警告，如果全球温室气体排放量在 2020－2030 年不能以每年 7.6% 的水平下降，世界将失去实现《巴黎协定》1.5℃ 温控目标的机会。IEA 数据显示，2018 年全球与能源相关的二氧化碳排放量达到创纪录的 330 亿吨，虽然 2019 年出现 10 年来首次"停滞"，但业内普遍认为这是一次"停顿"而非"峰顶"，应谨慎对待。[1] 2017 年美国宣布退出《巴黎协定》，使全球减排政策出现倒退。巴西曾威胁要效仿美国退出《巴黎协定》，并撤回申办 2019 年联合国气候大会的申请，后虽暂不从《巴黎协定》退出，但已撤掉政府中应对气候变化的机构。法国从 2018 年 11 月开始"黄马甲"运动，政府被迫暂停调涨燃油税政策。德国"能源转型"面临"结构性问题"，或无法达成既定目标。IEA 预测，如果按现行政策走下去，到 2030 年，全球现代可再生能源占 TFEC 的比重将增至 15% 以上，但低于该机构"可持续发展情景"（该情景描绘了实现与能源最相关的可持续发展目标的可能途径）中要求的 23%。[2]

---

[1] 《全球碳排量 10 年来首次停止增长》，中国气候变化信息网，http：//www.ccchina.org.cn/Detail.aspx? newsId=73016&TId=58。

[2] 国际能源署网站，*SDG7: Data and Projections*，https://www.iea.org/reports/sdg7-data-and-projections/modern-renewables#abstract。

三、全球可再生能源产业的就业创造效应渐显,但投资尤其是发展中国家的投资有放缓趋势

据 IRENA 统计,2018 年全球可再生能源产业就业总人数接近 1100 万(见图 1-8),比 2009 年增长了 4-5 倍。从国别看,中国可再生能源产业就业人数最多,约 408 万,占全球的 39%;从行业看,太阳能光伏产业是大户,吸纳就业人数约 360 万,占总人数近 1/3;从性别看,全球可再生能源产业女性就业比例约 32%。

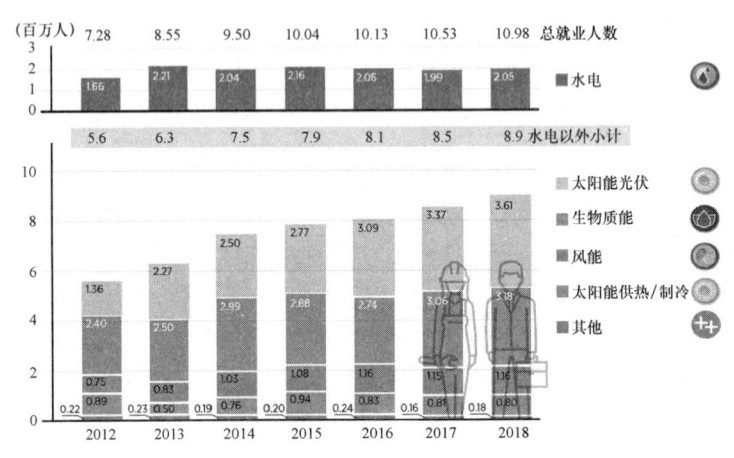

图 1-8 2012-2018 年全球可再生能源产业就业人数

资料来源:IRENA, *Renewable energy and jobs – annual review* 2019。

而 REN21 数据显示,2018 年,全球可再生能源新增投资(不含 50 兆瓦以上的大型水电项目)约 2889 亿美元,已连续 9 年高于 2300 亿美元、连续 5 年高于 2800 亿美元,但与 2017 年相比出现 11.5% 的下降(参见表 1-6)。同期,大型水电项目投资也从 2017 年的 400 亿美元降至了 160 亿美元。

表 1-6 2008-2018 年全球可再生能源投资趋势

年份	2008	2009	2010	2011	2012	2013	2014	2015	2016	2017	2018
单位:十亿美元											
新增投资(按阶段细分)											
技术研发											
政府研发	2.8	5.4	4.9	4.8	4.7	5.2	4.5	4.4	5.1	5.1	5.5
企业研发	3.3	3.3	3.8	4.3	4.1	4.0	4.3	4.1	4.3	6.7	7.5

续表

年份	2008	2009	2010	2011	2012	2013	2014	2015	2016	2017	2018
单位：十亿美元											
开发/商业化											
风险投资	3.3	1.6	2.6	2.6	2.4	0.8	1.0	1.4	0.8	0.7	0.2
制造											
公共市场	10.5	11.7	10.6	9.9	3.8	9.8	14.9	12.0	6.2	5.6	6.0
私募股以扩张资本	6.7	3.0	5.3	2.4	1.6	1.3	1.7	1.8	1.7	0.7	1.8
项目											
资产融资	132.8	112.3	152.4	190.8	166.5	171.3	226.9	269.2	247.5	267.8	236.5
（再投资股权）	-4.4	-3.7	-1.8	-2.1	-2.9	-1.2	-3.6	-6.7	-4.4	-2.9	-4.8
小型分布式产能	22.2	34.7	60.9	75.1	70.0	40.4	37.1	32.4	32.7	42.4	36.3
新增投资总额	177.2	168.2	238.7	287.7	250.2	231.6	286.9	318.5	293.8	326.3	288.9
新增投资（按行业细分）											
太阳能发电	60.4	63.3	101.7	158.6	141.8	121.3	147.4	176.0	145.4	180.2	139.7
风电发电	73.6	73.3	98.6	86.5	77.8	82.9	110.8	122.0	126.3	130.9	134.1
生物质和废弃物转制能源	16.1	13.4	17.0	20.4	15.4	13.7	12.9	10.2	13.0	5.7	8.7
生物燃料	17.6	9.4	10.1	10.4	7.3	5.1	5.3	3.6	2.1	3.2	3.0
地热	1.7	2.5	2.8	3.9	1.5	2.7	2.9	2.5	2.7	2.4	2.2
50兆瓦以下水电	7.6	6.0	8.2	7.7	6.1	5.7	7.1	4.0	4.1	3.6	0.9
海洋能发电	0.2	0.3	0.3	0.3	0.3	0.2	0.4	0.2	0.2	0.2	0.2
新增投资总额	177.2	168.2	238.7	287.7	250.2	231.6	286.9	318.5	293.8	326.3	288.9

资料来源：REN21，Renewables 2019 Global Status Report。

从行业看，全球可再生能源投资高度集中，太阳能（尤其光伏）和风力发电占了绝大多数。据REN21统计，2018年全球太阳能发电新增投资达1397亿美元，占全球可再生能源新增投资总额的48%；风力发电新增投资1341亿美元，占全球可再生能源新增投资总额的46%；其他行业合计，仅占全球可再生能源新增投资总额的5%左右（参见表1-6）。

从国别看，发展中国家和新兴国家是全球可再生能源新增投资的主力军。据REN21统计，截至2018年，发展中国家和新兴国家的可再生能源新增投资额达到1528亿美元，占全球的53%，已连续4年领先于发达国家，但领先幅度从2017年的819亿美元急缩至167亿美元。投资减少的原因，一方面反映了可再生能源成本的下降，使得花更少的钱可以实现更大的装机容量，另一方面则是受中国投资下滑的影响。2018 年，中国可再生能源新增投资同比下降了 37.5%，除中国以外的发展中国家和新兴国家则同比增长了 6%，达到创纪录的 616 亿美元（参见图 1-9）。

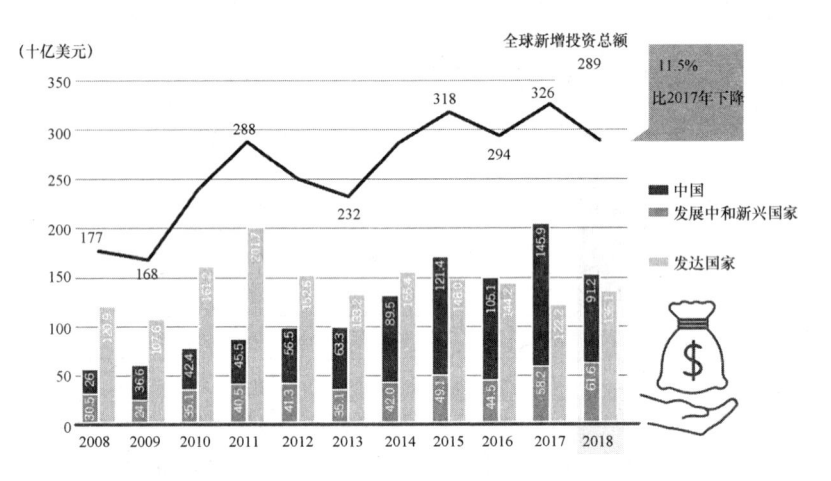

图 1-9　2008-2018 年全球可再生能源电力和燃料新增投资

资料来源：REN21，*Renewables 2019 Global Status Report*。

以金额计算，2018 年全球可再生能源（不含 50 兆瓦以上的水电项目）投资最多的 5 个国家依次是中国、美国、日本、印度和澳大利亚，投资额分别为 912 亿美元、485 亿美元、183 亿美元、154 亿美元和 95 亿美元。以强度计算，2018 年全球每单位 GDP 可再生能源投资最多的 5 个国家依次是帕劳、吉布提、摩洛哥、冰岛和塞尔维亚（参见表 1-7）。

表 1-7　2018 年年度投资额/净增装机容量/产量排行榜

项目	1	2	3	4	5
可再生能源电力和燃料投资（不含 50 兆瓦以上水电）	中国	美国	日本	印度	澳大利亚
每单位 GDP 的可再生能源电力和燃料投资	帕劳	吉布提	摩洛哥	冰岛	塞尔维亚
地热发电装机容量	土耳其	印尼	美国	冰岛	新西兰
水电装机容量	中国	巴西	巴基斯坦	土耳其	安哥拉
太阳能光伏装机容量	中国	印度	美国	日本	澳大利亚

第一章 国际可再生能源发展

续表

项目	1	2	3	4	5
聚焦型太阳能热发电（CSP）装机容量	中国	摩洛哥	南非	沙特	—
风电装机容量	中国	美国	德国	印度	巴西
太阳能热水容量	中国	土耳其	印度	巴西	美国
生物柴油产量	美国	巴西	印尼	德国	阿根廷
乙醇产量	美国	巴西	中国	加拿大	泰国

资料来源：REN21，*Renewables 2019 Global Status Report*。

第三节 未来前景

虽然美国特朗普政府在气候政策上"开倒车"、令全球应对气候变化"士气"受挫，但整体来看，绿色发展仍是国际社会主流。未来可再生能源在全球能源供应中的地位将愈加突出，但要实现对化石能源的替代，道阻且长。

一、发展潜力巨大

其驱动力主要来自以下几方面：第一，减缓气候变化。2015年联合国会员国一致通过17个可持续发展目标，其中目标13是"采取紧急行动应对气候变化及其影响"。截至2018年4月，共有175个缔约方批准了《巴黎协定》，168个缔约方向联合国气候变化框架公约秘书处通报了其首批"国家自主贡献"。① 欧盟国家和中国是《巴黎协定》的积极推动者和贡献者，同时也是全球可再生能源的引领者。为履行国际减排承诺，也为减缓本国/地区空气污染以及污染带来的公共健康等问题，它们会继续朝可持续发展的未来前进——开发清洁、前沿的能源技术，减少高污染能源使用和排放。世界范围内，很多地方政府和企业源源不断地为应对气候变化行动注入动力。包括美国，一些州和城市在不依赖联邦政府的情况下组成"美国气候联盟"，实施美国的"国家自主贡献"措施，推动可再生能源发展。据IRENA统计，截至2019年，全球做出"100%可再生能源电力"承

---

① 联合国网站，https：//www.un.org/sustainabledevelopment/zh/climate-change-2/。

诺的大企业超过了200家。①

第二，保障能源安全。新形势下，能源安全也被置于更广泛的背景下进行评估，如增强能源系统的应变能力。REN21指出，美国军方的高级官员曾呼吁将可再生能源电力和燃料的使用作为国家安全和军队运行的保障。② 我国专家③认为，发展可再生能源对保障能源安全有十分重要的意义。传统化石能源分布地域性强，如全球石油探明储量48.3%在中东，④这一特性导致能源展开掠夺不断、各国围绕能源展开激烈竞争甚至爆发战争。而可再生能源分布较平均，不仅清洁环保，而且和平：一个地区即使爆发战争，其境内的风、光等能源也无法被夺走。目前制约可再生能源发展的主要瓶颈在储能。一旦储能问题解决，可再生能源有望从受限能源变成无限能源，从而引发新一轮能源革命，人类将有望彻底从能源束缚中解脱。

第三，促进经济和就业。2008年金融危机使全球经济增长水平发生趋势性下移，发达经济体和新兴市场经济体潜在增长率都不同程度放缓。国际货币基金组织（IMF）数据显示，2008－2019年世界实际GDP年均增速仅为3.4%，低于危机前10年（1998－2007年）的4.2%。⑤ IMF前总裁拉加德在2014年使用"新平庸"一词，预言世界经济将面临长期低速复苏态势。而2020年，随着新冠疫情蔓延，IMF新总裁格奥尔基耶娃表示，全球经济将陷入衰退，程度甚至比2008年金融危机更严重。在世界经济低迷的情况下，可再生能源发展"危"中有"机"。"危"包括能源需求"急冻"、低油价冲击、投资资金短缺、供应链中断等。但倘若各国政府在短期危机应对中不忘全球气候治理的长期承诺，像2008年那样，将发展可再生能源作为刺激经济复苏的重要抓手，则该产业或再迎契机。近日，IEA执行董事比罗尔呼吁，"将发展清洁能源作为抗击新冠疫情刺激计划的核心"，重点放在促进太阳能、风能、氢能、电池、碳捕获（CCUS）等清洁能源技术发展、部署与融合的大型投资上，这样既可刺激经济，又能加

---

① IRENA, 10 Years: Progress to Action, January 2020.
② 《加速全球可再生能源转型——2017全球可再生能源现状报告重点发现》，https://www.ren21.net/wp-content/uploads/2019/05/GSR2017_Highlights_Chinese.pdf。
③ 根据2019年10月与甘肃自然能源研究所总工程师李世民座谈内容整理。
④ 截至2018年年底，参见BP Statistical Review of World Energy 2019。
⑤ 根据IMF World Economic Outlook Databases中的数据计算。

速清洁能源转型，一举两得。① 发展可再生能源，可创造就业、增加收入、促进工业发展、改善贸易平衡。IRENA 预测，到 2030 年，全球可再生能源产业有望创造 3000 万个就业岗位。②

技术进步革新。一方面，可再生能源技术进步，将使其成本优势进一步扩大。IRENA 预测，2030 年太阳能光伏发电成本将从 2019 年的每千瓦时 5.2 美分降至 3.4－4 美分，陆上风电成本将从每千瓦时 4.7 美分降至 3－4 美分，届时全球太阳能光伏装机容量将达 2840 吉瓦，风电装机容量将达 2015 吉瓦，二者合计将满足全球 1/3 以上电力需求。③ 另一方面，以智能电网、大规模储能电池为代表的配套技术的良好预期，将进一步提高可再生能源比例。例如，互联网技术可助分布式可再生能源实现存储和广泛分享，提升其利用效率。IRENA 预测，2030 年锂离子电池成本将在 2019 年基础上再降 54%－61%，电池储能装机容量将达 180 吉瓦时，全球电动汽车将超 1.5 亿辆，太阳能光伏屋顶系统装机容量将达 1000 吉瓦，海上风电装机容量将达 228 吉瓦，电力占全球能源消费总量的比重将升至 30%，可再生能源发电比例将升至 57%。④

二、风险挑战重重

IRENA 指出，2010－2019 年，世界可再生能源累计投资已达 3 万亿美元；为确保我们有可持续的未来，到 2030 年，可再生能源年投资额必须在目前的基础上翻番。⑤ 实现这一目标，需要公私部门、多元主体携手发力。但风险高、利润薄，可能影响资本对可再生能源产业的"兴趣"。

最大挑战来自政策不确定性。其一，监管政策多变，影响投资决策。以交通运输生物燃料为例，2009 年以来欧洲出现了三次重要立法，包括 2009 年"可再生能源指令"、2015 年"间接土地利用变化指令"和 2018 年修订"可再生能源指令"。每次立法均需经 2－3 年讨论，颁布后各成员

---

① 国际能源署网站，*Put clean energy at the heart of stimulus plans to counter the coronavirus crisis*，https://www.iea.org/commentaries/put-clean-energy-at-the-heart-of-stimulus-plans-to-counter-the-coronavirus-crisis.

② IRENA，*10 Years: Progress to Action*，January 2020.

③ IRENA，*10 Years: Progress to Action*，January 2020.

④ IRENA，*10 Years: Progress to Action*，January 2020.

⑤ IRENA，*10 Years: Progress to Action*，January 2020.

国又需将欧盟立法转变为国家立法。监管框架的频繁变动使得市场预测难以进行，因项目开发人员需在未来 5 – 12 年的假设基础上，对原料和燃料市场做出决策，尤其使新技术达到商业成熟还需时间。其二，价格激励减弱，市场竞争加剧。虽然从全球范围来看，上网电价补贴依然广泛，但近年因应市场环境变化，很多国家作了修改，尤其是下调或取消对大型电厂的上网电价补贴支持。越来越多的国家从固定价格政策转向更具竞争性的机制，如拍卖和投标，产业链上下游都面临挑战。其三，贸易保护主义盛行，扰乱全球供应链。例如，美国曾是中国光伏组件出口第二大市场，然而，从 2011 年开始，美国对中国光伏发起两次"双反"调查并征收关税，2017 年发起 201 调查并作出损害裁决，2018 年对中国 500 亿美元征税清单加入光伏产品。美方关税层层累加，导致 2018 年以后中国对美光伏产品直接出口几乎为零，同时也推高美国国内光伏产品价格，不利于美国光伏行业的发展。

其他挑战还包括：1. 化石能源价格走低。如 2020 年，受新冠疫情影响，国际油价上演"大跳水"，包括 IEA 在内的很多机构与人士担心，能源公司为过"寒冬"而采取大幅度缩减开支措施，对可再生能源的投资也将逐渐放缓甚至停滞。长期来看，石油、天然气等化石能源供需宽松或常态化，价格若持续处于较低水平，势必挤压可再生能源的发展空间，影响全球能源转型步伐。2. 电力系统和市场限制。现有的系统和市场是针对集中、大型化石电力设计，对可再生能源电力不"友好"。成本已不是可再生能源发电的主要障碍，要解决的主要问题演变成如何应对风、光等可变可再生能源的不稳定性，通过各种手段对可再生能源发电进行补偿、消纳。3. 企业购电协议有待推广。在稳定、有补贴支持的收入减少后，通过签署企业购电协议，尤其是长期协议，有助于可再生能源项目争取融资。但目前企业购电协议推广仍较缓慢，以美国和欧洲国家为主，且许多公用事业能源公司偏向于签署短期购电协议。

三、未来前景可期

IEA《2019 年世界能源展望》报告预测，在各国实现《巴黎协定》减排承诺的情景下，2040 年最终可再生能源（不含传统生物质利用）消费量将从当前的 9.9 亿吨油当量增至近 22.6 亿吨油当量；全球供热用可再生能源将增长 60%，接近 9.4 亿吨油当量；交通用可再生能源将增长两倍，至 3 亿吨油当量左右，其中 3/4 为生物燃料；全球新增发电装机容量近 8500

第一章　国际可再生能源发展

吉瓦，其中可再生能源占2/3。①

BP预测，可再生能源渗透全球能源系统的速度将比历史上其他能源都要快（参见图1-10）。石油占世界能源的份额从1%升至10%花了近45年的时间；而在"渐进转型"情景下，可再生能源占世界能源的份额从1%升至10%约需25年；在"快速转型"情景下，可再生能源大约只需15年，即可实现占世界能源份额从1%升至10%。

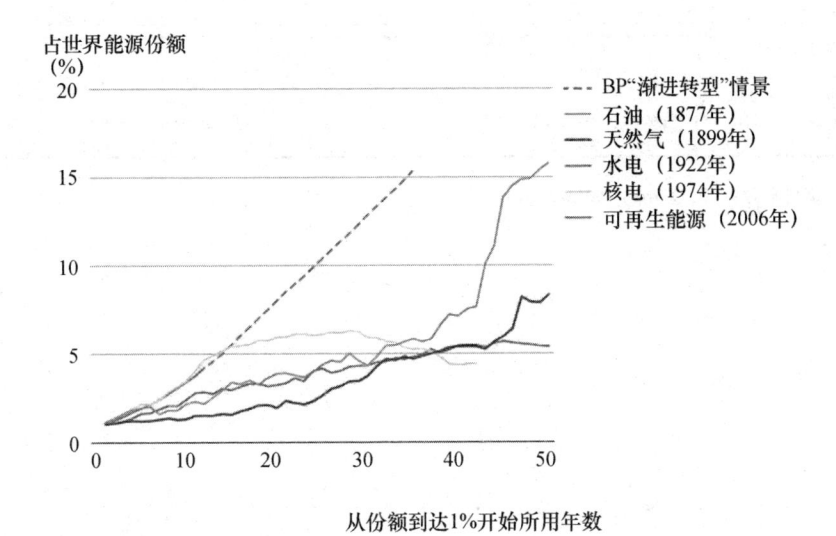

图1-10　新兴燃料渗透全球能源系统的速度比较

资料来源：BP，*Energy Outlook 2019 edition*。

BP预测，在"渐进转型"情景下，2017-2040年全球可再生能源（不含水电）消费年增速将达7.1%，远高于其他能源种类；可再生能源将占同期世界一次能源消费增量的一半左右；到2040年，可再生能源占世界一次能源比重将升至15%，取代煤炭成为全球最大发电来源；但即使如此，2040年石油、天然气和煤炭合计仍占世界一次能源消费的70%以上（参见表1-8）。

---

① 国际能源署网站，https://www.iea.org/reports/world-energy-outlook-2019/renewables#abstract。

表1-8 "渐进转型"情景下世界一次能源结构变化

	消费量（百万吨油当量）			份额（%）			增量（百万吨油当量）		增幅（%）		年均增速（%）	
	1995	2017	2040	1995	2017	2040	1995—217	2017—2040	1995—2017	2014—2040	1995—2017	2017—2040
一次能源	8565	13511	17866				4946	4355	58%	32%	2.1%	1.2%
按燃料划分：												
石油	3391	4538	4860	40%	34%	27%	1146	323	34%	7%	1.3%	0.3%
天然气	1816	3156	4617	21%	23%	26%	1340	1461	74%	46%	2.5%	1.7%
煤炭	2224	3731	3625	26%	28%	20%	1507	-106	68%	-3%	2.4%	-0.1%
核能	526	596	770	6%	4%	4%	71	173	13%	29%	0.6%	1.1%
水电	563	919	1245	7%	7%	7%	355	327	63%	36%	2.2%	1.3%
可再生能源	45	571	2748	1%	4%	15%	526	2177	1174%	381%	12.3%	7.1%
按终端用户部门划分：												
交通	1700	2817	3521	20%	21%	20%	1117	704	66%	25%	2.3%	1.0%
工业	3760	5853	7443	44%	43%	42%	2093	1590	56%	27%	2.0%	1.1%
非燃烧	510	856	1263	6%	6%	7%	346	407	68%	48%	2.4%	1.7%
建筑	2595	3985	5638	30%	29%	32%	1390	1653	54%	41%	2.0%	1.5%

资料来源：BP, *Energy Outlook* 2019 edition。

第二章

世界传统能源的清洁利用[①]

传统能源是指已经大规模生产和广泛利用的能源，如煤炭、石油、天然气、水能等，其中前三者是不可再生能源，水能是可再生能源。由于水能、天然气的利用对环境的污染相对较小，常被视为清洁能源，而煤炭和石油的消费常常伴有较严重的环境污染，特别是煤炭的粗放利用带来严重的环境问题，因而被视为"肮脏"的能源。在以"环境卫士"自居的欧洲，煤炭遭到妖魔化，使用煤炭已经成为"政治不正确"。但事实上，在可预见的将来，煤炭仍是人类经济实惠的重要能源来源，而且通过对煤炭和石油的清洁利用，"肮脏"能源也能华丽转身为"清洁"能源。

在人类能源利用历史上，煤炭是有着重要地位的常规能源，为第一次工业革命做出了重大贡献。18世纪60年代，瓦特改良蒸汽机，开启了英国工业革命的序幕，煤炭成为最主要的动力来源，支撑着工业革命蓬勃发展。然而，煤炭开采、利用过程会带来土壤、水和大气污染，其中大量燃煤造成的大气污染尤为严重，可引发雾霾、酸雨等诸多环境危害。伦敦作为世界首个工业化国家英国的首都与经济中心，其早年的"雾都"称号就是由大量燃煤所导致的严重大气污染得来。尤其是发生于1952年冬天的伦敦烟雾事件，夺去了上万人的生命，成为震惊世界的环境污染案例，各国开始意识到燃煤所带来的沉重环境代价。在中国重点监测的六种大气污染物中，煤炭燃烧是产生二氧化硫、氮氧化物和粉尘的"罪魁祸首"。此外，煤炭燃烧过程中会排放出大量二氧化碳，煤炭行业因此成为温室气体排放大户。

当前，煤炭已经成为最富争议的能源发电，"去煤派"与"挺煤派"激烈交锋，并对各国能源政策和能源战略产生重大影响。"去煤派"认为，煤电大量消耗不可再生的煤炭资源，并导致高排放、高污染，是全球气候变暖最大的元凶，因此应尽量减少甚至禁止煤炭的使用。"挺煤派"认为，全球煤炭蕴藏量丰富，开发利用成本低，可以实现清洁高效利用，已经而

[①] 本章作者：张茂荣，中国现代国际关系研究院世界经济研究所副研究员，主要从事世界经济、国际能源等问题研究。

且应该继续成为很多国家发电的主要燃料。

第一节　煤炭在世界能源结构中的地位

从现实来看，煤炭仍是全球能源结构中的重要组成部分，尤其在发电领域作用突出。英国石油公司（BP）统计显示，2018年煤炭在全球一次能源消费中占比为27.2%。尽管近年来可再生能源飞速发展，但由于可再生电力整体规模仍然偏小，且全球电力需求仍在较快增长，全球非化石能源发电（36%）和煤炭发电（38%）占比与20年前基本持平。① 国际能源署（IEA）的统计也显示，煤炭发电仍是全球最主要的发电类型，2018年全球煤炭发电量达10.116万亿千瓦时，约占总发电量的37.93%。可再生能源的替代性，主要体现在发电结构的替代性上。当前，主流可再生能源产业主要是风力发电和太阳能光伏发电。由于受制于发电技术、发电波动性和储能技术，这两类能源发电在目前全球发电量中的占比仍然很低。据21世纪可再生能源政策网络（REN21）数据，2018年全球风电占比为5.5%，光伏发电占比则只有2.4%。② 实际上，包括美国、德国、日本等在内的世界多数国家仍然非常重视煤炭发电。2018年，全球最大的煤电生产国是中国，占全球燃煤发电总量的46.9%；其次是美国，占比12.3%。

德国是煤炭生产和消费大国，特别是褐煤蕴藏量极为丰富。德国对煤炭依存度极高，1990年煤电占比高达56.7%，尽管近30年来有所下降，但2018年仍高达35.3%。2019年1月26日，德国增长、结构转型与就业委员会（又称"煤炭委员会"）提出，最晚到2038年将禁用煤炭，在此之前分阶段按计划有序推进弃用煤电进程。2017年年底，德国燃煤火电装机容量为42.7吉瓦，到2022年将降至30吉瓦。为此，至少要减少12.7吉瓦，相当于关闭24座燃煤火电厂。之后再花15年时间，到2038年关闭所有煤电厂。2023年之后，煤炭委员会将每3年对去煤化成效进行一次评估，若对电力市场和就业不产生较大不良影响，到2035年就将提前关闭所有燃煤火电厂。受弃用煤电计划影响较大的北威州、萨克森州、萨克森安哈特州、勃兰登堡州等，将在未来20年内获得总额400亿欧元的财政补贴，用于去煤化后的产业转型。

---

① BP, *BP Statistical Review of World Energy*, July 2019.
② REN21, *Renewables 2019 Global Status Report*, June 2019.

第二章 世界传统能源的清洁利用

日本是高度依赖煤炭进口的国家。日本的第四次能源基本计划（2014年）提出，煤炭是安全、可靠、经济的重要基荷发电燃料，到2030年煤电占比将达到26%，超过2010年的25%。第五次基本能源计划（2018年）继续将煤电确定为基荷电源，提出今后将扩大煤炭清洁高效利用，淘汰落后煤炭利用方式，开发和输出煤炭清洁高效发电技术和装备。实际上，福岛核事故之后，日本政府加快了煤电环评速度，煤电建设再度掀起一个小高潮。从2012年至今，日本前后计划新建燃煤电厂达50座，装机容量共计2332.3万千瓦，其中已投运15座（301.2万千瓦），在建15座（866.9万千瓦），中止13座（703.0万千瓦）。到2018年底日本计划新建燃煤电厂仍达33座，这些新建电厂大多在2020年以后投运，届时若新燃煤电厂全部投运，装机容量将达到6020.9万千瓦，到2030年时碳排放将增加5200万吨以上。由于日本环境影响评估只针对装机11.25万千瓦以上的燃煤电厂，导致其小型煤电建设计划显著增加。50座新建燃煤电厂计划中，19台是小型电厂，显然是电力公司为规避环评所为。鉴于此，日本环境省于2019年4月提出，要加强对煤电的严格环评。截至2019年8月1日，日本正在运营中的燃煤电厂共计122座，装机容量4471万千瓦。2016年，日本燃煤电厂发电量达到289.8太千瓦时。如果继续进行燃煤电厂规划和建设，其装机容量将在2026年达到峰值，到2050年燃煤电厂总装机容量预计将保持在20吉瓦左右。

韩国对煤炭的依赖度非常高。统计显示，煤炭是近20年来韩国二氧化碳排放增加的"罪魁祸首"，其中燃煤发电是温室气体排放的最大单一贡献者，占2012年韩国总排放量的24%。截至2017年12月，韩国有13座燃煤电厂61台机组处于运营状态，总功率达到35428兆瓦。2017年，韩国3座总计525兆瓦的老旧燃煤电厂被关闭，但另有5250兆瓦的6座新燃煤电厂投入运营。煤电在韩国发电量中的占比从2016年的40%增至2017年的45%。2013年初，朴槿惠政府宣布，到2027年将燃煤电厂装机容量增加一倍，达成第六个"长期电力供需基本规划"（BPE）。这一规划是通过建造27座新的燃煤电厂，将煤电装机容量从2012年的23409兆瓦增加到2027年的44669兆瓦。2017年5月文在寅政府上台后，于当年12月公布了对2座燃煤电厂建设项目的审查，这些项目尚未获得最终批准，并取消了忠南道第8个BPE的"唐津生态电力"项目。

煤炭在美国能源中仍居重要地位。近年来，美国能源结构不断变化，煤炭占比逐渐下降，但目前仍居第二大发电能源地位。1990年，燃煤发电占美国发电总量的52%，到2017年下降到30%。同期，天然气占比则从12%增加到32%。2020年2月26日，美国能源信息署（EIA）发布数据显示，2018年、2019年燃煤发电在美国发电总量中的占比分别为27.3%和23.4%，天然气发电占比分别为34.9%和38.1%。[1] 2019年12月，美国燃煤发电装机容量平均占比43.2%，低于11月的46%和上年同期的55%。2019年，燃煤发电装机占比平均为47.6%，低于2018年的53.9%。

煤炭是中国最主要的能源来源，在中国能源结构中地位更加突出。中国约58%的一次能源来自煤炭，比2010年降低12个百分点。中国煤炭发电占比64.7%，煤电行业是中国的煤炭消费大户，2015年火电耗煤19.6亿吨，占中国煤炭消费总量的49.5%。中国现有燃煤电厂近2500座，截至2017年底总装机容量近970吉瓦，同比增加约2%。

第二节 主要国家推进传统能源清洁利用的做法

以1956年英国颁布世界上第一部《清洁空气法》为标志，各大工业化国家相继开始了针对燃煤污染的治理行动。这些国家采取的方法主要有二：一是用更加清洁的能源替代煤炭；二是通过技术手段使煤炭消费更加"清洁"。目前，煤炭在主要发达国家能源消费中已不再居于主要地位，但对很多发展中国家来说，煤炭仍是最重要的能源来源。从历史角度来看，煤炭正在成为"过时"的能源，但其淘汰过程将是漫长的，在可见的未来，人类难以摆脱对煤炭的依赖。因此，对煤炭进行"清洁化"生产和消费不仅必要，而且是必须的。

一、中国

让燃煤发电"绿起来"是中国环保行动的重要组成部分。为此，中国出台了比欧美更为严格的燃煤电厂排放及能效标准，新建电厂氮氧化物排放量不能超过50毫克/立方米，这远高于美国标准（95毫克/立方米）和欧盟标准（150毫克/立方米）。中国《煤炭工业发展"十三五"规划》提出，坚持绿色开发与清洁利用相结合，推动绿色发展。以生态文明理念引领煤炭工业发展，将生态环境约束转变为煤炭绿色持续发展的推动力，从

---

[1] U. S. Energy Information Administration, *Electric Power Monthly*, February 2020.

煤炭开发、转化、利用各环节着手，强化全产业链统筹衔接，加强引导和监管，推进煤炭安全绿色开发，促进清洁高效利用，加快煤炭由单一燃料向原料和燃料并重转变，推动高碳能源低碳发展，最大限度减轻煤炭开发利用对生态环境的影响，实现与生态环境和谐发展。

一是推进重点耗煤行业节能减排。发展清洁高效煤电，提高电煤在煤炭消费中的比重。采用先进高效脱硫、脱硝、除尘技术，全面实施燃煤电厂超低排放和节能改造，加大能耗高、污染重煤电机组改造和淘汰力度。坚持"以热定电"，鼓励发展能效高、污染少的背压式热电联产机组。严格执行钢铁、建材等耗煤行业能耗、环保标准，加强节能环保改造，强化污染物排放监控。推进煤炭分质分级梯级利用，鼓励煤—化—电—热一体化发展，提升能源转换效率和资源综合利用率。目前，中国采取行政干预措施，控制火电行业二氧化硫、氮氧化物和颗粒物排放。从"十三五"规划来看，中国制定了包括减少主要污染物排放在内的节能减排目标。在《大气污染防治法》中，中国制定了控制总污染的详细规则和政策措施。

二是推进煤炭深加工产业示范。改造提升传统煤化工产业，在煤焦化、煤制合成氨、电石等领域进一步推动上大压小，淘汰落后产能。以国家能源战略技术储备和产能储备为重点，在水资源有保障、生态环境可承受的地区，开展煤制油、煤制天然气、低阶煤分质利用、煤制化学品、煤炭和石油综合利用等五类模式以及通用技术装备的升级示范，加强先进技术攻关和产业化，提升煤炭转化效率、经济效益和环保水平，发挥煤炭的原料功能。

三是加强散煤综合治理。在大气污染防治重点地区实施煤炭消费减量替代。加强散煤使用管理，积极推广优质无烟煤、型煤、兰炭等洁净煤，在民用煤炭消费集中地区建设洁净煤配送中心，完善洁净煤供应网络。完善民用炉具能效限定值及能效等级标准。全面整治无污染物治理设施和不能实现达标排放的燃煤锅炉，加快淘汰低效层燃锅炉，推广高效煤粉工业锅炉。鼓励发展集中供热，逐步替代分散燃煤锅炉。推广先进适用的工业炉窑余热、余能回收利用技术，实现余热、余能高效回收及梯级利用。[①]

二、日本

一是制定煤炭清洁利用技术开发战略，长期支持这些技术的研发与示

[①] 国家发改委、国家能源局：《煤炭工业发展"十三五"规划》，2016年12月。

范。1993年，日本提出"新阳光计划"，要求到2030年能源需求下降1/3，温室气体排放下降一半。1995年，日本成立"洁净煤技术中心"，推动研发21世纪煤炭利用的关键技术。1999年，日本出台"21世纪煤炭技术战略"，提出到2030年实现煤炭资源循环利用和煤炭利用零排放，并制定了三阶段技术研发和推广战略，主要包括先进发电、高效燃烧、脱硫脱氮和降低烟尘、利用煤气的燃料电池、煤炭制二甲醚和甲醇、水煤浆、煤炭液化和煤炭气化等项目。2000年，"新阳光计划"对洁净煤技术的投资达到36亿日元，其研究主要侧重煤的气化和液化等技术。

2011年福岛核事故后，日本重启大量火力发电站以弥补电力供应的不足，煤炭消费迅速增长，二氧化碳排放也在2013年达到历史最高。为减少燃煤造成的污染物和温室气体排放，日本高度重视发展洁净煤技术，通过开发流化床燃烧技术、煤气化联合循环发电等技术，提高煤炭利用效率；通过引导企业采用先进的煤炭洗选、低氮燃烧、废烟气处理等脱硫脱氮技术，减少污染物排放。日本政府专门兴建了矶子区火电厂（Isogo thermal power station），安装了两组能效为45%的高能效低排放（high-efficiency low-emission，HELE）燃煤机组。此外，日本计划进一步发展碳捕获封存利用技术，减少煤电的环境和气候影响。日本的"科技创新综合战略2014"提出，2020年前实现1700℃级燃气轮机技术、超超临界火力发电技术、整体煤气化联合循环发电技术的商业化和出口，同时实现二氧化碳捕捉封存技术商业化；2030年实现煤气化复合发电燃料电池商业化。2016年6月，日本出台新一代火电技术路线图，提出到2025年逐步推广煤气化燃料电池联合循环发电（IGFC）和燃气轮机燃料电池联合发电（GTFC）高效火电机组，到2030年逐步实现火电零排放。最近，日本政府规定，新建电厂必须达到相应的发电效率标准：煤炭为42.0%、液化天然气（LNG）为50.5%、石油及其他能源为39.0%。

二是制定严格的环保法规和标准，采用分权制衡的监管方式强化法规执行力度。日本将煤炭利用的环保政策纳入总体环保政策体系进行管理，对燃煤企业提出强制性排放限值，对采用不同燃料、不同机组、不同时段污染物允许排放值都有明确详细规定，在制定污染物排放控制标准时，依据最佳可行技术实施动态控制。为解决二氧化硫污染问题，日本国会于1968年通过了全面修订后的《大气污染防治法》，此后又多次进行修订，针对具体燃煤机组提出了明确的排放限值和管理要求。环境省是日本负责环保政策制订和环境执法的部门，但为保证环保法律的实施，部分监管权力由都道府县、市町村及其长官行使。作为中央政府组成部分的环境省与地方环境部门相互独立,没有隶属关系。这种分权制衡的监管方式,有利于破除环保执法中的地方保护主义。

三是通过环境税等市场机制激励企业节能减排,提高治污效率。自20世纪90年代开始,日本政府出台了一系列与环保相关的税收政策。到目前为止,日本已经形成了系统的环境税收政策体系,内容涉及能源、汽车、废弃物和污染物等多个领域。2012年,日本实施新一轮环境税改革,以加强税收对温室气体减排、污染物防治和废弃物循环利用等的调节作用。此轮环境税改革主要内容包括:按照二氧化碳排放量,在已有石油、煤炭税基础上附加征收"地球温暖化对策特别税"(碳税);为促进废弃物循环利用,下调企业污染物处理设备折旧率,延长废弃物处理设备购置税免税适用年限;对污染物排放实施差别化税率,引导企业区位选择。例如,对中心城区等重点控税区,征收的二氧化硫排放税率高于其他区域。①

三、其他国家

韩国总统文在寅承诺,到2022年关闭10座旧的燃煤电厂并审查新的燃煤电厂计划。随后,韩国政府在2018年3-6月空气污染预期加重时,对5座燃煤电厂实施了为期4个月的临时关停。虽然韩国政府已经在旧的燃煤电厂上实现了上述承诺,但对总装机容量8420兆瓦的9台新燃煤电厂的评估尚未明确。2017年,韩国能源部审查了对9个燃煤发电项目改为LNG发电的可行性,但只决定将2个燃煤电厂机组燃料改为LNG,同时允许继续建设其他7个项目。

印度燃煤发电占全国发电总量的72%。印度政府认为,煤炭是印度国家经济发展不可或缺的资源。印度政府目前面临的任务非常艰巨,不仅要保证3亿无电人口用上电,同时还要达到《巴黎协定》的环保目标。为了完成这些目标,印度试图通过碳捕集与储存(CCS)技术来最大限度实现煤炭资源的可持续利用。比如,一家印度企业就通过碳捕集技术,用其燃煤锅炉排放的碳制作小苏打。此外,印度政府还将高能效低排放(high-efficiency low-emission,HELE)技术提上日程。根据这一计划,2020年前印度将对4000万千瓦机组进行超临界技术升级,同时还将建设一座装机

---

① 莫君媛:《日本推进煤炭清洁高效利用的经验与启示》,《中国能源报》,2017年7月17日。

总量 80 万千瓦的超超临界电厂。

作为世界煤炭探明储量第三大国以及煤炭出口大国,澳大利亚持续推行煤炭扩张战略。① 但在环境压力下,为了完成《巴黎协定》的目标,澳大利亚计划将现有燃煤电厂升级为超超临界电厂,争取到 2030 年将碳排放总量较 2005 年降低 26%。

四、国际机构

权威的国际能源机构也非常重视推动煤炭的清洁利用。世界煤炭协会(WCA)首席执行官(CEO)米歇尔·马努克(Michelle Manook)表示,作为分布最广泛的化石能源,煤炭是世界电力供给的支柱,并被用于炼钢、混凝土生产等工业环节,制造了必需的生产资料,支撑着可持续发展;如果获得充足的投资,煤炭可以在世界清洁能源转型中发挥重要作用。各国应携手合作,实现低排放煤炭技术的广泛应用,推动电力行业发展,为最需要电力的人们创造价值。国际能源署(IEA)预计,至少在 2040 年之前,煤炭仍将是全球主要的发电燃料,南亚与东亚地区煤炭消费量还会继续增长,而中国仍将是全球最大的煤炭消费国。IEA 洁净煤中心主任安德鲁·明切纳(Andrew Minchener)认为,煤炭必须成为全球能源结构的一部分,因为它是发展中国家实现脱贫并确保电力、工业和化学品/未来燃料生产的可靠能源来源。同时,应通过提高效率和 CCS 技术尽可能减少二氧化碳排放。使用更有效的燃煤发电技术是减少二氧化碳排放的重要途径。高效低排洁净煤技术在商业上具备可行性,中国、德国、日本、韩国等国正在采用这一技术。

第三节 煤炭清洁利用的进展

从全球来看,煤炭的清洁高效利用表现出两大特点:一是煤炭消费逐渐向发电、冶金等大用户集中,从而实现更高效利用。在英国、德国和美国,电力部门贡献了 80% -90% 的煤炭消费;日本煤炭消费的 43% 由电力部门完成,37% 由钢铁部门完成。二是现代煤化工技术快速发展。煤炭液化、煤制气、煤制烯烃、煤制乙二醇、煤制芳烃技术都已经实现了突破,

---

① 黄晓勇主编:《世界能源发展报告(2019)》,社会科学文献出版社,2019 年 6 月版,第 166 页。

产品质量不断提高,高端产品占比不断增长。同时,煤化工技术不断升级,促进了产业化持续发展。美国的煤炭清洁高效利用技术世界一流,在先进燃煤发电技术、大气污染物脱除设备、煤炭加工成洁净能源技术以及工业洁净煤应用方面都居于领先地位,而且特别重视发展二氧化碳排放控制技术。欧盟、日本等也开发了一些具有针对性的洁净煤技术,其中日本燃煤电厂的排放控制已经达到很高的水平。全球煤炭清洁利用的主要进展如下。

一、煤炭利用效率大幅提升

煤炭在工业化国家主要用于火力发电,因而目前最重要也是最容易最经济有效的二氧化碳减排措施是提升火电厂热效率,燃煤电厂的清洁高效燃烧技术尤其受到重视。据测算,每提升1%的低热值煤利用效率,等于减少2%-3%的二氧化碳排放。使用先进技术将火电厂的热效率由33%提升到40%,可以减少20亿吨二氧化碳排放(相当于印度1年的二氧化碳排放)。目前,超临界发电机组(SC)与超超临界发电机组(USC)、循环流化床燃烧技术(CFBC)都实现了产业化,整体式煤气化联合循环发电技术(IGCC)已有商业应用示范。通过使用煤气化或流化床等先进燃烧技术,不仅可以控制二氧化硫与氮氧化物的排放量,还能降低燃煤发电中每千瓦时的煤炭消耗量,从而实现煤炭的高效利用并达到节能减排的效果。

二、洁净煤技术不断取得突破

洁净煤技术可以解决燃煤在环境方面带来的挑战。洁净煤技术的概念最早由美国学者在20世纪80年代提出,主要是为了解决美国与加拿大边境的酸雨问题。洁净煤技术是煤炭开采、加工、转化、燃烧及污染控制等一系列技术的总称,旨在减少污染物排放和提高能效,其贯穿于煤炭从开发到利用的全过程。作为一套完备的体系,煤炭清洁技术涵盖范围广泛,既包括开采和运输过程中矿区污染控制技术和对煤层气、矿井水、煤矸石的资源化利用技术(从而以绿色开采方式减少固体废物、污水与粉尘排放),也包括煤炭利用过程中的环保技术。

就煤炭利用过程中的环保技术而言,可以大致分为两类:煤直接清洁利用技术和煤转化为洁净燃料技术。煤直接清洁利用技术包括燃烧前的净化加工、燃烧中的清洁燃烧和燃烧后的烟气净化处理技术。燃烧前,应用原煤洗选、型煤加工技术进行适度净化加工,去除煤炭中的杂质,可以提高煤炭利用效率并减少硫化物与烟尘排放。具体来说，一是对煤炭进行脱硫处理，除去或减少灰分、矸石、硫等杂质；二是在散煤中加入石灰固硫剂，将其加工成型，减少二氧化硫和烟尘排放。燃烧过程中，采用流化床燃烧技术和先进燃烧器技术，前者旨在降低燃烧温度从而减少氮氧化物排放，并通过向煤炭添加石灰减少二氧化硫排放量；后者通过改进锅炉、窑炉结构，减少二氧化硫和氮氧化物排放。燃烧后，对尾气进一步做消烟除尘和脱硫脱氮处理，实现环境友好型排放。从实践来看，一些技术如静电除尘器、织物过滤器、选择性催化还原系统、湿法及干法洗涤器和活性炭吸着剂，可以减少 90% - 99.9% 的煤炭燃烧产生的污染物排放。1970 - 1995 年，美国氮氧化物、硫氧化物和粉尘排放降低 82% - 96%，而煤炭消费量反而增加 146%。

煤转化为洁净燃料技术，是在煤炭产业链的下游以煤为原料进行深度化学加工，提高利用效率，从而提升整个产业链的经济效益和可持续发展水平。煤转化为洁净燃料技术主要包括煤的气化、液化技术以及煤气化联合循环发电技术。煤炭气化技术，是在常压或加压条件下，保持一定温度，通过气化剂与煤炭反应生成煤气，从而实现脱硫、除氮、排渣，大大提高洁净度，实现高效洁净燃烧。煤炭液化技术是将煤炭转化为液体燃料，从而起到提高燃烧效率并减少污染物排放的效果。煤炭液化技术分为间接液化和直接液化两种，前者是先将煤气化，然后再把煤气液化，如煤制甲醇，可以替代汽油使用；后者是把煤直接转化成液体燃料，如直接加氢将煤转化成液体燃料，或煤炭与渣油混合成油煤浆反应生成液体燃料。这样既可部分替代石油，也可提高燃烧效率并减轻污染。煤气化联合循环发电技术，是指煤经过气化产生中低热值煤气，煤气经过净化后成为清洁的气体燃料，燃烧后驱动燃气轮机发电，并利用高温粗煤气余热和烟气余热在废热锅炉内产生的高压过热蒸汽驱动蒸汽轮机发电。这项技术既提高了发电效率，又有很好的环保效益。

燃煤发电的烟气也可加以利用。事实上，燃煤发电产生的烟气并非完全有害，也可以变废为宝。电厂烟气为低氧工业废气，以煤炭为燃料的火力发电厂运行会产生大量含氧 4.5% 左右的烟气，其惰性气体（二氧化碳+氮气）浓度高达 95.5%，是很好的防灭火材料。60 万千瓦机组产生的烟气量为 $1.935 \times 10^6 Nm^3/h$，按单个工作面注氮量 $3000 m^3/h$ 计算，可满足 600 个工作面的防灭火使用。研究表明，烟气中有害气体成分在煤表面吸附能力强大。将电厂烟气注入煤矿采空区，能够吸附大量二氧化碳、二氧化硫等,同时还能抑制煤自燃的物理吸氧过程。因此,电厂烟气比氮气更适用于预防采空区遗煤自燃。将电厂烟气注入井下预防自燃,可以减少因大量制氮造成的能源浪费,为企业节省大量资金。

三、超超临界发电逐渐兴起

火力发电是通过水蒸气推动反应炉产生电力。蒸汽温度和压力越高,发电效率就会越高。当温度达到374.15摄氏度、22.115兆帕压力下,水蒸气的密度会接近液态水的密度,这就是"水的临界参数",在这之上即为"超临界参数",温度和气压升高到600摄氏度、25-28兆帕之上就是"超超临界"。超超临界燃煤发电技术有助于电厂达到严格的环保要求。相较于亚临界燃煤机组,超超临界火力发电机组的燃煤温度更高(约760摄氏度),内部压力更大(超过3万千帕),因此发电效率更高。目前全球火力发电能力中,只有10%是超超临界发电。中国和日本是最为主动建立超超临界发电厂的国家,新型发电机组拥有先进的空气质量控制系统,排放出来的空气质量符合中国的严格标准,更高于北美和欧洲的排放标准。美国进步中心(Center for American Progress,CAP)发布报告称,中国能效最高的100家燃煤电厂中,90%以上配备了超超临界技术设备,而美国这一数字仅为0.76%。可见,中国在这一方面步子迈得比美国大得多。

为了巩固超超临界技术带来的能效提高,中国推出了一系列措施。在生产环节,企业开始广泛采用煤炭粉碎技术和大型流化床锅炉。此外,鼓励投资煤热解、煤气化、碳捕集与储存(CCS)等技术,积极推动煤化工产业发展。与美国相比,中国的CCS技术研究已取得一定成绩,但差距尚存。在CCS技术基础上,中国结合本国实际,提出了碳捕集、利用与储存(CCUS)概念,即增加了二氧化碳利用的环节。事实上,电力及工业生产过程中产生的碳排放,近9%可通过CCS技术封存在枯竭的油气田和无法开采的煤层中。而且,相较于亚临界和超临界电厂,在超超临界机组中添加CCS技术设备相对难度更低。

四、日本公司领先清洁煤技术开发

日本电源开发公司(J-POWER)拥有先进的清洁煤技术和全球能效最高、二氧化碳排放量最低的煤炭火力发电厂。该火力发电厂位于横滨,是J-POWER最先进的火力发电厂,最早的1、2号机组分别建于1967年和1969年,发电逾30年后,为配合横滨21世纪计划的氮氧化物减排目标而于 1996 年实施改建，成为总发电量达 120 万千瓦的全新发电厂，其中新 1 号机组和新 2 号机组分别于 2002 年和 2009 年开始发电。新机组采用超超临界技术，将能效提高至全球最高水平并保持高效运转，新机组二氧化碳排放量较过去减少 17%。新机组还采用了日本首创的干法烟气脱硫装置，去除 95% 以上的硫氧化物。通过脱硫装置和电子集尘装置，去除 87.5% 的氢氧化物和 99.9% 的煤粉尘，将对环境的影响降到最低。从投资来看，新 2 号机组建设费约 1000 亿日元，预定 15 年收回成本。投资虽然高一些，但煤炭便宜，运转和维修效率高，综合起来比东京电力公司的天然气火力发电厂成本低 30% - 40%。火力发电厂的最终课题仍是二氧化碳，J - POWER 将通过研发 CCS 技术等继续努力减碳，并尽力将燃料效能提高，减少燃煤用量，争取用 10 - 20 年达到零排放（zero emission）目标。

2017 年 7 月，J - POWER 展示了其新型火力发电厂，该发电厂属于 J - POWER 与中国电力公司合资的公司 CoolGen，它利用煤炭气化、燃料电池复循环发电系统（IGFC）改善煤炭发电产生的污染。传统火力发电厂是用约 700 摄氏度的温度烧煤产生能量，而 CoolGen 的新型火力发电厂用 1300 摄氏度的高温烧煤，并在这一过程中持续打入氧气，使煤炭气化。气化即是将化石燃料转化为一氧化碳、氢气和二氧化碳，其达成条件是必须要在高于 700 摄氏度的环境下，这就是 CoolGen 将火力反应炉温度提高到 1300 摄氏度的原因。一氧化碳和氢气是构成甲醇的原料，可以再次用来发电。在火力发电过程中打入氧气是为了产生气化反应，所以 CoolGen 用来火力发电的是气化后的煤炭，而不是原始的煤炭，其目的就是为了制造出一氧化碳和氢气，降低燃煤可能会产生的二氧化碳量。在燃烧过后，较轻的气体会往上飘，可收集起来，经过冷却、除尘、除硫后，继续用来发电，较重的煤渣则会往下掉，收集起来可用于铺路，从而使煤炭的价值得到充分利用。

日本计划于 2020 年使清洁煤实现商业化。J - POWER 欲将其技术外销，让更多国家可以用更干净的方式产生电力。据统计，新型发电厂的能效比目前日本最先进的发电厂高 30%，现有火力发电厂只能用到煤炭 40% 的热量，CoolGen 的火力发电厂可以用到 55%。另外，比起一般的火力发电厂，CoolGen 能减少 40% 的碳排放。日本计划于 2020 上半年将该技术正式应用于其现有火力发电系统。兴建 CoolGen 发电厂的成本比一般火力发电厂高 20%，但由于煤的价格仅为 LNG 的 50% 和石油的 2/3，因而算起来仍比较划算。

五、煤制氢进展

长期以来，氢被认为是一种清洁燃料，燃烧时唯一的副产品是水。日本和澳大利亚两国正在推进一项 3.5 亿美元的开发计划，把澳大利亚的煤炭转化为最清洁的氢，然后将其液化后运往日本，以满足人口密集的日本日益增长的能源需求。该计划以澳大利亚维多利亚州的大量低质煤储备为基础，如果获得成功，将诞生一个重要的新行业。澳大利亚资源部长马特·卡纳万（Matt Canavan）称，煤制氢产业每年产值可达 20 亿美元。行业游说团体氢理事会预计，到 2020 年，全球氢产业规模将达到 2 万亿美元。氢燃料将取代澳大利亚目前出口的部分煤炭。

企业层面，以川崎重工为首，联合丸红商事、岩谷产业、J-POWER 的一个日本企业联盟参与了该计划。国家层面，日本政府建立了氢能供应链，澳大利亚联邦政府和维多利亚州政府已签署协议，在煤炭资源丰富的拉特罗布山谷的一个旧发电厂开始制氢。澳大利亚的煤制氢工厂将从高压下燃烧煤炭产生的合成气体开始，使其中的一氧化碳与蒸汽发生反应，转化为二氧化碳，并分离出氢气。随后，氢气被加压缩小体积后用卡车运至港口。在港口，氢将被冷却至零下 253 摄氏度，随即运往日本。

汽车制造商非常期待氢燃料的发展，许多车企已经开始氢燃料电池的测试工作，希望生产出能为电动车发动机提供动力的新燃料。澳大利亚预计将于 2020 年下半年向日本出口第一批氢，氢能源经济将在日本成为现实。但是，氢的能量密度比其他燃料小得多，这使其在经济上不如石油和天然气有吸引力。不过，随着人类寻找更清洁燃料的步伐加快，世界各地正在涌现越来越多的产氢项目。需要指出的是，煤制氢工艺也受到了一些批评，因为这需要开采煤炭和处理作为副产品的二氧化碳。据测算，每消耗 160 吨的煤，就会产生 3 吨的氢和 100 吨的二氧化碳。

六、煤炭清洁利用的未来前景

煤炭的未来取决于燃煤污染的控制。煤炭燃烧后的烟气是各种大气污染物的"集中营"，需要采用一系列净化处理技术将其"回收"，以实现二氧化硫、氮氧化物、粉尘等重要污染物的达标排放。在采用先进的清洁高效利用技术的燃煤电厂里，煤炭可以神奇地变为一种清洁能源。例如，采用湿法、干法等烟气脱硫技术（FDG）除去二氧化硫，利用低氮燃烧、选择性催化还原法脱除氮氧化物，采用静电除尘等技术消烟除尘，利用 CCS

技术减少二氧化碳的排放。

CCS 技术的雏形，是 20 世纪 70 年代在美国兴起的用二氧化碳驱油以提高石油采收率的技术。美国能源部化石能源主任安杰洛斯（Angelos）表示，在 CCS 技术攻关方面，美国材料探索、合成、工艺设计同步进行。美国国家实验室、学术界与行业展开合作，西北太平洋实验室主要负责溶剂研究，劳伦斯伯克利实验室主要负责材料研究，劳伦斯利弗莫实验室则负责制造商方面的沟通与探究。同时，美国已经尝试采用先进的技术处理手段，使用机器人实现快速合成和分析。美国能源巨头埃克森美孚认为，在一座 500 兆瓦的发电厂使用 CCS 技术，可以抵消每年数十万辆汽车产生的温室气体排放。① 加拿大的 Boundary Dam 计划（煤电厂碳捕集）从 2014 年努力 4 年后，到 2018 年 3 月捕集的二氧化碳已经达到 200 多万吨，相当于 50 万辆汽车的温室气体排放量。IEA 指出，作为高碳能源，煤炭未来的可持续发展取决于由 CCS 技术演化而来的 CCUS 技术，没有 CCUS 技术就没有煤炭的未来。

煤炭清洁高效利用的发展方向是煤基多产品的联产和最佳耦合。实现煤炭物质流和能量流最佳耦合，推进基地化、园区化、规模化、专业化发展，因地制宜实现煤炭、油气、化工、电力、新能源之间的跨行业合作。煤基多联产与 CCS 技术结合，环境效益更加明显。对于煤炭清洁利用，IEA 洁净煤中心主任明切纳给出了全球范围的时间轴：短期内，采用高效低排 HELE 技术对所有子系统进行评估并做出改进；中长期内，要建立国际合作和创新机制，引领高效、低环境影响技术发展，将煤的利用过程与有发展前景和改进的 CCS 技术关联并结合起来。

第四节　石油的清洁利用

石油生产利用过程存在大量的温室气体排放。全球低碳减排大趋势下，各国政府特别是石油企业也积极推动石油开采及石油化工等相关产业的清洁化。壳牌公司承诺，将 2022 年前公司净碳足迹（NCF）较 2016 年减少 2%－3%，其中包括公司运营产生的直接和间接碳排放，也包括客户

---

① "Molecule by Molecule: How Carbon Capture Cuts CO_2 Emissions," https://energyfactor.exxonmobil.asia/science－technology/how－carbon－capture－cuts－emissions/. （上网时间：2020 年 3 月 10 日）

使用公司销售的能源产品产生的排放。壳牌的长期目标是，到2035年其产品净碳排放减少20%，到2050年减少50%。2020年2月，英国石油公司（BP）新任首席执行官陆博纳（Bernard Looney）通过宣布一则"全新使命"完成了首秀。根据相关公告，BP设定了10个具体目标，希望于2050年或更早时间实现"净零碳排放"目标。2020年以来，宣布"净零碳排放"承诺的油气企业还有挪威国家石油公司Equinor等欧洲公司。美国油企埃克森美孚、雪佛龙等则表示，不会跟风净零排放目标，但将继续致力于减少其自身运营产生的温室气体排放。

一、政府在政策层面的推动

第一，征收碳税和推动CCS技术应用。2017年12月，中国国家发改委印发《全国碳排放权交易市场建设方案（发电行业）》，选择以发电行业为突破口启动全国碳排放交易体系。初期纳入门槛为年度排放达到2.6万吨二氧化碳当量（综合能源消费量约1万吨标准煤）及以上的重点排放单位，首批纳入企业1700余家，排放量超过30亿吨。新加坡于2018年3月通过碳定价法案，从2019年至2023年向所有年排放2.5万吨以上二氧化碳的碳排放大户征收每吨温室气体5元新币的碳税，并于2030年之前上调到10－15元新币，包括发电厂在内的大约40家企业需缴纳碳税。2019年6月，世界银行发布2019年碳定价现状与趋势报告显示，2018年碳定价相关政策措施向好发展，全球共实施或计划了57项碳定价政策，较上年同期的51项有所增长，并涵盖全球约20%的温室气体排放量。2017年6月，中国延长石油集团与亚洲开发银行签署备忘录，由亚行碳捕集与储存基金以赠款方式提供550万美元，支持延长石油集团100万吨/年的CCUS大型项目前端设计与可行性研究，并支持西北大学"国家与地方CCUS技术联合工程研究中心"的能力建设。

第二，取消化石能源补贴。低效的化石燃料补贴有可能造成化石能源浪费性消费，加剧环境污染。近年来，改革化石燃料补贴的势头有所增长。各国意识到，补贴不仅并非必需的政策，取消补贴还会带来好处。据统计，各国政府每年拨款1600亿－4000亿美元对煤炭、石油和天然气的生产和使用进行化石燃料补贴。2013年12月，中美两国在《关于加强中美经济关系的联合情况说明》中率先承诺，在二十集团（G20）框架下参与规范并逐步取消低效化石燃料补贴自愿性同行审议，并逐步取消鼓励浪费的低效化石燃料补贴。目前，中国、美国、德国、印尼、意大利、墨西哥、阿根廷、加拿大等国已经在 G20 机制下对其化石燃料补贴进行同行评审。国际货币基金组织（IMF）估计，取消化石燃料补贴并对其征税（基于空气污染、碳排放和事故使社会承担的成本）可能使全球化石燃料相关碳排放下降 20% 以上。目前，联合国环境署负责监督逐步取消化石燃料补贴的进展情况，并与众多国家、国际组织和非政府组织合作，提出了一种衡量此类补贴的有力方法。2018 年 9 月，可持续发展目标各项指标机构间专家组（由成员国构成，区域与国际机构担任观察员），就联合国环境署与经合组织（OECD）和全球补贴倡议（GSI）一同开发的第一个国际商定的衡量化石燃料补贴方法达成了协议。[①]

第三，推动能效提升。2019 年 11 月 4 日，IEA 发布 2019 年度能源效率报告指出，2018 年一次能源密集度降幅 1.2%，较 2017 年的 1.7% 出现退步，是 2011 年以来降幅最低的一年。2018 年能效相关技术虽在进步，但结构改变有所放慢。2012 - 2013 年，节能中有一定比例来自政策影响带来的结构改善，但自 2014 年起节能均只受技术因素影响，政策措施如交通、建筑用能模式并未随技术进步而改变，这在一定程度上限制了能效改善。不过，能效技术的提升仍使能源相关二氧化碳排放量持续降低，2015 - 2018 年共减排 35 亿吨，约等于日本同期能源相关温室气体排放量。[②] 据加拿大自然资源部统计，2000 - 2017 年，技术创新和运营效率提升使得每桶油砂排放量减少 28%。美国阿贡国家实验室（Argonne National Laboratory）与斯坦福大学、加州大学戴维斯分校的研究发现，从加拿大油砂中提取和提炼的原油，在其使用寿命期间将比美国常规原油多释放 20% 的碳。加拿大环境智库 Pembina Institute 认为，虽然油砂行业正在减少排放强度，但随着油砂矿开采规模扩大以及新增和扩建项目，总排放量还将继续攀升。2018 年，加拿大油砂行业整体排放量约为 7700 万吨，若所有拟议项目获得监管部门批准并建成投产，总排放量可能会升至 1.31 亿吨。

二、企业界积极投身相关技术研发

第一，碳捕集汽车。据美国《福布斯》杂志报道，全球第一大石油公

---

① UN Environment Programme, "Calling time on fossil fuel subsidies," https://www.unenvironment.org/news - and - stories/story/calling - time - fossil - fuel - subsidies. （上网时间：2020 年 3 月 10 日）

② International Energy Agency, *Energy Efficiency* 2019, November 2019.

司沙特阿美正在打造全新一代的碳捕集汽车。这款碳捕集汽车能够将排放的25%的二氧化碳捕集储存起来,从而减少排放到大气中的二氧化碳。这一技术是石油清洁利用的重要创新。全球要求淘汰燃油车呼声高涨,主要就是因为其二氧化碳排放。若燃油车能够实现二氧化碳零排放,或者排放量大幅降低,则各国花费巨大成本去淘汰燃油车就显得很无必要。

事实上,沙特阿美早在2010年就开始研发汽车碳捕集技术,并在短短18个月内设计出全球第一款碳捕集汽车模型。这一技术是在不改变汽车引擎设计的基础上,实现对汽车尾气中二氧化碳的分离和储存。在2012年的一次测试中显示,这款汽车能够将其排放的10%的二氧化碳捕集起来。历经几年改进后,新一代技术能将二氧化碳的捕集比例从10%提高到25%。据悉,全球25%的二氧化碳排放来自于交通领域,如果汽车碳捕集技术持续突破,将是石油业的一大长期利好。

第二,石油化工新科技。近期,埃克森美孚公司推出一项革命性技术,未来有望推进石油化工行业的低碳节能转型。2017年12月,埃克森美孚发布消息称,来自埃克森美孚和西班牙研究机构ITQ的科学家发现了一种新材料,可以减少乙烯生产过程中所需的能源,并减少二氧化碳排放。埃克森美孚称,这一新发现未来有可能引发一场革命。众所周知,石油有两大用途——能源用途和化工用途,而生产乙烯是石油最重要的化工用途,是制造塑料的主要原料。目前石油化工行业常用的乙烯生产方法主要是低温蒸馏法,这一过程会消耗大量能源并产生大量二氧化碳排放。近百年来,科学家们为改进乙烯分离方法进行过各种研究,但分离程度不高一直成为技术发展的瓶颈。而埃克森美孚和ITQ的研究人员发现一种特殊结构的硅沸石(silica zeolite),在适当温度下可利用这种材料将乙烯从乙烷中分离出来。这种新材料名为ITQ-55,因为具有特殊的孔结构,能够像滤网一样让相对平滑的乙烯分子通过,而将圆柱形结构的乙烷分子隔离。这一新材料与其他分离处理技术相结合,可将乙烯分离过程中所需要的能量减少25%,同时减少二氧化碳排放。对这种材料进行改进后,可制造吸附剂或薄膜,在石油化工生产过程中可用其对多种气体进行分离。一旦这种分离乙烯的新技术实现商业化,将改变石化行业延续了近百年的生产方式,带来前所未有的石油化工革命。

第三,石油开采减排新技术。加拿大油气巨头拟实现油砂净零排放。油砂开采是全球能源行业中排放量最高的活动之一。早在10年前,加拿大最大石油和天然气生产商加拿大自然资源公司(CNRL)就开始为降低油砂业务的碳足迹而努力。目前，CNRL 正尝试将新技术应用于油砂业务以降低开采中的污染，雄心勃勃地制订了减排计划，力求最终实现油砂业务净零排放目标。近年来，鉴于油砂原油提取过程中产生大量温室气体，反对生产这种"脏油"已成趋势，CNRL 希望通过技术创新来减少油砂的碳足迹。在持续努力下，CNRL 的温室气体排放强度已低于全球平均水平，2012 年以来其每桶石油温室气体排放量减少 29%、甲烷排放量减少 78%。

第四，油气行业的碳捕集。2017 年，CCUS 技术迎来重大突破。2017 年 10 月，道达尔、壳牌、挪威石油三大国际石油巨头签订协议，三家公司将联合推进全球第一个商业化碳封存设施项目研究。这一合作的目标，是将 3500 万吨工业设施排放的二氧化碳进行封存。道达尔承诺，将其研发预算的 10% 投入到 CCUS 中。如果项目进展顺利，未来有望在全球实现商业化推广。在加拿大，CNRL 主要通过 CCS 技术实现减排，每年能捕获高达 270 万吨的温室气体。CNRL 是全球拥有 CCS 产能第五大的油气公司，自 2014 年以来已将企业温室气体排放量减少逾 20%，并将加拿大艾伯塔省初级重油业务的排放量削减了 72%。

第三章

世界能源互联网发展态势[①]

互联网、先进信息技术与能源产业深度融合，正在推动能源行业的变革。能源互联网是一种将互联网与能源生产、传输、存储、消费以及能源市场深度融合的能源产业发展新形态，成为未来能源系统发展的重要方向。其将打破原先相对独立的不同类型能源的界限，在先进信息技术的基础上形成多种类型能源网络协同高效利用的能源供给、消费体系。

能源互联网将打造能源高效转换、资源高效利用的枢纽，助力清洁能源的消纳利用，形成科学合理、开放透明的能源市场机制，实现供给与需求实时化、智能化匹配，最大限度提高市场效率，从而推动能源开发利用的清洁化、低碳化及高效化转型。数字化是构建能源互联网的重要支撑。数字化技术与能源生产、消费各环节充分融合是实现能源高效转换利用的关键，是能源互联网企业提升决策、管理能力的技术手段，也是市场主体多方协同的中介。

第一节 能源互联网概念

2004 年，《经济学人》杂志首次提出能源互联网（Energy Internet）概念，旨在通过建设大量分布式发电及储能设备，并加以信息化改造，从而提升电力系统的灵活性和自愈能力。2011 年，杰里米·里夫金在《第三次工业革命》一书中提出，能源互联网是能源生产民主化、能源分配分享互联网化的能源体系，是以可再生能源+互联网为基础的能源共享网络，掀起了能源互联网的研究、探讨热潮。总结而言，有关能源互联网的概念主要有以下三个主要观点。

侧重于互联网改造能源系统的能源互联网观点。主要针对能源系统灵活性不足的问题，通过借鉴互联网开放对等的理念及体系架构，对能源系统关键设备、形态架构、运行方式进行深刻变革，实现分布式能源、电动

[①] 本章作者：毛吉康，国网能源研究院能源互联网研究中心研究员，主要从事全球能源治理、能源地缘政治等问题研究。

汽车等接入后海量主体的即插即用和能量信息双向流动。代表为里夫金提出的能源互联网概念。①

侧重于大电网发展而来的能源互联网观点。主要针对能源系统高污染、高排放问题，通过信息通信技术和先进输电技术的融合，构建能源坚强传输网络，实现清洁能源大范围配置与大规模利用。代表为全球能源互联网概念。②

侧重于多能互补、源网荷储协调的能源互联网观点。主要针对能源系统低质量、低效率问题，通过信息技术促进多种能源之间的相互替代和综合优化，以及能源系统上下游之间的协调运行，提升能源系统的效率和安全稳定性。比如，瑞典联邦理工学院的法夫尔·佩罗（Favre – Perrod）等提出了能量集线器（energy hub）的概念，能够实现电能、天然气、热能等多种能源相互转化和存储。

上述有关能源互联网的概念，侧重于从不同角度对能源互联网进行理解，相互之间并无明显排斥。随着能源互联网商业模式的不断拓展，不同观点逐步走向融合，一种更为宽泛的能源互联网概念广泛得到认可。即，能源互联网是一种互联网与能源生产、传输、存储、消费以及能源市场深度融合的能源产业发展新业态。

能源互联网的基本特征可以概括为五个方面：一是具有广泛互联、坚强的电网骨干网架，可以通过电网实现大规模清洁能源的大范围优化配置；二是具有信息与能源深度融合的功能机制，可以通过提高能源系统的可观性和可控性，实现荷—网—源的深度互动；三是具有多种能源互补协调的调节机制，可以因地制宜地通过与燃气、热力、车联网、制冷、储能等系统的互补协调，提升可再生能源的利用比例，并提高能源使用效率；四是具有互联网理念融合下的商业模式创新机制，在能源系统本体之上形成连接消费者、生产者、制造商、运维商等各方，通过业务融合和商业模式创新持续满足用户需求、不断创造新需求的能源生态系统；五是具有支撑用户多元化用能选择的实现机制，通过能源互联、信息互联以及市场交易机制的整体协同，满足用户对多种用能和产销者一体化服务的需求。

---

① 杰里米·里夫金提出了人们可分散自由生产可再生能源并共享的能源互联网发展愿景。在互联网发展理念下，能源互联网的核心设备是电力路由器。

② 刘振亚提出以特高压电网为骨干网架，以输送清洁能源为主导，全球互联泛在的坚强智能电网的全球能源互联网理念。

第二节 能源互联网关键问题

为更好地理解能源互联网，有必要对电网在能源互联网系统中的作用进行分析，也需对与能源互联网紧密相关又存在区别的概念进行辨析，比如能源互联网与全球能源互联网及综合能源服务之间的关系。

一、电网是能源互联网发展的基础平台

电力系统在能源行业中智能化水平最高，智能电网是对能源系统变革的先期探索。能源互联网一定程度上可以看作智能电网向整个能源系统的扩展和进一步互联网化的延伸，电网成为能源互联网发展的基础平台。

（一）电网是远距离大范围能源配置的最优载体，也是大规模可再生能源利用的唯一配置平台

与煤、油、气、热等相比，通过电网进行大范围能源配置，可以实现能源的光速传输，且能够经济、便捷地对潮流进行控制。同时，电网也是能源互联网大规模吸纳可再生能源的唯一接口。能源互联网将实现可再生能源的大规模集中式与分布式开发。电是各种可再生能源共同的、较高效的直接转化产物，电网可同时解决集中式开发带来的大规模远距离传输问题和分布式开发带来的底层潮流快速变化问题。

（二）电网具有其他能源输配网络无法比拟的物质条件，依托电网建设能源互联网是最优途径

能源系统中已形成了多种网络，包括油气管网，煤、油、气的陆运、海运网，电网等。其中，电网互联互通范围更广、配置能力更强、与用户互动潜力更大，网络优势明显。

纵向源网荷储协调和横向多能互补是能源互联网的重要内容。依托电网建设能源互联网，一方面可以利用电的光速传播特性高效实现源网荷储协调；另一方面可以利用电在多能互补的中心位置和电网的广泛互联特征快速拓展多能互补范围。

（三）电网是最具互联网特征的网络，具有良好的互联网应用基础，易实现能源系统与互联网融合

与油气管网相比，一方面，电网最具互联网特征。近乎瞬时的能量传输、海量主体参与、能量产消者与网络间的互动等都与互联网的特点极为相似，这便于将互联网理念引入能源系统，实现能源系统与互联网的深度

融合；另一方面，电网的智能化水平最高，互联网应用基础最好。电网中大量的智能化设备、泛在的信息网络、以及调控中心、数据中心、交易中心等为能源与互联网融合奠定了基础。

（四）电网开展能源增值服务潜力最大

能源互联网以用户为中心，开展多种能源增值服务。电网具有与用户互动多、信息化水平高、跨领域深度融合等特点，开展能源增值服务具有潜力大、推进速度快、服务范围广等显著优势。

用户是增值服务的核心，以电网为平台开展增值服务可以与海量用户迅速建立联系，实现互动，提高用户粘性，并及时发现用户需求，增值服务潜力大。同时，电网也是能源互联网中信息化水平最高的网络，信息的交互可促进能源市场的理性繁荣，从而有效提升增值服务的推进速度。不仅如此，电网还可以通过充电桩与交通系统产生耦合，将增值服务拓展至交通领域；电网也是绿色建筑的重要基础，增值服务范围非常广泛。

二、能源互联网与全球能源互联网

全球能源互联网是由中国率先发起并积极推动的清洁主导、电为中心、互联互通、共建共享的现代能源体系，是清洁能源在全球范围大规模开发、输送、使用的重要平台，实质就是"智能电网＋特高压电网＋清洁能源"。

其中，智能电网是基础，能够适应各类清洁能源的灵活接入，实现源网荷储协同优化、多能互补和高效使用，满足用户多样化需求。特高压电网是关键，能够实现数千公里、千万千瓦级电力输送和跨国跨洲电网互联，全球各大清洁能源基地和用电地区都在特高压电网覆盖范围内。清洁能源是根本，全球主要流域水能、北极风能和赤道太阳能，以及各国集中式和分布式清洁能源将成为主导能源，是实现绿色低碳发展的根本保证。[①]

全球能源互联网的核心理念是：为推动世界能源转型，实现清洁和可持续发展，遵循从高碳到低碳、从低效到高效、从局部平衡向大范围配置

[①] 刘振亚：《特高压电网是构筑全球能源互联网的关键》，新华网，2018年10月8日，http://www.xinhuanet.com/power/2018-10/08/c_1123526056.htm。

的发展规律，立足技术创新，以"两个替代、一个回归、一个提高"为方向①，以全球能源互联网为平台，加快形成以清洁能源为主导、电为中心、全球配置的能源发展新格局，为世界提供更安全、更清洁、可持续的能源供应。

全球能源互联网是各国各类能源互联网的集成和升级，是更大范围、更高形式的能源互联网。国内外"局域"能源互联网是现代智能电网的重要组成部分，构成全球能源互联网的发展基础。随着特高压远距离、大规模输电技术的快速发展和"两个替代"的加快推进，以电为中心的智能电网将不断扩展并替代部分传统油气、供热供冷管网，能源互联网的跨国、跨洲互联进程将明显加快，最终实现全球互联互通，形成广泛覆盖的全球能源互联网（参见表3-1）。

表3-1 能源互联网与全球互联网对比分析

	主要特征	建设重点	实现目标
能源互联网	设备智能 多能协同 信息对称 供需分散 系统扁平 交易开放	能源生产消费的智能化体系 多能协同综合能源网络 与能源系统协同的信息通信 基础设施	物理信息系统融合 区域综合能源管理 清洁能源更大消纳
全球能源互联网	网架坚强 广泛互联 高度智能 开放互动 共建共享 互联互通	跨洲骨干网架 跨国网架 各国智能电网（网源协调、智能用电、信息通信平台）	全球能源发展统筹 以电网为中心 清洁能源为主导

就内容与发展来看，能源互联网是智能电网的自然扩展，全球能源互联网是能源互联网在跨国、跨洲等更大范围互联的集成与延伸，是以包括特高压在内的各国各洲输电网互联互通为特征，最终覆盖全球的综合能源网络。

---

① "两个替代"，即能源开发实施清洁替代，以太阳能、风能、水能等清洁能源替代化石能源；能源消费实施电能替代，以电代煤、以电代油、以电代气、以电代柴、电从远方来、来的是清洁发电；"一个提高"，即提高电气化水平，降低能源强度；"一个回归"，即化石能源回归其基本属性，主要作为工业原材料使用，为经济社会发展创造更大价值。

三、能源互联网背景下综合能源服务发展

随着能源互联网技术、分布式发电供能技术、能源系统监视、控制和管理技术以及新的能源交易方式的快速发展和广泛应用,由能源服务升级而来的综合能源服务,近年来在全球迅速发展,引发了能源系统的深刻变革,成为各国及大型企业战略竞争和合作的新焦点。

综合能源服务是以客户为中心,以现代能源技术和信息技术为工具,通过业务组合、技术创新、模式变革、系统集成等方式满足客户多元化、个性化需求的能源服务。综合能源服务是由企业主体依靠综合能源系统面向终端用能客户开展的新型智能化的能源服务业务。综合能源系统是能源互联网的主要物理载体,是涵盖多种能源的新型供能与消费结构体系。综合能源系统利用现代物理信息技术、智能技术,改变了传统能源系统中不同能源子系统在设计、规划和运行的相互独立情形,将不同能源系统进行耦合,在能源的产生、传输和消费过程中对不同能源系统进行协调,提高能源系统的灵活性。①

国外综合能源服务商通过能源输送网络、信息物理系统、综合能源管理平台以及信息增值服务等媒介,实现能源流、信息流、价值流的交换与互动,从而不断创新经营业务模式。典型的经营业务可分为以下八种类型:

一是综合能源供应。主要指能源企业开展的清洁能源供应业务,例如

---

① 有关综合能源系统的概念参见:Wang W, Wang D, Jia H, et al. A Decomposed Solution of Multi – energy Flow in Regional Integrated Energy Systems Considering Operational Constraints [J]. Energy Procedia, 2017, 105: 2335 – 2341; Samsatli S, Samsatli N J. A multi – objective MILP model for the design and operation of future integrated multi – vector energy networks capturing detailed spatio – temporal dependencies [J]. Applied Energy, 2018, 220: 893 – 920; Zarif M, Khaleghi S, Javidi M H. Assessment of electricity price uncertainty impact on the operation of multi – carrier energy systems [J]. IET Generation, Transmission & Distribution, 2015, 9 (16): 2586 – 2592; Vahid – Pakdel M J, Seyedi H, Mohammadi – Ivatloo B. Enhancement of power system voltage stability in multi – carrier energy systems [J]. International Journal of Electrical Power & Energy Systems, 2018, 99: 344 – 354; Ghatikar G, Mashayekh S, Stadler M, et al. Distributed energy systems integration and demand optimization for autonomous operations and electric grid transactions [J]. Applied energy, 2016, 167: 432 – 448; Chen S, Wei Z, Sun G, et al. Steady state and transient simulation for electricity – gas integrated energy systems by using convex optimisation [J]. IET Generation, Transmission & Distribution, 2018, 12 (9): 2199 – 2206.

风场规划服务,分布式光伏发电等。日本东京电力针对综合能源一体化,发展楼宇能源管理系统、城市能源管理系统等能源管控技术,以能源可视化为手段,促进"电、热、冷、气、水"能源多品种之间的互联互通、协同供应,促进能源多供应环节之间的协调发展、集成互补,尝试能源与信息高度融合的新型生态化综合能源系统。德国意昂集团以能源综合供应为起点,以综合用能方案为前端产品,在对目标客户需求进行科学分类的基础上,形成可同时满足多种需求的综合能源服务体系。

二是清洁微网。以分布式新能源、储能等技术为支撑,在用户端构建"清洁微网",例如冷热电联供微网。清洁微网是欧美综合能源服务商的业务重点领域。美国特斯拉在澳大利亚建设的全球最大锂电池储能项目的储能容量为100MW/129MWh,采用特斯拉商用储能Powerpack系统与Hornsdale风电场对接,建立用户端风能微网系统。

三是节能改造服务。如东京电力针对大客户的一站式节能"服务包":提供各种电价方案和电气设备方案的优化组合;提供全方位的节能协助服务,帮助客户改进设备及生产流程,实现节能降本的目标。美国杜克能源—印第安纳电力公司实施用户能效服务计划:开展用户能效评估,对用户能源系统设备、建筑设计进行节能改造,开展节能知识普及教育。美国数据管理公司,如OPower、Auto Grid,通过自主研发的软件,对公用事业企业、家庭消费者及其他各类第三方能源数据进行深入分析和挖掘,进而为用户提供一整套适合于其生活方式的节能解决方案。

四是用能解决方案。如德国意昂致力于提供创新可靠的能源解决方案、社区解决方案,针对市政、公共、工业、商业和居民等客户,提供诸如小型热电联产、工业能源生产、融资、能源管理、虚拟电厂解决方案及远程维护等能源服务,满足客户能源效率、分布式发电、储存和可持续发展等需求。东京电力针对工业客户提供包括可再生能源发电、通信、供暖、供水在内的建筑物设计、施工、维护等全方位服务,提供涵盖电力、燃气、供暖的最佳能源组合方案;针对居民客户提供电力、燃气组合价格方案,大力推广电炊具、节能热水器等高效电气产品构成的"全电气化住宅"。

五是大数据增值服务。能源企业通过搭建大数据中心、运营数据云平台,开展用能侧的能耗分析、电价比较、能源数据挖掘、电动汽车充电服务、设备智能控制等。东京电力建立数据平台,通过云端用电分析系统收集、分析各平台、设备和用户的信息,着重研发用电信息的大数据分析提取技术,对客户用电海量信息展开模式识别、特征提取、行为分析等研究,建立用户行为档案、提供精准服务;在电工装备技术优势基础上,ABB集团围绕"设备"建立系列用户侧优化方案,并集成到 ABB Ability 云平台,通过工业互联网实现数字化互联、应用,提升用户管理水平和设备性能。

六是商业咨询服务。数据服务企业发挥智能计量、数据资源和专业数据分析等方面的优势,帮助公共事业公司明确客户需求、优化能源服务。美国 C3 能源、OPower 公司基于大数据平台开发双向用户能耗分析工具,帮助公共事业公司了解用户用能情况,合理设计需求响应方案,提供能源投入冗余分析、能耗基准点、电力用户空间视图等服务类应用;通过电气公司向家庭消费者提供耗能信息、能源账单、节能方案及用能管控软件服务等。美国 AutoGrid 公司具有 PB 级的数据分析和预测能力,其依托能源数据云平台(EDP),提供需求响应优化及管理系统(DROMS),凭借实时资源预测、资源优化、自动需求响应、客户通知引擎和事后分析等功能,提供秒前、分钟前甚至周前的用电预测,优化大型工业电力用户生产计划,对用电企业客户进行需求响应。

七是需求侧响应。通过使用智能电表等先进计量及控制装置,引导用户错峰用电。德国意昂提供可控制客户能源使用和自动读数的智能表计,支持能源供应商推出和运行智能测量系统,自动将能耗数据发送给相应计量点的运营商;法国配电公司通过新的 Linky 智能电表,对用户电力使用进行实时监控,并为用户提供更好的供电方案,引导用户错峰用电。杜克能源为居民用户安装空调和水加热装置的负荷控制装置及程序,根据电网负荷调节用电设施启闭,达到调峰目的。

八是电能质量管理。电力企业优化网络运行,对区域内可再生能源的监控、存储、调度,建立能源交易平台,服务新能源的短期甚至即时电能交易。如法国电力公司、德国莱茵集团为应对大量分布式发电设施发展的多样性、离散式并网接入及其发电出力的间歇性,重点开展配电网电能质量治理:一是大力发展可视化配电系统,包括实时测量,按不同时长、等级进行参数测量,并设置不同数值参数,以跟踪系统运行状态;二是加强对配电网系统的控制力,着重对发电出力的控制,进而保证配电网运行的安全性、可靠性及经济性;三是增加配电系统对可再生能源的吸纳能力,以最佳成本解决电网约束的动态管控。

第三节　主要国家能源互联网发展概况

一、美国

美国能源互联网的发展是以智能化的电力网络为核心枢纽，着重多能互补综合能源系统建设，通过能量层面的协同优化，构建一个高效能、低投资、安全可靠、智能灵活的新型综合能源网络。美国政府在政策方面大力支持能源互联网发展，推动国内立法，促进对能源互联网的投资。美国不仅是进行联邦政府投资，还通过政策保障，拉动私人部门对能源互联网投资，确保了资金的充盈和可持续性。早在2001年，美国就提出了综合能源系统发展计划，目标是促进分布式能源和热电联供技术的推广应用，以及提高清洁能源的使用比重。2007年，美国颁布了能源独立和安全法，以立法形式要求社会主要供用能环节必须开展综合能源规划。

美国能源部在2005年通过了《美国能源政策法案》，并在2015年提供了超过10亿美元的贷款，以支持符合要求的分布式能源项目（如光伏、风能、热电联产和储能技术）的发展。2009年制定的"能源部智能电网专项资助计划"拨款34亿美元对智能电网的先进技术进行研究示范，其中6.15亿美元用于启动"能源部智能电网示范工程计划"。另外，美国能源部也提供一定的技术支持，如美国能源部的热电联产技术支持伙伴项目推动了全美国的热电联产、余热发电和区域能源概念和技术的发展。

2008年美国北卡州立大学主持开发了美国未来可再生电力能源传输与管理系统（FREEDM），目的在于将电子技术、大数据分析等信息技术引入电力系统，在未来配电网层面实现"互联网+能源"。FREEDM效仿网络技术的核心路由器，提出了能源路由器的概念并进行了原型实践，传统变压器、断路器将由基于电力电子器件的固态变压器（SST）和断路器（FID）取代，设备之间利用信息通信技术实现对等交互。[①]

FREEDM结构针对的问题是分布式发电大量发展可能引起的电网不适应性，各种分布式电源、分布式储能设备和负载通过固态变压器提供的接口接入系统，各个固态变压器连接的子系统采用并联结构，而其中的FID

[①] SU WenCong，HUANG Alex Q，《美国的能源互联网与电力市场》，《科学通报》，2016年第11期。

国际能源大转型：机遇与挑战

是一种新型电子断路器，可以起到故障隔离的作用，同时还集成了通信单元，可以实现对系统智能开关。

FREEDM 与传统电网的不同在于：传统电网中电能的流向是单向的，即只能由发电厂流向用户。而在 FREEDM 中，电能的流动是多向的，它是一个能源互联网，每个电力用户既是能源的消费者，也是能源的供应者，且用户可以将分布式能源产生的多余电能卖回给电力公司。FREEDM 系统的理念是在电力电子、高速数字通信和分布控制技术的支撑下，建立具有智慧功能的革命性电网构架吸纳大量分布式能源。通过综合控制能源的生产、传输和消费各环节，实现能源的高效利用和对可再生能源的兼容。[①]

FREEDM 构建了区域性能源互联网络（闭环微网）。根据该网络，FREEDM 对能源互联网相关的通信和控制功能进行了测试，研究了相关技术的效率和可靠性，从中选取满足能源互联网通信性能要求（如平均时延等）的通信协议。同时，利用该网络，还进行了新型电力电子器件应用于能源互联网的相关研究，如固态变压器（SST）和智能电子开关等（参见图3-1）。

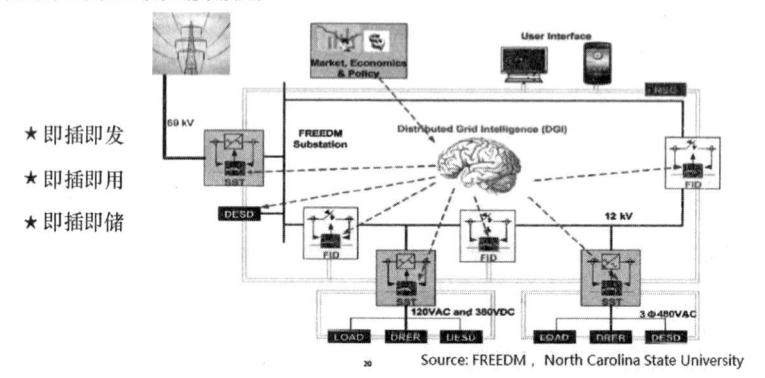

图3-1　美国未来可再生电力能源传输与管理系统（FREEDM）
资料来源：美国北卡州立大学。

---

① 《德国美国关于能源互联网的探索和实践》，北极星电力网，http://shoudian.bjx.com.cn/html/20150623/633010-2.shtml。

美国能源互联网实践工程较为典型的是圣地亚哥煤气电力公司（SDG&E）智能分布式微电网项目。根据加州政府2020年可再生能源发电比例达到33%的发展规划，SDG&E公司面临着高渗透率的可再生分布式能源高效接入电网问题。考虑到智能电网新技术和ICT技术应用的预期价值，SDG&E需要进行电网升级，以适应高比例可再生能源接入后电网的可靠性。为此，该公司提出智能分布式微电网互联发展策略，并开展相关示范项目，比如Civita项目。

Civita是加州圣地亚哥市所属地区，占地230平方英亩。SDG&E计划投资20亿美元实现Civita能源的可持续发展，打造成一个标准化微电网单元。该项目建设充电站、储能设施，安装自动化智能开关、需求响应设备、储能设施，利用能量管理等技术手段，以帮助当地居民实现节能减排、提升电网可靠性。Civita项目已被证明明显提升了区域能源系统的安全性、稳定性、可靠性与灵活性，其中分布式电源的协同可视作虚拟电厂与集中供电互补，提高了系统建设和运维经济型、ICT技术的应用真正实现了多种能源形式的互联供应，体现了未来能源互联网的形式。[①]

Civita项目注重对智能配电网、综合能源系统等能源互联网关键要素和重点领域进行应用实践，开展了FREEDM等典型示范项目，对"能源路由器"等能源互联网先进设备进行探索研发。

美国建立了较为完善的能源市场机制，相关监管体系健全，各种能源系统间互联互通的壁垒基本破除，为不同能源系统的融合发展和多种能源的综合利用奠定了良好基础，能源互联网发展具有较好的市场条件。国家在能源互联网相关技术领域也进行了大力支持。但美国政府能源互联网相关的顶层设计、规划较少，也缺乏国家层面对能源互联网示范项目的支持，商业模式实践由企业根据市场需求进行。当前美国提出"能源现实主义"，大力发展传统化石能源，且在美国页岩革命推动其成为能源净出口国的背景下，短期内其能源互联网发展的市场空间并不大。

二、德国

2000年德国制定了能源转型的政策，目标是使能源利用更加"环保、经济、安全"，这奠定了德国构建能源互联网的基础。为了加强研发活动，

[①] 有关Civita项目及其他美国能源互联网落地项目的详细情况，请参见《能源互联网发展研究》，清华大学出版社，2017年版。

德国联邦经济和技术部在智能电网的基础上启动了"E-Energy——以ICT为基础的未来能源系统"促进计划,提出打造新型能源网络的目标。

E-Energy共投资1.4亿欧元,共包括六个试点地区示范项目,分别由六个技术联盟来负责具体实施。该工程围绕低碳环保、经济节能的目标,开展大规模清洁能源消纳、节能、双向互动等方面的示范工作,促使整个能源供应系统实现全面数字化联网以及计算机控制和监测,充分利用大数据、云计算等信息和通信技术开发新的解决方案,以满足未来以分布式能源供应为主的电力系统需求。它将实现电网基础设施与用电器之间的相互通信和协调。其目标不仅是通过供电系统的数字联网保证稳定高效供电,还要通过现代大数据分析和云计算技术优化整个能源供应和使用系统。

E-Energy的"互联网+能源"体现为三种形式:基于互联网建立了能源电力交易平台,吸引各方参与交易,并将自来水,供热,燃气共同融入智能电网中;在互联网上发布实时电价信息,引导用户参与需求响应;基于智能电表数据分析用户用能行为,使用户了解自身和他人用能情况,激励用户节能;借助互联网模式,开发能源路由器,满足区域内能源交易需求。

E-Energy对能源生产和消费新模式进行了探索。改变以前按需生产的模式,通过E-Energy协调用户实现按照生产情况来进行消费。实践中则是通过将可转移负荷转移到非峰值时间,从而减少峰值负荷。E-Energy还综合考虑可再生能源和电动汽车的影响和应用。根据该计划的安排,2009年至2012年除了进行智能电网实证实验以外,同时还进行风力发电和电动汽车等的实证实验,并对互联网管理电力消费进行检测。其中包括合理调控电动汽车的充电,避免分支电网出现电力负荷。此外,通过智能调控系统,还可以把电动汽车用作备用电源和移动存储器,在用电较少的时段进行充电,在用电高峰时将电力反哺到电网,从而起到削峰填谷的作用(参见表3-2)。

表3-2　E-Energy项目主要研究内容

项目名称	主要研究内容
库克斯港eTelligence项目	综合调节大规模风力发电与供热需求
哈茨可再生能源示范区Reg-ModHarz项目	依靠可再生能源联合循环利用实现电力供应最优策略

续表

项目名称	主要研究内容
斯图加特 MEREGIO 项目	利用多种 ICT 技术实现 CO2 等废气排放的有效控制
莱茵－内卡地区 MOMA 项目	通过基于 OGEMA 软件的网关实现电力市场价格控制及供电
亚琛 Smart Watts 项目	构建由地方电力公司主导的完全自由零售的电力市场
莱茵－鲁尔地区 E-DeMa 项目	加强用户与电力系统互动，使消费者同时扮演能源生产者与消费者（prosumer）

资料来源：丁涛等：《能源互联网及其优化运行研究现状综述》，《中国电机工程学报》，2018年第 38 卷，第 15 期。

德国能源互联网的典型工程为 eTelligence 项目。该项目选择在人口较少、风能资源丰富、大负荷种类较为单一的库克斯港进行。物理结构上，该项目主要由 1 座风力发电厂、1 座光伏电站、2 座冷库、1 座热电联产厂和 650 户家庭组成。典型的调节措施包括：冷库负荷随着电价和风力发电的出力波动进行自动功率调节，真正实现面向用电的发电和面向发电的用电这两者的深度融合；引入分段电价和动态电价相结合的政策；引入虚拟电厂的概念，对多种类型的分布式电源和负荷情况进行集中管理。eTelligence 运用互联网技术构建一个复杂的能源调节系统，利用对负荷的调节来平抑新能源出力的间歇性和波动性，提高对新能源的消纳能力，构建一个区域性的一体化能源市场。

eTelligence 取得了较好的经济效益和社会效益，主要体现在：虚拟电厂的运用减少了 16% 的由于风电出力不确定性造成的功率不平衡问题；分段电价使家庭节约了 13% 的电能，动态电价使电价优惠期间负荷增长了 30%，高峰电价时段负荷减少了 20%；虚拟电厂作为电能的生产消费者，根据内部电量的供求关系与区域售电商进行交易，可以降低 8% - 10% 的成本，以热为主动的热电联产作为电能的生产者实现电力的全量销售，在虚拟电厂的调节下，其利润也有所增加；基于 eTelligence 项目设计的 OpenIEC61850 通信规约标准已被德国业内所认可。

德国是世界上最早发展能源互联网的国家之一。政府大力推动相关技术发展及支持示范项目，众多企业也较早地进行了商业模式创新。德国在能源互联网领域已走在了世界前列，鉴于政府的扶持、技术的创新及市场机制的完善，能源互联网产业在德国将具有广阔的发展前景。尤其是德国注重智能电网技术标准的制定，其 E - Energy 计划便包含了对德国甚至欧盟智能电网相关技术标准的引领。因而,德国能源互联网企业还拥有进军欧洲及世界其它国家能源互联网市场的良好基础。但目前,德国促进能源互联网发展的法规制度尚不完善,包括以市场为基础的发电奖励办法,用于储能技术、网络和信息通信技术的基础设施投资规定、用于数据保护的法律框架。

三、日本

日本能源极度匮乏,高度依赖进口,能源安全形势严峻。提升能源效率、推动能源节约、提高能源自给能力是能源转型发展的首要目标。日本高度重视通过建设能源互联网,推动分布式可再生能源的开发利用,以及包括氢能在内的多能高效转化利用。

日本在能源系统的清洁化、智能化、高效化方面开展工作较早,为能源互联网的建设奠定了建设的基础。能源系统在供给侧和消费侧均快速朝清洁低碳转型,电动汽车、储能、分布式能源网络等新元素发展迅速。

日本能源互联网发展主要表现为打造数字电网。其基本理念为:构建多个包括发电设备、用电方及存储设备在内的单元,利用带IP地址的数字电网路由器(DGR),将这些单元灵活连接在一起。DGR可使模拟电力实现数字化,切断发电设备与用电方的电力联系,从而使发电设备和用电设备从各种电力制约中解放出来,且通过统一数字化,使电力系统与控制信息系统实现虚拟一体化,同时与结算系统实现一体化。日本数字电网完全建立在信息互联网之上,用互联网技术为其提供信息支撑。

电力路由器与现有电网及能源局域网相连,可以根据相当于互联网地址的"IP地址"识别电源及基地,由此就可以进行"将A地区的风力发电电力送往B地区的电力路由器"等控制。在电网因发生灾害而停止供电时,电力路由器之间可相互调度蓄电池存储的电力,防止造成地区停电。[①]

2011年,日本成功展示了"马克一号"数字电网路由器,通过提供异步连接、协调局域网内部以及不同局域网来管理和规范用电需求。多支路的DGR由固态AC/DC/AC变换器组成,能够根据不同需求并随着电网频率的变化适时提升或降低电压。

另外,日本着力打造分布式能源互联网。2011年福岛核事故后,能源安全、停电对应型能源系统等概念受到空前关注,而基于多用户、多类型

---

① 曹军威:《能源互联网与能源系统》,中国电力出版社,2016年版,第57页。

第三章 世界能源互联网发展态势

分布式能源的网络化、智能化应用被认为是应对上述问题的有效解决方案。基于上述理念，东京燃气等大型能源服务商已开展了实证示范，并取得了初步成效。日本分布式能源互联网的推进大多以燃气公司为实施主体，以既有建筑为实施对象，以区域热融通为实施内容，侧重于互联网理念在能源物理层面的渗透。[①]

日本政府在政策、规划层面大力推动城市能源面域利用体系（Area Energy Network）[②]的构建，促进区域分布式能源互联网发展。在2010年政府发布的"新增长战略"中，作为100个战略行动之一，提出要通过能源的面域利用促进需求侧能源有效管理，并开始着手相关法律的制定。同年发布的"能源基本规划"也重点强调了城市和街区层面的能源优化利用，特别是区域内可再生能源、未利用能源的有效利用（参见表3-3）。

表3-3 日本区域能源网络化利用相关激励制度

机构	制度名称	概要
国土交通省	街区再开发事业	补助热源设备、管网、换热器等供热系统的初期投资，最高可为总额的1/3
	住宅街区综合治理事业	补助供热系统初投资及系统设计费用，最高可为总额的1/3
经济产业省	考虑区域特性的能源地产地消促进事业	补助区域能源面域利用可行性研究及战略规划方案制定相关费用；补助基于可再生能源的复合热利用系统示范，最高可为总额的3/4
环境省	面向低碳区域的面域对策推进事业	补助碳减排模拟、区域能源环境规划相关费用，最高可为总额的1/2

千住混合功能区域能源互联网是日本基于能源互联网理念的典型能源工程。该项目是日本经济产业省的实证示范项目，于2011年开始运行。区域范围内主要有东京燃气公司的千住技术中心和荒川区立养老院。项目包含光伏发电、太阳能集热等多种可再生能源利用设备，通过热网和电网实

[①] 任洪波、杨涛、吴琼、高伟俊：《日本分布式能源互联网应用现状及其对中国的启示》，《中外能源》，2017年第12期。

[②] 能源面域利用体系是一种系统性能源利用策略，其有别于过去着眼于个体设备或建筑效率性提升的"单体节能"思维，将城市或区域作为一个整体综合考虑，通过构建区域能源网络以达成系统用能高效化。

现能量双向传输，依靠区域能源中心对各种能源进行综合调度和智能管控，以满足终端用户的多种能源需求。如图3-2所示，能源中心可利用多种热源，通过控制系统为其设置了优先顺序，太阳热优先、热电联产余热其次。同时，在技术中心和养老院间构建了双向热融通网络。实测结果表明，通过构建上述能源网络，区域全年节能13.6%，减排35.8%。

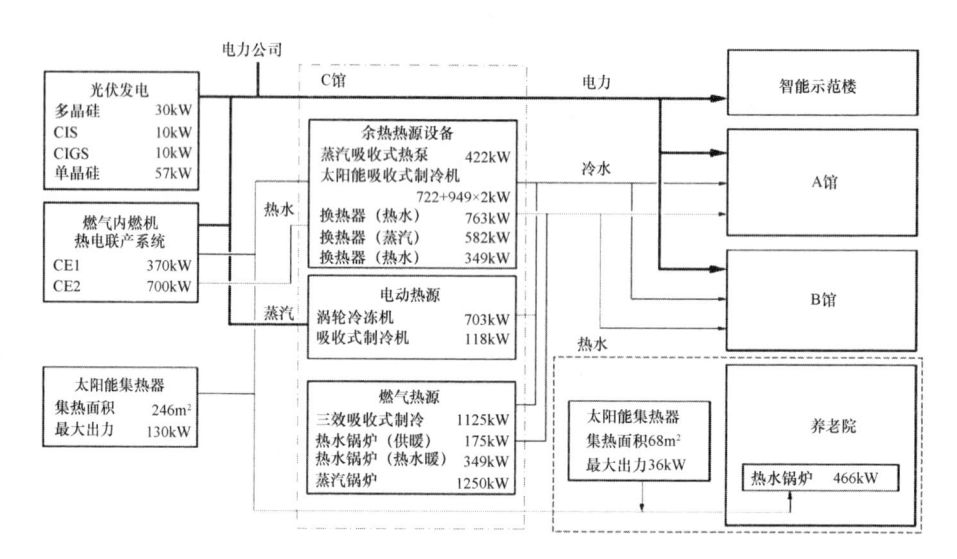

图3-2 千住混合功能区域能源互联网

日本国土面积狭小，能源资源禀赋较差，因而其能源互联网建设着眼于区域综合能源系统。日本注重区域热电耦合网络的发展，利用电能促进终端多种能源间的综合高效利用，取得良好节能减排效果。但日本政府缺乏对能源互联网发展的顶层规划，实践中多是燃气企业开展能源互联网业务，电力及新能源企业以及互联网企业较少开展相关业务，制约了其能源互联网产业的全面发展。

第四章

全球气候治理与国际能源转型[①]

在全球气候变暖态势明显、环境容量日益趋紧的背景下，应对气候变化与可持续发展成为国际社会的重要共识，在国际政治经济议程中占据愈发重要的位置。作为温室气体排放最显著的行业部门，能源在全球气候条件约束下成为本轮绿色发展浪潮中的焦点与支柱，以低碳化为主要特征的第三次能源转型已逐步清晰，成为国际能源体系可持续发展的主要驱动力。

第一节 新一轮能源转型与气候治理进程的联系与相关性

当前，国际能源体系正处于由煤炭、石油等化石能源向可再生能源等清洁能源过渡的阶段，绿色化、低碳化成为全球能源发展的新主题，被国际社会视为通往第三次能源转型的窗口期。

一、第三次能源转型及其特点

总体来看，人类社会已经经历了两次得到广泛认可的能源转型进程。第一次能源转型的重要特征是人类完成了从依靠自然火到利用人工火的能源技术突破，宣告了以柴薪为主要能源的植物能源时代的到来[②]，初步解决了生活中照明、烹饪、取暖等方面基本用能需要。随着人口增长、经济规模扩大，柴薪等植物燃料已难以满足人类社会快速增长的能源需求。在蒸汽机等重大创新逐步拉开第一次工业革命的序幕后，煤炭的开发、利用规模不断扩大并在18世纪成为全球主导能源，这也标志着人类社会进入了由植物能源向化石能源的第二次能源转型阶段。伴随着内燃机等技术普

[①] 本章作者：王际杰，国家应对气候变化战略研究和国际合作中心CDM和碳市场管理部助理研究员，主要从事应对气候变化与碳交易、国际碳交易机制、低碳发展等问题研究。

[②] 朱彤：《能源革命的概念内涵、国际经验及应注意的问题》，《煤炭经济研究》，2014年第11期，第11页。

及,石油成为驱动工业经济增长的重要能量来源,并于20世纪60年代超越煤炭在全球一次能源消费结构占比达到首位,意味着"煤炭时期"正式步入"石油时期",确立了以油气等化石能源为主导的国际能源格局,在全球经济增长与繁荣中扮演重要角色。然而,随着经济发展对能源需求的持续上升,人类对化石能源枯竭的担忧与日俱增,"石油危机"频发使能源供给安全和建立多元化的国际能源体系成为国际社会关注的核心议题;同时,伦敦烟雾事件、洛杉矶光化学烟雾事件等生态环境问题频发引发了有关化石能源环境影响的广泛讨论,探索更为清洁、高效的能源利用模式成为新诉求,第三轮能源转型也正是在该背景下拉开了帷幕(参见表4-1)。

表4-1 历次全球能源转型主要特征[①]

阶段	时期	主要能源类型	潜在影响
第一次能源转型	第一次工业革命前	柴薪	农耕文明
第二次能源转型	煤炭时期 1820年-1966年	煤炭	工业文明
第二次能源转型	石油时期 1967年-2000年	石油	更高程度的工业文明
第三次能源转型	2001年至今	可再生能源	绿色低碳可持续发展模式

发展以可再生能源为代表的清洁能源是第三轮能源转型的核心,体现出国际能源体系从"高碳"到"低碳"的总体导向。作为一种不会枯竭的环境友好型能源,可再生能源主要是指最近100年左右以某种方式依靠阳光而生成的能源,包括风能、阳光、地热、水能等类型[②]。人类对可再生能源的认识可以追溯到数千年以前。例如,风能在航海、农业灌溉等领域的应用,但受技术水平等因素制约,可再生能源始终无法成为支撑经济活动的稳定能源来源。在20世纪后半叶,发展可再生能源作为缓解环境恶化、丰富能源供给的有效解决途径,逐渐开始吸引国际社会的关注。其

[①] 作者根据相关材料整理。

[②] [美]丹尼尔·耶金:《能源重塑世界》,石油工业出版社,2012年9月版,第469页

中，水电在全球范围内发展较快，消费量由1965年2.08亿吨油当量增至2000年6.01亿吨油当量，增幅近190%①，成为电力系统的重要组成部分。相比之下，光伏、风电等新兴可再生能源受经济成本较高、生产稳定性不足等缺陷影响，产业发展相对缓慢，对改善国际能源结构作用有限。

新兴可再生能源迎来高速发展期是在进入21世纪以后，这也可被视为第三次能源转型的起点。基于历史消费趋势（参见图4-1），光伏等新兴可再生能源利用在2000年后急剧增长，从2001年至2018年其全球消费量年增长率保持在12%~18%；若考虑水电在内，2018年可再生能源占全球能源消费的比例约10.9%，成为新增能源消费的重要来源。同时，可再生能源生产也实现了高速增长（参见图4-2），2018年可再生能源（含水电）发电量约占全球总发电量的25.1%，是电力系统的关键组成部分。

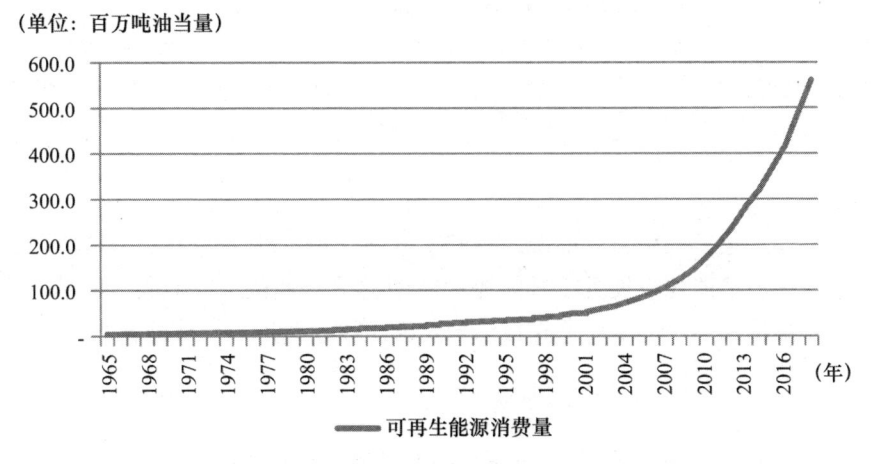

图4-1 国际可再生能源历史消费情况（不考虑水电）

资料来源：英国石油公司（BP），Statistical Review of World Energy，2019年6月。

全球可再生能源投资规模总体呈现上升态势（参见图4-3），尤其是光伏、风电行业，年新增投资额近年来保持在千亿美元规模，成本收益结构快速改善，体现出各方对新兴可再生能源产业发展前景的认可。在此背景下，光伏发电装机由2000年651兆瓦增长至2018年48.8万兆瓦，风电装机由2000年的1.7万兆瓦增至2018年的56.4万兆瓦，产业规模初步

---

① 数据来源：英国石油公司（BP），Statistical Review of World Energy，2019年6月。

(单位：GWh)

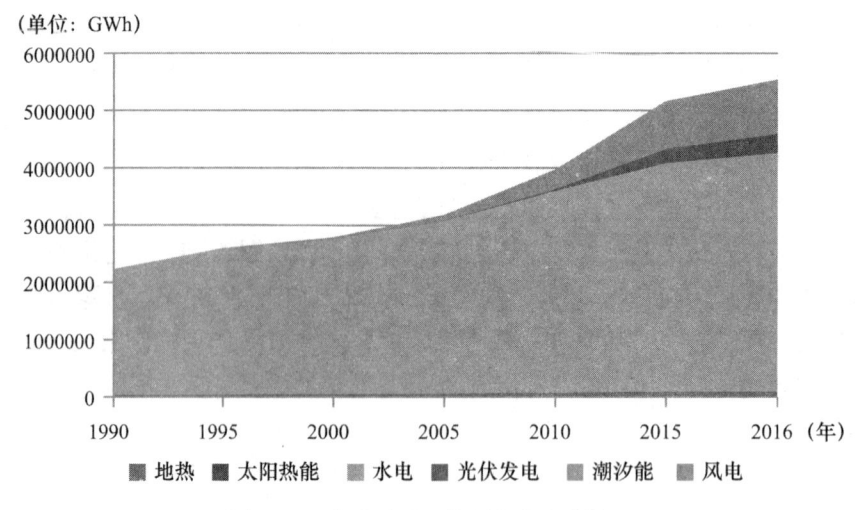

图4-2 全球可再生能源电力生产情况

资料来源：国际能源署（international energy agency），https://www.iea.org/statistics/?country=WORLD&year=2016&category=Renewables&indicator=RenewGenBySource&mode=chart&dataTable=RENEWABLES。（上网时间2019年8月）

显现[1]。

根据上述新兴可再生能源发展趋势，结合欧、中等主要经济体将可再生能源等清洁能源发展置于其能源战略中的关键地位，以低碳、清洁、高效为特征的第三次能源转型正成为国际能源体系演进与变革的新方向。

二、全球气候治理进程演进

气候变化问题自20世纪后期开始引起国际社会的重视，并逐步从科学层面上升至国际政治经济议事日程，成为全球经济与环境治理领域最具影响力的议题之一。世界气象组织和联合国环境规划署于1988年共同建立了政府间气候变化专门委员会（IPCC），旨在准确评估全球气候变化相关科学问题，为应对气候变化政策决策提供科学支撑。根据IPCC第五次评估报告，人类活动产生的温室气体很可能是造成全球气候变化的最主要原因，控制人为温室气体排放是全球气候治理的核心目标。鉴于温室气体排放外部性特征显著，单一国家或地区难以通过自身行动有效缓解温升趋势，这也使得多边进程是解决该问题的唯一路径选择。

---

[1] 数据来源：英国石油公司（BP），Statistical Review of World Energy，2019年6月。

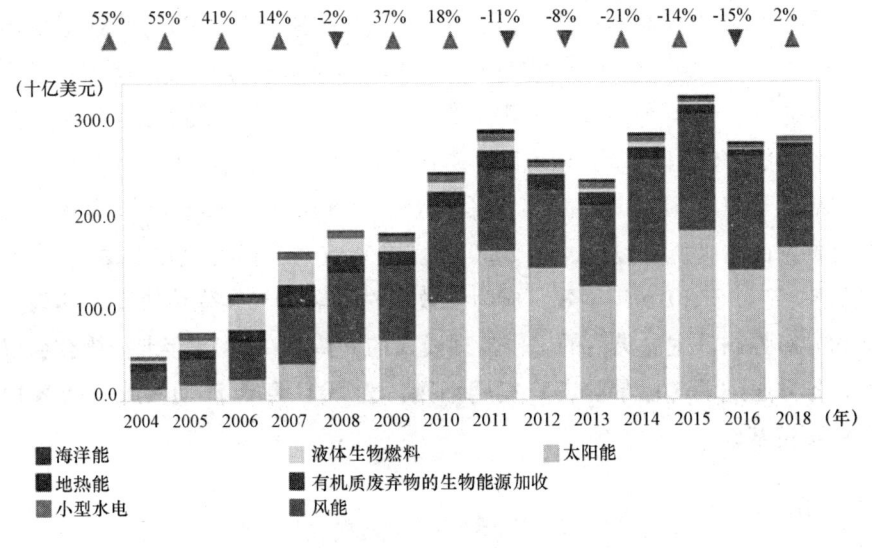

第四章　全球气候治理与国际能源转型

55%　55%　41%　14%　-2%　37%　18%　-11%　-8%　-21%　-14%　-15%　2%

图 4-3　全球可再生能源年度新增投资情况

资料来源：国际可再生能源机构（international renewable energy agency），https://www.irena.org/financeinvestment。（上网时间 2019 年 8 月）。

从治理机制演进历程来看，联合国始终是国际社会合作应对气候变化的主渠道（参见表 4-2）。1992 年联合国环境与发展大会通过《联合国气候变化框架公约》（下称《公约》），确立了全球应对气候变化的基本制度框架，明确了应对气候变化行动的目标、原则等关键要素，指出"承认地球气候的变化及其不利影响是人类共同关心的问题"[1]，为开展气候领域多边谈判提供了平台，正式开启了国际应对气候变化政治进程。《公约》于 1994 年正式生效，缔约方迄今已达 197 个，得到了国际社会的广泛认可。经过多轮谈判，各方在 1997 年《公约》第 3 次缔约方大会（京都会议）上通过了《京都议定书》，根据"共同但有区别的责任"等原则制定了有差异的量化减排目标（附件一国家），形成了"自上而下"的强制减排机制安排，对 2020 年前全球应对气候变化行动作出统筹部署，具有较强法律约束力。该协定虽因美国拒绝批准等因素而延迟到 2005 年才正式生效，但却对应对气候变化由理念到实施的过程产生巨大影响。此后，国际气候变化谈判一度陷入"瓶颈期"，虽然各方在适应资金等具体问题上取得一定进展，但就实施《京都议定书》第二承诺期等关键问题始终无法达成共

---

[1] 联合国：《联合国气候变化框架公约》，1992 年。

识,备受瞩目的《哥本哈根协议》缺乏必要的法律约束力,后续形成的《多哈修正案》至今仍未获得足够缔约方的批准以正式生效,这均在一定程度上迟滞了气候变化多边进程。为凝聚共同应对气候变化的国际共识,各方在2015年就以"自下而上"模式为核心的《巴黎协定》达成共识,初步确立了以"国家自主贡献""全球盘点"和"透明度框架"等为关键制度要素的治理机制设计,对2020年后全球应对气候变化行动做出安排。《巴黎协定》于2016年生效,成为生效耗时最短的气候变化协定,体现出缔约方对强调自主、灵活的气候治理模式的支持。在2018年卡托维兹会议上,各方通过了《巴黎协定》实施细则,为2021年起启动实施《巴黎协定》奠定基础。

表4-2 联合国气候变化多边进程重大事件概览

年份	文件/成果	主要特点
1992年	联合国气候变化框架公约	应对气候变化多边框架 主要目标、基本原则、国家分类等 "自上而下"治理机制
1997年	京都议定书	量化减排目标(2020年前行动框架)
2001年	马拉喀什协定	明确《京都议定书》实施相关具体事项
2007年	巴厘路线图	明确后续谈判模式、时间安排
2009年	哥本哈根协议	就《京都议定书》第一承诺期后续安排达成政治协议
2011年	德班平台	推动提高2020年前减排力度的同时,明确2015年达成一份2020年后全球气候变化行动安排的法律文件
2012年	多哈修正案	《京都议定书》第二承诺期相关事项
2015年	巴黎协定	2020年后全球应对气候变化行动框架、机制安排等内容
2018年	《巴黎协定》实施细则	"自下而上"治理机制 除第六条等个别事项外,明确实施《巴黎协定》各条款的具体方式

可以看到,全球气候治理进程呈现波动中前进的态势,反映出应对气候变化的必要性与紧迫性在全球范围内具有高度共识,但有关应对模式、制度设计等仍存一定争议。根据《巴黎协定》,"把全球平均温升控制在前

工业水平的2℃以内,并将努力把温升限定在1.5℃内"① 成为维护全球气候安全的新要求,在《京都议定书》基础上进一步强化了治理目标。总体来看,《京都议定书》与《巴黎协定》是迄今在《公约》框架下形成的有关全球气候治理安排最具里程碑意义的协定,为一定时期内全球温室气体减排行动提供了具有可操作性的制度安排与解决方案。

三、新一轮能源转型与气候治理进程的联系

第三次能源转型与应对气候变化是引导和推动全球进入绿色低碳可持续发展时代的主要着力点,两者虽在目标、实施路径、驱动方式等方面各有不同,但它们之间却具有较强的协同性与内在联系,这从两者发展进程中可以得到直观体现。

相对于可再生能源等清洁能源在进入21世纪后才得到充分重视而言,气候变化问题在20世纪后半叶即得到了广泛关注。20世纪70年代以来,罗马俱乐部《增长的极限》等研究成果的陆续发布,在不断夯实气候变化科学基础的同时,也促使资源环境等条件约束下人类社会发展问题得到政、商、学界关注,推动了全球应对气候变化科学进程,应对气候变化与可持续发展理念在全球范围内广泛传播,推动联合国在90年代初通过了有关气候变化问题的国际法律,并在随后较短时间内达成了具有实际操作价值的《京都议定书》,传递出21世纪绿色低碳发展将成为时代主题的明确信号。"巧合"的是,可再生能源等清洁能源自21世纪伊始即进入高速发展期,主要经济体能源政策开始侧重于推进可再生能源产业发展,能源企业、金融机构等相关方也逐渐视清洁能源为主要投资对象。若将哥本哈根会议(COP15)和巴黎会议(COP21)会议作为此后国际气候谈判进程的阶段分界点(参见表4-3),不难发现国际气候谈判进展与绿色能源转型进程呈现出较强的正相关关系,在国际气候谈判氛围良好、有利于达成强有力的减排协议的时期,可再生能源产业往往更容易获得有利的发展条件,政府与市场投入规模相对较大;当国际气候谈判陷入僵局、甚至关键轮次会议达不成预期结果时,可再生能源发展信心与动力将受到负面影响。具体来说,哥本哈根会议未按当时国际社会普遍期望形成具有法律约束力的成果,而同期可再生能源领域投资也在经历快速增长阶段后,逐步呈现出衰退迹象,年投资额连续出现下滑;相比之下,巴黎会议前谈判氛

---

① 联合国:《巴黎协定》,2015年。

围逐渐好转、缔约方围绕2020年后全球气候治理安排展现出较强主动性，中国、美国、法国等大国积极开展双边气候外交、发表多份联合声明，促进各方对如期达成具有法律约束力的协议形成乐观预期，推动同期可再生能源投资额达到历史最高水平，而在《巴黎协定》通过、生效后，该领域投资额也基本维持在历史较高水平。

表4-3 气候变化多边进程与可再生能源发展进程比较

阶段	国际气候谈判形势	可再生能源发展形势
1992年~2001年	持续加强，由政治共识到实施阶段	受重视程度急剧提高
2002年~2010年	保持谈判热度，直至哥本哈根会议成果不及预期	前期投资稳步增大，哥本哈根会议后投资有减缓趋势
2011年~2014年	第二承诺期谈判进展有限，2020年后安排成为谈判重点	资本投入相对保守，随着《巴黎协定》预期明确有所企稳
2015年至今	先后达成《巴黎协定》和《巴黎协定》实施细则	协议达成后投资再次达到高峰，此后维持在较高水平

可以看到，绿色能源转型和全球气候治理进程在推进节奏和关键时间点上高度契合，呈现出互相促进、互相推动的态势，凸显了两者发展逻辑上的内在联系（参见图4-4）。具体而言，各缔约方在全球气候变化治理框架下经谈判磋商，将整体温室气体减排责任有效分解；在国际减排义务约束下，各方确定了相应的国家减排目标，并结合各自国情制订减排方案、选择减排路径与措施，在能源、工业、交通等部门以低碳为导向做出必要的调整，碳排放成本内部化成为政策与商业的重要着眼点，"碳"的价值逐步得到重视并持续具体化，显性的"碳"价格既可直观体现在碳排放权交易、碳税等碳定价机制中，也可反映在不同能源市场价格的变化中，"碳"约束下化石能源生产与消费成本将随之上升，可再生能源等清洁能源的成本收益结构则普遍得到改善，这无疑加强了可再生能源的竞争力和吸引力，为其产业规模扩张、技术研发等提供了更优的发展条件，促进该产业实现高速增长，逐步形成化石能源利用规模下降、清洁能源利用规模上升的格局，从而逐步基于能源消费结构等领域调整实现经济增长与碳排放脱钩，满足国家应对气候变化目标的需要。同时，这也意味着能源与经济低碳化进程同期推进，清洁能源消费比例持续上升与第三次能源转

型导向一致，服务于国家非化石能源等发展目标的实现。不难发现，"碳"是应对气候变化和绿色能源转型之间联系的纽带，低碳化的共同导向使得两者在发展阶段上呈现出"同期共振"的现象，即气候约束越强绿色能源转型速度越快，可再生能源产业发展越好，国家和国际气候目标越易于实现。

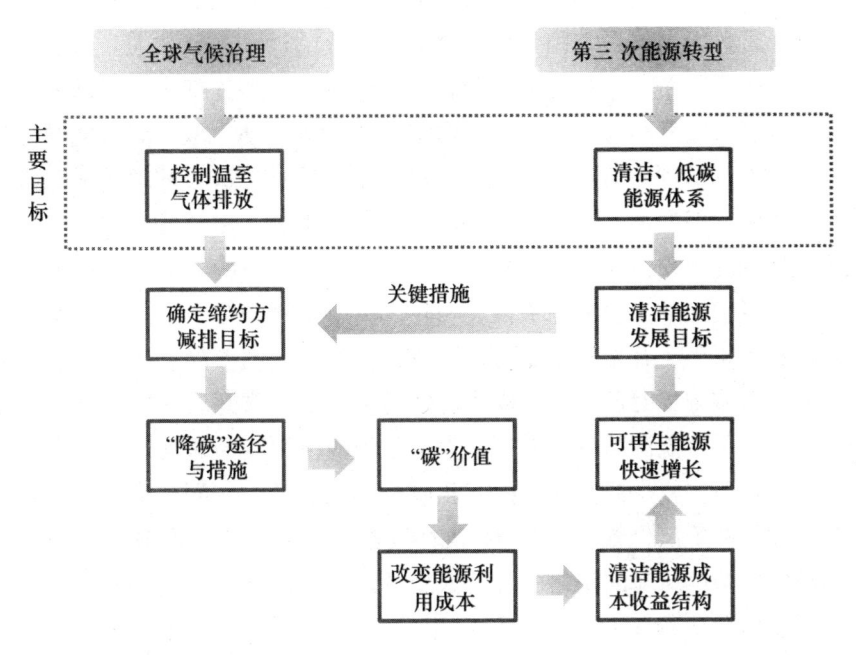

图4-4 应对气候变化与绿色能源转型联系示意图

基于上述有关两个进程演进历程的梳理，应对气候变化与绿色能源转型出于对低碳化的共同诉求，在发展趋势、内在逻辑等方面具有较密切的联系，进一步理清两者之间的互动机制、分析两者对国际政治经济的影响方式，对于判断两者未来发展态势以及可能产生的国际影响具有重要价值。

第二节 第三次能源转型与全球气候治理互动机制

一、政治层面

气候变化与能源议题在国际和国内政治进程中呈现出不同特点，反映出两者差异化的治理思路。首先，相对能源转型而言，应对气候变化往往是更具政治影响力的全球治理议题。一方面，考虑到气候变化显著的外部性影响，任何国家和地区都难以仅通过内部措施而独善其身，随着全球温升趋势的加剧，气候变化对能源、基础设施、粮食、水等方面的负面作用不断显现，极端天气频发更是能够在短期内对局部经济民生产生直接冲击并引发严重社会问题，甚至影响到部分国家或地区政局稳定，有关降低气候变化负面影响、维护本国气候安全的国内政治诉求不断加强。虽然其对不同国家或地区负面影响程度有所差异，但鉴于必须依靠集体行动才可能有效改变全球温升趋势，共同开展温室气体减排行动、携手应对气候变化符合各方共同的利益诉求，也是其为数不多的选择，这为推动在全球范围内形成广泛参与的温室气体减排政治框架奠定基础，使其成为在以主权国家为主体的国际政治经济体系中，能够对独立性较强的国家行为体形成明确责任义务约束的多边治理平台。相较之下，受制于各国或地区能源资源禀赋、技术水平、开发利用能力、经济条件等方面的差异，各方在能源领域共同利益基础相对薄弱，形成普适性的国际共识或开展一致行动的挑战较大，多边平台能源治理的主题更集中于跨境能源商品流动、主要商品价格等市场环节，较少涉及敏感的能源政治领域。另一方面，虽然有关气候变化科学性的争议仍然存在、"气候怀疑论"等观点仍时有耳闻，但从防范地球气候系统风险的视角出发，依然可以发现国际社会中任何国家或地区均无法承受气候变化加剧可能产生的灾难性影响，这也使其更类似于"黑天鹅"事件，为了保证人类社会延续、维护子孙后代的生存权益，各方基于底线思维等考虑也会将应对气候变化作为理性的选择，强化了国家间在解决该领域主要问题上的共同意愿，进一步提升气候变化在国际政治议题中的优先级，使其成为多、双边合作的重要领域与切入点，并逐步将其政治影响扩散到金融、贸易、物流等其他相关国际政经议题上。

其次，能源转型在国内政治中的影响力相对更强。相对于国际政治分议题、多渠道的治理方式而言，国内政治更倾向于同时追求涵盖政治、经济、民生等领域在内的综合性、全局化的发展目标，低碳发展与应对气候变化是其中一个维度。考虑到气候系统的复杂性，气候政策往往呈现出宏观指导取向，着眼于中长期温室气体减排形势，在设定阶段性整体温室气体减排目标的前提下，多为温室气体排放重点部门或地方政府开展减排行动的要求与建议。虽然碳排放权交易机制等政策工具创新强化了气候政策的微观指导，但总体来说对产业、企业等中微观层面行为主体直接指导仍是气候政策相对薄弱的领域。相比之下，能源作为关系各国国计民生的支柱产业，其政治影响渗透到经济社会运转的方方面面。能源是关乎经济运行、民生就业、环保和应对气候变化等领域的重要部门，能源安全、能源产业结构、发展目标等均是高层政策决策所关切的问题，政府部门在综合经济增长、节能降碳、稳定就业等领域需求的基础上，根据能源产业基础与潜力，统筹平衡地制定短期乃至中长期能源战略规划，对能源行业做出总体部署、确定实施方向。在此指导下，围绕煤炭、石油、天然气、电力、可再生能源等具体能源子行业的产业规划得以研究出台，提出子行业发展目标、调整方向、区域协调等方面具体要求，提供产业政策工具，各地市也普遍基于总体规划与行业规划制定阶段性能源发展规划、实施方案等配套政策，将国家总体目标进行具体分解。相关能源企业、行业协会、研究机构等相关方则在各类战略规划指导下开展具体工作，落实宏观决策内容。这也使得能源政策相比气候政策更具实际可操作性，对经济社会方方面面影响更为直接，从而促使能源系统转型更容易得到各层级政治决策者的关注。

最后，绿色能源转型进展和潜力与主要经济体国际气候变化政治倾向密切相关。若将国内政治与国际政治联系在一起，各方国内绿色能源转型政治共识形成情况对其参与全球气候治理的态度具有明显影响，反之各方有关通过气候变化多边进程塑造其国际形象的考虑也对其国内能源政策选择产生影响。考虑到绿色能源转型与应对气候变化的正相关性，一国若具有较强的绿色能源转型意愿并就该议题达成了广泛政治共识，其参与全球气候治理的立场普遍相对更为积极，出于增强规模效益、联合研发技术等考虑，强化国际气候变化行动既能够满足其国内低碳能源产业外向型发展需求，也能够保证其国内政治诉求与国际气候政策取向的一致性。若国际绿色能源转型损害了其国家和能源产业利益，一国可能在国内缺失相应政治推动力的同时，也较可能消极参与全球气候治理进程，甚至迟滞谈判进程、产生负面作用。此外，若一国希望通过在全球气候治理领域发挥领导作用以完善其国际形象塑造、提高其国际话语权，往往会提出相对更有力的气候变化国际承诺，这就要求内部将绿色能源转型等确定为优先政策选项，形成一定的"倒逼"机制。

二、治理目标层面

总体来说，应对气候治理与绿色能源转型所追求的宏观目标具有高度一致性、协同性。

一是"去碳化"是两者关注的核心指标,气候治理旨在降低全球范围内的温室气体排放,力争缓解工业化进程对全球气候条件的负面影响,推动各方在全经济范畴内开展温室气体减排行动,实现总体温升控制目标;而第三次能源转型的主要目标在于能源结构清洁化、多元化,保证能源供给足以支撑经济增长的同时,兼顾人类社会延续、维护所需的生态环境,发展可再生能源等清洁能源产业、建立低碳能源体系是同时实现两方面要求的主要选择,顺应应对气候变化总体导向。

二是两者均关乎营造人类社会可持续发展的未来。有关全球经济繁荣期人类社会发展可持续性的反思是促成两个进程出现、演进的重要背景,反过来两者也是对全球可持续发展诉求的有力回应,在国际社会中获得广泛认可。可以说,两个进程的宏观目标不仅仅局限于完成对温室气体排放、清洁能源比重等具体发展要求,更在于通过相关改革措施将人类社会发展模式引入包容性增长的轨道,平衡、协调好经济社会运行相关领域诉求、促进共同发展,在重视当代人经济发展的同时关注代际公平问题,实现全人类的可持续发展。

三是两者均关注人类环境和健康的价值。与以人均收入、社会稳定等政治经济指标作为判断人类生活条件的思路不同,两个进程更强调经济活动等对环境与健康的负面影响,以及其对经济社会发展构成的挑战。一定意义上,两个进程将环境与健康问题纳入人类社会发展的宏观框架内,推动将环境质量、水资源安全等相关指标纳入有关人类生活条件的评价体系中,促进各方重视环境与健康的价值,体现出较强的道义与人文关怀。

四是两者均强调相关方广泛参与。与主要依靠国家推动完成重大系统性变革或转型的传统模式相比,应对气候变化与第三次能源转型更重视跨国公司、国际组织、非政府组织等相关方在塑造与推动进程发展的价值与作用,其目标从设计到落地体现出多元性、促进性等特征。考虑到气候变化涉及经济社会方方面面,绿色能源转型也需要能源生产、消费、传输、储藏等方面进行重大调整,无论是气候系统还是能源系统均具有较高复杂性,以两者为出发点培育、发展绿色经济不仅需要壮大新兴绿色产业,也需对原"高碳"产业进行淘汰、升级等结构调整,涉及经济、社会等诸多领域成本,所需资金、资源规模巨大,仅依靠国家财政既难以满足高昂成本需要,也不足以保障进程的可持续性与推进效率,引入相关方分摊或降低政府成本是其必要的选择。因此,两个进程在制度设计上均体现出足够的开放性、包容性，让相关方诉求得到有效表达、体现，促进多方协同做出贡献，提高治理目标的可行性。

三、实施层面

首先，考虑到能源活动是全球温室气体排放最主要的来源，全面推动能源系统清洁化是实现气候变化目标的根本途径，也是各方实现减排目标的必要条件。能源消耗始终是全球温室气体最主要的来源，仅电力生产部门2016年碳排放即占全球总排放的42%[①]。自气候治理政治进程出现以来，以低碳理念推进能源结构性改革始终被视为最为可靠的解决方案。基于各国根据《巴黎协定》要求提交的国家自主贡献目标文件，不难发现所有缔约方均将强化非化石能源地位作为其实现2030年国家减排目标的关键，一方面，主要经济体普遍在减排条件约束下设定了2030年非化石能源发展量化目标，相较于林业等其他行业目标而言，是其阶段性减排举措取得预期效果的重中之重；另一方面，国家自主贡献文件均涉及了其非化石能源发展思路以及主要政策举措，明确风电、光伏、水电等可再生能源产业发展等相关安排，阐释了各自低碳能源建设相关工作思路，足见将绿色能源转型作为应对气候变化主要解决方案在全球范围内已经成为"常态"。以应对气候变化立场较为积极的欧盟为例，其在2008年通过了《2020气候和可再生能源一揽子计划》，着手实施气候与能源一体化政策，设定了2020年可再生能源比重、能效提高比例、温室气体减排比例等系列目标，结合成员国实际国情将可再生能源总体目标分解为具有约束力的国家目标以保障落实；2014年欧盟公布《2030年气候与能源政策框架》，在2020年目标基础上进一步提高了可再生能源发展、温室气体减排等目标，强调打造更具竞争力、安全和可持续的能源体系，凸显能源转型在其实施气候战略与政策中的重要地位。

同时，也应注意到国际气候治理机制对于推动可再生能源发展目标落实的促进作用，尤其是在提供经济激励方面。以《京都议定书》授权开展的清洁发展机制（CDM）为例，该机制旨在鼓励符合条件的国家开展减排项目，经有关核证程序后能够获签相应数量的减排单位，并可出售给附件一国家等用于履行减排承诺，该机制在降低购买方履约成本的同时，为卖

---

① 数据来源：国际可再生能源机构（international renewable energy agency），https://www.iea.org/statistics/co2emissions/。（上网时间2019年8月）

出方即项目业主带来一定经济回报，在碳价相对较高的时期，能够有效改善项目成本收益结构。考虑到水电、风电、光伏等可再生能源项目在CDM机制实际运行中占据的主导地位，相关项目普遍获得了可观的资金支持，对优化项目营运条件产生积极影响。

其次，无论是应对气候变化还是绿色能源转型，其中前期运营实施普遍由政府部门主导推动。该特点既与两者具有的外部性特征直接相关，也受制于相关市场主体难以自发地确权与定价。必须认识到，明确能源转型与气候变化目标是实施两个进程的起点，鉴于该目标所具有的战略性、长期性与全局性，以及其对原有资源配置模式可能产生的重大影响，政府部门是承担该职责最适合的选择，在保证宏观决策平衡性的同时，也具有足够的权威性。同时，考虑到在起步阶段可再生能源产业等低碳能源产业技术成熟度较低、规模较小，且发展前景不明朗、经营环境不完善，企业建设清洁能源设施承担的商业风险较高，财政补贴、税收减免、融资便利性等形式的政策支持能够分担相关企业风险、促进更大规模企业"试水"清洁能源、推动技术创新与经营模式改善，培育低碳能源发展基础与产业规模，确立绿色能源转型总体导向。与具体的能源系统相比，应对气候变化的框架与实施路径更依赖政府设计，界定拟重点采取气候治理举措的业务和具体范畴，向相关部门、市场主体等传递明确的政策信号，将"碳"约束切实分解到相关领域，塑造绿色市场体系与社会低碳意识。

然而，考虑到绿色能源转型与应对气候变化所需资源巨大、所涉主体繁多，相对资源有限、配置效率不足的政府部门来说，有效发挥市场作用、激活市场主体活力仍是保证两个进程目标实现的必要途径。基于各主要经济体推进绿色能源发展的情况，普遍均在产业具有一定规模和技术储备后，减少政府资源的支持、强化低碳能源行业市场竞争的属性、推动能源市场化进程，激励企业通过技术创新、优化经营等手段改善低碳能源成本收益结构，使其能够与煤炭、石油等传统能源商品竞争，从而以市场获利空间为吸引力拓展市场参与范围，以新兴投资机会为契机助推低碳能源商业化进程；同时，考虑到低碳能源生产相对分散化的特点，市场化的运作模式为企业、家庭、个人等各层级潜在生产者与用户提供了联络与交易的平台，满足低碳能源转型实施进程所呈现的"多中心"诉求，调动各相关方积极性与创造性，逐步使市场资金在低碳能源发展中扮演更重要的角色。与之类似，在公共资金渠道以外，气候变化解决方案中日益强调市场机制的重要性，通过设计碳排放权交易市场等市场制度安排，将温室气体排放权打造为交易商品并提供了市场流通渠道，将气候资金主要由政府向市场流动的模式逐步调整为"高碳型"市场主体向"低碳型"市场主体流动的模式，将"碳"成本纳入企业成本收益核算的同时，激励各类市场主体开展低碳商业改造与创新。可以发现，在具体实施的过程中，绿色能源转型与应对气候变化在路径选择上趋同，既需要起步期政府部门提供指导与支持，也需依靠建设完备市场制度解决资源配置需求，同时，两个领域的政策与市场间的互动呈现较强的协同性。

综上所述，应对气候变化与第三次能源转型在政治影响、治理目标、实施路径等方面具有较强的同向性，呈现出应对气候变化侧重于宏观导向、第三次能源转型侧重于具体实施的特点，前者的国际政治影响力更强，后者在国内政治议程中具有重要地位，两者在国内具体实施过程中互补。在一定意义上，气候变化多边进程为第三次能源转型营造了良好的政治基础与外部环境，绿色能源转型进程也服务于气候治理目标落实并为气候变化多边进程注入信心。

第三节 气候治理新阶段下的能源转型进程

2020年，全球气候治理体系将逐渐从"京都时期"（以《京都议定书》为主导的全球气候治理阶段）过渡到"巴黎体制"（以《巴黎协定》为主导的全球气候治理阶段），新时期气候治理模式、目标、驱动力等将发生较大调整，该形势也将对能源转型进程产生一定影响。

一、"巴黎体制"下的变化与影响

一是治理模式方面的变化。与《京都议定书》"自上而下"地规定缔约方减排义务与目标不同，《巴黎协定》下各缔约方自主决定其减排目标，具有鲜明的"自下而上"的特点。一方面，相对而言，《巴黎协定》的参与性、促进性明显提高，《京都议定书》下仅附件一缔约方等具有强制减排目标、其他缔约方不承担具体减排义务，鉴于各方均需按照《巴黎协定》要求向《公约》秘书处递交其国家自主贡献文件，其至少应承担国家自主贡献文件中承诺兑现的应对气候变化义务，实质意义上引导所有相关方投入到应对气候变化工作中来，优化了全球气候治理分担机制、提高了进程的可塑造性。另一方面，考虑到"自下而上"模式在执行层面面临较高协调成本等问题，在提升制度灵活性的同时，确保各方国家自主贡献目标得到落实的难度增大，对其他缔约方违约等方面的担心可能导致国际社会加强气候行动力度的意愿和能力削弱，影响绿色能源转型的政治推动力。

二是国家减排目标与气候治理预期目标之间存在差距。实施《巴黎协定》的核心目标在于实现2℃甚至1.5℃的全球温升目标，这就要求各方自主制定的国家温室气体减排目标能够反映其最大努力，保证缔约方集体减排力度与预期目标相匹配。若部分缔约方国家减排目标制定过于保守，不仅将无法有效约束其国内行业企业温室气体排放活动、降低化石能源消费比例，还将影响以严格标准制定减排目标的缔约方对气候变化多边进程有效性的信心，出于国家利益的考虑这也将降低其进一步提高减排力度的意愿，影响国际社会携手应对气候变化的动力，使"自下而上"模式的实施效果大打折扣。根据联合国环境署评估，现有的国家自主贡献中各方减排承诺距离2℃温升目标的要求仍有明显差距，各方必须尽快加强气候变化行动①。可以说，促进缔约方提高减排力度、弥补排放差距是"巴黎体制"面临的关键问题，为其实施带来一定的不确定性。

三是重塑经济激励机制的难度较大。市场机制是促进缔约方以较低成本实现减排承诺的重要机制安排，"京都时期"以CDM为代表的市场机制在为可再生能源类减排项目带来可观的经济收益的同时，促进了附件一国家减排目标的实现，对落实《京都议定书》产生了积极效果。《巴黎协定》第六条也对新时期市场机制建设做出了原则安排，但在有关具体条款细化实施的谈判中各方尚未达成一致，这也使其成为《巴黎协定》实施细则通过后遗留下的未决事项，一定程度上增大了利用市场机制完成国家自主贡献目标的政策风险。同时，市场机制实施效率的关键在于供需关系，尤其是需求侧，"巴黎体制"下市场需求应基于缔约方减排目标的严苛程度、兑现国家自主承诺的意愿等条件，若缔约方减排目标相对宽松、履约意愿不强，将使新的市场机制因需求不足等问题而陷入低效运行的困境，经济激励效果不明显，不足以有效激发全球开发减排项目的积极性。

四是国际气候政治形势趋于复杂。虽然《巴黎协定》如期通过并快速生效，但围绕兑现2020年前气候变化承诺、加强2020年后气候行动力度等问题各方仍存在较大争议，部分国家在应对气候变化原则立场上的调整进一步加剧了形势的复杂性。2017年6月，美国总统特朗普宣布美国将退

---

① UN Environment，Emission Gap Report 2018，2018年11月。

出《巴黎协定》,作为全球最大的经济体与主要碳排放大国,美国应对气候变化立场对国际气候治理长期保持较强政治影响力,在推动达成《巴黎协定》的过程中发挥了重要作用,其现计划退出《巴黎协定》的立场变化不仅削弱了其自身主动减排的意愿,使其兑现国家自主贡献目标面临威胁,拖累"巴黎体制"下气候治理目标的实现;同时,此举也将在一定程度上影响其他缔约方对以《巴黎协定》为核心的气候治理路径的信心,产生潜在政策风险与不确定性。面对该挑战,多数缔约方积极表态支持气候变化多边进程,以欧、加等为代表的发达经济体和以中、印等为代表的发展中经济体普遍重申落实《巴黎协定》的坚定立场,展现出携手应对气候变化的决心和责任担当,在全球气候治理格局中与美方等持相对消极立场的缔约方形成鲜明对比。

二、气候治理新阶段绿色能源转型展望

全球气候治理即将进入以《巴黎协定》为核心的新阶段,作为与此密切相关的改革进程,第三次能源转型也可能呈现出新特点与新趋势。

一是全球气候治理仍将促进能源转型提速。虽然特朗普政府宣布退出《巴黎协定》等事件为新时期全球气候治理带来不确定性,但考虑到防范气候风险的灾难性后果仍是国际社会的共识,加强应对气候变化行动的宏观趋势并未受到根本影响。可以预见气候变化在未来一段时间内仍将是多边、双边渠道的重要议题,也是国际政治议程中的关键事项。考虑到应对气候变化与本轮能源转型的正相关关系,该趋势将为绿色能源转型营造出相对良好的政治氛围,保持能源转型的政治推动力。

二是绿色能源转型将有力支撑全球气候治理。国际低碳可持续发展态势不仅与各方应对气候变化政治立场与多边气候进程相关,也与清洁能源产业发展具有密切联系。在经历了近20年的高速增长后,全球可再生能源产业规模已十分可观,装机量与消费量逐年攀升,已成为国际能源结构中的关键组成部分;同时,得益于规模效益、技术进步等因素,光伏、风电等可再生能源生产成本连年下降,在很多国家和地区已经具备了和化石能源进行自由市场竞争的能力,新兴分布式利用模式的发展也扩展其应用范围,提供更大的差异化竞争范围,商业化条件与水平较21世纪初已经有了明显改善。可观的既有产业规模使国家能源政策选择、能源企业发展战略等产生了一定的路径依赖效果,剧烈调整政策导向与发展方向的可能性不大;日趋增强的市场竞争力则将促进市场主体自发加大投入,以期获得市

场竞争优势并获得超额利润。考虑到绿色能源转型对应对气候变化目标的一致性，可再生能源产业发展的"惯性"与潜力有望打造具有较强政治话语权的产业群体，在落实能源转型目标的同时，影响各国应对气候变化的政策选择，降低各方气候政策出现反复或后退的可能性，支撑国际社会应对气候变化事业向前推进。

三是气候领域政策风险可能使能源转型进程短期承压。鉴于无法完全避免国际气候谈判暂时陷入僵局、主要经济体气候政策大幅后退等可能性，全球气候治理势头可能短期内有所减缓。该类事件若发生，可能导致气候领域相对消极的政策信号传递至与其关系密切的绿色能源转型进程中，进而导致相关政府部门、行业企业等选择相对保守的短期经营策略，影响当期产业规模增速与资本投入。

四是《巴黎协定》实施将为能源转型提供新机遇。随着2018年《巴黎协定》实施细则的通过以及2020年的到来，《巴黎协定》的实施将为能源转型提供更广阔的空间。一方面国家自主贡献目标为多轮滚动加强的模式，这也使得各方面临的气候约束条件将日益趋紧，从而促使其进一步加强可再生能源发展，为其提供更多政策支持、营造更有利的产业外部环境，有利于相关行业企业以较优条件获得资金等必备资源，推进清洁能源项目落地；另一方面，鉴于《巴黎协定》下各方均不同程度地承担了减排义务，相较于发达经济体长期在可再生能源领域的投入而言，发展中国家与地区推动绿色能源转型的潜力与空间较大，有望成为全球可再生能源产业新的增长点，进一步扩大清洁能源市场规模，在为相关行业企业提供更多商业机会的同时，也为国家间清洁能源合作建设了新的桥梁与渠道。

总的来说，以《巴黎协定》为核心的全球气候治理新阶段有望为第三轮能源转型注入新动力，虽然气候变化多边进程仍存在一定的不确定性，但总体趋势发生剧烈调整、甚至逆转的可能性较低，随着《巴黎协定》实施的不断深化，绿色能源转型进程有望在全球气候约束条件不断强化背景下持续提速，与全球气候治理进程一道支撑构建人类命运共同体，打造人类绿色低碳可持续的未来。

第五章

能源转型对国际能源政治的影响[①]

能源政治是围绕能源权力及相关问题展开的国际政治互动,是国际政治的重要内容。政治环境、地缘安全、能源价格、能源通道等属于影响能源政治的外在因素,能源结构、能源体系则是内在因素,是决定能源政治形态的基本前提,对能源政治的变迁具有根本性影响。从历史上看,能源转型最直接、最根本的表现是影响能源结构和能源体系,而能源结构调整必然导致能源政治调整。从目前来看,新一轮能源转型已经在某些方面产生了相当大的影响,正在推动包括社会、经济、政治在内的世界能源体系转型,也正在对国际能源政治产生实质性影响。

第一节 国际能源政治的历史演变及特点

同能源安全、能源地缘政治、国际能源关系、能源外交等概念相比,国际能源政治在能源话语体系中被提到的概率并不高[②]。当人们讨论能源政治问题时,更关注安全、外交、政策等方面的实践活动,并不太关心能源政治的实质、驱动机制、运行状态、互动效应等理论问题。但是,当我们研究国际能源政治变迁的历史,特别是研究新一轮能源转型对国际能源政治的影响时,就不得不涉及这些方面。过去两个多世纪以来,能源转型对国际能源政治的许多深层问题都产生了重大影响,是某些国际政治重大事件的根本驱动因素。

一、国际能源政治发展的几个阶段

人的生存离不开能源,对能源的争夺伴随人类社会发展的全过程。人类社会早在大约 80 万年前学会使用火,但此后直到 18 世纪工业化之前的

[①] 本章作者:韩立群,中国现代国际关系研究院世界政治研究所副研究员,主要从事世界政治等问题研究。

[②] 叶兵等:《中国能源地缘政治研究进展》,《资源科学》,2017 年第 6 期,第 1037~1047 页。该文梳理了过去近 15 年以来国内大部分研究能源政治的学术论文,尽管题目界定为地缘政治,但从其综述可以明显得出本文中的结论。

国际能源大转型：机遇与挑战

漫长时间里，主要使用柴薪、煤炭等两三种燃料①，不同族群、部落、王国之间可能因为争夺这些能源进行战争或结盟，支配剩余能源越多的部落或王国就越容易发展起来。能源与权力的正相关关系越来越紧密，能源政治内容开始越来越丰富，地位越来越重要。工业化促成了能源的大规模利用和全球性转移，国家间围绕能源的竞合更趋频繁，现代意义上的国家间能源政治开始出现。从历史上看，能源政治的演变基本是随着能源结构的转换进行的。从煤炭时代开始，国际能源政治大致可以分为以下几个阶段。

（一）煤炭时期

这一时期围绕煤炭最典型的互动可能出现在欧洲，特别是英、法、德、俄等国之间，煤炭成为重要的外交资源和国际战略武器，显著体现出化石能源的稀缺性和地缘性特征。第一次工业革命起源于英国，与英国廉价、充足、高质量的煤炭资源有很大关系。法国煤炭储量只有英国的1/8，品质也比较低，不得不进口煤炭，从资源方面制约了法国工业水平高速发展。德国依靠鲁尔区和占领的阿尔萨斯及洛林地区大量出产煤炭，支撑经济高速发展，也是其发动对外侵略战争的工业基础。俄国早期煤炭产量较少，在欧洲的扩张和在亚洲的战争受到了煤炭供应不足的制约。欧洲国家将煤炭作为重要的战略工具来使用，英国曾通过限制对俄出口优质煤来压制俄国扩张，一战后，法国将占领德国鲁尔区和要回阿尔萨斯、洛林地区作为限制德国再次崛起的重要手段。可以说，煤炭和蒸汽机推动工业革命，后者塑造了19世纪的世界政治。二战后，欧洲围绕煤炭的政治互动发生重大变化。1951年欧洲六国围绕煤炭和钢铁生产组成煤钢共同体，欧洲开始走向联合。目前，虽然煤炭仍在一次能源消费中占据重要位置，但全球性的煤炭政治互动已经并不多见了。

（二）围绕石油的早期争夺

随着19世纪后期汽油、柴油内燃机相继发明，石油在交通运输中的作用迅速凸显。到一战前，欧洲国家的军用和民用装备都已经开始大规模转向内燃机提供动力，石油与军事实力、经济发展紧密联系起来。巧合的是，英国和德国作为欧洲战场上的两个主战方，虽然自身都大量生产煤炭，但当时却都不大量开采石油，需要大量依赖外部石油供应。双方为确

---

① Vaclav Smil: *Energy _ Transitions. History, Requirements, Prospects*, Praeger, 2010. pp. 2 - 3.

保自身能源供应、切断对方能源供应展开激烈竞争，既包括战场上的直接对垒，也包括对石油产区、运输通道的战略争夺，成为现代石油政治的早期雏形。二战时期，许多战役的展开完全由能源因素决定，各方围绕石油展开的竞合比一战时期更为复杂。特别需要指出的是，这一时期部分大型能源公司开始参与到国际石油政治中来，进一步丰富了能源政治的内容，美、英、荷等国在伊朗等地的石油争夺，很多是通过石油公司开展的。同煤炭相比，石油生产中心远离政治中心，关于石油的争夺首先是对土地和通道的争夺，石油政治的地缘性更加明显。可以说，对化石能源的争夺，是当今世界地缘政治的重要塑造因素，对20世纪和当前的世界政治产生重大影响。

（三）两次石油危机后的国际能源政治

二战中列强对全球能源争夺的结果决定了战后20多年的世界能源格局，世界石油生产、流通、定价基本由几大西方石油公司控制，背后是国家力量的支持。1973—1974年、1979—1980年全球接连出现两次重大石油危机，重创了西方经济，也重塑了国际能源格局，能源安全问题成为各国内政外交中的重要议题。能源工业的国际化促进了全球能源工业的发展，并对当今全球政治经济体系的运行产生了重大影响。[①] 全球性和地区性能源政治活动更加活跃。国际能源政治开始成为显学，能源地缘政治成为经久不衰的话题。

（四）21世纪以来的国际能源政治

受整个国际政治大气候的影响，能源、环境、发展、治理等领域的交叉性问题被广泛纳入国际能源政治，21世纪的国际能源政治范围更加广泛。如果说20世纪的国际能源政治是以能源问题为主的"纯能源"政治，那么现在的国际能源政治则是涉及能源问题的"复合型"政治。

二、当前国际能源政治的主要特点

（一）国际能源政治的驱动机制

稀缺性和地缘性是驱动国际能源政治的根本原因。化石能源在全球的生产与消费并不均衡，但又要在全球进行分配。作为一种不可再生又必不可少的稀缺资源，各国不得不通过政治、经济、军事等各种手段进行竞争

[①] ［俄］斯·日兹宁：《国际能源政治与外交》，强晓云译，华东师范大学出版社，2005年版，前言第1页。

与合作，以获得持续不断的能源供应。这两大特点确保了国际能源政治的发生和连续进行。此外，化石能源还有明显的外部性特征，即能源的生产与消费过程会产生负的外部效应，化石能源消费产生排放，生产流通过程还可能导致腐败、战争和其他环境污染等，要解决这些问题往往需要开展国际合作，从而推动国际能源治理发展。

（二）国际能源政治的主要客体

按照不同的视角可以归纳出不同的客体。按照能源流通的过程，可以分为能源消费国、能源生产国、能源过境国。按照参与者的性质，可以分为国家、国际组织、跨国公司等。如果从发展视角着眼，则可以分为发达国家、发展中国家和欠发达国家。

（三）国际能源政治的主要互动方式

国际能源政治的核心是包括资源权、通道权和市场权等在内的能源权力，石油生产国和消费国都需要争夺这三项权力。近年来，国际社会还提出以公平、环保、可持续等需求为目标的能源发展权，事实上是更高层次的能源安全。各类客体争夺能源权、发展权的方式有所不同，也随着国际政治的发展不断演变，从发起战争、秘密谈判到公开的政治交换、市场竞争，再到多边治理、规则标准等方式，总体趋势是越来越文明，但也越来越复杂隐蔽。就像所有政治活动一样，各国有时是为争夺能源权主动开展活动，有时则是被动根据形势变化作出因应，后一种情况往往更加普遍。

（四）影响国际能源政治演变的主要因素

一是能源结构的变化，包括能源结构的整体性变化或某一种能源的大幅调整，比如石油取代煤炭成为主要能源、页岩气大规模开采、可再生能源大规模利用属于前者，两次危机后国际油价告别低油价时代则属于后者，两种情况都可能对国际能源政治造成十分显著的影响。二是国际政治经济格局的变化，比如欧共体成立、中国的改革开放、冷战结束、"9·11"事件等均对国际能源政治格局产生重大影响，当前国际力量对比东升西降、国际能源生产中心和消费中心移动，也对国际能源格局产生重大影响。三是国际政治主题的调整，最为明显的例子是近三十年来国际气候政治的发展，对国际能源治理产生了重大影响。

（五）国际能源政治的发展趋势

当前，国际政治格局加速调整，新一轮产业革命方兴未艾，从政治和技术两个层面推动国际能源政治进入新一轮剧烈调整期。从国际政治角度看，中美关系不确定性、中东地缘政治再动荡都可能深刻影响国际能源政治的互动结果；从能源本身看，化石能源生产与消费结构也在发生重大变化，正在对驱动能源政治的根本动力产生影响。

第二节 新一轮能源转型发挥影响的途径

主要能源的基本性质是国际能源政治内容和方式的决定性因素，国际政治经济格局和政治主题是背景，各类客体在这两大约束条件下展开政治互动。能源转型发挥影响，要在当时的国际政治经济条件下，主要通过能源结构的调整来发挥作用。

一、通过普遍性的能源结构调整，对国际能源政治调整产生根本性影响

历史上看，石油取代煤炭成为主要能源后，才出现了现代意义上的国际能源政治，凸显能源结构转换对国际政治的根本性影响，改变能源结构是能源转型影响国际能源政治的前提。能源结构指能源总生产量或总消费量中各类一次能源、二次能源的构成及其比例关系。目前化石能源在一次能源中占主要位置。2018年，石油、天然气、煤炭分别占全球一次能源消费的33.6%、23.9%和27.2%，水电和可再生能源发电分别仅占6.8%和4.08%[1]。本轮结构调整，主流观点认为可再生能源占比将超过化石能源，成为主要能源。当前占比越小，未来调整空间就越大，产生的冲击性效应也就越大。目前，这一替代趋势已经显现出来。截至2018年年底，可再生能源发电量已经占到全球新增发电总量的70%，占全球总发电量的33%以上，占最终能源消费总量的约18.1%[2]。到2050年，全球将增加12太瓦的发电装机量，需要大约13.3万亿美元新增投资，其中77%将用于可再生能源。风能和太阳能是当前全球2/3以上地区最便宜的能源。到2030年，风能和太阳能几乎在所有地区都开始替代煤炭和天然气的份额。到2050年，燃气发电每年仅增长0.6%，仅用于为市场提供备用电力和灵活性，而不再是发电主体。[3] 在某些地区，这一交替已经提前实现。2018

---

[1] BP：*BP Statsitical Review of World Energy*，2019.
[2] REN21：Renewables Global Statues Report，2019.
[3] 彭博新能源财经：《2019新能源展望》。

年，德国可再生能源发电占比逾40%，超过煤电的38%①，2019年上半年该数据继续蹿升至44%②，同煤电的差距进一步拉大。即便是在能源结构相对落后的印度，可再生能源发电相比煤炭的优势也在迅速扩大。据彭博新能源财经统计，过去两年，印度可再生能源发电成本平均下降50%，新建风能和太阳能发电项目批发电价比现有燃煤电厂的平均价格低20%③。

二、通过地区性和行业性差异产生影响

一是地区性差异。由于发展阶段、重视程度等方面差异，不同国家和地区在能源转型中的进展不尽相同，很可能会造成明显的国际政治影响。从全球看，中、美、欧是可再生能源投资最多的地区，2018年分别新增投资912亿美元、485亿美元和612亿美元，但其他国家和地区远小于这三国，比如亚洲（除中印之外）、美洲（除美国）、非洲分别新增投资442亿美元、98亿美元和154亿美元④。2012年之前，欧盟一直是推动可再生能源发展最积极的地区。受大规模投资推动，2005—2017年欧盟可再生能源占比增长约1倍，2017年可再生能源占欧盟国家能源消费总量的17.5%，目前已有11个欧盟国家实现2020年规划目标，其中瑞典可再生能源消费超过54%，德国预计2030年实现65%绿色电力⑤。与之相比，日本作为发达国家在可再生能源上的力度明显不高，根据日本公布的"第5次能源基本计划"，2030年可再生能源发展目标仅为22%-24%，远低于包括欧洲在内的其他发达国家。这种差异使得中美欧在市场规模、技术储备、运行模式等方面都远远超过其他国家，预示着未来的能源政治可能主要在三者特别是中美之间展开。二是行业性差异。交通、发电、加热制冷是化石能源应用的三个主要用途⑥，目前可再生能源进展主要集中在电力部门，

---

① 《能源趋势：2018年德国可再生能源发电量占比超过40%》，https://www.energytrend.cn/news/20190108-61586.html。（上网时间：2019年10月11日）

② 新浪网：《德国可再生能源发电占比再创新高》，https://finance.sina.com.cn/roll/2019-07-05/doc-ihytcerm1489635.shtml。（上网时间：2019年10月11日）

③ 《印度煤电经济性不敌可再生能源》，《中国能源报》，2018年2月12日，第3版。

④ REN21：Renewables Global Statues Report, 2019, p.150.

⑤ 《欧盟可再生能源占比逐年增加》，《中国能源报》，2017年4月10日，第7版。

⑥ 化工是化石能源资源的另一个重要用途，但主要是作为资源而非能源使用。

供热、制冷和运输方面的增长远小于发电。2018 年，只有 47 个国家有可再生能源供暖和制冷的目标，而拥有相关监管政策的国家从 21 个降至 20 个。由于不同行业背后所涉及的利益集团、对外关系存在明显差异，也将产生不同的政治影响。比如，可再生能源发电可能通过跨国电网对国家间关系产生影响，太阳能光伏面板制造、电动汽车和氢能源汽车制造可能导致国家间围绕稀有金属元素展开竞争，但供热和制冷行业对国家间关系的影响可能就没有那么明显。同时，可再生能源同化石能源在交通领域的竞争强度要明显高于其他领域，是能源转型的焦点，如果交通新能源技术取得重大突破，很可能推动能源政治同步出现转折性变化。

三、同国际政治格局演变相叠加的影响

国际格局是力量对比、相互关系和政治主题的总和。能源转型一方面会影响国家间力量对比和相互关系，反过来也受国际格局调整，特别是国际政治主题变迁的影响。当前，国际政治格局演变正在加速，能源转型是各方竞争的前沿，取得技术、生产、应用等方面领先的国家将在竞争中占据重要优势。可以说，能源转型与政治格局演变互为推动力。近年来，国际能源格局演变呈现出生产重心西移、消费重心东移的趋势，美国为代表的西半球化石能源生产迅速崛起，中印为代表的新兴经济体能源消费大幅上升。1998 年以来全球 97% 的新增消费增长源自新兴经济体，到 2040 年非经合组织国家能源消费量将占全球超过 65%，经合组织则萎缩至 34%[①]。可再生能源当前的实力格局更像是国际政治格局沿着当前的趋势演变数十年后的状态。以太阳能为例，2018 年发达国家投资 645 亿美元，新兴和发展中国家投资 752 亿美元，其中中国投资 402 亿美元。新兴和发展中国家超过发达国家，中国投资数量最大[②]。另外值得关注的是，本轮能源转型与国际政治主题的互动效应也更加明显。在石油取代煤炭的过程中，发挥主要作用的是市场，但向可再生能源转型的过程，明显更多受到政策因素的影响。煤炭和石油的推广应用均是技术突破带动市场需求迸发的结果，在此之前需求量相对较小，石油尤其明显。但可再生能源发展几乎是政府补贴和技术突破同时推动的产物，前者发挥的作用甚至更加明

[①] EIA: International Energy Outlook 2016, https://www.eia.gov/outlooks/ieo/world.cfm.（上网时间：2017 年 3 月 27 日）

[②] REN21: Renewables Global Statues Report, 2019, p. 149.

显,在缺少补贴的条件下,可再生能源早期几乎不可能获得明显市场优势。即便是在已经高速发展了近20年之后,可再生能源仍然不能完全离开政策支持。而政府之所以大力补贴可再生能源,主要出于环境、技术、经济和能源安全考虑,与化石能源条件下的考虑也完全不同。根据国际可再生能源署估计,为使世界逐渐实现《巴黎协定》设定的目标,扩展可再生能源规模的速度需要至少提高6倍。[1] 在很多国家,能源转型与许多其他问题捆绑在一起,保守力量往往反对包括能源转型在内的政策,在全球范围内同样也形成政策一致集团,是否支持向可再生能源的方向转型并不仅仅是出于能源考虑。近年来,对海洋塑料在内的塑料污染的关注,也可能会部分影响作为原材料的化石能源的使用。2019年大阪G20会议将海洋塑料作为主题之一,引起广泛关注。

第三节 影响效应

能源转型对国际能源政治发生、发展的各个阶段都有影响,包括驱动机制、互动方式,以及互动所产生的新国际能源关系。国际能源治理作为一种多边能源政治实践,其理念、对象、工具的调整可以更加综合地反映能源转型对能源政治的影响效应。

一、改变国际能源政治的驱动机制

2019年1月,国际可再生能源署(IRENA)发布报告指出,可再生能源具有可获得性高、以能源流形式存在、可以以任何单位进行分配以及边际成本几乎为零等特征,同化石能源有根本差异,将打破化石能源条件下的一些内在特性,进而改变国际能源政治的驱动机制[2]。一是改善稀缺性。同化石能源相比,可再生能源主要是靠技术而非储量来定义的,太阳能、风能存量无限,在达到一定技术水平后,人类可以更加方便地将之转化为电能,打破化石能源的稀缺性特点。随着能源使用密集度的降低以及利用

---

[1] "IRENA:2050路线图", https://www.irena.org/-/media/Files/IRENA/Agency/Publication/2018/Apr/IRENA_Global_Energy_Transformation_2018_summary_ZH.pdf?la=en&hash=29BB6BF6762815FDE6AB505F47C057E369A340F8。

[2] IRENA: A New World, The Geopolitics of Energy Transformation, 2019年1月, IRENA。

效率的提高，全球经济的能源生产力可能会在未来 20 年里提高 40% – 70%①。二是改善地缘性。化石能源在全球的分布并不均衡，能源政治同地缘政治密切挂钩。风能和太阳能则相对平均分布在地球上，各国有均等机会获取。技术具有扩散性，一旦某个国家实现可再生能源技术突破，意味着在未来某一时点之后可有更多国家享受该技术。化石能源需要在全球范围内进行实物转移，可再生能源主要以跨境电网、服务贸易等形式进行国际转移，比实物转移更为便利，受地缘政治的影响也较小。三是改善外部性。外部性指的是能源生产使用对外部产生的影响。传统化石能源有很强的负外部性，包括污染、低效、腐败、贫富分化等，大石油企业调整容易造成严重市场冲击，给市场和社会造成很大负担。可再生能源排放低，其投产、运营市场化水平高，相对透明。可再生能源生产更加分散，不易造成集中和垄断，可以作为更加优质的公共产品提供给社会。

二、改变国际能源政治的互动方式

一是争夺内容和方式的变化。首先，由于能源结构调整，化石能源及相关因素的重要性相对下降。与化石能源相关的资源禀赋、定价权、通道权和技术优势，以及国际化石能源组织、大型油气公司、交易定价场所、技术研究机构、化石能源终端实体等对国家安全的贡献也将随之下降。比如，目前包括沙特阿拉伯等国在内的油气生产国都在加紧制定能源转型战略，降低对油气的依赖；英国石油、埃克森美孚等大型跨国油气企业积极考虑转型；奔驰等大型燃油汽车制造厂商都在加紧推进新能源汽车研发计划；等等。与此同时，与可再生能源相关的技术、资金、设备、原材料和基础设施，制造与研发企业、国际机构、国际规则等相关因素的重要性呈相对上升趋势。当前，新能源技术和人才在各国炙手可热，大型新能源企业成为国家实力的新元素，国际能源署将可再生能源治理作为未来首要工作内容；世界主要国家高度重视自身在新的多边可再生能源机构中的话语权。其次，从主要依靠军事、政治手段转向更多依靠市场等手段。即便是在和平时期，为获得实物性质的化石能源，也必须维持一定的军事和政治手段，多国海军在索马里海域常态性巡航，途经南亚和中亚地区的陆上能

---

① 世界经济论坛：How China is leading the renewable energy revolution, https://www.weforum.org/agenda/2017/08/how-china-is-leading-the-renewable-energy-revolution。（上网时间：2018 年 8 月 9 日）

国际能源大转型：机遇与挑战

源通道常年需要军事力量维安，OPEC 和发达国家关于油价、产量的博弈无时不在。但可再生能源相关技术和设备却可以通过正常的国际贸易获得。在战争状态或政治紧张时期，要大规模进出口化石能源难上加难，伊朗石油出口严格受限，朝鲜因为遭受能源进口强力制裁甚至可能出现人道主义危机，委内瑞拉能源生产受限危及国家政治安全。但在同样条件下，通过轻便渠道依然可以交易可再生能源需要的技术和中小型设备。因此，各国可能不需要常备大量军事和政治资源用于确保能源安全。一些战略性航道，比如波斯湾、霍尔姆斯海峡和许多能源航道的作用将显著下降。大型油轮、液化天然气轮的需求降低，造船金融、航运体系等也将发生显著变化。最后，国际能源合作方式的变化。因为可再生能源的诸多新特性，使得各国在能源领域的合作更容易实现"多边多轨共赢"，并且更符合各国的长远利益[1]。比如，国际发展合作将成为能源合作的重要方面。目前，受基础设施建设等条件所限，全球仍有约 14 亿人无法使用现代能源，能源脱贫是可持续发展的重要内容。在可再生能源时代，能源的分布式生产、小型化生产使得个人更容易获得现代能源，更易实现能源基础设施脱贫，援助可再生能源技术和设备远比援助大型石化设备和大型输电网容易得多。

二是能源安全内涵与外延的变化。能源安全是 20 世纪 70 年代两次能源危机期间被提出的概念，主要从能源消费国的角度看问题。1985 年，国际能源署将能源安全定义为以适度成本获得充足的能源，特别是石油的足量供应，体现出能源供应安全在传统能源安全中的核心地位，得到大多数能源消费国特别是经合组织成员认可。随着可再生能源的快速发展，能源安全定义的基本内涵虽然仍然适用，但应该对"适度成本获得充足能源"做出调整。化石能源时代充足能源主要指的是能源本身，可再生能源则主要指的是能源转化技术和存储技术，以及相关设备。能源供应安全转向能源转化和存储安全，能源外部输入转向国内生产。因此，从消费国角度看，能源安全定义可以修改为：以适度成本实现可靠能源转化与存储，以获得充足能源供应。一旦能源转化与存储技术取得重大突破，使人类迈过能源相对供应不足的门槛，能源安全的定义可能需要再次调整。但从能源生产国看能源安全的视角可能有所不同。对油气生产国来说，能源安全意

---

[1] 王缉思：《新能源领域合作符合各国长远利益》，http://finance.sina.com.cn/hy/20130802/151116329448.shtml。（上网时间：2018 年 8 月 6 日）

第五章 能源转型对国际能源政治的影响

味着以尽量高的利润获得稳定的外部能源需求和持续的内部生产。能源转型将消除化石能源时代消费国与生产国之间的强依赖关系，更多国家成为能源生产国，实现自给或出口，进出口国之间形成弱依赖关系。在能源转型的过渡期，化石能源生产国的主要能源安全问题将转化为如何消化剩余化石能源产能，长期则需要向可再生能源转型。此外，能源金融、能源科技、能源治理、能源与环境、能源与社会发展等非传统能源安全问题不断丰富能源安全的外延。特别是在可再生能源条件下，能源金融和能源科技的作用更加凸显。

三是国际能源风险因素的调整。

首先是再地缘化风险。发达国家仍是可再生能源技术创新的主力，也是可再生能源应用的主要市场。未来，发达国家仍可能利用市场优势重建垄断，将传统化石能源的地缘特点换一种方式带到新能源时代，催生新型能源地缘政治。尽管技术扩散难以阻挡，但发达国家可能通过各种手段延长技术扩散的周期、限制扩散的范围，并且拒绝履行援助责任。另外，可再生能源转化、输送和储存需要相关电子设备，而制造这些设备需要大量的稀有金属元素，这些元素在地球上并非均匀分布，未来可能出现对矿物质的争夺。这将是未来全球能源转型和能源治理面临的两个主要政治挑战。

其次是政治安全风险。重大科技突破可能导致全球能源转型突然加速，导致全球油气生产严重过剩，油价大幅下跌，对油气生产国造成重大冲击。一些对能源财政依赖严重的国家，比如俄罗斯、沙特、卡塔尔、土库曼斯坦、尼日利亚等，可能因此出现财政危机，并引发经济危机和政治危机。一些政局不稳的国家，如委内瑞拉、伊拉克、伊朗、阿尔及利亚等，可能出现更加严重的政治动荡，因此导致局部地缘政治危机。美国、加拿大等发达国家可能出现大量油气工人失业，其诉求导致民粹主义进一步强化，对外政策更加不负责任。同时，油气生产国为争夺市场，可能出现油气恶性竞争，OPEC等目前的市场组织协调模式彻底瓦解，严重扰乱市场秩序。同时，由化石能源条件下形成的相互依赖格局骤然发生崩塌，部分地区乃至全球性能源关系重组，导致出现无序和混乱，加大全球性政治风险。

再次是市场化风险。市场化已经成为全球能源治理的基本原则和基础机制[①]。可再生能源具有更加明显的市场化特征，市场在投资、运营、定

---

① 叶玉：《全球能源治理：结构、挑战及走向》，《国际石油经济》，2011年第8期。

价等方面发挥的决定作用更加明显，政府不易管控，全球性能源治理机构也很难从整体上进行协调。同时，化石能源在作为资源使用时，仍具有不可替代性。当前的能源转型，主要是能源作为燃料的转型，能源作为资源的转型远远没有完成，石化行业仍然需要大量的化石资源才能进行生产，各国仍将围绕资源进行激烈争夺。

最后是意识形态竞争风险。能源转型也存在政治模式之争，由不同模式之间的辩论产生意识形态差异。目前，各方争论的焦点集中在政府和市场在转型中的作用上，即靠政府推动能源转型有利，还是靠市场自身需求拉动更有效。比如，在特朗普上台之前，大多数国家都支持强政策推动下的能源转型。但特朗普上台后美国能源风向突变，政府大规模撤回对可再生能源发展的补贴，宣布要靠市场拉动能源转型，与此同时，其他主要国家仍坚持补贴政策。美国和欧洲、新兴国家之间在能源转型政策上出现明显分野。因为可再生能源利用水平与气候变化问题紧密挂钩，转型模式竞争也成为国际政治互动的一个重要领域。

三、国际能源关系的重新组合

一是国家相对实力地位的变化。传统上，能源生产国借助其资源禀赋向消费国收取高额能源地租（Energy Rent），获得绝对优势地位。可再生能源条件下则很难出现强势能源地租，拉低能源生产国相对实力。可再生能源技术、资源领先等虽然可以赋予相应国家新的优势地位，但技术优势是相对的，如果一国不继续进行投入，这种优势可能将迅速丧失。其他国家如果加强学习，可能迅速获得新的优势。国际可再生能源署认为，三类国家可能成为新的领导者，包括能够出口可再生电力的国家，比如巴西可以出口水电，挪威可以出口风电；矿产丰富的国家，比如蒙古国、玻利维亚、澳大利亚、民主刚果等都将成为可再生能源生产链上的重要国家；技术领先的国家，主要是中国、美国、欧盟等可再生能源发展大国[①]。

二是相互关系的变化。由化石能源条件下生产国、过境国、消费国的线性关系，转为基于电网、技术、生产链等因素形成新的网状关系，并由此形成新的盟友关系。这类似于国际分工从早期的生产链上下游分工为主，转向产业内分工的生产网络。线性分工条件下，生产国相比消费国存在绝对比较优势，但网状分工条件下大部分国家之间都存在比较优势，必

---

① IRENA: A New World, The Geopolitics of Energy Transformation, Jan. 2019.

须相互依赖,很少有国家拥有全部优势或全部劣势。化石能源与可再生能源的关系也将产生一个有趣的变化,化石能源将成为许多可再生能源设备的原材料,比如风机叶片、润滑油、太阳能面板等,都需要石化行业供给。

四、国际能源治理可能出现新发展趋势

基于能源转型带来的各种变化,未来全球能源治理可能从理念、对象、工具等方面出现较大调整。一是治理理念的调整。一般来说,各方参与全球治理无外乎功利主义和世界主义两种,前者主要为实现以能源安全为主的利益目标,后者据说是为了使全球得到更好的善治。在能源结构调整趋势下,全球能源安全环境将得到普遍性改善,能源消费国有可能从追求能源安全的压力中解放出来,将精力和资源用到其他方面,进而对能源治理的理念产生重大影响。由此可能会出现两种情景:一种是世界主义的治理理念盖过功利主义,提升可持续发展水平被提到更优先的位置上,辅以能源利益冲突的缓和,推动全球能源治理实现更高水平发展。另外一种是能源政治仍保持其现实主义的面目,为追求技术、市场和投资而展开新的争夺,继续在可持续发展责任上相互推诿,导致全球能源治理仍然在较低水平上徘徊。尽管两种情景表现不同,但能源安全的内涵都将发生本质变化,主要国家或从追求相对能源安全转向追求绝对能源安全。

二是治理对象的调整。在化石能源时代,全球能源治理调配的对象是能源本身,而化石能源是有形实物,在全球的调配需要克服时间和空间限制。最明显的例子是,虽然美国油气生产大幅提升,但对欧大规模出口仍有困难,后者仍需从俄罗斯进口天然气,美产天然气无法有效发挥政治杠杆作用,对美俄欧政治影响有限。而可再生能源时代治理的对象主要是技术、信息、规则等无形物品,调配周期要短得多,且没有空间限制。一国对另一国进行技术援助,可能只需要通过云存储共享参数、通过银行划转资金即可,所需硬件通过实现标准化生产,可以选择合适的产地进口。因此,未来的全球能源治理可能实现"脱实向虚",体现足够灵活性优势。

三是治理主体和治理工具的调整。第一,政府的角色将更加积极。石油行业崛起同当时工业化大发展相互促进,更多是市场行为,对政府的依赖性较低。而可再生能源自身竞争力不足,化石能源仍然强劲,在缺少政策支持情况下,短期内可再生能源难以获得足够市场地位。出于气候治理和抢占竞争力高地需要,政府不能完全把可再生能源扔给市场,必须在相

当长一个时期内扮演推手角色。第二，新型非政府组织和公私合作组织作用提升。在石油市场上，发挥协调作用的主要是类似国际能源署和 OPCE 这样的政府间组织。在可再生能源时代，基础设施建设需求充分凸显公私合作模式的优势，大量本地和国家间合作项目需要通过该模式完成。同时，非政府组织特别是大型企业的态度对能源转型至关重要，有助于加速能源市场结构转化。第三，治理工具新旧交替。美国能源生产扩大削弱 OPCE 产量配额工具的作用，发达国家能源消费占比下降削弱国际能源署战略储备的作用，技术储备、市场准入、资金储备等市场手段或将成为新的治理工具，贸易和金融手段的作用将更加凸显。

第四节　案例介绍

客观看，目前新一轮能源转型仍处在发展过程之中，尚谈不上全球性、普遍性的影响。但就某些地区和行业而言，能源转型所产生的政治影响已经十分明显，有些已经呈现出新互动模式的雏形。

一、欧洲能源政治的发展

能源—气候政治是当前欧洲政治生活中的重要主题，对欧盟整体发展方向、欧盟政治生活、成员间关系和成员内政都产生较大影响，甚至正在某些方面重塑欧洲政治。

一是能源—气候政治成为欧盟的重要发展方向。20 世纪 90 年代后经济全球化迅猛发展，新兴国家加速崛起，美国绝对实力持续增强，欧洲在国际格局演变中处于不利位置。欧洲亟需找到一个既能维持自身国际影响，又能对经济社会转型发展有利的发展方向。后来，欧洲政治家发现能源—气候问题非常符合自己的政治口味，既能占据国际道义高地、体现政治存在，也可能在转型中创造出新的经济模式，挽救衰落的欧洲经济。此外，长期以来欧洲国家对外能源依赖严重，能源安全问题一直是欧洲的劣势，能源转型很可能一举扭转这一局面。因此，欧洲逐渐成为应对能源—气候问题最积极的地区。过去 20 多年来，能源—气候问题在很大程度上拉抬了欧洲的国际地位，成为欧洲软实力的重要组成部分。当然，能源—气候问题也给欧洲国家外交增加了一些负担。比如，因为特朗普上台后与欧洲在能源转型和气候变化问题上的立场不同，能源—气候问题成为美欧之间的重要隔阂。

第五章　能源转型对国际能源政治的影响

二是能源—气候政治成为欧洲政治生活中的重要议题。当前的欧洲，能源—气候问题已经成为一种政治正确，在选举中体现得淋漓尽致。比如，环保主义政党在欧洲多国影响力大幅上升，2019年5月份欧洲议会选举中，气候和环境保护成为重要主题，多个成员国的环保主义政党异军突起，德国绿党国内得票率20.5%，英国绿党获得12.4%选票，法国、爱尔兰、芬兰、奥地利等国的绿党也有亮眼表现，绿党党团也成为欧洲议会中第四大党团。绿党参与组阁的芬兰政府宣布2035年前实现"碳中和"，比原计划提早10年，意在成为首个放弃化石燃料的工业国。2019年，一位16岁瑞典女孩因为强调极端环保，成为世界性话题人物，充分体现了能源—气候问题在欧洲政治生活中的影响力。同时，能源—气候政治也在许多国家造成了社会问题。法国马克龙政府能源政策遭到社会激烈反弹，2018年底爆发持续数月的"黄马甲"运动，起初要求政府修改支持可再生能源发展的燃油税计划，后来逐渐发展到更广泛的社会政治议题。德国大量煤矿工人反对过快推进能源转型，德国"煤炭退出计划"遭遇强烈反对，最终不得不将关闭煤电的时间从2022年推迟到2038年。

三是能源—气候政治成为欧盟协调成员关系的重要内容。欧盟利用其一体化优势制定能源转型规划，进行整体性推进。但欧洲内部围绕能源—气候问题的大辩论一直存在，既包括战略层面的能源转型与气候变化的先后顺序问题，也包括技术层面的减排目标、碳交易市场甚至具体的补贴问题。为协调不同立场，欧盟在顶层付出巨大政治资源，先后出台《气候能源框架2020》《能源气候框架2030》规划，两份文件对能源与气候的顺序做了调整，充分体现出欧洲内部的政治协调。此外，当前欧洲内部发展分裂趋势明显，南北、东西差异增大，各成员国社会层面不同认识之间的裂痕也在加大，欧盟协调成员国的难度大幅上升，不得不增加相关规划在实施中的灵活性，事实上在不断放慢能源转型的脚步。比如，相比2020文件，2030文件不再具体设定成员国约束性量化指标，只对总份额进行规定。

二、能源资源治理倡议

2019年6月，美国宣布成立所谓能源资源治理倡议（Energy Resource Governance Initiative），并不断拉拢生产关键矿物的国家加入。从内容和形式上看，该倡议已经具备了可再生能源条件下国际能源政治互动的基本要素。美国在能源资源矿产领域的优势并不明显，落后于其在化石能源时代

· 97 ·

的优势。据美国地质调查局（USGS）统计，2018年美国48种矿产消费的一半以上依赖进口，其中有18种完全依赖进口。因此，为满足能源转型需求，美国必须在全球加强争夺。

该倡议开篇指出，随着可再生能源、电动汽车和电池存储需求的增大，将对能源矿产产生前所未有的巨大需求，到2050年，对关键能源矿产的需求可能会增加近10倍，使得许多国家增加供应的能力变得十分紧张。因此，美国要推进制定新的规则，加强能源资源矿产全球治理。该倡议提出三个目标。一是让资源丰富的国家参与负责任的能源矿产治理，美国将分享矿产管理和治理方面的最佳做法，以促进开放和透明的市场；支持吸引顶级私人投资的投资框架，致力于先进的开采时间和明确的操作程序；促进负责任和可持续的采矿做法。这些规则看似公平，但事实上只是制定出来以备"不时之需"，只是在美国认为需要的时候，以正义的、法律的名义拿出来施行。在情况对美国有利的条件下，这些规则往往会被忽略。二是所谓支持弹性供应链，也就是防止某个国家垄断某种矿产资源生产。与化石能源相比，关键矿产更容易被垄断，而且这种垄断往往不掌握在美国手中。因此，美国要打破对自己不利的局面，要求推进所谓供应链弹性。舆论分析认为，该条倡议主要是针对中国对稀土元素的潜在控制。三是增加投资，满足对关键矿产的潜在需求。要求对关键矿产的新增投资超过化石能源的一倍，美国将向相关矿产资源富集的国家提供技术和资金援助。从这三条可以看出，美国通过该倡议，谋求同时建立能源资源矿产的运行规则、打破垄断、增加供给，以保证美国的长期需求。2019年9月26日，美国国务院声明称，澳大利亚、博茨瓦纳、秘鲁、巴西、阿根廷、刚果民主共和国、纳米比亚、菲律宾和赞比亚九个国家加入美国战略矿产倡议。

三、国际铀矿政治

从1954年第一座苏联核电站运行发电至今，核电已经发展近70年时间。但核电站运行所需的铀矿资源在全球分布并不均衡，除俄罗斯外，日本、法国、德国、英国等主要核大国铀矿资源均非常匮乏，美国的铀矿开采受政策所限，亦高度依赖进口。中国、印度等新兴核电大国的铀矿资源远不能满足国内发展所需，对外依赖度也较高。主要铀矿生产国中，加拿大、澳大利亚、哈萨克斯坦、南非、纳米比亚等均不是核大国，所产铀矿主要用来出口。

第五章 能源转型对国际能源政治的影响

目前,全球铀矿政治的主要特点包括以下几方面。

一是铀矿资源世界性垄断的出现。20世纪90年代以来,世界铀矿开采企业之间频繁开展并购活动,使得铀矿开采生产主要集中在加拿大矿业公司、法国阿海珐集团、哈萨克斯坦国家原子能公司、澳大利亚必和必拓、俄罗斯APMZ、乌兹别克斯坦纳沃伊采矿冶金联合工厂等少数大型铀矿企业手中。目前,主要七大铀矿公司垄断全球一半以上铀矿储量,前十大采矿公司的总产量占全球总产量超过80%,与20世纪50-70年代西方七大石油公司垄断全球石油生产的状况十分类似。同时,目前国际铀矿资源主要定价机构分别是美国特易公司、UX咨询公司和纽约商品交易所,三大机构均在美国注册,美国具有事实上的国际铀矿定价权,其他国家话语权相对微弱。

二是围绕铀矿资源展开的地缘争夺。地缘争夺主要围绕中间地带国家展开。苏联解体后,独立出来的中亚国家特别是哈萨克斯坦因为铀矿资源极为丰富,2009年铀产量首超加拿大成世界第一产铀大国,2016年铀产量占全球39%,是第二位的两倍还多。哈萨克斯坦因而成为大国竞相争夺的对象,美国、俄罗斯、日本等国均围绕哈萨克斯坦铀矿资源展开长期战略布局。俄罗斯利用自己的优势地位占得先机,在哈萨克斯坦获得多个1000吨以上铀矿项目;日本利用领导人高访、矿产企业渗透等方式,也获得不少合作项目;美国通过企业并购、投资等方式占据中亚能源市场,所需铀矿资源中有41%来自中亚。

三是缺少全球性治理机构。目前,国际铀矿市场仍处在相对原始竞争阶段,生产国和消费国均没有成立相应的组织,国际原子能机构等组织对国际铀矿市场进行监测,但并没有治理功能。哈萨克斯坦、加拿大、澳大利亚、尼日利亚、纳米比亚等主要铀矿生产国中既有发达国家,也有发展中国家,很难像中东产油国那样联合起来。

全球铀矿资源供需矛盾突出,主要大国围绕世界铀矿资源分配展开激烈竞争,所出现的各类政治现象,也是能源转型影响国际政治的一个重要方面,具有重要启示意义。可以想见,未来关于全球稀有矿产元素的争夺,很可能与铀矿政治相似。

第六章

能源转型与经济全球化[①]

能源转型与经济全球化关系密切，两者不但在时间维度和空间维度上表现出共性，而且在推进动力和扩张节奏上形成了相互促进、相向而行的互动关系。回顾历史可以看到，能源转型极大推动了经济全球化的扩张和深化，全球化也大大加速了能源转型的步伐和范围。当前我们正处于人类历史上第三次能源转型过程中，发展低碳化和清洁能源成为潮流。与以往不同，对解决既往能源利用带来的"全球性问题"的压力取代了对全球套利的追求，驱动了本次能源转型，也推动了经济全球化深度嬗变，对产业结构、贸易流向、国际规则等产生深远影响。需要认识到，能源转型并非一路坦途，逆全球化的兴起不但使全球能源和气候治理陷入停滞，也导致传统能源向新能源的转型势头受阻。对此，中国正成为"拨乱反正"的领导力量，通过推动"绿色一带一路"建设，引领新型全球化道路，持续推进能源转型。

第一节 历史回顾

能源一向被视为人类社会发展的动力，历史上关于能源的开发和利用方式的重大创新往往成为人类历史阶段性进程的重要标志。回顾历史，煤炭和石油的大规模利用代表了人类历史上两次最重要的能源转型，不但奠定了现代人类文明的物质基础，而且与人类文明的上层建筑——经济全球化，建立了超乎预期的紧密联系，深度参与到全球化进程当中。

一、全球化与能源转型的时空共性

经济全球化作为当今世界经济发展的最主要趋势，是"世界各国和地区的经济相互融合日益紧密，逐渐形成全球经济一体化的过程"。[②] 虽然对

[①] 本章作者：徐刚，中国现代国际关系研究院世界经济研究所副研究员，主要从事世界经济、国际金融等问题研究。

[②] 庄起善主编：《世界经济新论》，复旦大学出版社，2001年7月版，第191页。

第六章 能源转型与经济全球化

全球化阶段的划分仍有异议，但不少学者都认为已经历了三个阶段，正进入"4.0版本"。瑞士学者理查德·鲍德温（Richard Baldwin）从套利推动全球化的逻辑出发，认为全球化1.0是指第一次世界大战前的全球化，蒸汽机革命和其他形式机械动力的出现使得贸易成本出现历史性下降，世界性商品市场得以形成，自由放任的资本主义出现空前扩张；全球化2.0则发生在第二次世界大战后到冷战结束前，以规则为基础的国际治理体系和联合国、国际货币基金组织（IMF）、世界银行、关贸总协定等一系列国际组织相继建立；全球化3.0则伴随着离岸外包的兴起和价值链革命的发生，国际生产体系出现空前扩张，正是当前我们一般意义上所指的"经济全球化"；全球化4.0则与目前正在发生的新一轮科技革命密切相关，或继制造业领域之后在国际服务业领域掀起新一轮跨国资源大配置和产业格局大洗牌。[①] 国内学者邵宇则从全球化规则主导者的视角分类，认为大航海时代是全球化1.0时代，二战前的英国主导了全球化2.0，二战后的美国主导了全球化3.0，目前世界有望进入中国主导的全球化4.0时代。[②]

一个显而易见的事实是，能源转型和经济全球化在时间和空间维度上具有共性。从时间上看，两者都是需要数十年甚至上百年持续推进的趋势或进程，短期难以见效。如果从1492年哥伦布发现新大陆算起，到20世纪90年代"地球村"概念的出现，全球化进程已走过500年的时间。不同时期的能源转型同样是一个逐渐替代而非一蹴而就的过程。根据英国石油公司（BP）统计，石油、天然气、水电、核电和可再生能源在能源结构中的占比升降变化都经历了较长时间。如石油从1877年在能源结构中占比1%，经历50多年才发展到占比16%，可再生能源从1985年的微不足道到2008年在能源结构中的占比才上升到1%。[③]

从空间上看，在以薪柴为主要能源的农业文明时期，经济全球化很难说真正存在，横跨欧亚大陆的丝路贸易时断时续，以东亚朝贡贸易、地中海贸易等为代表的区域内贸易较为盛行，但交易规模、人员往来都严重受

[①] Richard Baldwin: "If this is Globalisation 4.0, what were the other three?", 19 December, 2018, https://voxeu.org/content/if-globalisation-40-what-were-other-three, online time: 1 December, 2019.

[②] 邵宇:《全球化4.0：中国如何重回世界之巅》，2016年7月13日，http://www.aisixiang.com/data/100678.html。（上网时间：2019年12月1日）

[③] 《4个基本规律！能源转型的"必经之路"》，能源日参，2018年3月23日，https://www.sohu.com/a/226214412_100063272。（上网时间：2019年12月30日）

限,直到西方引领的大航海时代到来,真正意义上的全球贸易才算渐露雏形。英国主导了第一阶段全球化的同时,也推动了以煤炭为代表的第一次能源转型;美国主导了第二阶段全球化的同时,同样主导了现代石油工业,推动了以石油为代表的第二次能源转型。能源转型的辐射范围和全球化的扩张步伐表现出较强的一致性。

二、科技革命成为重要纽带

经济学家往往从经贸关系变化的角度对全球化进行分析,但基本都承认,前几轮经济全球化的扩张与以工业革命为代表的历次科技革命带来的社会生产力飞跃密切相关,全球化的历史阶段与科技革命的起伏周期具有高度重合性。以能源开发利用方式的突破性创新为主要内涵的能源革命或者说是广义的能源转型正是历次科技革命的核心标志和重要支柱。

18世纪中后期以瓦特蒸汽机发明为标志的工业革命的爆发,把人类带入了工业文明,也引起了人类历史上第一次能源转型。伴随着蒸汽机在工业生产领域的广泛应用,煤炭被称为"黑金",使用量急剧增长,取代薪柴成为支撑人类社会运转的主要能源。19世纪70年代,法国建成世界上第一座火力发电站,人类社会开始向电气化时代发展,同时也加速了煤炭工业的发展。1861年煤炭在世界能源消费结构中只占24%,1920年则上升为62%,到1931年占比达到峰值70%。[1] 而这一时期,正是以商品输出和资本输出为主要特征的经济全球化早期阶段,世界市场体系逐步建立。

19世纪中后期以电器广泛应用、内燃机发明为标志的第二次工业革命使得石油工业浮出水面,但早期产品主要是照明用途的煤油,直到一战前夕英国为提高军舰速度,海军大臣丘吉尔决定用石油取代煤炭作为英国海军战舰的燃料,人类社会才逐渐从煤炭动力过渡到石油动力时代,石油的战略重要性开始凸显。到20世纪30年代末,石油国际贸易开始在全球能源贸易中占据显要位置,明显动摇了煤炭在国际能源市场的主体地位,到1965年石油超过煤炭成为第一大能源,在能源结构的占比于1990年前后达到峰值50%[2]。石油取代煤炭是人类历史上第二次能源转型,同期经济

---

[1] 李晓阳:《浅谈煤炭在人类发展史中的作用》,《华人时刊旬刊》,2015年9月,第24页。

[2] BP: *BP Statsitical Review of World Energy* 2019, p.11.

全球化经历了大破大立的重塑过程。两次世界大战和其间的大萧条使世界经济体系濒临崩溃，经济全球化遭受重挫，而二战后社会主义和资本主义两大阵营的对立亦使经济全球化的广度受限，世界范围内出现两个并行的经济体系。但不容否认，这一阶段由美国主导的全球化进程的深度大大拓展，以布雷顿森林体系为代表的战后国际经贸治理机制得以确立，西方国家之间的经贸联系和政策协调程度较战前有了大幅提高，有效修正了导致前一阶段全球化崩溃的缺陷。

二战后兴起的以核能、计算机、航空航天为代表的新科技革命则使核能的和平利用、可再生能源的商业开发成为可能。尤其是在20世纪90年代全球变暖趋势受到普遍关注以来，节能减排渐成全球共识，以风能、太阳能、生物质能、海洋能、地热能等自然界可循环利用"绿色能源"获得快速发展。同时，在煤炭、石油和天然气三大传统化石能源中，以低排放、低污染为特点的天然气日益受到重视，在能源消费结构中占比显著上升。根据BP统计，1985－2018年，石油在世界一次能源消费中占比从42%下降到34%，煤炭占比从38%下降到27%，天然气占比从15%上升到24%，可再生能源和核能各自从不足1%上升到4%，水电占比基本不变保持在7%左右[1]。从当前能源消费结构看，以清洁能源为目标的新一轮能源转型仍在进行中，而经济全球化在冷战结束后迎来迅猛扩张，国际贸易、投资、人员往来迎来爆炸性增长。1985－2018年，以当期价格计算的全球贸易规模增长了9.9倍，全球外国直接投资流量规模增长了23.2倍[2]。2019年全球旅游总人数达到123.1亿人次，是全球人口规模的1.6倍[3]，国际移民数量增长到2.72亿，占比达到3.5%[4]。

---

[1] BP: *BP Statsitical Review of World Energy* 2019, p.11.

[2] UNCTAD: Data centre International trade in goods and services/Foreign Domestic Investment, https://unctadstat.unctad.org/wds/ReportFolders/reportFolders.aspx, Online time: 1 December 2019.

[3] 《2019年全球旅游总人次达123.10亿 全球旅游总收入达5.8万亿美元》，2020年1月9日，人民网，http://travel.people.com.cn/n1/2020/0109/c41570-31541264.html。（上网时间：2020年2月1日）

[4] 《2019年国际移民数量约2.72亿 占全球人口3.5%》，2019年9月17日，联合国，https://news.un.org/zh/story/2019/09/1041612。（上网时间：2019年12月1日）

三、两者相向而行，联系密切

纵观300年来能源转型和经济全球化发展史，可以看到两者之间相生相向、相互促进的密切关系。一方面，能源转型在很大程度上推动了经济全球化的扩张和深化。能源转型意味着利用能源范围和种类的扩大，都伴随着生产技术的重大变革，并进一步引起整个社会生产方式的革命，从而极大推动了经济全球化的步伐。已故的斯坦福大学物理系教授张首晟曾在一本书的序中提到一个有趣的观点：文明的主线是能量和信息。文明之光的点燃，首先要能量密度达到一定高度，推动信息密度的提升，才能带来文明的爆炸。[①] 经济全球化无疑就是人类文明爆炸的一种现象。

另一方面，经济全球化也大大加速了能源转型的步伐和范围。工业革命时期，煤炭作为动力之源最早出现在英国，伴随着英国殖民扩张、争霸世界的脚步逐渐在世界范围内得到广泛应用，这一过程经历了很长时间。瓦特1776年就发明了可用于矿井抽水的蒸汽机，而100年后的1877年，中国历史上第一座近代化煤矿开平煤矿才开始筹办，与此同时，撒哈拉以南的多数非洲地区还处于刀耕火种的原始时代。随着经济全球化的发展，越来越多的国家和地区被卷入世界市场和国际分工大循环中，技术传播和学习的速度显著加快。光伏、风电等新能源技术同样肇始于西方，但进入大规模商业应用后，很快中国就成为光伏面板、风力电机的第一生产大国，有"黑暗大陆"之称的非洲更是积极拥抱新能源发展，南非、肯尼亚、埃塞俄比亚、塞内加尔等多国大力发展风电和太阳能项目，试图跳过传统能源基础设施不足的缺陷，实现跨越式发展。

第二节 本次能源转型的独特之处

当前我们处在人类历史上第三次能源转型过程中，希望能通过发展低碳化的新能源、清洁利用传统能源和推进一次能源的电气化、智能化等做法，替代当前过度依赖的石油和煤炭等对环境造成严重影响的传统化石能源。这次转型与既往相比，既有相同之处，也呈现出鲜明的特点。

---

① 张首晟：《大数据时代感受人文和科技的跨界之美》，2018年12月6日，https://www.thepaper.cn/newsDetail_forward_2712125。（上网时间：2019年12月1日）

一、相同之处

与煤炭替代薪柴、石油替代煤炭的前两次转型相比，此次转型有相同之处，都是源于科技革命带来的能源利用技术和新材料发明的持续积累和关键性突破。如1877年第一片硒太阳能电池就已问世，1954年美国贝尔实验室单晶硅太阳能电池研制成功，可受制于高成本和技术缺陷直到2000年以后大规模光伏发电才率先在欧洲获得突破，继而在全球范围内迅速普及。风力发电机的技术发展轨迹也与之类似。美国畅销书作家托马斯·弗里德曼（Thomas Friedman）在其《谢谢你迟到》一书中提到，2007年是世界科技发展史的一个拐点之年，人类技术出现飞跃式进步，除了iPhone手机的出现，这一年还是"清洁能源革命的开端"。他援引了2006－2008年在美国国务院担任负责能效和可再生能源的助理国务卿安迪·卡斯勒（Andy Kessler）的观点，指出2007年太阳能、风能、生物燃料、LED照明、节能建筑以及电动汽车都出现了指数级的增长，"就是人们所说的冰球棍时刻，曲线突然加速向上"。[①]

二、不同之处

能量作为文明的标尺，根据人类文明的演进规律，每一次能源替代都应是从低能量密度向高能量密度的跃迁，以支持不断扩张的经济活动和社会需求。能量密度，指单位能源介质能够释放出的能量，可以用热值来衡量。木材的能量密度很低，热值为12百万焦/千克（MJ/kg），这也是农业时代人类社会发展缓慢的原因之一，动力不足限制了人类经济活动的扩张。标准煤的热值约为29.3 MJ/kg，原油的热值在41－45.2 MJ/kg，提炼后的汽油和柴油分别达到43.1 MJ/kg和46 MJ/kg[②]，可以看到煤炭的热值显著高于薪柴，而石油的热值又显著高于煤炭。而与前两次相比，以光伏、风电为代表的可再生能源的能量密度要显著低于石油和煤炭。以光伏发电为例，商业化的多、单晶硅对太阳能的转化率最高也就在20%左右，且阳光照射地面的能量密度不高。晴天的中午，照射到地面上每平方米的

[①] 托马斯·弗里德曼：《谢谢你迟到》，湖南科学技术出版社，2018年版，第14页。

[②] 百度百科：燃烧热值，https://baike.baidu.com/item/%E7%87%83%E6%96%99%E7%83%AD%E5%80%BC/4736485#2。（上网时间：2020年1月2日）

阳光总能量功率约为1千瓦，按20%转化率计算每平方米光伏组件的功率仅有200瓦。要想满足现代城市家庭1万户（每户5KW）的用电需求，至少需要25万平方米的光伏组件，考虑到每天光伏发电的小时数，可能还要大上2-3倍，也就是1-2平方千米的光伏电站才能满足1万户的家庭用电[①]。这一缺陷使得大型光伏电站多见于人烟稀少的荒漠地带，人口密集地区很难发展，形成了新的电力供需矛盾。

此外，依靠日照、风力等自然现象的可再生能源发电存在很大的不稳定性，发电成本依然很高，这使其与发展成熟、供应稳定的火电相比难有优势。液体燃料中，从原油中提炼的汽油和柴油仍是目前所有液体燃料中单位体积能量密度最高的，液化天然气、氢等燃料单位质量所释放出的热量比汽油和柴油大，但实际应用中由液态转向气态往往需要更大的空间容量，在储运便利性上有很大不足，作为动力燃料目前仍难以普及（参见图6-1）。

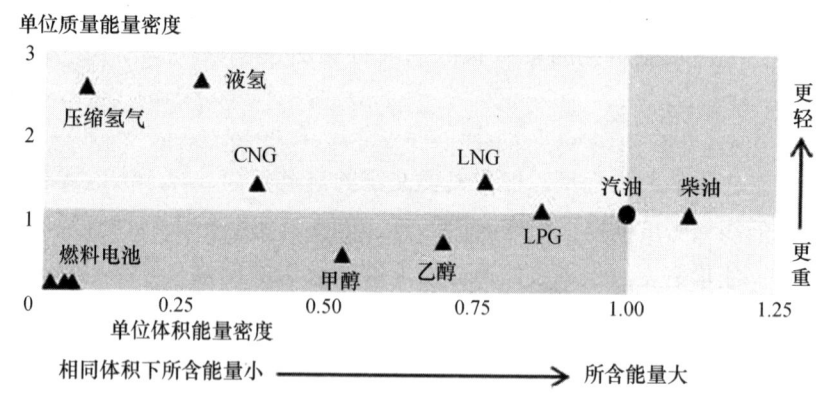

图6-1 几种典型燃料的能量密度对比（以汽油能量密度为1进行比较）
资料来源：美国能源信息署、中信期货研究部。

因此，可以看到，与前两次不同，此次能源转型并非受到套利因素驱动，而全球套利正是全球化扩张的持续动力，相反，此次能源转型是基于众所周知的环保、减排要求，更多受到解决既往全球化带来的"全球性问题"的压力所驱动。不容忽视，经济全球化快速发展的同时，也带来一系

---

① 史珺：《浅谈光伏发电的能量密度问题》，2015年5月7日，http://power.in-en.com/html/power-2235873.shtml。（上网时间：2020年1月2日）

列超越国家和地区界限，危及人类整体生存和发展的严峻挑战，如全球变暖、环境污染、生态失衡、物种灭绝、粮食危机等，都和化石能源的开采和消耗密切相关，这正是此次能源转型致力解决的一大问题。

（一）首当其冲是日益严峻的全球变暖趋势

煤炭、石油等化石能源燃烧产生大量二氧化碳被排放到空气中，不同于普通工业污染，这一影响具有全球性，导致温室效应的出现和全球温度的上升。1988年，时任美国国家航空航天局（NASA）戈达德太空研究所所长的詹姆斯·汉森，在华盛顿一次参议院听证会上首次公开提出"全球变暖"的说法，自此对这一问题的关注渐成全球风潮。2006年，美国前副总统戈尔推出了自己参与制作和出演的纪录片《难以忽视的真相》，讲述工业化对全球变暖和人类生存的影响，在西方世界引起巨大反响。戈尔在片中探讨了陆地冰川融化可能带给全球40%人口的饮用水危机、大气中二氧化碳浓度急剧上升带来的气温骤升、极端天气导致旱涝灾害加剧、南北极冰川消融导致海平面上升带来的气候难民、物种灭绝危机等种种灾难，呼吁"这是一场全球性的紧急状况"，"必须尽快采取行动，阻止浩劫"。2015年，英国伦敦大学可持续资源研究所发布报告称，若要将全球温度上升的幅度控制在2摄氏度以内，全世界1/3的石油储量、1/2的天然气储量和超过80%的煤炭储量在2050年前都不得开采使用，包括位于中国、俄罗斯和美国的大量煤炭资源，中东地区60%的天然气资源及2600亿桶石油储量，北极地区资源以及非常规石油的开采。[1] 在政治层面，对全球变暖的担忧驱动越来越多的国家行动起来，从1997年的《京都议定书》到2015年的《巴黎协定》，气候变化问题日益成为国际政治舞台的一项重要议程。为实现将全球气温上升控制在前工业化时期水平之上1.5摄氏度以内的目标，170多个签约国都承诺了相对严苛的减排目标。而要想在不伤及经济增长的前提下实现这一目标，唯一的方法就是推动第三次能源转型，实现低碳化绿色发展道路。

（二）化石能源开采、运输、加工和利用环节带来的环境污染问题也一直被人诟病

煤炭和油气开采会带来地面沉降、植被破坏、水土流失和污染等一系列问题。从中国实践看，煤炭每年生产的各种废污水约占全国总废污水量

---

[1] 《为控制全球变暖，需严格限制能源开采》，环球网，2015年1月25日，https://china.huanqiu.com/article/9CaKrnJH46N。（上网时间：2020年1月2日）

的25%，每钻一口油井约产生300立方米重金属超标的钻井污水，每生产1吨原油需要注水2-3吨。由于富含硫、氮等化学物质，石油和煤炭燃烧中向环境释放了大量的二氧化硫、氮氧化物和悬浮颗粒物等大气污染物，导致酸雨形成全球性污染，并进一步加剧了温室效应，对人类健康造成严重威胁。历史上的美国洛杉矶光化学烟雾、英国伦敦烟雾、近年来中国多地出现的雾霾现象都与煤炭和石油的大量消耗密切相关。环境污染特别是大气、海洋污染具有天然的全球性影响，在全球化时代更易成为国际性事件受到关注。如2010年号称美国史上最大的环境灾难的美国墨西哥湾漏油事件，BP的操作不当导致1.7亿加仑原油流入墨西哥湾，形成了2000平方英里的污染区，不但对美国沿岸滩涂生态造成毁灭性打击，而且油污随着洋流运动扩散至大西洋，一度让欧洲神经紧绷。因此，从20世纪70年代西方环保主义运动兴起伊始，各国就把防治化石能源污染作为主要诉求之一，清洁利用技术和发展可再生能源成为探索中的解决方案。回顾可再生能源发展史，尽管相关概念和实验模型早已提出，但一系列早期应用技术突破多是肇始于这一时期，为后来可再生能源的大规模发展奠定基础。

（三）20世纪70年代的两次石油危机沉重打击了西方经济，也使不少国家认识到经济全球化体系下过度依赖单一能源市场带来的弊端，能源安全问题浮出水面

全球化带来的各国相互依赖无法有效化解固有的地缘政治和安全冲突，反会因此遭到捆绑和拖累，因"黑天鹅"事件带来全球性恐慌和衰退。对此，经济合作与发展组织（OECD）于1974年成立了国际能源署（IEA），谋求通过加强长期合作减少对石油进口的依赖。此后，通过开发节能技术、开采北海油气田、加强利用煤炭、天然气、核能和可再生能源，IEA在大体确保集体能源安全的同时，也使推动能源转型逐渐进入西方国家的安全视野与战略规划。

第三节 能源转型推动经济全球化深度嬗变

本次能源转型因解决全球性问题而起，其推进历程也深深影响了经济全球化的发展方向、拓展领域和建章立制。低碳化渐成全球思潮，从宏微观层面深刻改造世界经济。全球能源贸易格局出现转变，绿色贸易和绿色金融兴起，国际经贸规则进入重塑期。经济全球化的变化也正使能源转型加速到来。

第六章　能源转型与经济全球化

一、低碳化写入全球经济发展理念，推动世界"越来越轻"

"低碳经济"（low-carbon economy）最早见于2003年的英国能源白皮书《我们未来的能源：创建低碳经济》，意在以大幅减少温室气体排放为目标，构筑以低能耗、低污染、低排放为特征的经济发展体系。这一理念迅速被世界接受，被视为减缓气候变化和实现可持续发展的主要途径和必由之路。此后，主要国家纷纷行动：2007年，美国参议院提出了《低碳经济法案》，2009年奥巴马政府时期《清洁能源与安全法案》出台，正式设立了美国的减排目标；2007年，日本通过《21世纪环境立国战略》，提出《建立低碳经济的行动计划》；2008年，欧盟就能源气候一揽子计划达成一致；2009年，英国发布《英国低碳转型计划》以及配套的《英国可再生能源战略》《英国低碳工业战略》和《低碳交通战略》等文件。2015年，在联合国千年发展目标到期后，联合国可持续发展峰会通过了《2030可持续发展议程》，制定了17个可持续发展目标，其中"廉价和清洁能源""负责任的消费和生产""气候行动"等目标明确提出要降低能源碳强度，促进能源资源的高效利用，采取紧急行动应对气候变化，这意味着能源转型与低碳发展已经成为全球共识。

在实践中，低碳经济的范畴已从最开始的减排要求，促进能源体系的低碳化和节能化发展，逐渐上升为对经济中所有行业和部门的一致性要求，成为全球化中的新趋势。标记个体、组织、事件或产品直接或间接产生的温室气体总排放量的"碳足迹"评估得到广泛应用和接受，通过宣传引导转化为消费力量，倒逼整个生产体系向低碳化转型。越来越多的消费者根据商品的碳标签来选择商品，企业的碳排放受到越来越多的社会监督，旨在抵消自身碳排放量的"碳中和"运动走红世界。2007年英国推出全球第一批加贴碳标签的产品以来，据称英国90%的消费者会根据碳标签来选择消费。日本于2011年4月开始实施农产品碳标签制度，成为全球第一个实施碳标签制度的国家。截至目前，绝大多数的知名跨国公司和零售业巨头，出于追求市场占有、塑造良好社会声誉的考虑，都已逐步实施或计划实施绿色供应链体系，国际性大型展览、会议和体育活动等无一不把绿色低碳的理念纳入自己的宣传口号，把使用可再生能源作为吸睛重点。如2010年上海世博会提出"低碳世博"，建成了我国面积最大的太阳能光伏示范区，大量使用节能LED光源和清洁能源车辆实现"零排放"；筹办中的 2020 年东京奥运会使用氢气作为火炬燃料，号称在奥运村完全使用可再生电力。

低碳理念的浸润也使整个社会的消费和生活观念开始转变。法国哲学家吉勒·利波维茨基（Gilles Lipovetsky）在其《轻文明》一书中宣称，我们已经进入了一个正在萌芽的"轻文明"阶段。①消费主义的吸引力正在下降，对简约生活和精神世界的追求渐成时尚潮流。美国千禧一代不愿意买车、不愿意买房，对物质需求下降，对旅游、饭店等需求在上升。随着人均GDP增长到1万美元，中国的消费结构也在发生着类似变化，尤其是在年轻一代。生活中，以"轻"字定义的词语在生活消费、材料科技、艺术时尚、建筑设计、家庭关系、甚至政治与思想等领域都可以看到。

低碳化理念对经济发展的影响不仅在于对商品生产和社会生活观念的改变，宏观上，这一理念加速了世界经济的"结构性轻化"。对低污染、低排放的追求反映到产业政策上，就是要推动单位GDP能耗水平不断下降，压制或淘汰重污染、高能耗的重工业，推动产业结构升级，优先发展排放少、污染小的现代服务业和先进制造业，走"轻型化"发展道路。这样做的后果，一方面是从物理上看，社会总产品的能耗和质量都在下降。能耗少意味着质量轻、体积小、用料少，从近年来装配式建筑发展到汽车业材料革新，都可以看到这一趋势。而且大量过去需要实物作为载体的产品被虚拟化、符号化，通过互联网展现，推动了信息技术的升级和产业发展，如电子图书对实体图书的取代，电子支付对现金的取代。另一方面，服务业在全球经济中占比不断上升，信息科技产业迎来空前繁荣。欧美总结2008年金融危机的教训，认为制造业空心化是重要原因，但"再工业化"之类的政策实施多年效果不佳，美国服务业占比依然在78%左右，欧洲服务业比重仍在上升，整个世界都出现服务业比重上升，制造业比重下降的趋势，轻资产变得越来越重要，越来越少的投资者愿意持有重资产。②在沙特阿美石油公司上市之前，以"FAAGM"为代表的美国五大科技公司和中国的阿里、腾讯长期占据全球市值最高的十大公司中的七席。在金融层面，这些变化对未来的投资布局、资产偏好、资本流动和贸易结构，都

---

① 欧阳春艳：《哲学家：我们的世界越来越"轻"》，2017年5月16日，https://www.sohu.com/a/140873629_119038。（上网时间：2020年1月2日）

② 朱民：《全球经济面临三大结构性变局》，2017年2月28日，http://www.xinhuanet.com/world/2017-02/28/c_129497976.htm。（上网时间：2020年1月2日）

会产生巨大影响。

二、推动全球能源贸易格局生变，深刻影响全球化进程

由于可再生能源的特点和发展阶段，当前化石燃料作为全球主要能源的地位仍然难以撼动，但石油、煤炭和天然气三大能源在消费结构中的占比却正在呈现趋势性变化，带动全球能源贸易格局发生转变。由于天然气在传统能源中具有燃烧充分、低污染、高热值、低排放等特点，其被视为一种优质清洁能源，在可再生能源目前无法挑起大梁的情况下，成为不少国家进行能源转型的第一选择。从能源消费增速看，2007－2017年，天然气消费平均增速为2.2%，高于石油和煤炭的1%和0.7%，推动了天然气在一次能源消费结构中占比的上升，也带动了天然气全球贸易的兴起。

长期以来，天然气很难像石油一样被视为一种大宗商品，缺乏一个统一的市场和定价体系。传统以管道为主的天然气贸易增速有限，受限于管道建设的长周期性、流向固定性和复杂多变的地缘政治局势。如2015年启动的"北溪－2"管道项目经历了反复停工，至今仍受制于美国阻挠卡在"最后一公里"，同期建设、相对顺利的"土耳其流"项目2020年初刚刚启动。而液化天然气（LNG）贸易的兴起则开始打破这一僵局，成为近年来国际能源贸易的一大亮点，为经济全球化增加了新的推进动能和支撑力量。2007－2017年，LNG贸易保持了平均5.4%的增速，2018年提速至9.6%。2018年，全球LNG贸易量达到4310亿立方米，占到天然气总贸易量的46%，而10年前占比仅为31%。预计未来20年，LNG贸易量将增长一倍以上，突破9000亿立方米，相当于目前美国和加拿大的天然气消费总量。[①] 由于实现了生产端和消费端的解绑，以船舶运输的灵活贸易方式吸引越来越多国家加入天然气贸易，一个类似原油全球统一的大市场正在形成中。相比原油市场，东亚在LNG贸易中的消费者势力更加强大，2018年中日韩三国（含中国台湾地区）进口的LNG占到当年LNG贸易总额的63%，新的出口力量相继涌现，卡塔尔、澳大利亚、马来西亚三国出口份额占到当年总额的一半以上，美国、俄罗斯、尼日利亚、印度尼西亚等传统产油国积极加入，蓄势待发。在市场化力量的驱动下，全球LNG定价机

[①] 《BP集团CEO：LNG贸易未来呈现多主体竞争，多商业模式格局》，界面新闻，2019年4月4日，https://baijiahao.baidu.com/s?id=1629853989505258738&wfr=spider&for=pc。（上网时间：2020年1月2日）

制已逐步从单一与油价挂钩的传统模式加速走向独立，向日趋金融化、多元化的混合定价模式演进，各区域 LNG 价差过大的现象逐步消失。2019 年，亚洲 JKM（普氏发布的日韩价格标杆）LNG 现货价格一路下跌，几乎与荷兰 TTF 气价相当，一度发生过低于欧洲的情况，而五年前亚洲价格几乎两倍于欧洲，相对美国亨利中心的价差也从平均 5 美元/百万英热单位收窄至 2 美元/百万英热单位。[1]

LNG 贸易的崛起对世界政经体系的影响深远，或者超出我们想象。如果排除中国和印度，当前天然气发电已经超过煤炭发电量，贡献了世界 1/3 的电力。在 2011 年日本福岛核泄漏发生后，世界对清洁电力的燃料需求进一步集中到天然气上。而且随着中国和印度能源转型积极推进，对天然气的需求势必更加强烈。这意味着国际能源市场将迎来一轮新的洗牌，各国对石油的政治、经济和安全资源投入势必向天然气加速倾斜。反映到国际关系上，这意味着新一轮围绕能源的政经争夺和安全博弈将在天然气市场展开，国际贸易流和投资流也会发生一系列连锁反应。石油美元体系将迎来进一步冲击，美元若想维持其霸权地位，可能面临继续寻找新的锚定物的挑战，为其他货币争夺国际货币权力提供了机会。当然，如同能源转型一样，这些变化并非一蹴而就，甚至会因为情况转变发生新的演绎，需要在较长周期继续追踪研究。

三、绿色贸易和绿色金融兴起，推动国际经贸规则重塑

绿色贸易是在一般贸易中加入了环保成本和社会成本，在早期国内学术研究中多与"壁垒"相连，被视为困扰中国外贸出口的新型贸易壁垒。而绿色金融多与对节能环保、清洁能源、绿色交通或建筑之类的投融资项目相关，具有较强的产业引导目的和优惠政策支持。这两个概念正是低碳化转型投射到贸易和金融领域的体现，意在推动国际贸易和金融活动实现与低碳经济的配套升级。发达国家早在 20 世纪八九十年代就开始在对外贸易中加入严苛的环保标准和社会标准认证，如绿色关税制度、绿色包装制度、检验检疫制度等。时至今日，对商品贸易的健康和环保要求，即"边境后措施"（post-border measures）在全球各国的外贸政策中都有所体现，绿色壁垒的合理性得到普遍认可，但围绕"边境前措施"（pre-border measures），即是否要求出口产品生产制造过程必须遵循一定的环保、劳工

---

[1]《盘点 2019 年 LNG 市场新变化》，《中国石化报》，2019 年 12 月 20 日第 8 版。

甚至能耗标准的市场准入问题，发达国家和新兴经济体依然争执不下，从20世纪90年代的WTO乌拉圭回合一直纠缠至今。随着WTO多哈回合走向僵持，欧美对这一问题的解决方案是力推所谓的"21世纪新规则"，绕开多边谈判，利用区域和双边协议实现突破。从美国奥巴马政府时期力推"3T战略"（TPP、TTIP、TiSA）开始，国际经贸规则的更新和重塑正式被提上国际议程，引发了激烈争论和政策博弈。此后的日欧经济合作协定（EPA）、欧加全面经贸协定（CETA）、全面与进步的跨太平洋伙伴关系协定（CPTPP）和美墨加协定（USMCA）等一系列高标准自贸协定的达成表明，绿色贸易标准率先在发达国家之间达成共识，国际经贸规则升级趋势恐难避免，目前正在进行的WTO改革同样需要面对此问题。需要指出，无论是夭折的TPP协议还是刚刚生效的USMCA协定，几乎都没有把气候变化条款纳入其中。从国际法律实践看，气候减排制度与国际贸易体系是两套并行发展的规范体系，《联合国气候变化框架公约》（UNFCCC）或《京都议定书》《巴黎协定》也没有相应的国际贸易规则安排。随着国际经贸规则的升级，两者必须要解决规则兼容的问题。事实上，当前一些WTO争端已经涉及这一矛盾。自2010年至今，WTO已经审理了五起关于可再生能源贸易纠纷案件，主要关于当地成分要求、补贴、激励、金融、税收和土地等减排支持措施对WTO非歧视性原则的挑战。[①]

全球主要地区碳排放交易机制的建立是绿色金融领域早期发展的一大创举。欧盟最先引入强制性的碳排放权交易市场。2005年欧盟碳排放权交易体系（EU ETS）正式启动，迄今发展成为全球最活跃、最有影响力的碳市场。新西兰、澳大利亚、美国加州、加拿大魁北克等国家和地区也相继建立，到目前已有遍布四大洲的20多个碳交易系统出现。随着越来越多的国家考虑利用碳市场和碳金融作为促进工业、航空、能源等领域节能减排的政策工具，碳交易获得较快发展。一系列建立在碳排放权上的金融衍生品也随之出现，自2005年第一个碳排放权衍生品合约诞生以来，洲际交易所（ICE）ECX碳排放权衍生品市场增长迅速，已成为国际上流动性最高的碳排放权衍生品市场。世行报告显示，2005年全球碳市场规模仅为9.4亿欧元，到2018年碳排放权和碳税的规模高达820亿美元。如果现有碳定价计划采取符合《巴黎协定》气温目标的价格水平，收入可能突破每年

[①] 魏庆坡：《后巴黎时代气候变化制度与国际贸易规则的协同研究》，《河北法学》，2019年第6期，第116页。

1000亿美元。① 碳市场的出现，普及了"排放就要收费"的经济观念，可以视为经济全球化利用其自身规制和金融资本优势对推进过程中出现的负的环境外部性的一种制度弥补和修正。建立之初，曾有人乐观预计到2020年碳排放权交易规模有望超过原油市场，但从目前看，尽管碳市场规模不断扩大，但效果并不理想。未来发展还是要取决于《巴黎协定》时代，各国对碳交易架构的设计和政策执行力度，成长为一个类似原油那样有影响力的市场仍有很长的路要走。

自2016年G20杭州峰会首次将"绿色金融"写入峰会公报以来，绿色金融在投融资领域的实践近年来进展迅速。据彭博统计，截至2019年12月，全球绿色基金规模达到8225.26亿美元，主要分布于西欧和美国，卢森堡是发行量最大的国家，发行近700支基金，资产规模合计达到2420.35亿美元，美国共有319支，资产规模合计1704亿美元，亚洲地区规模仅占总量的3.22%，主要在日本（226.65亿美元）。全球绿色债券规模达到6467.58亿美元，半数在欧洲，达3200亿美元（占比49.5%），亚洲1546亿美元（占23.9%），北美洲742.77亿美元（占11.5%）。② 目前国际公认度较高或由政府部门出台的绿色金融标准主要集中于债券和信贷领域，基金、保险、股票等领域尚无较权威的绿色标准。影响力较大的绿色债券标准有12个，影响力较大的绿色信贷标准有6项，包括国际资本市场协会（ICMA）发布的绿色债券原则（GBP）、气候债券协会发布的气候债券标准（CBS）、赤道原则（EPs）等，在针对范围、精细度和执行力等方面存在差异。③ 绿色金融的快速发展使得尽快出台全球统一标准的呼声日高。

此外，不容否认，经济全球化也使能源转型加速到来。经济全球化带来人才、技术、资金、信息等各类资源在全球范围内快速流动，使得能源转型的理念传播、资本支持和技术分享变得愈加便捷和迅速，极大推进了能源转型的进度。借助全球化网络下新媒体，低碳化理念能在较短时间内迅速传播并在整个世界掀起声势。网络社交媒体的普及使得不同国家的机构团体和个人得以实现跨国串联，实现"去组织化"、"去中心化"的迅速

---

① World Bank：*State and Trends of Carbon Pricing* 2018，p. 8.
② 《亚洲绿色金融发展的方向在哪里？》，亚洲金融智库，2020年1月20日，https://www.yidaiyilu.gov.cn/xwzx/roll/116070.htm。（上网时间：2020年2月1日）
③ 中国人民银行研究局绿色金融标准课题组：《推动我国与全球主要绿色金融标准趋同》，《中国金融》，2019年第22期。

行动，在环保主义运动方面表现尤为明显。金融全球化的发展使得大量私人资本和风险投资得以在全球范围内寻找并投资有潜力的新能源项目和技术开发，并将其推到公开证券市场进行募资，实现滚雪球式发展。联合国发布的《2019年可再生能源投资全球趋势》指出，过去10年全球可再生能源投资总额达到2.6万亿美元。在天量资本的助力下，十年间可再生能源的成本迅速下降，开始具备竞争优势。自2009年以来，光伏平准化度电成本下降81%，陆上风电下降了46%。[1] 技术转移在全球化推动下速度加快、规模扩大、形式增多。2002－2012年，全球技术贸易额的增速远远超过全球贸易总额的增长速度，国际技术贸易运营方式进一步体系化和多样化，出现国与国之间企业的技术许可、跨国技术并购、研发人员跨国技术创业、技术企业在别国设立研发中心等多种模式。[2] 清洁能源技术正是转移重点。

第四节 逆全球化中的能源因素

如果把1999年11月第三届WTO部长级会议期间爆发的"西雅图运动"作为逆全球化运动的开端，那么到2016年，以英国脱欧和美国特朗普政府上台为标志，逆全球化思想渐成潮流，成为经济全球化数百年进程中的又一次重大转变。究其根本，在于2008年全球金融危机暴露了西方世界被过往长期繁荣掩盖的深层结构性问题，越来越多国家面对贫富分化加剧、中产阶级萎缩、社会福利恶化的困境束手无策，开始归罪于外，将怀疑的目光投射到过去二三十年狂飙突进的全球化进程，把自身就业岗位流失、非法移民泛滥、阶层流动停滞等问题都归咎于全球化的伤害。这其中，能源因素也成为这些国家发难的理由。

美国特朗普政府的种种逆全球化行为具有典型意义。能源领域，美国的做法是不承认全球变暖，鼓励化石能源发展。特朗普在竞选期间多次表示过，气候变化是"一场骗局"，损害了美国经济，表示如果当选将退出《巴黎协定》。2017年6月，美国宣布停止落实《巴黎协定》，引起世界一

---

[1] UN environment programme: *Global Trends in Renewable Energy Investment* 2019, 11 September, 2019.

[2] 董丽丽、张耘:《国际技术转移新趋势下中国的战略研究》,《中国市场》, 2013年第7期, 第92页。

片哗然。2019年11月4日，美国正式通知联合国，宣布正式启动退出《巴黎协定》的程序。退出过程需要一年时间，这意味着美国将于2020年11月4日起最终退出，如果特朗普再度当选结果几无悬念。与致力于清洁能源的前任总统奥巴马不同，特朗普支持通过开采化石能源使美国成为能源超级大国，实现"能源独立"，促进就业和经济增长。为此，上任伊始，特朗普就连发数道行政令，鼓励煤炭、石油和天然气的开发利用，如批准拱顶石和达科他油气管道项目建设，要求重新评估《清洁能源计划》，允许租赁联邦土地用于煤炭项目，赋予各州更多权力来决定能源项目，向油气开发活动开放新的近海水域等。同时，特朗普大刀阔斧地废止了奥巴马时期制定的环保、节能减排、开发新能源等举措，大幅削减美国环保署预算，缩小其工作范围，降低对火电厂和汽车的温室气体排放要求等。据统计，从2017年1月到2019年9月初，特朗普政府已放松了128项环保法规。美国在能源和气候变化领域的逆势而动的基本逻辑是认为经济全球化推动的低碳化发展道路平添经济运行成本，抑制了经济增长潜力，不利于发挥美国禀赋优势，因此要打破束缚，利用单边政策摆脱应承担的全球责任，挽回全球化对美国利益造成的损害。吊诡之处在于，1999年的西雅图运动中，反全球化人士激烈抗争的一个重要理由就是全球化带来的资源浪费、环境污染和气候变暖问题，17年后，同样的主张却是基于截然相反的理由和动机，沧海桑田令人唏嘘。

由于美国在国际体系中的地位和影响力，其在能源领域的"开倒车"行为对推进中的全球能源转型是一记重击。

一、全球能源和气候治理陷入僵局

作为唯一的超级大国、世界最大经济体、碳排放第二大国，美国的退出行为严重伤害了《巴黎协定》的合法性和有效性。《巴黎协定》使全球气候治理模式发生转变，由《京都议定书》时代欧盟倡导的"自上而下"的温室气体减排量强制性分配转变为中美所倡导的"自下而上"的国家自主贡献（INDC）模式。这种相对灵活的减排模式一定程度由各缔约国自愿承诺决定，倡议者美国的反悔带来"囚徒困境"式的全球博弈，削弱了其他国家执行现行协议的信心和力度，也减少了气候谈判进一步向前推进的动力和意愿，实现协定所期望的温控目标前景黯淡。尽管协定的大部分实施细则在2018年底的卡托维兹气候变化大会上得以敲定，但仍有关键问题需要继续谈判解决，比如"将全球平均气温升幅较工业化前水平控制在

1.5℃之内"的温控目标是否可行。英国《自然》杂志刊文指出，要想实现《巴黎协定》目标，各国当前承诺减排量远远不够，需要付出四倍的努力或只用原定 1/3 的时间完成。① 继续推进减排会再度涉及谁减排、减多少的公平问题，在欧盟领导力弱化、又没有美国参与的情况下很难推进。巴西、印度、中东等部分强硬国家压力大减，甚至会以美国为榜样，要求重新设定温控目标，为本国发展留出空间。近年来低迷的碳价部分可说明各国面对减排困局的摇摆不定。世界银行发布的《2018 年碳定价现状与趋势》指出，目前碳价格跨度很大，最低 1 美元/吨二氧化碳当量，最高 139 美元/吨二氧化碳当量，平均价格 10 美元/吨二氧化碳当量，远远低于斯特恩—斯蒂格利茨碳定价高级别委员会认为的符合《巴黎协定》气温目标的 2020 年每吨 40 - 80 美元和 2030 年每吨 50 - 100 美元的水平。② 而全球减排的压力却在各国的犹豫推诿中越来越大。IMF 发布报告称，全球碳排放量在 2009 年后稳步下降几年之后，从 2017 年开始回升，2017 - 2018 年分别增加了 1% 和 2%，其中美国碳排放量显著增长。③

二、可再生能源快速发展的势头受阻

特朗普政府对传统能源的重视和鼓励生产的政策导致美国原油产量增长，给国际能源市场带来价格进一步下行压力，无疑削弱了可再生能源的市场竞争力和各国建设热情。国际油价（北海布伦特价格）从 2018 年年初的 70 美元/桶上方一路下跌，截至 2020 年 3 月，OPEC + 联盟破裂前已滑落至 50 美元/桶左右，沙特和俄罗斯就联合减产问题反目的一个重要原因就是俄罗斯担忧美国页岩油气借机抢占市场份额，索性开启价格战进一步压低国际油价，迫美国页岩油退出市场，国际油价应声暴跌到 30 美元/桶以下，甚至出现负油价现象。同样，受益于此，全球煤炭产量和消费量得以结束多年颓势，在 2017 年止跌回升，2017 年、2018 年分别增长 4.3% 和 1.4%，天然气和可再生能源取代煤炭作为电力生产主燃料的势头有所受挫。④ 而在经历了产能和投资的十年快速增长后，可再生能源的新装机容量和投资在 2018 年显露疲态。根据全球可再生能源权威平台

---

① 晋楠：《研究显示实现〈巴黎协定〉任重道远》，《中国科学报》，2020 年 3 月 16 日第 2 版。

② World Bank: *State and Trends of Carbon Pricing* 2018.

③ 高伟东：《全球碳排放量再次上升》，《经济日报》，2020 年 1 月 2 日第 12 版。

④ BP: *BP Statsitical Review of World Energy* 2019, p. 44.

REN21 发布的《2019 年全球可再生能源现状报告》显示，2018 年全球可再生能源市场新增装机总计 181 吉瓦（GW），增量趋于稳定。全球可再生能源投资总额为 2889 亿美元，低于 2017 年的 3263 亿美元，下降 11%。可再生能源在电力以外的领域如供暖、制冷和交通运输等部门增速缓慢，全球能源消费转型趋于停滞[1]。

三、传统能源的地缘政治色彩和政策工具意义加重，进一步转移各国政府对新能源发展的注意力

从特朗普政府的贸易实践看，以"美国优先""公平贸易"为口号要求重新调整与主要贸易伙伴国的经贸关系，能源出口就是其力推的重要选项。从重启对伊朗制裁、扩大对俄能源领域制裁、启动对委内瑞拉制裁、阻挠"北溪 2"天然气管道建设，到在"三海倡议峰会"上强推 LNG 出口欧洲，贸易谈判中要求中国、日本、印度、韩国等扩大从美能源进口，美国把能源出口作为地缘政治武器和贸易政策工具的意图凸显。美国希望借助能源出口改变贸易失衡的努力也初见成效，2019 年美国原油产量世界第一，日均超过 1200 万桶，并在 70 年来首次成为净出口国，日均出口超 300 万桶，一度超过沙特成为原油出口第一大国。[2]

第五节 未来展望

随着世界进入"百年未有之大变局"，国际秩序进入混乱瓦解期，逆全球化现象预计仍将在较长时间内存在，但这并不意味着全球化的终结或能源转型的失败。人类文明的发展历程决定了全球化的深化趋势不会改变，将之视为经济全球化正在进入一段新的调整期或更恰当。如同加拿大学者瓦茨拉夫·斯米尔（Vaclav Smil）在其著作《能源神话与现实》一书中指出，能源转型是一个涉及范围广泛且十分复杂的过程，其所需的基础设施必须在新能源供应和新方式广泛应用之前就要得到满足，能源创新并不遵循摩尔定律，能源转型需要几十年的发展，不要轻信有关未来新能源或新能源技术应用速

---

[1] REN21: *Renewables 2019 Global Status Report*, 14 June, 2019.
[2] 郭少英：《全球石油市场大变局：美国成最大石油出口国，连年增产每天百万桶》，2019 年 8 月 28 日，https://new.qq.com/omn/20190828/20190828A0TFSR00.html。（上网时间：2020 年 3 月 2 日）

度、时间和范围的主张,不要低估传统能源及已有设备持久性和适应力,不要因为与某些预设意识形态或社会模型相匹配,就不加批判地接受新能源和新技术工艺,对能源转型要保持足够的定力和耐心。①

新的阶段,中国能够而且正在发挥引领作用,无论是新型的全球化道路还是持续推进能源转型。中国崛起成为21世纪改变世界政治、经济格局的重大变量之一。中国被普遍认为是冷战后经济全球化进程的赢家,在后危机时代对世界经济贡献度一直位居第一,以占世界14%左右的GDP总量,贡献了全球30%以上的经济增量。其中,中国对亚洲经济增长的贡献率已超过50%,对非洲贡献率超过30%②。中国已发展成为世界最大经济体(以PPP计算)、最大货物出口国、第二大货物进口国和众多大宗商品最大买家、第二大对外直接投资国、最大外汇储备国、最大旅游市场,是世界经济最主要的"发动机"和全球贸易最大的"压舱石",为其他国家所能带来利益的能力不断增加,具有推动新一轮全球化的实力。从实践看,中国在多边和区域平台G20、金砖国家峰会、亚太经济合作组织等积极发出中国声音,贡献中国方案,"一带一路"、亚投行等公共产品正被视为中国引领新一轮全球化的重要抓手。

在能源转型方面,中国对可再生能源的重视有目共睹。中国可再生能源发电装机容量居世界首位,截至2019年年底,风电、光伏发电首次"双双"突破2亿千瓦,均居全球第一。中国也是世界上最大的可再生能源投资国,2010年至2019年上半年,承诺投资达7580亿美元,是第二名美国的两倍。③ 中国是全球发展最快的绿色金融市场。据清华大学绿色金融发展研究中心主任马骏介绍,2016年以来中国在境内外累计发行绿色债券达到1.1万亿元,2019年发行规模超过3500亿元,较2018年增长近30%④,支持了一大批清洁能源、环保、节能、绿色交通和绿色建筑项目。

---

① 《4个基本规律!能源转型的"必经之路"》,能源日参,2018年3月23日,https://www.sohu.com/a/226214412_100063272。(上网时间:2019年12月30日)

② 孙蔚、曹德军:《中国正在引领新一轮全球化进程》,《中国发展观察》,2017年Z2期。

③ UN environment programme: *Global Trends in Renewable Energy Investment* 2019, 11 September, 2019.

④ 马骏:《2016年以来中国累计发行绿色债券超万亿》,2020年1月15日,http://greenfinance.xinhua08.com/a/20200115/1907846.shtml。(上网时间:2020年3月2日)

国际能源大转型：机遇与挑战

在美国退出后，中国已成为新的全球气候治理格局中的领导者。从哥本哈根会议开始，中国就已成为国际气候谈判的重要参与者，到《巴黎协定》时期，中国不仅在自主贡献文件中提出实际的减排目标，彰显大国责任，还协调其他大国共同推进了协议的签署。2018年12月的卡托维兹气候变化大会艰难完成《巴黎协定》实施细则谈判，中国做出了重要贡献，成为谈判崩溃时刻的关键挽救力量。[1]

"绿色一带一路"可以成为中国引领经济全球化和全球能源转型的共同着力点。能源合作本身就是"一带一路"合作的重要支柱，建设"绿色一带一路"也是"一带一路"进入高质量发展阶段的必然要求。通过开发绿色金融、发展绿色产能合作、推进带路清洁生产与环保技术转移和交流、加大新能源项目投资，构建"一带一路"绿色项目库、启动带路绿色供应链平台、牵头带路国家共同应对气候变化及承担减排责任等举措，中国一定可以在与沿线国家共建"一带一路"进程中走出一条新型全球化道路，推动全球能源转型取得突破。

---

[1] 崔莹：《中国已成为新的全球气候治理格局中的"引领者"》，2019年1月16日，http://www.tanpaifang.com/tanguwen/2019/0116/62858.html。（上网时间：2020年3月2日）

第二部分

地区篇

第七章

美国能源转型[①]

能源是驱动人类生产力发展的一大核心动力。纵观人类历史，每一次生产力的提升都伴随着能源应用的革新[②]。"钻木取火"使人类摆脱了原始的蒙昧，逐渐步入农业文明，也开启了能源的"薪柴时代"。蒸汽机的发明拉开了工业革命的序幕，煤炭所带来的动力开始广泛应用于大机器生产，也将人类带入了"煤炭时代"。电力和内燃机的发明带来了第二次工业革命，石油被广泛应用到交通、化工等部门，推动了城市化与全球化，人类进入"油气时代"。随着科技进步和各国对环保及气候变化的重视，可再生能源和新能源开始崭露头角，人类开始向清洁能源时代过渡。美国的能源转型史，也与这一历史潮流齐头并进，甚至一度引领了世界潮流。美国的能源结构也经历了由木材过渡到煤炭，再由煤炭过渡到石油、天然气，作为最早开采石油的国家、发明汽车的国家、引领第二次工业革命的国家、"车轮上的国度"，美国可以说是"油气时代"的引领者和典型代表[③]。近些年来，美国能源结构也呈现出由油气时代向可再生能源和新能源过渡的长期趋势。

第一节 美国能源转型的历史回顾

从殖民地时代到19世纪中后期，美国一直是一个森林茂密的农业大国。在此期间，北美人民主要依靠土地表面的有机材料来满足其大部分能源需求，也就是将木材和其他生物质燃料用于取暖和提供动力。在河床等地会有少量煤炭被发现，但只有这些裸露煤矿附近的居民才能利用它来取暖。其后，随着美国经济的快速崛起，工业化、城市化和铁路运输大发

[①] 本章作者：董春岭，中国现代国际关系研究院美国研究所副研究员，主要从事美国外交、中美关系和能源安全等问题研究；张茂荣，中国现代国际关系研究院世界经济研究所副研究员，主要从事世界经济、国际能源等问题研究。

[②] [美]丹尼尔·耶金著：《能源重塑世界》，石油工业出版社，2012年版，第3-4页。

[③] [美]丹尼尔·耶金著：《石油风云》，上海译文出版社，1997年版，第6页。

展，煤炭消费量大幅增加。煤炭作为工业燃料比木材优良，燃烧温度高且易控制，有利于钢铁、水泥、制糖等大工业的发展。到1885年，煤炭已经取代木材，成为美国的主要能源，并将这一地位保持了60多年，美国正式进入化石能源时代。可以说，煤炭取代木材成为制造业和运输业的主要能源，标志着美国现代工业的兴起。到20世纪初，煤炭在美国能源构成中的比重达到顶峰，1910年占比高达77%。[1]

进入20世纪后，随着内燃机的发明使用和汽车的普及，石油开始崭露头角。此后，石油对美国的重要性越来越高。石油取暖锅炉逐步取代了东部沿海地区的燃煤炉，柴油机车取代了蒸汽机车，燃油发电厂开始建造，以汽油为燃料的公共汽车代替了有轨电车。同时，州际公路的修建使汽车成为个人出行的主要交通手段。在此背景下，从20世纪40年代初开始，美国政府与石油巨头建立起互惠合作关系，以控制全球石油资源。到1950年，美国石油消费量已超过煤炭，同时天然气消费量也迅速增长。由于美国加利福尼亚、得克萨斯、俄克拉荷马等州以及邻国加拿大、墨西哥石油资源丰富，加上石油开采成本低、易于运输、能量密度高，导致美国石油消费量持续增加。从此，美国进入石油时代。1950年，石油占美国能源消费总量的57.8%，到70年代初占比已经达到75%。石油被广泛用作塑料和其他化学品的原料，并为各种工业提供动力。由于能量密度、生产成本和加油速度俱佳，石油的这些独特品质使其被广泛用作运输燃料。如今，美国2/3的石油消费以运输燃料的形式出现。

与石油同期，天然气和电力开始广泛普及。1816年天然气在美国首次用于照明，此后在家庭、工业和发电中的作用越来越重要。1883年水电开始进入美国电网，为美国提供了廉价的电力；随着农村电气化的推进，电力进入更多地区。自20世纪60年代开始，美国煤炭消费再度增长（主要用来发电），2007年消费量达到历史最高。而在经过70年代的停滞之后，80年代石油和天然气消费再度恢复增长，其中天然气增长迅速。形成鲜明对比的是，2007年以后，美国煤炭消费快速下降（见图7-1）。此后，随着美国页岩气革命的爆发，充裕低价的天然气逐渐取代煤炭，成为家庭、企业和工业窑炉中的首选能源来源。与煤炭相比，天然气燃烧起来更清洁，运输也更容易。

---

[1] 杨国玉：《美国能源结构转换的特点》，《能源基地建设》1994年第6期，第63页。

第七章 美国能源转型

在核能方面，1957年美国宾夕法尼亚州建造了第一座商业核电站。此后在较短时间内，核能对美国能源供应产生深远影响。20世纪70年代以来，核电为美国的能源安全做出了越来越重要的贡献。如今，美国拥有99个核反应堆，占美国总发电量的20%。

最近10年，清洁能源在美国发电构成中的占比持续上升。2010年，由可再生能源、天然气发电和核电组成的清洁电力，占美国发电总量的54%，到2019年大幅升至76%；同期，煤电和石油发电之和占比则由46%降至24%（参见图7-2）。

从历史来看，美国能源效率总体上不断提升。据统计，1850—2000年，美国能源消费总量增长约50倍，但人均能耗仅增长4倍。到2009年，美国人均能源消费量降至7.075吨油当量，比2000年减少12%。

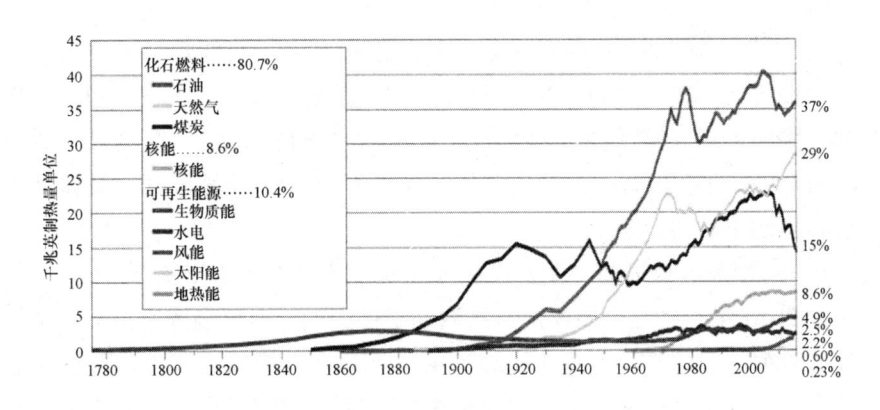

图7-1 美国能源消费史（1776—2016）

资料来源：美国能源信息署网站。

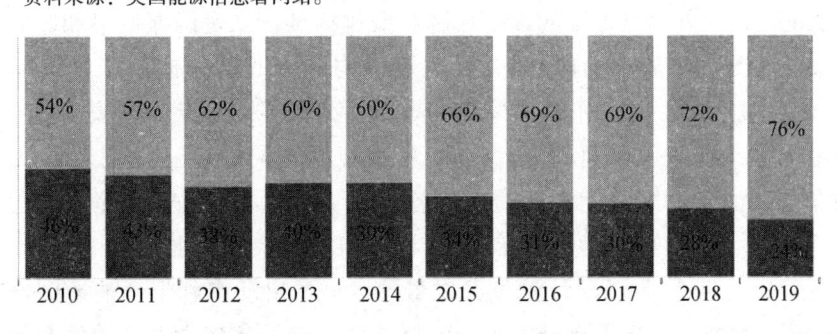

图7-2 美国发电构成

资料来源：美国能源信息署网站。

第二节 美国能源转型政策：
从奥巴马到特朗普

在美国，一般而言，民主党倾向于通过政府监管来控制石油价格和保障能源供应，而共和党则认为市场调节是最佳办法，政府应避免干预市场，放松审批限制。民主党强调节能和提高能效，赞同美国为应对全球气候变化做出努力，强调发展可再生能源和新能源；共和党则强调扩大国内传统能源生产，主张扩大石油开发的区域范围。在民主党总统奥巴马和共和党总统特朗普身上，这一差别表现得泾渭分明。

一、奥巴马政府大力鼓励和推动清洁能源发展

奥巴马政府的能源政策核心是引领新能源革命，将绿色能源打造成拉动美国经济增长的新动力。在2009年的总统就职典礼上，奥巴马以绿色作为典礼主题色彩，暗示将带领美国开展一场"绿色革命"。在奥巴马政府"清洁能源"战略布局下，美国"绿色革命"在多个领域展开。具体来看主要包括四个方面。

（一）增加本国石油产量，安全可靠地推进国内油气开发

受2010年4月发生的墨西哥湾漏油事件影响，奥巴马政府把油气资源开发监管列为能源政策的重要内容，采取一系列措施保障国内油气资源安全开发：一是提高安全标准。奥巴马政府启动了美国历史上对海洋油气开发监管的最全面改革，出台了一系列新的安全标准，对钻井设计与测试设立认证协议，并建立严格的设备控制和操作标准；二是确保效率和监管真实性。奥巴马政府对海洋能源开发监管机构进行改革，把矿产管理局重组成三个独立机构，并将国家海洋资源管理开发职能分成安全执行、环境标准、税收三个管理功能，恢复监管的真实性；三是完善海底钻探安全和油井泄漏等问题的应对措施。设立海洋能源安全咨询委员会，带动政府、工业界、学术界和其他利益相关方，共同推动安全设备和科技发展。四是规划设计油气开发最佳区域。启动有利于含油地区发展的改革，为海上油气勘探开发进行整体规划，确保实现含油区域的有效开发。五是实现经营效率最大化并减少排放。"天然气之星"计划联合美国国内外100多家石油公司，采用新科技和新设备进行天然气勘探开发，其中80多项技术和操作规范得到美国环保署鉴定，可以低成本高效率地降低

油气田甲烷排放量。[1]

（二）强力推动节能减排

一是设立解决美国电力行业碳排放的第一个国家标准。2015年8月美国环保署（EPA）公布的《清洁电力计划》提出，到2030年美国发电厂碳排放目标是，在2005年基础上减少32%。主要措施有：通过提高现有燃煤电厂的热效率来减少发电的碳排放量；用现有碳排放较低的天然气发电厂替代高排放的燃煤电厂发电；用零排放的可再生能源发电替代现有的燃煤发电。[2] 二是实施汽车节能减排计划。为实现到2025年汽车油耗减半和降低大中型卡车油耗，设立了新的燃料经济性标准。三是对建筑、家用电器和工业实行更严格的节能标准，预计到2030年将减少25亿吨的碳排放。住宅方面，联邦政府对35万套房屋的节能改造进行援助；通过国家能源计划和能源效率补助款项目，部署能效和可再生能源工程；通过《2009年美国复苏与再投资法案》，对56个州和地区的能效设备予以退税和项目补贴。商业方面，联邦政府通过为创新性能效的建筑系统发放补助金、提升联邦办公建筑能效、培训商业建筑技术工人、参与"能源之星"项目、采用能源管理方法指导节能等方式实现建筑节能。工业方面，美国能源部利用《2009年美国复苏与再投资法案》对民间能效工程投资8亿多美元，并跨越多个制造行业推动节能产品和工艺发展。四是推动碳交易市场建设，规定企业须通过竞标获得二氧化碳排放权。五是减少化石燃料补贴。在二十国集团（G20）匹兹堡峰会上，奥巴马承诺逐步取消对低效化石燃料的补贴，并采取措施削减石油消费。

（三）大力发展清洁能源

奥巴马政府积极推进交通燃料多元化发展，并推动美国向清洁能源过渡。主要政策措施包括：一是通过《2009年美国复苏与再投资法案》，对清洁能源拨款900亿美元，用于发展包括高效电池、智能电网、碳捕集与储存（CCS）、新能源技术等有关项目，这是美国历史上对清洁能源的单笔

---

[1] 陈英超等：《美国奥巴马政府新能源战略及其特点》，《中国能源》，2013年第9期，第17–18页。

[2] "FACT SHEET：Overview of the Clean Power Plan," https：//archive. epa. gov/epa/cleanpowerplan/fact – sheet – overview – clean – power – plan. html. （上网时间：2020年3月13日）

最大投资①，同时会撬动私人和非政府领域1500亿美元资本投入清洁能源产业。二是通过技术改造降低新能源成本。2008－2015年，美国太阳能发电成本下降64%，风力发电成本下降41%。三是对电网系统进行升级换代，发展智能电网产业，逐步实现太阳能、风能、地热能的入网管理。四是向可再生能源企业提供税收优惠和贷款担保，其中包括把可再生能源行业的联邦生产税减免政策延长至五年，并对乡村清洁能源产业提供信贷支持。

（四）改善交通系统

奥巴马上任后，对美国的交通运输系统进行了大规模整改，主要包括七个方面：一是设立新的燃料经济性标准。美国政府于2011年制定新的汽车燃料经济性标准，并于2012年至2016年对全国汽车和轻型卡车实施新的燃料效率标准和温室气体排放标准。二是投资先进车辆技术和公共基础设施。《2009年美国复苏与再投资法案》包含了对电池、电力驱动原件制造以及电力驱动基础设施的24亿美元投资。三是促进生物燃料利用。2011年，美国环保署放宽对新一代车辆的乙醇添加量约束，允许乙醇体积占比提高到15%，美国能源部和农业部提供补贴、贷款和贷款担保等以保障美国未来生物燃料的"独创性"。四是升级美国舰队。2010年，美国总务管理局采购了5603艘混合驱动舰艇。五是投资清洁公交车。美国政府利用《2009年美国复苏与再投资法案》资金，通过开发可替代燃料科技和推广替代燃料巴士，加速美国公交燃料结构调整。六是提供另类交通。美国政府对能够减少石油消费的工程项目提供资金，一些优先级货运项目得到资助，如美国东南部地区的新月形通道等。七是实现航空现代化。通过采用最先进的空中控制技术，努力实现空中交通系统现代化。②

二、特朗普政府"回归传统能源"政策

能源政策是特朗普竞选和执政的优先事项之一。早在2016年5月，尚

---

① "FACT SHEET: The Recovery Act Made The Largest Single Investment In Clean Energy In History, Driving The Deployment Of Clean Energy, Promoting Energy Efficiency, And Supporting Manufacturing," https://obamawhitehouse.archives.gov/the-press-office/2016/02/25/fact-sheet-recovery-act-made-largest-single-investment-clean-energy.（上网时间：2020年3月13日）

② 陈英超等：《美国奥巴马政府新能源战略及其特点》，《中国能源》，2013年第9期，第17－18页。

第七章　美国能源转型

未获得共和党正式提名的特朗普就前往北达科他州宣布其能源计划，主要包括强调"美国优先"和"能源独立"，促进化石能源开发以增加就业，放松油气行业管制，开放更多联邦土地供能源开发，支持拱心石（Keystone XL）管道项目，救助煤炭产业等。特朗普入主白宫后，迅速任命了一批重视传统能源作用、否认气候变化影响的政府官员，如国务卿蒂勒森、环保署署长科特·普鲁伊特等。上任第二天，特朗普就发布了"美国优先能源计划"，以此作为其政府能源政策的总纲领，高调倡导开发利用国内化石能源并采取一系列措施予以推动，从而确立了与奥巴马政府完全不同的政策路线。

此后，特朗普逐步推进其能源新政，在短短半年内做出了数项重大决定：批准了 Keystone XL 项目和达科他（Dakota Access）项目管道建设；废除了"美国上市石油和矿业公司必须披露海外经营中向东道国政府所支付款项"的规定；重新评估奥巴马政府的清洁能源计划，允许租赁联邦土地用于煤炭项目，赋予各州更多权力来决定其能源项目；启动向油气开发活动开放新的近海水域的程序；正式宣布退出《巴黎协定》。此后，特朗普还废除了奥巴马政府的《清洁电力计划》，撤销了限制煤炭开采的"河流保护规则"，并放松了天然气出口许可和审批程序。

特朗普政府的能源政策具有如下突出特点：一是突出"美国优先"理念。"美国优先"是特朗普执政的核心理念，在能源政策上突出表现为，强调实现美国"能源独立"和"促进增长与就业"这两大目标。特朗普宣称，其能源政策致力于降低美国能源成本，最大限度利用本国资源，减少对外国石油的依赖；将继续推进页岩油气革命，增加就业和繁荣经济；致力于开发价值50万亿美元的油气储备，并为重建道路、桥梁、学校和其他公共基础设施筹集资金；不顾国际社会普遍反对，执意退出《巴黎协定》。

二是化石能源位居能源政策中心。特朗普政府的能源政策主要是促进煤炭、石油和天然气开发。为了发展煤炭行业，特朗普多次亲赴美国煤炭产区演讲，表示要重振煤炭产业。特朗普政府取消了联邦土地新开煤矿禁令，放松煤炭行业碳排放限制。2018年8月，特朗普政府宣布推翻奥巴马执政期间制定的二氧化碳排放规则，制订新的排放规则以支持燃煤电站，新规对二氧化碳、二氧化硫、氮氧化物等污染物未来10年的整体排放量仅有"些微"削减作用。新规将鼓励公用事业公司继续投资燃煤电站，并提高其运营效率和市场竞争力。此外，新规允许各州制定自己的监管标准，依据自身实际情况提升燃煤电站运营效率,这意味着一些州的碳排放标准将降低。为了发展油气行业,特朗普政府放开了对近海石油开发的限制,批准石油管道建设,鼓励用水力压裂法开采页岩油;放松对页岩气开发的限制,致力于推动液化天然气(LNG)出口。特朗普政府还对生物燃料政策进行了改革,希望通过降低国家年度生物燃料混合配额来降低炼油行业成本,并计划取消可再生燃料识别码(RINs)。RINs是美国环保署用来控制和实施生物燃料强制用量的一套编码,精炼商和进口商为了达到生物燃料配额必须购买RINs,这给它们带来很大财政压力。美国农业部数据显示,美国生产的38%的玉米销往生物乙醇工厂,1/3的大豆油用于生产生物柴油。美国作为全球最大生物燃料生产国,规定汽油需要混合10%的生物乙醇、柴油需要混合5%的生物柴油。

三是否认气候变化并轻视新能源技术。特朗普声称,气候变化是中国的"骗局",上台后执意退出《巴黎协定》。特朗普在"美国优先能源计划"中,将气候行动计划视为美国能源产业的负担,他不仅大幅削减美国环保署预算,还明显缩小其工作范围,将环保署工作重点局限于"保护干净的空气和水,保护自然栖息地,保护自然保护区"。特朗普政府虽然声称能源开发和环境保护要协调发展,但并未出台重要的环保政策。特朗普对清洁能源技术缺乏兴趣,他多次罔顾事实,声称太阳能发电太贵,风力发电会大量杀死鸟类。但为了争取选民支持,特朗普有时也偶尔强调能源创新和可再生能源发展。[①]

第三节 转型进展

一、页岩油气迎来繁荣

奥巴马时期,美国爆发了页岩油气革命。因为政策扶持和技术突破,美国储量可观的非常规油气资源释放出巨大价值。随着技术日益成熟,非常规油气开采成本在最近10年大幅下降,页岩油气产业迅猛发展,成为美国能源开采热潮的主要驱动力(见图7-3)。从2005年到2010年的6年间,美国页岩气产量年增45%,占全部天然气产量的比重从2005年的4%

---

① 付随鑫:《对特朗普政府能源政策的分析与评估》,《国际石油经济》,2017年第10期。

第七章　美国能源转型

剧增至2010年的24%。2010年起，美国已经超过俄罗斯成为世界头号天然气生产国①。从绝对量看，2009-2016年，美国页岩气产量从4万亿立方英尺增加到14万亿立方英尺。到2035年，美国页岩气产量预计将达到天然气总产量的49%。就页岩油来说，美国页岩油产量从2009年的100万桶/日增长到2016年的460万桶/日。美国能源信息署（EIA）预测，今后几年美国页岩油产量仍将稳步增长，到2050年平均日产量仍能维持在600万桶以上，占美国石油总产量的63%。2011年，美国首次成为成品油净出口国。2015年年底美国国会解除了长达40年的石油出口禁令②，为美国石油生产与出口打开了方便之门，美国石油产量和出口迅速飙升。EIA发布报告显示③，2017年年底，美国石油产量突破了1000万桶/日，超过了最大石油出口国沙特的产量。2018年底美国石油产量已超过1100万桶/日，创下了历史纪录（参见图7-4），美国已取代俄罗斯成为世界最大产油国，原油产量已占到全球总产量的13%。2017年，美国日均出口原油110万桶，销往37个国家。EIA发布报告称，未来5年美国将成为全球最大石油出口国之一，包括LNG在内的液体能源产量将从目前的1300万桶/日增加到1700万桶/日，远高于沙特和俄罗斯。EIA数据还显示，2017年美国成为天然气净出口国④。截至2018年年初，美国有7个LNG出口终端在建，4个项目获批。到2019年底，美国LNG出口能力提升到2.7亿立方米/日。2020年，美国将超越马来西亚，成为仅次于澳大利亚和卡塔尔的世界第三大LNG出口国。到2022年，美国将与澳大利亚和卡塔尔争夺世界最大LNG出口国地位⑤。

---

① "Shale of the Century," *The Economist*, June 2, 2012, p. 65.
② 董春岭：《美国原油出口解禁：谁家欢喜谁家忧》，《世界知识》，2016年第2期，第52-53页。
③ "The United States Is Projected to Become a Net Energy Exporter in Most AEO2018 Cases," https：//www.eia.gov/todayinenergy/detail.php?id=34912.（上网时间：2019年12月13日）
④ "U.S. Net Natural Gas Exports in First Half of 2018 Were More than Double the 2017 Average," https：//www.eia.gov/todayinenergy/detail.php?id=37172.（上网时间：2019年12月13日）
⑤ "U.S. Liquified Natural Gas Exports Quadrupled in 2017," https：//www.eia.gov/todayinenergy/detail.php?id=35512.（上网时间：2019年12月13日）

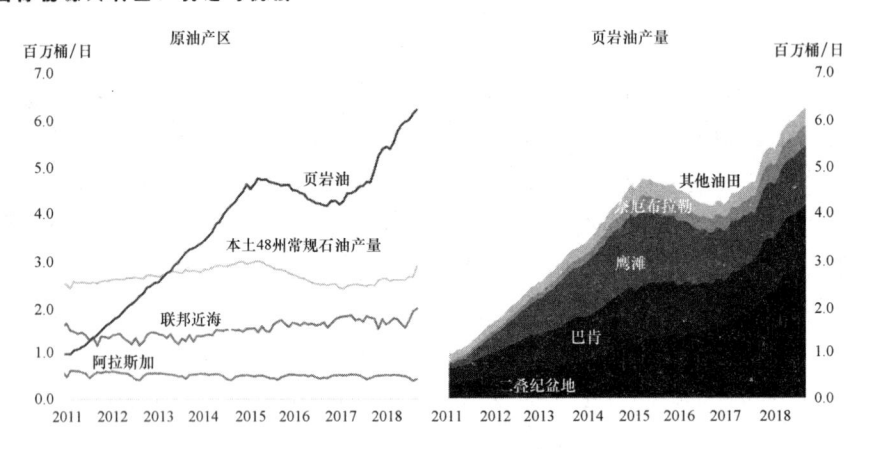

图7-3 美国页岩油总产量及美国各产区的产量增长情况

注：数据来源于美国能源信息署（2018），本图转引自美国战略与国际问题研究中心（CSIS）报告①。

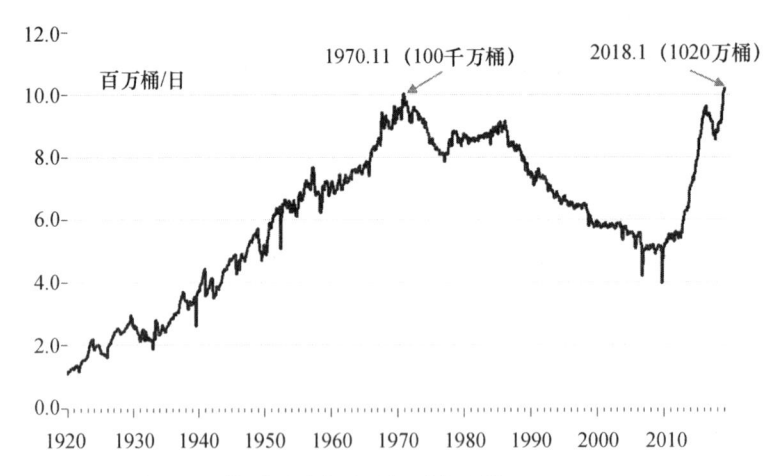

图7-4 美国石油产量百年历史比较（1919-2018）

资料来源：美国能源信息署（2018），该图转自美国企业研究所。

美国能源部预计，美国国内技术可采页岩气总量约为25万亿立方米，加上其他的石油和天然气来源，美国可以维持200年的能源自给，这将确保美国经济的长期繁荣。目前，页岩革命使美国对进口石油的依赖度从10年前的57%下降到20%，美国将从石油输出国组织（OPEC）手中夺取更多市场份额，更接近石油自给自足状态（见图7-5）。2019年特朗普在国

---

① "Uncle Sam Retakes Center Stage in the Oil Market," CSIS Report 2018.

第七章 美国能源转型

情咨文中骄傲地宣布："我们在能源领域掀起了一场革命，美国已经是世界上石油和天然气第一大生产国，65 年来我们首次成为了能源净出口国。"①

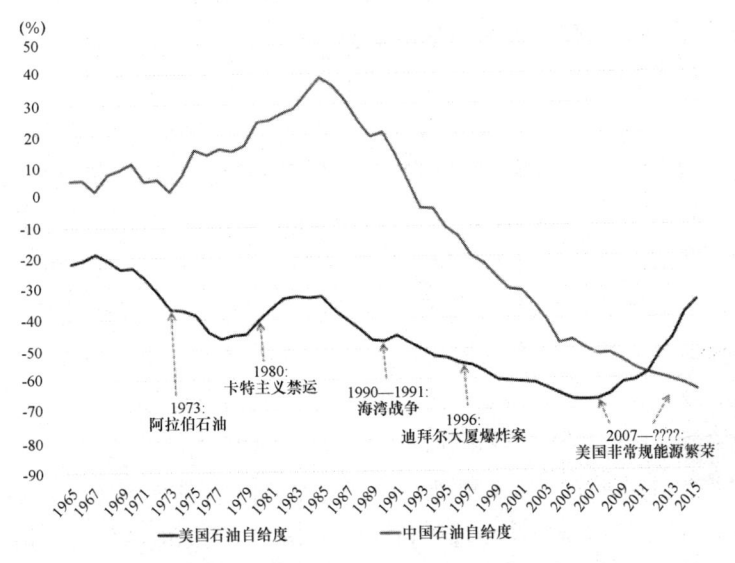

图 7-5 中美能源自给率变化曲线（1965-2015）

注：数据来源于美国能源信息署（2017），图表来源于美国莱斯大学贝克政策研究所能源研究中心报告（2017）。

由于页岩井规模小，投入少，便于随着市场价格变化而开启和关闭，美国已成为"机动产油国"，有能力在全球油气市场上发挥调整供需关系的作用。与此同时，页岩油气的开采属于资金密集型产业，随着技术的不断成熟，页岩油的盈亏平衡点已经低于 40 美元/桶，在油价保持在一定区间的状态下，资本可以迅速利用页岩气开采套利，在美国股市繁荣、金融资本充裕但缺乏实体经济支撑的情况下，页岩油气开采行业一定程度上扮演了美国金融市场的减压阀和稳定器作用。随着时间推移，美国金融产业将和页岩油气产业进一步加强捆绑，助推页岩油气产业的科技创新和规模化经营，形成"马太效应"，逐步获得对中东地区传统油气产业的比较优势。

---

① Donald Trump, *State of the Union*, https://www.whitehouse.gov/sotu.（上网时间：2019 年 12 月 13 日）

二、低碳化趋势继续推进

一是能效持续提高。2010－2019年，美国经济每年都在增长，而其中有5年能源消费量却在下降。这10年间美国的能源生产率（GDP/能源消耗）提高了18%，使企业和家庭均受益。

二是较为清洁的天然气成为美国发电的主要能源来源。奥巴马时期，美国页岩气产量已经出现爆发势头，开始替代煤炭发电，有效降低碳排放。白宫数据显示，2008－2015年，美国经济增长10.6%的同时，二氧化碳排放下降9.4%。特朗普上台后，大力推动天然气生产，延续了奥巴马政府的一些政策措施。过去几年，单靠天然气发电替代煤炭发电，美国就已经实现了减排的重大跨越。2010－2019年，美国天然气产量猛增50%，保持全球最大天然气生产国地位，天然气从提供全国电力的24%增长到38%。如今，美国成为天然气净出口国，并在世界范围内建立了更加牢固的贸易关系。国际能源署数据显示，2018年美国天然气产量占全球总产量的20.2%，并且未来5年新增产量将超过全球任何其他国家，达到23.57亿立方米/日，约占全球产量增长份额的40%。[1] 美国能源信息署预测，未来30年，美国页岩气产量仍将保持快速增加势头，从2016年的14万亿立方英尺增加到2050年的27.45万亿立方英尺，占美国天然气总产量的比重将从53%上升到68%，年均增长2%。

三是可再生能源发展迅猛，成为美国电力市场上颇具竞争力的新一代能源。奥巴马政府的清洁能源政策为美国节能减排目标的达成提供了有力支撑。在奥巴马任期内，美国新能源增长显著。2008－2016年，美国风力发电从5.5万兆瓦时增长到16.5万兆瓦时，太阳能发电从865兆瓦时增长到4.5万兆瓦时。2015年，可再生能源在美国能源结构中占比10%，较2008年增长3%。2016年，美国政府签署气候变化《巴黎协定》，承诺将进行温室气体深度减排，到2025年比2005年减少26%－28%的碳排放。如今，美国可再生能源发电能力是10年前的两倍以上。2019年太阳能发电量是2009年年底的80倍。2019年4月，美国可再生能源发电量首次超过煤炭。

---

[1] "US crude output set to rocket, says IEA," *Financial Times*, Nov. 13, 2017, https://www.ft.com/content/63bd7bb0-c8b0-11e7-aa33-c63fdc9b8c6c.（上网时间：2020年2月13日）

价格下降使可再生能源竞争力持续提升。据统计，过去10年，美国风电价格平均下降70%，太阳能光伏发电价格平均下降89%。2018年，美国可再生能源价格降至煤炭成本之下，2019年继续快速下降，风能和太阳能价格亦再创新低。目前，美国无补贴风电价格为28-54美元/兆瓦时（MWh），无补贴太阳能光伏发电价格为32-42美元/MWh。若考虑补贴因素，风电价格降至11-45美元/MWh，太阳能光伏发电价格降为31-40美元/MWh。与此同时，美国核电价格为118-192美元/MWh，煤电价格为66-152美元/MWh，天然气联合循环发电价格为44-68美元/MWh。可见，目前美国无补贴的风力发电和太阳能光伏发电价格已经低于煤炭和天然气发电价格，更是不到核电成本的一半。[1]

美国在太阳能、风能、地热能等可再生能源发展上取得的巨大进步，掀起了一场潜在的能源革命。电池技术是多年来的主要挑战，但已经在迎头赶上，有望逐步解决太阳能和风能的储存问题。特斯拉公司已经在巨型电池工厂上花费数十亿美元，这将对新能源使用产生巨大影响。

综上所述，今天美国的大部分能源仍来自化石燃料，但其占比正在缓慢下降。尽管石油仍然是交通运输的主要燃料，但其仅贡献了美国发电量的1%。今后，随着时间的推移，人们认识到，天然气比石油和煤炭更清洁，这将推动天然气发挥更大作用。美国能源信息署预测，未来30年，美国本土能源产量将以年均0.6%的速度稳步上升，其中2/3的贡献来自天然气产量的增长，另外1/3来自可再生能源。由此可见，低碳化是美国能源发展的长期趋势。

三、CCS技术助力碳减排

2018年2月，特朗普总统签署预算法案，对部分能源科技如CCS技术提供协助。主要是实施碳税收抵免，项目包括燃料电池、能效、微型燃气轮机、热电联产、碳捕集和核电等，但能源储存被排除在外。此前美国对CCS的碳税收抵免条款，对二氧化碳用于提高原油采收率或二氧化碳再利用为10美元/吨，地质封存为20美元/吨；此次法案则规定逐年提高每吨

---

[1] Silvio Marcacci, Renewable Energy Prices Hit Record Lows: How Can Utilities Benefit From Unstoppable Solar And Wind?, https://www.forbes.com/sites/energyinnovation/2020/01/21/renewable-energy-prices-hit-record-lows-how-can-utilities-benefit-from-unstoppable-solar-and-wind/#7a3f162e2c84. （上网时间：2020年2月13日）

二氧化碳金额，到 2026 年分别提高至 35 美元/吨和 50 美元/吨。据估计，碳税收抵免可促进未来 6 年增加 CCS 投资 10 亿美元，新增 1000 万 - 3000 万吨二氧化碳捕集量，使全球碳捕集量增加 2/3。美国的许多公司开始积极利用 CCS 技术。位于得克萨斯州的"净动力"发电厂（NET Power），在设计上已考虑到二氧化碳捕集功能，并使用燃烧所产生的二氧化碳来驱动工厂的涡轮机，目前已处于测试阶段。美国的 Global Thermostat 公司在商业模式上，利用低成本余热从电厂捕集二氧化碳出售。该公司主要使用 85 - 100 摄氏度的低温蒸汽进行脱附与收集，理想情况下可采用低温或免费的残热或制程热，并产出纯度 98% 的二氧化碳，在没有政府补贴或碳税收抵免情况下仍可获利。

可以用 CCS 技术捕集的二氧化碳来增加油田采收率。美国是二氧化碳驱发展最快的国家，自 20 世纪 80 年代以来，美国的二氧化碳驱项目不断增加，已成为继蒸气驱之后的第二大提高采收率技术。目前，美国正在实施的混二氧化碳相驱项目有 64 个。大部分油田驱替方案中，注入的二氧化碳体积约占烃类孔隙体积的 30%，提高采收率的幅度为 7% - 12%。

四、炼油环保不断改善

从 1970 年开始，美国环保署（EPA）对已确认的 6 种主要空气污染物排放情况一直在进行跟踪调查。结果表明，除氮氧化物排放增加了近 10% 外，其余 5 种污染物排放显著下降。氮氧化物被认为是形成地表臭氧（烟雾）的主要原因，1997 年，作为对清洁空气法修正的一部分，EPA 提出了一个更为苛刻的臭氧标准，要求臭氧含量为 8 小时内平均 0.08 微克/克（$\mu g/g$），而原先标准为 $0.12\mu g/g$。EPA 的理由是尽管石油炼制业仅占总排放的 5%，但这些排放通常集中在一个小的区域内，从而成为本地区氮氧化物和臭氧的主要贡献者。自此，关于催化裂化（FCC）再生过程中氮氧化物的排放限制问题被提了出来。随后，从 2000 年 3 月开始，EPA 实施了国家石油炼制行业优先控制计划，对占美国总炼油能力 86% 的 95 家炼厂的污染排放源进行了调查。结果显示，FCC 装置是大气污染物排放大户，因而成为治理重点。据测算，这项工作会使美国炼厂在污染物排放控制方面的投资达到 50 亿美元，可促使硫氧化物排放每年减少 24.5 万吨。此后，这 95 家炼油公司陆续与 EPA 签订了自愿承诺协议。

总体看，21 世纪初，EPA 针对炼油行业开展了一系列大气污染排放调查，通过与炼油公司签订承诺协议、逐步达到新源排放标准（NSPS）等方法，促进了美国炼油环保法规更加完善。目前，美国涉及 FCC 装置烟气排放控制的法规主要有三个：一是实施多年的 NSPS；二是后来提出的有害空气污染物（HAP）控制，即 MACT II 法规；三是 EPA 的"强制行动和同意减少"法规。在美国，FCC 装置的硫氧化物排放限制值是 $25\mu g/g$，相应的氮氧化物排放限制值是 $20\mu g/g$。

在严格的环保法规要求下，2000 年以来，美国炼油业的环保技术重点是围绕 FCC 装置这一炼厂大气污染物排放大户，做了许多减排技术开发应用工作。到 2002 年，美国炼油企业主要采用一氧化碳锅炉和使用一氧化碳助燃剂技术，将 FCC 装置操作过程产生的一氧化碳排放有效控制在 $500\mu g/g$ 以下；通过采用更耐磨催化剂，改进旋风分离器以及使用电沉降技术等手段来控制 FCC 装置的颗粒物排放；对于 FCC 装置烟气中硫氧化物的排放问题，则是通过单独或组合使用包括原料加氢预处理脱硫、烟气净化和使用硫转移助剂等一系列技术来解决。FCC 装置的操作优化，也是降低硫氧化物和氮氧化物排放的一种方法。最近几年，已有可将碳直接催化转化为二氧化碳的技术用于工业应用，据称能够显著降低氮氧化物排放。

近年来，美国炼油业仍在就如何达到国家各种环保质量标准要求而大力探索。例如，EPA 提出汽车尾气排放不达标、汽柴油质量标准需提高等，炼油企业就加大投资开展燃油降硫技术的开发与应用；EPA 提出石化企业小区域范围内的硫氮气体排放不达标，炼油企业马上加大投资力度进行大气污染物排放治理。

第四节 低碳转型前景暂遇波折但不会逆转

追求能源独立和安全是美国两党的共识，但民主党看重减排、管制和清洁能源，共和党偏爱生产、去管制和化石能源。特朗普政府和奥巴马政府的能源政策表面上有不少对立，但实质上只是突出了美国能源政策演变的不同侧面。奥巴马政府的《能源安全未来蓝图》提出，要持续增加美国国内石油生产，寻找各种替代能源和发展清洁能源。特朗普政府的能源政策核心措施是发展化石能源，这在很大程度上延续了前几届政府的政策，并反映了美国化石能源行业的发展现状。特朗普的能源政策在短期内将有力推动美国化石能源增长，不利于清洁能源的发展。但长期看，市场和技术因素一直起着更重要的作用，美国能源结构向低碳化转型的大趋势不会就此逆转。

国际能源大转型：机遇与挑战

特朗普政府的能源政策不利于美国新能源产业发展。特朗普重视化石能源开发利用，轻视新能源发展，特朗普上台后，废除了奥巴马政府促进新能源发展的《总统气候行动计划》和《气候行动计划战略》，推动美国环保署撤销了《清洁电力计划》并尝试推迟执行奥巴马时代的甲烷污染监控规则，削减了负责支持新能源技术开发和项目管理的政府部门预算及环保署预算，审查了一大批旨在积极应对气候变化的政策、行动和规章，宣布退出《巴黎协定》，停止付给联合国气候变化项目一切款项，消极对待全球气候治理与国际气候合作，这些都给美国新能源产业发展带来消极影响。美国进入了一轮以化石能源产业复兴为主要特色的能源开发周期，失去了制度和政策保护的新能源产业不得不在市场条件下与化石能源进行竞争，同时政府研发投入的大幅减少延缓了新能源产业推动代际更新与降低成本的努力[①]。

特朗普的能源政策具有一定的"投机性"。特朗普上台后签署一系列去监管行政令，为油气开采松绑，加大能源出口基础设施建设，旨在借助页岩气革命的东风，快速释放美国油气资源潜能，在新的能源革命到来之前抓紧时间把资源优势变为经济效益。在特朗普政府首份《国家安全战略》报告中，特别提到了"清洁、价格可接受、稳定可靠的国内能源供给是支撑美国未来几十年继续繁荣、安全和强大的支柱"，"让煤、天然气、石油、可再生能源和核能更大规模地应用，将提高美国国内企业竞争力，激发美国经济的活力"。据估算，仅开放美国能源企业在北极圈国家野生动物保护区资源开采这一项，就能在今后10年为美国能源企业增加11亿美元的利润[②]。

事实上，特朗普并未阻挠清洁能源的开发和利用。奥巴马政府大力推动清洁能源发展，并专门制订了《清洁电力计划》。但特朗普对此缺乏兴趣，声称他的能源政策包含核能、风能和太阳能，但前提是不能以牺牲化石能源为代价去发展清洁能源。特朗普唯一看重的清洁能源技术是洁净煤技术。洁净煤技术主要是通过 CCS 技术，将煤炭利用过程中排放的碳捕集起来，防止其进入大气，以减缓温室效应。小布什和奥巴马也都曾将洁净

[①] 李巍、宋亦明：《特朗普政府的能源与气候政策及其影响》，《现代国际关系》，2017 年第 11 期，第 32 - 39 页。

[②] "Trump administration to overhaul safety - monitoring rules for offshore drilling," *Washington Post*, Dec. 28, 2017.

煤技术作为一种应对气候变化和振兴煤炭产业的措施来推动。特朗普还将环保政策的重点从奥巴马时期的应对气候变化转向保护清洁空气、水资源、自然栖息地、自然保护区和国民健康等传统目标。此外，在特朗普的国家安全战略报告中，明确提出了在能源政策上的优先施政领域：提高美国的核能技术，建造下一代反应堆和性能更优的电池组，发展 CCS 技术，实现能源和水相互间转化①。这些政策方向将在一定程度上推动美国能源的低碳化，尽管比奥巴马政府时期的政策力度小得多。而且，特朗普大力支持页岩气革命，推动美国天然气价格大幅下降，廉价气助推了天然气发电蓬勃发展，改善了美国的能源消费结构，推动了低碳化。

美国煤炭产业无法逆转衰落趋势。燃煤发电的下降是美国煤炭产业衰落的主要原因。近些年来，由于页岩气产量猛增、价格低廉，美国大量低效燃煤电厂被迫关闭。2016 年，美国煤炭产量较上年下降 1.26 亿吨，降幅高达 16%；煤炭消费量减少 0.84 亿吨，其中电厂需求量减少 0.81 亿吨。在特朗普的大力推动下，2017 年和 2018 年美国煤炭产量略有起色，但这仅能延缓煤炭行业的颓势，长期衰落趋势难以逆转。2019 年，美国煤炭产量再度下滑，并创 40 多年来新低。②而且，煤炭行业短暂的好转也将与特朗普的政治意愿相违。特朗普希望振兴阿巴契亚山脉地区的煤炭产业，该地区煤炭工人最集中，但生产效率却最低。在利润的驱动下，煤炭生产商将把产能转移到怀俄明州的粉河盆地和伊利诺伊州南部，未来几年美国的煤炭产量将更多来自这两个地区。③从长期来看，美国煤炭产业的持续衰落难以避免。预计 2020 年后美国煤炭产量和消费量将进一步下降，煤炭在美国能源生产中的比重将从 2016 年的 18% 下降到 2050 年的 11%，在能源消费中的比重将从 14% 下降到 9%。

清洁能源在失去政策红利的形势下，仍然顽强发展且前景向好。一方面，特朗普政府的能源政策迫使新能源产业努力提高自身竞争力。据统计，2012 年至 2016 年，北美陆上风电成本下降 9%，并网光伏发电成本下降 21%。近年中标的风电和光伏项目成本已经下降至 5 美分/千瓦时和 7

---

① Stephen Moore & Arthur Laffer, *Trumponomics*, St. Martin's Press, 2018, pp. 100 – 101.

② U. S. Energy Information Administration, *Monthly Energy Review*, March 2020, p. 117.

③ 付随鑫：《对特朗普政府能源政策的分析与评估》，《国际石油经济》，2017 年第 10 期。

美分/千瓦时，接近美国电力批发市场的常规电价区间。尽管特朗普政府大力支持化石能源，但2019年可再生能源投资增长了28%，达到创纪录的555亿美元。虽然联邦税收优惠正在逐步取消，但2020年美国太阳能装机仍将可能达到创纪录的19吉瓦。美国电网监管机构估计，2029年美国将有330吉瓦的风能和太阳能上网。

最新统计数据表明，美国建设新的清洁能源电站比运营现有燃煤电厂更便宜。也就是说，"现在拯救气候要比破坏气候更便宜"。美国装机容量的趋势性变化反映了这一经济现实。近年来，新的风能和太阳能光伏发电正以惊人的速度上网。2010－2018年，美国风电装机容量增加了一倍以上，达到近100吉瓦。同期，太阳能光伏发电装机容量增长30倍以上，达到60吉瓦，预计未来五年将至少再翻一番。美国能源信息署预测，2020年，美国非水电可再生能源发电量将增长15%，为四年来最快增速；太阳能和风能将主导美国新一代发电，占新一代发电总量的76%，零排放装机容量将增加42吉瓦。与之相对照，2020年美国燃煤发电量将下降13%；天然气发电量将仅增长1.3%，为2017年以来的最低增速；2020年美国关闭和"退役"的电厂中，85%将是燃煤和天然气发电厂。可以预见，具备技术优势的新能源企业将逐渐在没有政府补贴的形势下，获得与油气相抗衡甚至将其超越的强大竞争能力。

另一方面，化石能源和新能源亦可同时发展。民调显示，75%的特朗普支持者对美国发展新能源持肯定态度。保守的得克萨斯州既是美国最大的油气生产区，也是风电装机规模最大的州。截至2016年，美国太阳能行业提供的工作岗位达到26万个，远远超过煤炭行业。既然新能源行业能创造大量就业，特朗普就不大可能坚持反对它们。

此外，可再生能源价格的持续下跌，也提升了美国各州发展可再生能源的动力。美国是联邦制国家，州和地方政府权力很大，很多州对发展新能源持积极态度。如加利福尼亚州和纽约州等能源消费大州都在自主推进减排和能源转型。截至目前，美国已有37个州认识到，发展可再生能源能够使电力供应多样化并促进经济增长。[1] 随着可再生

---

[1] Silvio Marcacci, Renewable Energy Prices Hit Record Lows: How Can Utilities Benefit From Unstoppable Solar And Wind?, https://www.forbes.com/sites/energyinnovation/2020/01/21/renewable-energy-prices-hit-record-lows-how-can-utilities-benefit-from-unstoppable-solar-and-wind/#7a3f162e2c84. （上网时间：2020年2月13日）

能源价格持续下跌和 11 个州以及波多黎各、哥伦比亚特区承诺提供 100% 的清洁电力，越来越多的州设定了更加雄心勃勃的清洁能源发展目标（见图 7-6）。

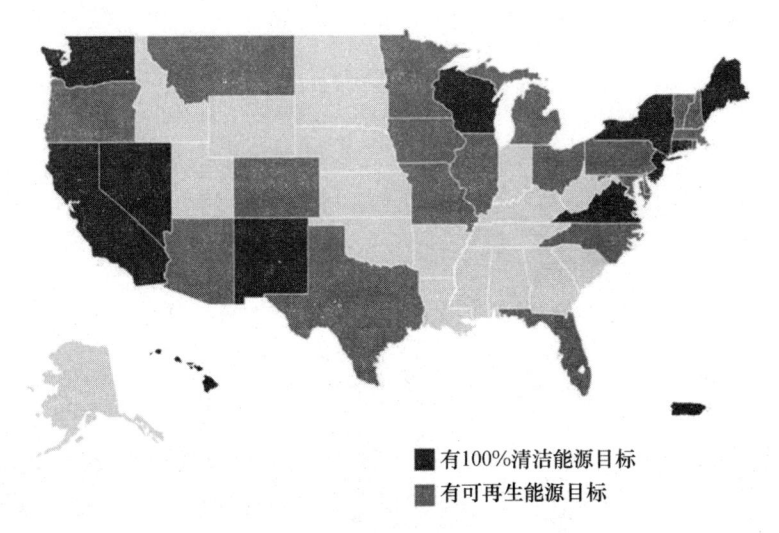

图 7-6　美国各州清洁能源/可再生能源政策目标

资料来源：美国能源信息署网站。

从长远来看，随着更多新技术的应用，美国清洁能源将变得更加便宜和高效。① 从建设和运营一座发电设施的整个生命周期来看，可再生能源将以更高的利润击败化石燃料，即使没有政府补贴也是如此。而且这一趋势预计将持续数十年。② 根据美国国家可再生能源实验室（NREL）2019 年度技术基准，可再生能源价格预计将继续下降，并且未来 30 年还会进一步下跌。NREL 预测，在乐观情景下，到 2050 年风电成本至少会再下降 64%；在中性情景下，至少会再下降 44%。而在乐观和中性情景下，到 2050 年太阳能发电成本将分别再下降 74% 和 47%。这些都预示着，长期内以风能和太阳能为代表的可再生能源将继续快速增长，预计年均增长率

---

① Silvio Marcacci, Renewable Energy Prices Hit Record Lows: How Can Utilities Benefit From Unstoppable Solar And Wind?, https://www.forbes.com/sites/energyinnovation/2020/01/21/renewable-energy-prices-hit-record-lows-how-can-utilities-benefit-from-unstoppable-solar-and-wind/#7a3f162e2c84.（上网时间：2020 年 2 月 13 日）

② "Levelized Cost of Energy and Levelized Cost of Storage 2019," https://www.lazard.com/perspective/lcoe2019.（上网时间：2020 年 2 月 13 日）

将达 3.8%，远高于化石能源。展望未来，预计可再生能源（不包括水电）在美国能源结构中的比重将从 2019 年的 3.99% 增加到 2050 年的 12.64%。①

---

① U. S. Energy Information Administration, *Annual Energy Outlook* 2020: with projections to 2050, January 29, 2020.

第八章

欧盟能源转型问题及前景[①]

欧洲是最早进入工业化时代的国家,不仅在柴薪到煤炭的能源转型进程上领先于全球,而且由于经济、社会发展程度处于领先阶段,其能源消费低碳、绿色、环保水平居于世界前列。自20世纪90年代以来,欧盟对新一轮能源转型的政策支持力度进一步加大,在可再生能源发展、能效提升、节能减排及能源智能化等领域不断取得新的突破。总体看,由于较强的政治意愿和经济转型的刚性需求,欧盟在绿色能源转型方面将继续处于全球领先水平,但也存在内部面临政治经济掣肘及可再生能源本身竞争力等诸多问题与挑战。

第一节 历程及现状

从世界能源转型的历程来看,欧洲率先进入煤炭时代和石油时代。如果根据瓦茨拉夫·斯米尔的观点判断,即将新兴能源占能源消费量的5%作为能源转型标志,将新兴能源占据消费比例50%以上或最高部分为转型完成的标志,则英国1560年就开始煤炭转型并完成于1619年左右,德国煤炭转型的开启和完成则分别为1815年和1853年,而美国在19世纪中期最大能源消费品种仍是木柴。[②] 从石油时代的转型也体现出同样特点,比如英国、荷兰和美国分别于1926年、1919年和1910年前开始石油转型,并分别在1971年、1964年和1950年完成,在世界范围内甚至至今未能真正完成石油转型。[③] 欧洲国家特别是英国在历史上的能源转型进程均起源于经济发展的现实需要,并且最终成为工业化和现代化进程的重要助力。

欧盟新一轮能源转型最早可追溯至20世纪70年代。两次石油危机的

[①] 本章作者:董一凡,中国现代国际关系研究院欧洲研究所助理研究员,主要从事欧洲经济、能源等问题研究。

[②] 裴广强:《近代以来西方主要国家能源转型的历史考察——以英荷美德四国为中心》,《史学集刊》,2017年第4期,第77-80页。

[③] 裴广强:《近代以来西方主要国家能源转型的历史考察——以英荷美德四国为中心》,《史学集刊》,2017年第4期,第85页。

爆发使当时欧洲国家普遍认识到，降低石油消费特别是从阿拉伯国家进口，对于维持经济发展和能源安全至关重要。随后，降低石油消费，包括替代石油的能源及节能技术和措施的开发利用，成为欧盟最近一波能源转型的开端。到了20世纪90年代，气候变化问题得到全球的重视，特别是《京都议定书》的签署，给欧盟的能源转型注入了新的内涵，即通过改变人类利用能源的方式和结构，实现可持续发展、绿色环保和应对气候变化等目标。此后，欧盟在2008年、2014年和2018年分别提出气候和能源政策目标，成为其推动新一轮能源转型的顶层设计。

从能源消费总量及增长趋势看，欧盟在近年来已进入能源消费放缓期。根据BP公司发布的《1965－2017年世界能源统计》公布的数据，欧盟一次能源（Primary Energy）的消费总量从1973年的14.63亿吨油当量增至2017年的16.89亿吨油当量，2017年能源消费总量约为1973年的1.15倍，年均增长近0.35%。而在同一时期，全球的一次能源的消费总量从1973年的56.61亿吨油当量增至2017年的135.11亿吨，2017年能源消费总量约为前者的2.38倍，年均增长近3.15%。同时，欧盟能源使用总量在2005年达到了18.36亿吨油当量的顶峰，随后便基本处于下行的趋势，但全球在1973年至2017年仍处于总体不断上升的态势，欧盟占全球能源消费的比重从1973年的25.8%锐减至2017年的12.5%。[1] 从单个品种能源消费的绝对量看，欧盟煤炭消费则自1965年起即呈现震荡下跌态势，从1965年的相当于5.09亿吨油当量减至2017年的2.34亿吨油当量。石油消费量自1979年达到峰值后，出现波浪式下跌，2017年总消费量6.24亿吨，约为1984年的水平（6.2亿吨）。天然气在1965－2005年呈现总体不断上升的趋势，2005年达到4.45亿吨油当量的消费顶峰，此后呈现波浪式下跌趋势。虽然2017年较前几年有所回升，达到4亿吨油当量，但未来欧盟天然气消费绝对量上升空间可能有限。总体看，随着经济结构的升级与调整，欧盟在宏观层面已总体处于能源消费放缓、主动节能减排的阶段。

从能源结构上看，1965年以来欧盟经历了明显的能源转型。20世纪

---

[1] "Statistical Review of World Energy – all data, 1965 – 2017," https://www.bp.com/content/dam/bp/business – sites/en/global/corporate/xlsx/energy – economics/statistical – review/bp – stats – review – 2018 – all – data.xlsx. （上网时间：2019年6月3日）

第八章　欧盟能源转型问题及前景

60 年代，欧盟整体处于煤炭时代向石油主导的发展期。根据 BP 公司发布的《1965 - 2017 年世界能源统计》公布的数据，1965 年，煤炭、石油、天然气、水电分别占欧盟能源消费的 51%、40%、3% 和 5%，其他能源几乎可忽略不计；而世界能源消费结构中，煤炭、石油、天然气、水电分别占 38%、41%、15% 和 6%。当时，欧盟仍以煤炭为主导，并逐步向石油主导转型，在天然气和水电等清洁能源利用上落后于全球的平均水平。

20 世纪 70 年代，欧盟完全进入"石油主导"时代。石油危机爆发的 1973 年，煤炭、石油、天然气、水电分别占欧盟能源消费的 31%、53%、11% 和 4%，核电从几乎忽略不计达到了 1%；世界能源消费结构中，煤炭、石油、天然气、水电分别占 27%、49%、17% 和 5%，核电同样达到了 1%，可以看到 1973 年欧盟和世界均达到了石油消费结构的顶峰，同时处于减煤、增加清洁能源使用的进程，但从整体消费比例而言，欧盟的清洁能源和脱煤进程仍落后于世界水平，对石油的依赖也更高。

而自 20 世纪末至今，欧盟进入"降油 + 多元化"的时代，能源低碳化进程领先于世界。1997 年，欧盟煤炭、石油、天然气、水电、核电应用比例分别为 20%、40%、21%、4% 和 12%，而全球煤炭、石油、天然气、水电、核电应用比例分别为 26%、39%、21%、7% 和 6%。在 1973 - 1997 年这一周期里，欧盟与世界都在降低对石油的依赖，但欧盟天然气使用比例追平世界水平，同时煤炭消费比重在 1990 年降至世界平均水平（27%）之下，并自此低于世界水平。从核能应用水平上看，欧盟自 20 世纪 70 年代以来一直领先于全球，至 1997 年已形成明显优势。不过，由于地理条件及社会经济环境所限，欧盟水能开发已达上限，多年来消费比例一直徘徊于 4% - 5%。

当前，欧盟能源结构已明显优于全球水平。2017 年，欧盟煤炭、石油、天然气、水电、核电应用比例分别为 14%、37%、24%、4% 和 11%，风能、太阳能及其他能源开发消费比例分别为 5%、2% 和 4%。而全球煤炭、石油、天然气、水电、核电、风能、太阳能及其他能源的比例分别为 28%、33%、23%、7% 和 4%、2%、1% 和 2%。① 可以看出，相较于世界而言，欧盟能源结构上已经进入了"少煤、减油时代"，石油和天然气消费水平与世界相同，可再生能源和核能利用水平领先于世界，但由于 2011 年日本福岛核电站事故，导致德国等国从意识上的"反核限核"转变

---

① 上述数据由笔者根据 BP 公司统计数据整理计算得出。

为开始考虑"彻底弃核",自2011年以来核电消费绝对量在不断降低。但通过分析欧盟的能源消费总量和能源结构变迁,可以看出欧盟能源转型呈现明显的低碳化、绿色化、节能化的发展路径,总体上向着脱煤、减油、削核、天然气稳中有降、新能源不断扩张的方向前进。

第二节 政策框架演变

自20世纪70年代石油危机爆发后,欧共体即对共同能源政策的重视程度大幅提高,主要考量是以各种替代方式降低对中东石油的依赖,推进欧盟能源消费结构转型。20世纪90年代以来,随着《联合国气候变化公约》以及《京都议定书》的通过,促进环保、降低排放、推动欧盟及全球应对气候变化等环境考量逐步融入欧盟的气候能源政策,在欧盟能源政策中的分量也不断上升。欧盟能源转型政策大体可分为四个阶段。

一、探索阶段

20世纪90年代,欧盟开始制定整体的现代化能源政策,也是欧盟能源转型的政策设计的初级阶段,但当时欧盟的规划仅停留在愿景方面,缺乏明晰的路线图。1995年,欧盟发布《欧盟能源政策白皮书》。1997年,欧洲议会与欧盟委员会集体出台《社区战略和行动白皮书》,提出了至2000年可再生能源占整体能源比重从1996年的6%提升至12%的主要目标,以及降低能源进口依赖、提高供给安全、减少温室气体排放等大致目标,但当时减排目标的具体清晰程度仍有待提高。[1] 1998年,欧盟颁布《能源行动框架计划》。

21世纪以来,欧盟不断提出新的能源政策规划,逐步完善能源转型内涵、思路、路径,绿色低碳的发展方向及其具体目标更为清晰,在能源政策中的重要性也随之上升。2000年和2002年,欧盟分别发布了《迈向欧洲能源供应安全战略绿皮书》和《欧洲智慧能源计划》,体现出欧盟在促进低碳减排、推动新能源发展方面的政策的进一步探索和努力,但尚未形成能源转型的完整政策体系。

---

[1] 寇静娜、宋新宁:《欧盟气候与能源政策:困境分析与前景预测》,《国际论坛》,2014年第11期,第36-37页。

二、目标完善阶段

2006－2008年，欧盟能源政策逐步与气候政策相融合，政策推动力逐步加强，政策目标也更为清晰。2006年，欧盟委员会制定了《欧盟能源战略绿皮书》（正式名称是《可持续、竞争和安全的欧洲能源战略绿皮书》），提出发展包括可再生能源在内的各种低碳能源技术，同时鼓励发展能源的可持续利用方式，希望以欧盟超国家的行政和立法力量推动共同能源政策。2007年3月，欧盟理事会通过《能源与气候一体化决议》，成为欧盟推动能源转型的标志性节点。该决议首次正式在气候、能效和清洁能源三方面提出了欧盟能源转型目标，即到2020年将温室气体排放量在1990年基础上减少至少20%，将可再生清洁能源占总能源消耗的比例提高到20%，将化石能源消费量减少20%。2008年1月，欧盟领导人峰会通过了以《能源与气候一体化决议》基础上拟定的《气候行动和可再生能源一揽子计划》，以促进欧洲规模化发展低碳能源[1]，提出包括建立"内部能源市场"、"保证能源供给的可靠性""减少温室气体排放""提高能源效率""发展新能源""开发能源技术""设想核能技术的未来"和"促进共同的国际能源政策"等目标，[2] 以及包括欧盟排放权交易机制修正案、欧盟成员国配套措施任务分配的决定、碳捕获和储存的法律框架、可再生能源指令、汽车二氧化碳排放法规和燃料质量指令等六项具体领域的规定方针。同年，欧盟委员会通过《能源安全和团结行动方案》，确立了"2020年减少15%的能源消耗、减少26%的能源进口和2050年新能源完全替代含碳能源"等能源结构目标。[3]

三、经济目标优先阶段

2009－2013年，受国际金融危机以及欧债危机的影响，欧盟能源政策在强调可持续发展和环保的同时，对经济效益的重视程度上升。2009年，欧盟理事会和欧盟议会提出《国家可再生能源行动计划》，旨在将发展可

---

[1] 刘坚：《欧盟能源转型的路径及对我国的启示》，《中国能源》，2013年第12期，第8－9页。

[2] 许勤华：《欧盟能源一体化进程及前景》，《现代国际关系》，2012年第5期，第43－45页。

[3] 许勤华：《欧盟能源一体化进程及前景》，《现代国际关系》，2012年第5期，第43－45页。

再生能源打造为刺激投资的抓手。在欧盟提出的2000亿欧元规模的经济刺激计划中，包括改善建筑能源使用效率以及发展清洁燃料汽车和绿色建筑等多项低碳能源计划。2009年7月，欧盟委员会提出"欧洲能源复兴计划"，以刺激提振"天然气和电力基础设施""离岸风力发电"以及"碳捕捉和碳存储技术"（CCS）等领域投资。2010年，欧盟分别提出《能源2020战略：一项发展具有竞争力、可持续发展能力和安全性能源的战略》以及《欧洲战略性能源技术计划》，均明显体现了打造和扶持相关产业，以促进经济复苏和竞争力上升的目的性。2011年，欧盟发布《2050年迈向具有竞争力的低碳经济路线图》，提出到2050年在2011年排放水平基础上降低温室气体排放至少80%，并提出绿色增长、打造绿色经济、确保实惠的能源价格和产业竞争力等经济考量。[1]

四、气候目标优先阶段

2014年，欧盟秋季峰会通过了新的气候与能源目标，提出2030年前温室气体排放要比1990年水平降低40%，可再生能源占总消费的比重要达到27%，能源效率提升27%，2020年实现成员国装机容量至少10%的电力跨境输送，建设在伊比利亚半岛、波罗的海等地电网互联设施、"南北能源走廊"、"南部天然气走廊"和南欧天然气中心等重大基础设施，促进能源互联互通。

2015年2月，欧盟委员会出台了名为《附带前瞻性气候变化对策、并具备抗冲击性的能源联盟框架战略》（简称"能源联盟"），提出包括加强欧盟能源安全、提振欧盟经济竞争力、扩大能源市场话语权并争当全球气候治理领导者等目标。在改善能源消费方面，"能源联盟"提出减少石油、加强核能安全利用、开发页岩气等举措，并进一步强调到2030年可再生能源占总消费比重要达到27%。在提升能效领域，采取简政放权、提供信贷等方式鼓励建筑行业能效升级项目，加强控制汽车碳排放，发展低碳交通方式、增加可替代燃料使用、加强对电动车和能源储备技术及产业的支持。在新能源经济领域，提出改革碳排放交易体系、推广新能源技术、打造一体化能源市场、适当调整政策支持力度、加强对智慧能源网络、能源储存技术、环保燃料制造、建筑物低碳治理技术等的研发与应用，在欧盟

---

[1] 金玲：《欧盟能源—气候战略：转型新挑战和新思路》，《国际问题研究》，2014年第4期，第36–37页。

竞争法、反垄断法等法律中体现能源转型和能源行业发展的相关诉求。

2018年11月，欧盟提出《2050气候中立欧洲》战略，提出了更高的减碳目标，即计划至2050年碳排放要相较1990年水平减少80%，并设定了至多彻底零排放的最高目标，向全球展示其在气变领域的新进取心。除了宏观减排愿景，该战略还提出在电力、交通、工业、农业、建筑业等产业的减排目标和路径，以及增加科技研发、节能创新成果运用转化、基础设施建设等领域促进减排的措施，并关注节能减排进程中的经济社会影响。[1] 事实上，这一减排目标早在2014年即从非正式文件中提出，2014年1月，欧盟委员会发布名为《2050年欧盟能源、交通及温室气体排放趋势》的研究报告，提出过到2050年温室气体排放量在1990年水平基础上削减80%－95%的建议。

第三节 主要进展

欧盟较早即开始规划能源政策问题，并逐渐形成力求保障能源供应安全、促进节能、推动低碳、提高能源使用效率，以及实现能源系统智能化、网络化、互联互通化等综合目标的战略，重点也从保障供应安全、降低进口化石能源依赖逐渐转向了节能减排和发展新能源产业上来。欧盟委员会在2019年4月第四次对"能源联盟"战略评估报告中提出，欧盟的政策致力于促进清洁能源转型并创造经济机遇。[2]

为促进"能源联盟"战略愿景的落实，2016年11月欧盟委员会提出了"为了所有欧洲人的清洁能源"一揽子政策，是落实"能源联盟"战略的规则手册，分别在2018年和2019年得到部长理事会和欧洲议会的通过，欧盟各国将会在1－2年内落实为本国法律。其内容包括建筑物能源使用、新能源利用、能源效率、治理监管和电力市场设计五大要素，以及关于煤炭地区转型、欧盟岛屿地区清洁能源利用和关注"能源贫困"问题的三项非立法性倡议。根据该政策规划的实施要求，2019年年初以来所有欧盟成

---

[1] 《"气候中立"倡议将为中欧气候合作提供新机遇》，http://news.cri.cn/20181203/a19be3ab-f841-409a-a020-5be365966dc8.html。（上网时间：2019年7月11日）

[2] "The Energy Union: from vision to reality European Commission," https://ec.europa.eu/commission/news/energy-union-vision-reality-2019-apr-09-0_en. （上网时间：2019年7月11日）

员国都制订了实现自身节能减排目标的具体计划，欧盟也将以成员国计划为依据，对整体的能源转型态势进行监测和评估。

一、改善能源消费结构

欧盟利用可再生能源进展迅速。据第四次对"能源联盟"战略评估报告统计，2017年可再生能源占消费量比重已经达到17.5%，且欧盟将2030年可再生能源消费占比目标从2014年提出的27%升至32%。同时，可再生能源在多个行业都得到有效应用，如发电行业、供暖及制冷行业以及交通业可再生能源消费比例分别为30.8%、19.5%和7.6%。在产业成长方面，欧盟目前"绿色工作"岗位数达到400万个，其中新能源产业相关职位即有140万个，能源效率提升相关的约有90万个，环保相关产业就业人数在2000－2014年增长了49%，远高于同期全部经济部门6%的增长率。国际能源署《世界能源投资2019》称，2016－2018年欧盟每年的能源投资总量虽下降7%，低碳能源的占比却升至60%，远高于全球35%的水平，可再生能源支出占到发电支出的80%以上，显示欧盟的能源投资正向可再生能源大幅倾斜。同时，多个成员国可再生能源成为主要电力来源，葡萄牙甚至在2018年3月实现了全国电力完全由可再生能源提供。

在光伏领域，欧盟一些国家近年来装机量增长显著。2018年，西班牙新增光伏装机达714兆瓦，2019年还将有3.9吉瓦新增光伏装机接入电网，超过35吉瓦的光伏和风力发电已在计划或在建中。意大利自2003年起对光伏产业启动高额补贴，使得其光伏发电量由2003年的24吉瓦时暴增至2013年的21589吉瓦时，增幅接近900倍，光伏装机容量一度在2014年位居世界第二，2017年达到25.2太瓦时。

欧洲风电领域发展也较为迅速。2018年欧盟成员国风电新增装机量总计10.1吉瓦，风电在电力供给中的占比由2017年的12%提升至2018年的14%，近年来保持着第二大电力供给来源的地位。其中，相较于陆上风电，欧洲海上风电相较于其他地区更有优势，丹麦海上风电占风力发电比达到了41%，而爱尔兰、葡萄牙、西班牙和英国分别为28%、24%、19%和18%。2018年欧洲新增海上风电装机量为2.6吉瓦，同比增长18%，而欧洲海上风电总装机容量达18.5吉瓦，占风电总装机的10%，并达到欧洲电力消费比例的2%。目前，欧洲海上风电场遍及11个国家，数量达105个，且另有6个正在建设的海上风电场，以及12个已于2018年达成最终投资决定的海上风电项目，爱尔兰海上的Walney Extension风电场是目前全球最大海上风电场。未来，欧洲海上风电产能将有望再增加 4.2 吉瓦。①

在新能源快速发展的同时，煤炭消费不断被抑制，一些产能低、环保标准低、效益差的煤炭企业被纷纷关停。罗马尼亚于 2017 年初宣布将关停不具竞争力的煤矿，2018 年 12 月，西班牙、德国、保加利亚等国宣布关停各自境内不具有竞争力的煤矿，其中西班牙 26 座煤矿如期关停。英国在 2013－2018 年 97% 的碳排放减少来自煤炭消费下降，2017－2018 年间，英国煤炭使用量就下降了 16%，并明确计划在 2025 年前关闭所有煤炭发电站，苏格兰电力公司将在 2020 年前后淘汰旗下剩余的化石燃料发电厂，届时该公司所生产电力均来自可再生能源。

能源消费结构变化的另一特点是电气化水平上升，随着电力在居民用能、取暖乃至交通等领域应用比例上升，带动电力在一次能源消费中比重逐步扩大。当前欧盟的电力占一次能源消费的 26%，欧盟希望到 2050 年进一步提升至 53%。同时，电能中新能源的比重有望从当前 29% 提升至 2030 年的 55%，并计划至 2050 年提升至 80%，以实现"绿色电力"的愿景。②

由于乌克兰切尔诺贝利、美国三里岛、日本福岛等地的核泄漏事故的灾难性影响，欧洲多国民众及政界均开始反思核电利用的风险，逐步推动削减核电的使用或延缓相关开发。瑞典 1980 年就进行全民公投，要求政府停止核电扩张，而国会也决定 2010 年年彻底弃核。③ 2011 年，德国在福岛核电站事故后宣布了将永久放弃核电的决定，逐步关停境内的核电站。2018 年年底，法国总统马克龙宣布，在 2035 年前将法国核电占总发电量的比重降至 50%。英国由于核电成本高昂、民众支持度低等因素，1978 年后就未能批准新建核电站，至 2016 年年末共有 8 座核电站服役，但 3 座拟在 2018－2019 年退役，4 座在 2023 年退役，最新建设的 SizewellB 拟于 2035 年退役。④

---

① 《欧洲海上风电装机去年同比增长 18%（关注）》，《中国能源报》，2019 年 02 月 25 日第 07 版。

② "Strategic Action Plan for Batteries – European Commission," https：//ec. europa. eu/commission/sites/beta – political/files/report – building – strategic – battery – value – chain – april2019_en. pdf. （上网时间：2019 年 7 月 11 日）

③ 瓦科拉夫·斯米尔：《能源转型数据、历史与未来》，科学出版社，2018 年 6 月版，第 146 页。

④ 伊淑彪、史丹：《英国核电定价机制研究》，《中国能源》，2017 年第 2 期，第 35－36 页。

国际能源大转型：机遇与挑战

在交通领域，近年来，英国、法国、挪威等欧洲国家均提出了淘汰燃油车的计划。2018年2月德国联邦最高行政法院裁定，允许主要城市立法禁止柴油车上路。2015年，德国提出至2020年将电动车规模发展到100万辆的计划。2017年9月，德国总理默克尔在法兰克福车展表示，德国政府将帮助德国传统汽车行业向电动化转型。2018年4月，德国经济部长阿尔特迈尔指出，德国汽车行业必须大力发展电动汽车技术，并在欧洲布局电池生产设施。企业也在积极跟进，宝马集团对外宣布该公司电动车战略规划：在2025年提供25款电动车型，其中12款为纯电动车型。大众汽车集团首席执行官穆勒表示，到2025年，每四辆产自大众集团的汽车中，就有一辆电动汽车。德国汽车工业联合会（VDA）提出目标，德国汽车行业计划在2020年前向电动汽车提供400亿欧元研发投资，预计到2020年可提供100款电动车型。① 此外，多国提供促进电动车发展的刺激政策。法国2015年制定的《绿色增长能源转型法》规定，法国将以低排放的交通工具替代卡车、大客车和大型公共汽车等运输工具，到2030年在全国建立700万个电动车充电点等措施，以推进交通领域清洁化。2016年，德国宣布购买纯电动车每辆可获4000欧元补贴，油电混合汽车每辆可获3000欧元补贴，该政策持续至2019年6月。② 除了汽车，德国等国还在探索其他清洁交通利用方式，作为战略性技术储备及应用探索。2018年6月，世界上第一辆氢动力列车在德国北部运行。

二、加大能源科技创新领域投入

2014－2017年，欧盟对能源创新研发的公共投资年均达53亿欧元，其中欧盟预算和成员国公共投资分别达到12亿欧元和41亿欧元。欧委会还承诺，至2020年欧盟对能源创新研发预算投资增加到每年20亿欧元，达到该领域欧盟投资翻倍的承诺。欧盟私人资本对清洁能源研发也热情高涨，占到总投资的75%，从2009年每年100亿欧元的规模上升到当前每年约160亿欧元。③ 2019年5月，欧盟委员会宣布，欧盟委员会、欧洲投

---

① 《德国将投数百亿欧元发展电动汽车》，《中国能源报》，2018年04月23日第05版。
② 范珊珊：《禁售燃油车，德国做好准备了吗》，《能源》，2017年第10期，第56－58页。
③ "Fourth Report on the State of the Energy Union COM（2019）175," https：//ec.europa.eu/commission/sites/beta－political/files/fourth－report－state－of－energy－union－april2019_en_0.pdf.（上网时间：2019年7月11日）

资银行和突破性能源风险投资公司联合成立了欧洲"突破性能源投资基金"（BEV－E），该项基金总额1亿欧元，帮助欧洲公司开发和创新，为市场带来全新的清洁能源技术。ETS制度改革后设立了创新基金，预计将会为能源研发创新筹集100亿欧元的投资。欧盟科研支持项目"地平线2020"在2016年以来已经向4个能源科研项目提供了1.07亿欧元。同时，面对当前电池行业逐渐兴起的趋势，欧盟也启动了支持电池产业创新、可持续以及产能发展的一揽子计划。

在储能行业发展领域，欧盟国家已经逐步意识到其战略意义，对包括电动车电池和储能电池在内的电池行业加以支持。2017年10月，欧盟委员会提出建立欧洲电池联盟（EBA）的倡议，目前已经有260家科研机构及企业加入EBA。2018年5月，欧盟委员会在关于交通领域现代化的报告《移动欧洲可持续性交通：安全、互联和清洁》中，也提出支持电池行业的相关行动计划。2019年4月，欧盟委员会发布《推进战略电池行业行动计划：建立欧洲电池行业战略性价值链》的报告，指出欧洲应建设20－30个超大型电池工厂来满足汽车、储能等行业电池需求，力争将电池组占全球产能从当前的3%提升至2028年7%－25%的水平，并至2040年进一步提升产能全球占比。欧盟委员会认为，2023年欧盟的电池产能仅能达到每年207吉瓦时，而2028年欧盟电动车电池需求将达400吉瓦时，电池将成为支持300万－400万人就业的重要产业，欧委会因此判断，欧盟需大力提振电池行业，防止"依赖于亚洲电池供应"，提出建设欧盟电池全产业链、增加电池和储能研发投资、制定产业标准、培育产业人才等措施。从投入上看，2014－2020年度欧洲"地平线2020"科研支持计划将在储能研发上投入13.4亿欧元，包括2019年在EBA框架下1.14亿欧元的电池研发计划，还将在2020年将总投入增加到1.32亿欧元。欧洲投资银行也将在"能源示范项目"（EDP）研发投资框架下，向瑞典的锂电池示范工厂提供5250万欧元贷款，并支持希腊、法国和克罗地亚等国的类似项目。[1] 英国在2017年也投入数百万英镑研究和发展储能。预计到2021年英国的电池储能装机规模可达12吉瓦。[2]

---

[1] "Strategic Action Plan for Batteries－EuropeanCommission," https：//ec. europa. eu/commission/sites/beta－political/files/report－building－strategic－battery－value－chain－april2019_en. pdf.（上网时间：2019年7月11日）

[2] 李慧：《英国持续推进"弃煤"战略》，《中国能源报》，2018年01月15日第07版。

德国和法国两大欧盟领导国家已经开始着手合作布局欧洲电池行业发展。早在 2018 年，法国车企标致雪铁龙集团即联合德国工业设备制造企业 Manz、西门子以及比利时化工企业苏威集团（Solvay）建立汽车电池研发制造联合体，重点聚焦于高密度锂电池。2019 年 2 月，法国总统马克龙宣布一项德法联合电池生产项目，分别在法国和德国兴建一座电池工厂，法国承诺未来五年为此投资 7 亿欧元。[①] 2019 年 4 月，德国呼吁欧盟委员会批准德法两国为汽车电池合作集团进行国家支持和补贴，这一集团包括德国车企欧宝、法国车企标致雪铁龙集团和法国电池企业帅福得（Saft）等企业，共同研发和制造下一代汽车用电池，"以降低对亚洲汽车电池的依赖"，这一计划已经得到德法两国 17 亿欧元的补贴。[②] 2019 年 5 月，法国与德国宣布合作推动欧盟动力电池产业发展，共同投资 50 亿 – 60 亿欧元建设动力电池项目。[③] 2019 年 6 月，德国政府甚至宣布将对三家企业的电池研发进行 10 亿欧元的奖励，包括宝马、大众、西门子等德国车企，德国电池企业瓦尔塔（Varta），甚至瑞典电池企业 Northvolt 在内的 30 家企业均希望申请德国经济部派发的相关补贴。麦肯锡咨询公司预计，2040 年欧洲汽车电池需求将达到每年 1200 吉瓦的水平，届时欧洲需建成 80 座年产能 15 吉瓦的电池工厂才能满足需求。在新能源储能电池领域，各国也在推进自身的储能产业建设。2014 年 9 月，德国建设了第一个工业用储能电池频率项目，为电网提供频率调节、电压支撑和驱动容量。2015 年德国联邦太阳能产业协会（BSW Solar）称，德国已经安装 4000 个住宅用太阳能蓄电池储能装置，提升整个可再生能源系统运行效率。[④] 英国的苏格兰电力公

---

① "France, Germany to each get battery plant under joint plan – Macron," https://www.reuters.com/article/europe – batteries – france – macron/france – germany – to – each – get – battery – plant – under – joint – plan – macron – idUSP6N1XU01Z.（上网时间：2019 年 7 月 11 日）

② "France, Germany to support battery cell consortium including PSA, Saft," https://www.reuters.com/article/us – europe – batteries/france – germany – to – support – battery – cell – consortium – including – psa – saft – idUSKCN1S51I0.（上网时间：2019 年 7 月 11 日）

③ "France and Germany commit to European electric battery industry," https://www.reuters.com/article/us – france – germany – industry/france – and – germany – commit – to – european – electric – battery – industry – idUSKCN1S80SF.（上网时间：2019 年 7 月 11 日）

④ 高世楫、郭焦锋：《能源互联网助推中国能源转型与体制创新》，中国发展出版社，2017 年 8 月版，第 233 页。

司将于 2020 年开始在怀特里建设大型工业级电池，规模大约相当于一个足球场，从 215 台风力涡轮机中取得电力，以储存可再生能源系统的能源溢出，促进英国将进一步提升风电应用比例。

三、推动能源效率提升

"能源联盟"战略提出后，欧盟将 2020 年能效提高的目标从 27% 提升到 32.5%。在制度层面，欧盟提出建筑节能提效法规，预计将促使建筑运行使用到 2050 年实现"脱碳化"；改革能源标签制度，每年帮助欧盟家庭平均节约 500 欧元。在资金投入方面，2014－2020 欧盟财政年度，欧盟结构基金共向能源效率项目提供 1800 万欧元资金，在 2018－2020 年期间"地平线 2020"框架向建筑脱碳化科研项目提供了 250 万欧元资金。就业方面，能源效率行业提供了 90 万个就业岗位。在制度规则上，在建筑行业，欧盟于 2018 年 6 月正式在 2010 年版《建筑物能源绩效指令》（EPBD）基础上修订了新版指令。2018 年 5 月，欧盟委员会提出《有关土地使用、土地使用变更以及林业的温室气体减排问题立法建议》，以及有关新售重型载货卡车减排标准的立法建议。2019 年 4 月，欧委会制定《新售乘用车及轻型货车减排标准立法建议》。

各国就能源效率也在加快相应立法。丹麦要求新建筑必须遵循严格的能耗指标，《丹麦建筑条例（BR）》规定，到 2020 年新建筑能耗相比 2006 年水平要减少 75%。丹麦还按照能耗高低将建筑进行分类分级管理，能耗评级状况直接和房价挂钩，这些措施提升建筑能源利用效率，与 1972 年相比，丹麦的建筑供热面积增长了 50%，单位面积的建筑能耗却降低了近 50%。2015 年，德国根据《欧盟能效指令》制定了本国的《能源服务法》，规定能源供应企业每年应实现 1.5% 的节能义务，同时要求大型企业在 2015 年年底前必须完成能源审计工作，且须每 4 年循环一次。未完成目标和节能审计的大型企业将处罚 5 万欧元。德国还制定了《建筑节能条例》，要求建筑物强制实施能效证书制度，规定新建建筑一次能耗降低 25%，外围结构节能提高 20% 的目标，并从建筑外墙、外窗和屋顶的最低保温隔热指标修改为控制建筑物的实际能耗，从而鼓励企业和个人对老建筑进行节能改造。[①] 在法国，2015 年制定的《绿色增长能源转型法》规定

[①] 修勤绪、张云鹏、尹玉霞：《美、日、德节能服务业发展经验及启示》，《中国能源》，2019 年第 3 期，第 20 页。

了法国能效提升目标,即至 2020 年将建筑领域的用能量降低 15%,新增 7.5 万个就业岗位,自法律生效之日起到 2017 年,每年对 50 万个既有建筑进行节能改造;新建建筑要执行强制节能措施;所有建筑到 2050 年要全部符合《法国低能耗建筑标准》。[1]

在政策支持上,财政补贴是欧洲国家支持能效提升的重要手段。德国国家和州层面在能效方面有 100 多项财政激励措施,重点支持能源咨询和节能改造项目。如 2008 年开始在工业领域实施的中小企业能源审计国家激励项目,对每年能源成本超过 1 万欧元的中小企业进行补助,补助金额不超过能源开支的 80%,上限为 8000 欧元。2008 - 2013 年,德国累计补助 4870 万欧元,实现的节能量达 49 太瓦时,带动社会投资的杠杆比为 1∶28.6。德国的节能行业也因此受到支持。据德国能效行业促进协会(DENEFF)统计,2016 年德国能效行业总营业额高达 1430 亿欧元(约 1.1 万亿人民币),从业人员约 6 万人,2016 年行业增长率达 6%,是德国 GDP 增长率的 3 倍。[2] 在法国,《绿色增长能源转型法》规定给予住户"能源转型补贴"(RGE),即在建筑节能改造中,业主或租户只要持有环境担保证书,均可获得最高 3 万欧元的资金支持,用于包括安装分户计量器、隔热墙、屋顶改建等首次改造活动。[3]

四、节能减排成效显著

欧盟自身评估认为,其能源转型正向政策规划的路径发展,如 1990 - 2017 年,欧盟自身评估其 GDP 增长了 58%,但碳排放已经减少了 22%,事实上提前 3 年完成了 2020 年的目标,并向着 2030 年降低 40% 的目标继续发展。[4] 分产业看,欧盟在此期间除了交通领域有明显的上升外,工业、能源供应、制造业、国际航空等领域碳排放均保持稳定或明显下降。此

---

[1] 田丹宇、徐华清:《法国绿色增长与能源转型的法治保障》,《中国能源》,2018 年第 1 期,第 33 页。

[2] 修勤绪、张云鹏、尹玉霞:《美、日、德节能服务业发展经验及启示》,《中国能源》,2019 年第 3 期,第 19 页。

[3] 田丹宇、徐华清:《法国绿色增长与能源转型的法治保障》,《中国能源》,2018 年第 1 期,第 33 页。

[4] "Fourth Report on the State of the Energy Union COM(2019)175," https://ec.europa.eu/commission/sites/beta - political/files/fourth - report - state - of - energy - union - april2019_en_0.pdf.(上网时间:2019 年 7 月 11 日)

外，欧盟还在个别的领域里制订了减排计划，如交通运输领域中，欧盟2018年11月宣布拟制定汽车减排目标，2030年汽车、面包车和卡车排放水平分别将比现在低37.5%、31%和30%。在资金支持上，欧盟计划到2020年气候相关项目占欧盟预算的水平要达到20%，2030年将达到25%，2018年欧盟预算资金中，与气候变化相关项目的达2000亿欧元。[①] 其中，欧盟"NER300"研究支持计划向碳捕捉和排放研究项目提供了21亿欧元，2020-2030年ETS拍卖收入建立的创新基金（Innovation Fund）将继续为减排相关项目提供资助。

2005年，欧盟开启了碳排放交易体制（ETS），通过对企业限额碳排放量并向市场投放排放配额，随着碳排放需求大于供给，大排放企业必须承担高价购买配额的成本压力，以促进企业节能减排。最初启动时，碳配额免费发放，且成员国拥有发放配额的权力。2008年ETS启动第三阶段的改革方案，明确了碳配额分配将逐渐转向拍卖手段为主。欧委会负责制定整体配额总量，并确定行业配额标准。[②] 2014年，欧委会推动折量拍卖（back loading），即延迟拍卖碳配额，试图通过政府干预市场，暂时恢复碳价格稳定，遭遇巨大阻力。2015年7月，欧洲议会通过了ETS相关改革的方案，提出减少总配额、打击"碳泄漏"[③]、建立财政激励机制等刺激措施。在配额改革上，过去欧盟免费发放配额和拍卖配额分别占总量的43%和57%，而欧盟预计在2021-2030年每年投放配额的缩减速度由现在的1.74%升至2.02%，将使得欧盟这一阶段在原有基础上，多减排5.56亿吨温室气体。在碳泄漏领域，欧盟提出要提高50种最有可能往欧盟外转移生产的产业所获得的免费配额比例，鼓励其留在欧盟内接受环境监管，同时从每年划拨一部分免费配额，支持新兴产业或使用新型生产设备的企业，保证新兴生产力不被减排所打击。欧盟还准备对能源密集型企业补贴，以帮助其抵御发电成本上升等间接性能源成本。在低碳经济激励机制方面，欧盟提出以ETS拍卖收入建立创新基金，以支持可再生能源、碳捕

---

① "EU pioneering action in sustainable finance," https：//ec.europa.eu/commission/sites/beta-political/files/factsheet-eu-pioneering-action-sustainable-finance_april2019.pdf. （上网时间：2019年7月11日）

② 金玲：《欧盟能源—气候战略：转型新挑战和新思路》，《国际问题研究》，2014年第4期，第36-37页。

③ 碳泄漏（Carbon leakage）一般指的是企业为了回避环保成本，将生产线转移到环保标准不严格的国家或直接从国外进口能源密集型产品。

捉和贮存、能源密集型行业低碳创新等领域的科研活动，2021年前将划拨5000万吨配额作为起始资本。此外，还将动用全部配额的2%创立现代化基金，来帮助人均GDP不超过欧盟平均水平60%的国家进行能源基础设施改造。

在具体配套制度上，欧盟的碳交易体系起到明显作用。目前，欧盟的碳排放交易体系已覆盖了31个国家，包括28个欧盟成员国、挪威、冰岛和列支敦士登，并将于2020年与瑞士的碳排放交易体系接轨，并将成员国的人均收入差距纳入政策考虑，为约1.1万家高耗能企业及航空运营商设置了排放上限，目前已经覆盖了欧盟45%的温室气体排放。欧盟气候总司司长乔斯·德尔贝克认为，2005－2016年，欧盟碳排放交易体系已促成26%的碳减排，且欧盟碳市场的流动性也不断增强，年成交额大约为500亿欧元，令价格机制能够有效调控企业的排放行为。① ETS规则修订在2018年逐步落实，特别是2019年"市场稳定储备"（Market Stability Reserve）机制正式运行，以此来调节市场上配额过剩的问题，极大减少了市场上的排放指标供应量，英国智库Carbon Tracker分析，MSR机制将致使2019－2023年每年减少累积碳排放配额的24%，令欧盟面临着前所未有的供应短缺，能源和航空领域短缺即高达14亿吨。②

排放配额价格随规则调整得到很快回升，从2017年年中每吨5欧元左右回升至2019年每吨20－25欧元，相当于2009年水平。随着指标价格上升，ETS重新获得约束厂商排放的功能。2019年，随着欧盟ETS调整效果逐步显现，加之欧洲夏天高温造成用电量上升，导致碳配额的紧俏，碳配额价格达到近年来的新高，2019年7月一度飙升至每吨29.27欧元，2019年内即涨幅达20%，甚至有金融从业者预测2019年底有望涨到每吨45欧元，2020年达到65欧元。③ 英国智库Carbon Tracker预测，2019－2023年欧盟平均碳价将大幅上涨，或将达到35欧元/吨－40欧元/吨，并判断这一趋势将帮助天然气发电加速替代煤电，助力欧洲

---

① 乔斯·德尔贝克：《以欧洲视角看中国碳交易体系》，《中国能源报》，2018年1月15日第03版。
② 李丽旻：《英国智库：未来5年欧盟碳价或翻倍》《中国能源报》，2018年08月27日第07版。
③ "Carbon credit costs soar as EU toughens stance on environment," https：//www.ft.com/content/d1d9fcf4－a7c0－11e9－984c－fac8325aaa04. （上网时间：2019年7月21日）

能源转型进程。[①]

而从 BP 公司的统计数据看，欧盟在 1979 年达到其二氧化碳排放的顶峰，为 46.3 亿吨，此后其排放总量便出现波浪式的下降。以 1990 年为起始点看，当年欧盟二氧化碳排量为 43.39 亿吨，此后趋势虽有起伏，但基本属于下降趋势，也从未超过 1990 年水平。2014 年为近年来欧盟排放的最低值，为 34.45 亿吨，此后的 2015－2017 年虽因经济活动复苏等原因连续上升，但 2017 年 35.41 亿吨的排量仍比 1990 年降低了 18.3%。

丹麦是以经济和税收手段控制碳排放的典型。1977 年，丹麦开始对石油征税，后来又将税收范围逐步扩大到煤炭、天然气等领域；1992 年开始对二氧化碳排放征税，1993 年对电力工业用户实行碳税，提高了工业用能成本，其电费中 57% 为缴税；2008 年开始提高现有二氧化碳税；2010 年开始实施新的氮氧化物税标准，在工业领域实施绿色税收计划，这些税收措施大大提升企业的化石能源利用成本，极大促进了丹麦减排进程。丹麦 2011 年发布的《能源战略 2050》战略中，正式提出了新的能源转型战略目标，计划到 2050 年之前建成一个不含核能、完全摆脱对化石能源依赖的能源系统，成为世界上第一个提出完全不需要化石能源的国家。[②] 丹麦首都哥本哈根将于 2025 年建成全球第一个零碳首都；第二大城市奥胡斯计划 2030 年实现碳中和；南部森纳堡地区致力于 2029 年建成零碳社区。

五、加快能源智能化发展

欧盟积极致力于打造"能源互联网"，发展智慧能源。2002 年，欧盟委员会提出"欧洲智慧能源"计划。根据 2004 年"国际可再生能源和分布式能源整合会议"上的倡议，于 2005 年成立"智能电网欧洲技术论坛"，讨论电网运行效率的提升，同时根据欧盟科技"研发框架计划"（FP）设计了分布式能源、储能、电网等 50 多个项目。而在 2006 年能源绿皮书中也提出智能电网技术是保证电能质量的关键技术和

[①] 李丽旻：《英国智库：未来 5 年欧盟碳价或翻倍》《中国能源报》，2018 年 08 月 27 日第 07 版。

[②] 李慧：《英国持续推进"弃煤"战略》，《中国能源报》，2018 年 01 月 15 日第 07 版。

电网的发展方向。① 2012年4月–2015年3月,欧盟启动了多国大型智能电网研发项目"energy to smart grid"(E2SG),总投入达3403万欧元,其中欧盟预算贡献568万欧元,包括意大利、西班牙、德国、法国、英国、比利时、葡萄牙、斯洛伐克、荷兰和奥地利的31家研究机构和企业参与其中,主要旨在研究智能电网设计、组装,以及智能电网的监控和控制机制及政策,目标是将能源输送损耗降低20%。②

在实际运用中,北欧国家在能源数字网络化和智能化建设中处于先进地位。如丹麦在供热领域研究第四代区域供热技术,力争充分利用太阳能、地热能、风能、生物质能等可再生能源,完全摒弃化石燃料,通过加强供热管网的精细化控制形成分布式智能能源网。丹麦还开发了全球首座将聚光太阳能(CSP)和生物质热电联产工厂集成在一起的供热项目,实现高效利用能源的网络化供热,同时发挥热电、燃煤火电等的补充和辅助作用。丹麦利用智能电表来调配用户在不同时间的用电习惯。2011年,丹麦电力公司对该国博恩霍尔姆岛上的2000户居民进行智能电表试验,电表通过综合分析天气和电网负荷等因素,自动调节家用电器的运行时间和用电量,现在已形成用户和电网进行实施互动和模拟测试的机制,取得良好效果。③ 2013年,丹麦正式启动智能电网战略,核心是通过以小时来计数的新型智能电能表,建立"智能电能表+家庭能源管理"和"智能电表+电动汽车"等微型电力管理系统,促进消费者管理电力消费,鼓励在电价较低、供电充足阶段用电。④ 此外,丹麦还通过利用完善的市场机制、电预测技术和互联网技术,对电力系统智能调控进行管理。丹麦在北欧四国建立电力市场,发电商和电网在市场中调配供需关系,同时配有日前交易市场、短期交易市场、平衡市场和期货市场等,帮助供需双方进行长、中、短期及即时性资源调配,必要时多余风电还可输往他国,此时丹麦电力将以较低价格出现在北欧统一市场,邻国进口丹麦风电的意愿也因此上

---

① 陈允鹏、黄晓莉、杜忠明:《能源转型与智能电网》,中国电力出版社,2017年8月版,第50–51页。

② "ENERGY TO SMART GRID," https://cordis.europa.eu/project/rcn/201959/factsheet/en.(上网时间:2019年7月11日)

③ 高世楫、郭焦锋:《能源互联网助推中国能源转型与体制创新》,中国发展出版社,2017年8月版,第204页。

④ 陈允鹏、黄晓莉、杜忠明:《能源转型与智能电网》,中国电力出版社,2017年8月版,第65页。

升。同时，丹麦建立了对不同区域风机电能测算的精细化系统，并以相关数据对短期市场进行调控。① 2013 年，德国四大输电网企业建立了智能切负荷的调峰平台机制，通过充分的市场价格机制来调整电网电量，在可再生能源发电不足时自动增加传统能源发电，价格机制还能促进工业企业根据不同时间的电价改变生产策略，将生产调整到低谷电价时段。②

六、推动传统能源的清洁利用

传统能源的清洁利用是欧盟能源转型的重要组成部分，主要指的是化石能源在持续提供能量的同时，降低其环境污染和温室气体排放水平，也包括通过技术创新、机制创新来提升传统化石能源的利用效率。③ 碳捕捉与贮存（CCS）是其中最重要的体现之一。

CCS 主要指将化石燃料燃烧产生的二氧化碳进行收集和利用，以防止其流入大气中，欧盟也将此看作未来持续利用化石能源并继续推进碳排放降低的主要手段。④ 2013 年前，欧盟的 CCS 推进进展并不顺利，欧盟也有不少人因新能源的发展以及 CCS 进展缓慢而质疑其前景。随着欧盟碳交易价格回升、《巴黎协定》签署后欧盟减排态度更为积极等带动下，CCS 运用在近年来逐步得到发展。目前，欧盟在 2009 年规划的碳捕捉标志项目网络（the CCS Network）框架下，提出 7 个重点项目，包括英国唐河谷电站项目、荷兰罗德电站项目等。经过多年发展，欧盟内已有一些标志性项目，如荷兰鹿特丹港的碳捕捉项目和英国大曼彻斯特地区的项目。在鹿特丹港项目中，集中了石油冶炼、制药和发电等高排放耗能工业，占荷兰碳排放的 20% 以上，鹿特丹港希望建设一座二氧化碳贮存运输枢纽，企业将以管道将二氧化碳输送至枢纽，此后将其加以利用，这一项目将于 2020 年开始启动。英国的大曼彻斯特 CCS 项目中，则关注将电解氢所产生的二氧化碳加以捕捉。2019 年 7 月，印度塔塔集团在获得了英国政府 420 万英镑

---

① 高世楫、郭焦锋：《能源互联网助推中国能源转型与体制创新》，中国发展出版社，2017 年 8 月版，第 208－211 页。
② 高世楫、郭焦锋：《能源互联网助推中国能源转型与体制创新》，中国发展出版社，2017 年 8 月版，第 230－231 页。
③ 陈允鹏、黄晓莉、杜忠明：《能源转型与智能电网》，中国电力出版社，2017 年 8 月版，第 26－31 页。
④ "Carbon capture and storage," https：//ec. europa. eu/energy/en/topics/oil－gas－and－coal/carbon－capture－and－storage..（上网时间：2019 年 7 月 11 日）

国际能源大转型：机遇与挑战

资金后，在英格兰西北部柴郡的一座 96 兆瓦燃气电站，建设一个耗资 1670 万英镑的工业规模碳捕集示范项目，为英国最大的该类项目，每年可以捕集 4 万吨二氧化碳，约占燃气电站总排放量的 11%，捕集后的二氧化碳在被提纯和液化后，将被用于制造碳酸氢钠，预计该项目将于 2021 年问世。①

改变火电等供能的方式和效率，也是传统能源清洁利用的重要领域。比如丹麦开始探索应用小型内置蓄热器的小型热电联产、对火电进行技术改造和调整，提升火电调节速度和最低发电出力能力，提升火电调峰能力等，提升传统能源辅助可再生能源的能力，促进传统能源从主力发电能源向供给保障能源的转型。②

减少煤炭并增加对天然气的使用，也是促进化石能源清洁消费的途径。荷兰皇家壳牌集团首席执行官范伯登认为，天然气比煤炭生产等量能量，产生的温室气体要低近一半，气代煤是减排的重要手段。③ 英国智库 Carbon Tracker 认为，2019－2023 年德国、意大利、西班牙和荷兰将大规模提升天然气的利用水平，其中德国的天然气发电量最多可增加 460 亿千瓦时，西班牙增加 420 亿千瓦时。④ 为此，欧盟与欧洲多国采取加快 LNG 利用的促进措施，如波兰、德国等多个国家加紧建设 LNG 接收基础设施，波兰与美国签订 80 亿美元的 LNG 购买大单，欧盟在 2018 年 7 月以来也大幅增加美国 LNG 的进口，据欧盟委员会统计，2018 年 7 月至 2019 年 6 月欧盟对美国 LNG 进口增长了 367%，总计进口量达到 100 亿立方米，价值超过 20 亿欧元，欧盟成为美国出口第三大目的地。⑤

---

① "Carbon capture scheme surged to be more ambitious," https：//www.ft.com/content/0dcff112－97f1－11e9－8cfb－30c211dcd229.（上网时间：2019 年 7 月 22 日）

② 陈允鹏、黄晓莉、杜忠明：《能源转型与智能电网》，中国电力出版社，2017 年 8 月版，第 65 页。

③ 范伯登：《能源转型任重道远 多种能源缺一不可》，《中国能源报》，2017 年 12 月 25 日第 06 版。

④ 李丽旻：《英国智库：未来 5 年欧盟碳价或翻倍》，《中国能源报》，2018 年 08 月 27 日第 07 版。

⑤ "EU－U.S. LNG TRADE," https：//trade.ec.europa.eu/doclib/docs/2019/july/tradoc_158271.pdf.（上网时间：2019 年 8 月 22 日）

第四节 主要国家的能源转型

从欧洲各国能源转型进程看，各国基本的路径和方向与欧盟相一致，即绿色化、低碳化、可再生化、智能化以及压缩化石能源的使用比例等。由于各个国家的资源禀赋、经济结构以及发展理念的差异，欧洲国家的能源转型进程也不同程度地展现出国家特色。正如加拿大学者瓦科拉夫·斯米尔所言，英国与法国的能源转型经验有着开创性和独特性。[①]

一、德国

德国本身属于煤炭资源丰富的工业国。德国"煤炭时代"转型起源于19世纪20年代，在19世纪60年代成为主导能源，此后经过近100年的黄金阶段，直至1958年开始大幅下跌，1972年煤炭的主导能源角色才被石油取代。而石油方面，19世纪80年代德国开始利用石油，1954年开始加速进入石油时代，1972年取得主导性地位。[②] 20世纪70年代以来，由于石油危机等事件的刺激作用，德国开始思考降低对海外石油的依赖，重视清洁能源的发展，将发展非化石能源作为重要的国家战略。此后逐步开始制定现代意义上的能源转型目标。德国政策界甚至发明了"能源转型"（Energiewende）一词，其最早出现于1980年德国科学院出版的《能源转型：没有石油和铀的增长与繁荣》报告，能源转型的概念也是由德国逐步扩展到世界。[③]

2000年，德国颁布《可再生能源法》（EEG），提出了固定上网电价等支持可再生能源的政策。2003年，德国制定了近中期可再生能源发展目标，即到2010年和2020年可再生能源占总发电量比重分别达到12.5%和20%，而欧盟直至2007年才制定2020年可再生能源占能源消费比重20%的目标。2010年，德国公布了《德国联邦政府能源方案》，提出了长期能源发展战略以及可再生能源目标，即到2020年、2030年、2040年、2050

[①] 瓦科拉夫·斯米尔：《能源转型数据、历史与未来》，科学出版社，2018年6月版，第127页。

[②] 朱彤、王蕾：《国家能源转型：德、美实践与中国选择》，浙江大学出版社，2015年12月版，第104-106页。

[③] 朱彤：《能源转型能增加天然气消费吗？——德国的实证与启示》，《中国能源》，2017年第12期，第14页。

年，可再生能源占终端能源消费比重将分别达到18%、30%、45%和60%，可再生能源电力占电力总消费比重将分别达到35%、50%、65%和80%，这些战略目标也通过德国《可再生能源法》（EEG）的修订。可以看出，德国在2030年后的目标制定和标准上，相较欧盟更为具体和严格。事实上，根据2018年德国政府部门的一份气候变化报告，2018年德国温室气体排放量相比1990年下降了32%，虽较2020年减排40%的目标有一定差距，但发展水平已经超越欧盟制定的2020年减排20%的目标。在欧盟提出"碳中和"设想后，德国在内外压力下再次提升了自己的减排目标。2019年5月，德国总理默克尔宣布德国计划在2050年将相较于2005年碳排放水平削减80%－95%的目标。①

在新能源使用方面，德国政府制订了较有雄心的计划。1991年德国颁布《电力入网法》，成为其第一部鼓励发展可再生能源的法规，规定电网经营者须优先购买风电。2000年，德国制定《可再生能源法》，构建了德国可再生能源利用基本法律框架，并在该法令2009年修正案中提出至2020年可再生能源占发电比例达到30%的目标，成功启动德国光伏以及其他新能源市场。② 2018年，德国计划2030年将可再生能源在德国电力结构中所占的份额提高到65%，但将太阳能发电补贴从每千瓦时11.09欧元降至8.9欧元，并计划在2019－2021年在现有新能源发电产能水平上额外增加8吉瓦的产能。近年来，随着德国可再生能源市场的扩大与成熟，政府也在逐步降低可再生能源补贴力度，令可再生能源市场和产业从政策推动转向市场导向。2016年，德国再次修订《可再生能源法案》，取消了可再生能源上网电价补贴，采用竞拍体系代替以往可再生能源支持政策。③

在一系列政策激励下，从2000年起，德国可再生能源呈现迅猛发展势头，可再生能源发电量从1990年的19亿千瓦时增至2014年的161亿千瓦

---

① "Merkel sends first strong message for climate neutrality by 2050," https：//www.euractiv.com/section/climate-strategy-2050/news/merkel-sends-first-strong-message-for-climate-neutrality-by-2050/1340417/. （上网时间：2019年7月22日）

② 朱彤、王蕾：《国家能源转型：德、美实践与中国选择》，浙江大学出版社，2015年12月版，第115页。

③ 陈允鹏、黄晓莉、杜忠明：《能源转型与智能电网》，中国电力出版社，2017年8月版，第12页。

时，增长近7.5倍，2000－2014年年均增长达11.3%。① 2012年风电和光伏发电量分别占总发电量的8.1%和4.2%，而最近几年德国每年新增风能和太阳能发电装机容量平均约为5吉瓦，2017年可再生能源发电比重已经达到33%。而根据弗劳恩霍夫协会2019年1月发布报告称，德国2018年总发电量约542太瓦时，其中，煤炭发电占比约38%，而可再生能源发电占比超过了40%，可再生能源首次超过煤电。② 德国政府还计划，到2030年将可再生能源占发电比重提升至65%。

随着民众环保意识上升，德国需要就应对气候变化在欧盟内展示领导力，德国将逐步替代煤电提上议事日程。2017年，褐煤发电约占德国电力供给的14.4%左右，硬煤发电则占22.6%，德国发电中煤炭总计达37%。2018年11月，德国煤炭退出委员会起草了未来几年德国逐步淘汰化石能源的新计划，2022年德国将关停第一批燃煤电厂，2038年底停止使用高污染的煤电。按照此规划，德国将在2022年煤电淘汰产能7.9吉瓦，在2023－2032年煤电产能再减少约14.7吉瓦。③ 德国智库Aurora能源研究所分析认为，如果德国能够在5年内关闭产能约9吉瓦、最老旧的煤电厂，德国实现其在电力领域减排40%的气候目标将成为可能。④ 而在煤矿淘汰方面，二战以来为德国经济提供动力的鲁尔产煤区早已经过数十年的发展，从煤矿产业区转型为汽车、电子等高端制造产业集聚区，近年来随着本土煤矿与进口煤相比，竞争力下降；且煤矿本身不断老化和效益降低，德国不断淘汰旧煤矿。2018年12月，德国鲁尔区的硬煤煤矿Prosper－Haniel关闭，标志着德国完全放弃硬煤开采，但褐煤工厂及褐煤开采仍在运营中。

1998年，社民党和绿党组成联合政府后，淘汰核能逐渐提上日程。联盟党执政时期，淘汰核能在执政前期经历短暂的迟疑摇摆，此后迫于民众对潜在核事故和核废料处理风险的巨大担忧，以及2011年福岛核事故，德国正式宣布2022年前将关闭国内所有核电站，由此成为首

---

① 朱彤、王蕾：《国家能源转型：德、美实践与中国选择》，浙江大学出版社，2015年12月版，第128页。

② 王林：《德国2018年绿色电力占比超40%》，《中国能源报》，2019年01月07日第07版。

③ 《德国弃煤弃核或致电力短缺》，《中国能源报》，2019年04月08日第05版。

④ 《德国计划2022年淘汰煤炭（国际煤市）》，《中国能源报》，2018年11月26日第07版。

个坚决弃核的国家。[①] 根据这一规划,到 2022 年,德国计划减少 10 吉瓦左右的核电装机容量,2023 年核电和煤电将总计减少约 26 吉瓦电力装机容量。事实上,德国的核能发电量自 2001 年达到 171.3 太瓦时的高峰后呈现震荡式下跌的态势,2017 年为 75.9 太瓦时,降低近 55.7%,核能在一次能源消费中的比重由最高时的 11.5% 下降至 2017 年的 5.1%。

德国近年来还不断探索能源产业和能源应用的数字化现代化。如可再生能源领域探索智能用电、储能等相关技术,能源应用上探索工业节能、绿色建筑、综合能源转换等技术,并在电制氢、海洋能源等新能源前沿领域积极谋划布局。早在 2011 年,德国就提出计划,决定在 2011-2014 年投资 34 亿欧元,重点研究可再生能源、能效提升、能源储存、电网及可再生能源融入能源体系等。[②] 德国经济部发起"E-ENERGY"大型研发项目,旨在探索信息技术结合未来能源系统的可能性,资金支持总计达 1.4 亿欧元,包括了智能发电、智能电网、智能电力消费与储能等应用领域,覆盖包括库克斯港示范项目、莱茵—鲁尔工业区示范项目、巴登示范项目、曼海姆示范城市项目、哈尔茨示范项目等。法兰克福市也建设了智能电网示范区。[③] 在实践中,德国能源数字化应用了用电用户自动功率调节、分时电价、设定调节负荷的"虚拟电厂"、安装家庭用热、电智能测算设备、构建电子交易平台等技术手段。[④] 目前,德国已出现一些能源利用智能化的示范工程。如已建成的柏林 EUREF 零碳园区就集中展现了德国在绿色转型技术创新方面的最新成果。该园区 80%—95% 用能来自于风光、地热、沼气等可再生能源,应用智能微网、低耗建筑、无人驾驶等技术,实现可再生能源高效利用、电动汽车智能充放电、冷热储灵活转换以及多能源便捷交易等。

二、英国

作为工业革命的发源地,英国是引领人类进入煤炭时代的先驱。1952

[①] 栗楠、郑宽:《德国能源战略——绿色先驱(世界能源风向)》,《中国能源报》,2018 年 12 月 31 日第 12 版。

[②] 高世楫、郭焦锋:《能源互联网助推中国能源转型与体制创新》,中国发展出版社,2017 年 8 月版,第 233 页。

[③] 陈允鹏、黄晓莉、杜忠明:《能源转型与智能电网》,中国电力出版社,2017 年 8 月版,第 63-64 页。

[④] 高世楫、郭焦锋:《能源互联网助推中国能源转型与体制创新》,中国发展出版社,2017 年 8 月版,第 219-225 页。

年，英国爆发伦敦雾事件，伦敦每立方米的污染微粒高达 1000 毫克，约 15 万人因呼吸问题被送至医院，并最终导致 4000 人死亡，使得英国开始认真反思煤炭利用给环境带来的负面影响。① 英国政府迅速制定了"脱煤"战略，随着 20 世纪 60 年代北海油田的发现，英国获得大量天然气资源。英国燃气公司（BG）在 1967－1978 年建设了大量天然气管网及配套设施，并建设了高压长距离输气管线以及 LNG 接收站等基础设施，为天然气的大规模使用奠定了物质基础。② 20 世纪 90 年代，大量天然气机组进入英国发电领域，气电装机占总发电之比在 10 年间就从 5%上升到 28%。1989－1990 年，英国政府出台了一系列控制污染的法案，包括《1989 年控制煤烟污染法案》《1989 年污染控制（补充）法案》《1989 年天然气法案》《1990 年环境保护法案》等。根据上述法案，英国政府积极采取措施，用石油和天然气代替煤炭，以解决燃煤引发的空气污染和酸雨等环境问题，但当时英国的能源转型更多的是关注油气资源替代煤炭。

而随着气候变化成为发达国家关注的议题，英国又提出了"低碳化"能源转型目标，并出台了系列政策规划，21 世纪以来英国政府相继发布了《英国生物能源战略》《海上风电产业战略规划》《洁净空气战略》《零排放之路》等多项战略。英国在 2002—2006 年试行世界首个国家碳排放市场交易体系，相较于欧盟更早地利用市场力量来调节企业的碳排放。③ 2008 年，英国制定《气候变化法案》，设定了至 2050 年将碳排放量在 1990 年的水平上降低至少 80%的目标。2019 年 6 月，英国重新修订的《气候变化法案》生效，正式确定到 2050 年实现温室气体"净零排放"的目标，甚至被称为"全球最激进的减排法案"。④ 在电力领域，英国的能源与气候变化部（DECC），分别于 2000 年、2007 年和 2011 年制定《公共事业法》《能源白皮书》和《电力市场改革白皮书》，通过促进电力市场的

---

① 张欢欢：《英国能源发展趋势及对我启示》，https：//www.kunlunce.com/jczc/fl11/2019－04－12/132616.html。（上网时间：2019 年 7 月 22 日）

② 车明、于小迪、单维平、刘安林：《英国天然气产业的行业发展历程、现状与启示》，《中外能源》，2017 年第 11 期，第 12 页。

③ 元博、杨捷、闫晓卿：《英国能源战略——市场力量（世界能源风向）》，《中国能源报》，2019 年 02 月 18 日第 07 版。

④ 王林：《英国大手笔布局碳捕集》，《中国能源报》，2019 年 07 月 08 日第 07 版。

合理发展来助力推进能源转型。①

英国能源消费的主力仍为油气资源。根据 BP 公司《1965 - 2017 年世界能源统计》公布的数据计算，2017 年英国能源消费中石油、天然气、煤炭三种传统化石能源分别占 35.94%、31.9% 和 4.23%，清洁能源中，核能、水能、太阳能、风能、地热能和其他可再生能源分别为 7.49%、0.63%、1.22%、5.29%、3.39%、9.9%，风能和太阳能与水能三大常规可再生能源总和仅为 7.18%，但地热能和其他可再生能源的比例却比较高，显示出英国应用新能源有着独特的优势。② 近年来，煤炭发生了锐减的趋势，煤炭在英国能源消费中的占比已经从 2015 年的 22% 锐减至 2016 年的 9%；2017 年第二季度一度下降到 2% 的历史低点，并且还实现了自工业革命以来首次在一整天内零燃煤发电。在发电结构上，英国可再生能源利用率更高也更为低碳，2017 年，英国的电力结构以低碳能源为主，其中 40.4% 的电力来自于天然气，20.8% 的电力来自于核能，18.2% 的电力来自于风能和太阳能，燃煤发电只占总发电量的 6.7%，其他可再生能源、水能和石油发电分别为 9.4%、1.8% 和 2.9%，低碳能源发电在英国历史上首次追平化石能源发电。

随着新能源经济潜能的不断释放，政府不断发布新能源相关规划。2019 年 3 月，英国商务、能源与产业战略部（BEIS）公布了最新海上风电发展目标，即到 2030 年，英国 1/3 的电力将来自海上风电，70% 来自低碳能源。这一目标是 BEIS 和海上风电领域公司之间的共识。③ 为达成这一目标，英国预计到 2030 年将装机 30 吉瓦的海上风电，每年新增装机须达到 2 吉瓦。BEIS 还计划到 2030 年将海上风电服务和设备出口额提高到每年 26 亿英镑，较目前增加近 5 倍，届时将投资 2.5 亿英镑发展电力供应链，其中 60% 用于海上风电项目，而对各地基础设施的投资有望超过 400 亿英镑。同时，英国对可再生能源产业的支持力度也在加大。2019 年 7 月，英国海上风电行业委员会（OWIC）表示将实施一项名为"海上风力发电产

---

① 伊淑彪、史丹：《英国核电定价机制研究》，《中国能源》，2017 年第 2 期，第 34 页。
② "Statistical Review of World Energy - all data, 1965 - 2017," https：//www.bp.com/content/dam/bp/business - sites/en/global/corporate/xlsx/energy - economics/statistical - review/bp - stats - review - 2018 - all - data.xlsx.（上网时间：2019 年 6 月 3 日）
③ 王林：《英国去年碳排放量创 130 年最低》，《中国能源报》，2019 年 03 月 18 日第 05 版。

业增长合作伙伴"的计划，投资达1亿英镑，助力国内企业开发海上风力发电及培养完善国内供应链的计划，为英国国内650多家从事风机零部件和电缆制造、维护风电场等业务的企业在未来10年内连续提供各种支持，实现英国的海上风电设备的国内采购率从当前的48%提高到60%。同时，英国与瑞典、澳大利亚及韩国一道，以电力配额制刺激可再生能源发电，即由政府制定强制可再生能源配额目标，承担强制配额的主体通过购买绿色电力证书完成配额义务，未完成则承担相应的罚款，不仅"从消费侧明确可再生能源消纳责任"，可以"通过配套实施绿证交易，为可再生能源提供补贴支持"。同时，英国要求零售商总售电量中必须有一定比例的可再生能源，成为推动该国可再生能源发展的重要补贴手段，但该规则将于2037年停止运行。①

除了光伏、风电等在能源供应领域的进展外，英国在交通领域新能源利用也取得一些进展。2019年1月，法国阿尔斯通公司（Alstom）与英国Eversholt铁路集团合作，准备2022年投运名为"微风"（Breeze）的氢动力列车，预计将把100辆传统列车改造为氢动力列车。英国能源与清洁增长大臣Claire Perry也表示，英国将投入290亿美元的预算，用于向氢能交通的"工业策略"转化。

英国的生物能源应用是其新能源的亮点，2017年，英国的可再生能源来源中，生物能源占比66%，包括生物来源的材料制成的可再生能源为交通、热力、电力提供燃料。2012年4月26日，英国发布《英国生物能源战略》。该战略的首要原则是生物能源必须是可持续生产的，英国政府需引导生物能源可持续发展。2019年，英国可再生能源协会（U. K. Renewable Energy Association）发布的一份新报告显示，生物能源目前是英国减少排放和促进绿色能源就业的主要力量。英国气候变化委员会预测，英国到2050年生物能源在能源供应中的比例将翻一番。②

随着英国经济结构向着"去工业化"方向发展，英国政府和市场不断推动能源消费的低碳化进程，英国节能减排力度不断加大，碳排放水平不断降低。英国自1973年达到7.18亿吨的排放量高峰后，排放量即不断震

---

① 董欣、姚金楠：《多国成功实践可再生能源配额制》，《中国能源报》，2018年08月06日第07版。

② 张欢欢：《英国能源发展趋势及对我启示》，https://www.kunlunce.com/jczc/fl11/2019-04-12/132616.html。（上网时间：2019年7月22日）

荡式下跌，2013－2018年连续6年下降。英国气候科学和能源政策调研网站Carbon Brief发布报告称，2018年碳排放量创下了该国自1888年以来最低水平，仅为3.61亿吨，比1973年的碳排放峰值低47.5%，比1990年低39%，相当于1889年的排放水平。从人均碳排放水平来看，2018年英国人均碳排放为5.4吨，是1858年以来的最低水平。①

在推进减排的同时，英国也力争在本世纪30年代实现大规模应用碳捕捉和收集技术。英国负责能源与清洁发展事务的官员克里斯·斯基德莫尔表示，英国将把清洁发展置于现代工业战略的核心。2018年11月，英国政府发布碳捕集技术部署路线图，列出了政府、行业和企业针对这一技术的"下一步"要求，即在成本降幅"足够"的前提下，实现2030年代大规模部署碳捕集项目，同时计划为9家公司的碳捕集项目提供2600万英镑的政府资金。2019年5月，英国气候变化委员会发布报告称，目前英国有43个CCS项目在运营，同时指出推进CCS进一步运用"十分迫切"。②

三、法国

法国与其他欧洲国家资源禀赋类似，即缺乏石油天然气资源，同时也注重降低化石燃料依赖及节能减排，但大规模应用核电技术是法国能源转型的主要特色。1950年，法国开始发展核电；1956年研制出了石墨气冷堆技术，并投产了首台核电机组；1958年，法国从美国西屋公司购买了经济性强、安全性高压水堆技术专利，从20世纪60年代末开始，又进一步引进了该公司单机功率90万千瓦的压水堆技术，并在反应堆设计、设备制造、核电站管理等方面向西屋公司学习，在10年内就基本掌握了核电站全套核心技术。③ 1974年，在经历石油危机后，法国决定加快发展核电来替代石油。同年，时任法国总理的皮埃尔·梅斯梅尔制定了以其命名的核能发展计划——"梅斯梅尔计划"，规划到1985年建造80座核电站，到2000年达到170座，以最终实现法国电力全部由核电提供的宏伟目标，并

---

① 王林：《英国去年碳排放量创130年最低》，《中国能源报》，2019年03月18日第05版。

② "Net Zero The UK's contribution to stopping global warming," https：//www.thec-cc.org.uk/wp－content/uploads/2019/05/Net－Zero－The－UKs－contribution－to－stop-ping－global－warming.pdf.（上网时间：2019年7月22日）

③ 张富强、闫晓卿：《法国能源战略——核能先行（世界能源风向）》，《中国能源报》，2019年03月18日第07版。

提出第一个 16 机组的大型核电项目。① 该计划带动下，法国在 20 世纪 80 年代建成 40 座核反应堆，使得当时核电迅速占到法国总发电量的 70% 以上。目前，法国共有 58 台压水反应堆机组，总装机容量 6300 万千瓦，分布在 19 个厂址，其中一座在建，12 座彻底关停，总装机容量达到了 63.13 吉瓦，占全国发电量的 77%。法国的核电发展也确实有效降低了石油消费，1993 年法国原油进口量比 1973 年降低了 30%，2014 年比 1973 年降低了 40%。2015 年，法国能源消费中煤炭、石油、天然气和核电分别占到了 4%、32%、15% 和 41%。② 核电对于法国降低化石能源的消费起到巨大贡献，但新型可再生能源的发展也受到其一定的挤压。

近年来，法国的能源政策从以核能为核心转向更加关注减排和新能源的发展，这一趋势与 2011 年福岛核电事故冲击法国社会心理有一定关联。在减排考虑上，2015 年法国举办联合国气候峰会前后进行了大量气候外交活动，最终促成《巴黎协定》的达成，法国在扮演全球气候领军者和欧盟核心领导者的同时，其对外打出气变大旗也反成为加强国内能源转型推动力。法国近年来逐步形成了为实现弃煤、控核、建立低碳安全高效的现代能源体系的方向，并进行了立法布局。③ 2007 年，法国召开了环境协商大会，将可再生能源与建筑节能作为未来两大能源重点。2010 年，法国政府向欧委会提交了"可再生能源全国行动计划"，明确了国内各部门和行业的具体措施和行动计划。2015 年，法国颁布了《绿色增长能源转型法》，是近年来法国能源转型政策规划的核心。同年 11 月，法国多部门联合提出了《法国国家碳预算和国家低碳战略》，建立了"碳预算"制度。2018 年底，法国总统马克龙宣布一系列能源转型目标，力求在 2030 年前，将风力发电扩增 2 倍，将太阳能发电扩增 5 倍；在 2035 年前将核电占总发电量的比重降至 50%。2019 年 4 月，法国草拟了《能源转型法》，提出将欧盟 2018 年 11 月"碳中和"目标落实到法国的法律中，制定 2019－2028 年能源战略（PPE），并提出 2022 年年底开始推进彻底淘

---

① 瓦科拉夫·斯米尔：《能源转型数据、历史与未来》，科学出版社，2018 年 6 月版，第 136 页。

② 瓦科拉夫·斯米尔：《能源转型数据、历史与未来》，科学出版社，2018 年 6 月版，第 136－137 页。

③ 田丹宇、徐华清：《法国绿色增长与能源转型的法治保障》，《中国能源》，2018 年第 1 期，第 33 页。

汰煤电的进程。①

第五节 欧盟能源转型的前景

对于欧盟而言，绿色低碳的能源转型事关欧洲后现代社会的政治正确。新能源和能源领域新技术运用也是未来世界的新兴产业之一，欧盟也希望借能源转型抓住潜在经济机遇，以占领科技和产业竞争力的制高点。应对气候变化也是欧盟维护多边主义、发挥自身规范性和软实力外交的重要抓手。因而，欧盟未来对于向着低碳、绿色、高效、智能和网络化的能源转型进程会持续重视和投入。同时，随着欧洲经济结构的"去重工业化"导致其能源消费长期将不断降低，以及新能源在电力等领域对传统能源的替代能力逐步增强，欧盟能源转型及其低碳化进程已经成为发展的惯性，未来难以大幅偏离这一方向和轨道。同时，随着 2019 年欧洲议会选举，以及欧盟机构领导人的换届，欧盟也展现出对推进能源转型更大的雄心。

在 2019 年 5 月进行的欧洲议会选举中，欧洲绿党党团的表现突出，在席位数和支持率上均比上届大幅提升，有政治分析人士指出，绿党的崛起一定程度上表明欧洲民众更加重视气候变化以及环保问题，随着欧洲议会传统两大党欧洲人民党和社民党无法联手获得过半席位，其未来推动欧盟议程将更为依仗绿党等其他亲欧力量的协助，也将促使欧盟政策议程进一步向应对气候变化、推进低碳能源转型而倾斜。2019 年 7 月，欧盟委员会候任主席冯德莱恩在欧洲议会内的演讲中表示，欧盟准备将 2030 年减排目标从现在的 40% 提升到 50% – 55%，同时推出《欧洲绿色协定》（Green Deal for Europe）、《欧洲气候法》（European Climate Law）、《欧洲可持续投资计划》（Sustainable Europe Investment Plan）、《气候银行》（Climate Bank）、《边境碳税》（Carbon Border Tax）等举措，从税收、投资、监管等多方面促进欧盟的减排进程，甚至提出气候银行应在未来 10 年投资 1 万亿欧元的目标，以此打造欧盟气候政策外溢影响力，显示出欧盟进一步推进

---

① "New French energy law puts off difficult climate decisions," https://www.reuters.com/article/us – france – energy/new – french – energy – law – puts – off – difficult – climate – decisions – idUSKCN1S61X1. （上网时间：2019 年 7 月 22 日）

能源转型的决心和作为。① 同时，德国、英国等国均提出了 2050 年达到"零排放"的目标，丹麦则提出到 2030 年可再生能源满足至少 50% 的能源消费需求，2050 年非化石能源全部替代化石能源这一更具雄心的目标，显示欧盟在不断推进能源转型方面的强烈意愿。②

同时，由于后现代和后工业化的发展路径，欧盟在促进低碳绿色发展上也有着较强的惯性：其一，欧盟的能源总消费将持续下降。全球能源互联网发展合作组织报告指出，至 2050 年欧盟国家的一次能源需求将从 23.4 亿吨标准煤下降至 17.4 亿吨，年均降幅为 0.9%。至 2050 年欧洲国家的终端能源需求将减少至 21 亿吨标准煤，降幅达 25%，其中工业部门、居民部分、商业和服务业部门以及交通部门的降幅分别为 28%、24%、22% 和 29%，实现全行业领域的不断下降。③ 其二，温室气体排放将持续减小。2050 年预计欧洲化石能源二氧化碳排放量将较 2016 年减少 79%，约削减 59 亿吨，单位能源排放强度从 2016 年 1.5 吨碳/吨标准煤减至 2050 年的 0.5 吨碳/吨标准煤。其三，欧洲的电气化水平将进一步提升。2050 年欧洲电能占终端能源比重将从 2016 年的 23% 上升到 59%，各个产业看，工业的比重将从 21% 上升至 54%，居民部门将从 18% 升至 58%，商业和服务部门从 38% 升至 78%，交通部门从 3.3% 增至 49%，欧洲各行业将更多以电力驱动，成为基础化石能源的重要动力。以电为核心将成为能源低碳化和清洁化的必然选择，有助于建设高效化的能源生产和消费体系。④ 其四，可再生能源投资成本有望大幅降低。预计 2050 年欧洲太阳能、风电单位投资成本较 2015 年分别降低 51% – 56% 和 49% – 57%，光伏投资成本降至 650 美元/千瓦，光热降至 2400 美元/千瓦，陆上风电和海上风电分别达 800 美元/千瓦和 2000 美元/千瓦。⑤

---

① "Opening Statement in the European Parliament Plenary Session by Ursula von der Leyen, Candidate for President of the European Commission," http：//europa.eu/rapid/press – release_SPEECH – 19 – 4230_en.htm.（上网时间：2019 年 7 月 22 日）

② 《欧盟批准丹麦可再生能源援助计划（关注）》，《中国能源报》，2018 年 08 月 27 日第 05 版。

③ 全球能源互联网发展合作组织：《欧洲能源互联网规划研究报告》，2019 年 5 月。

④ 陈允鹏、黄晓莉、杜忠明：《能源转型与智能电网》，中国电力出版社，2017 年 8 月版，第 10 页。

⑤ 全球能源互联网发展合作组织：《欧洲能源互联网规划研究报告》，2019 年 5 月。

国际能源大转型：机遇与挑战

但是，欧盟未来的能源转型进程难以一帆风顺，仍将面临一些现实挑战。以全球能源互联网发展合作组织为代表的乐观预测认为，2030年欧洲清洁能源消费将超过化石能源，2050年欧盟清洁能源消费比重甚至达到79%，但大多数的预测仍认为化石能源在2030年乃至2050年仍将是世界乃至欧洲的主导性能源。荷兰皇家壳牌集团首席执行官范伯登指出，应对气候变化需要全世界的努力，但彻底放弃化石能源几乎不可能。①

首先，可再生能源的综合竞争力，是决定欧盟能源转型走向的最重要原因。可再生能源成本仍需要加速降低。当前，欧盟一些地区的新能源消费价格虽已明显下降，甚至没有政府补贴也能在市场上生存，但其价格相较于传统能源仍然偏高。比如2018年欧盟居民供应1兆瓦时（Mwh）的能量，电力价格超过200欧元，天然气价格为50欧元左右，工业用能则分别为110欧元和30欧元左右。而2010-2017年，在电力整体出厂价格下跌6.4%，供应居民和工厂价格分别下跌6%和30%的背景下，电力上网费用以及相关税费却在上升，使得居民和工厂最终消费价格反而分别上升了19.3%和8.7%，欧盟相关税占居民电价成本比例高达40%。同时，碳捕捉等技术的经济效益仍然明显低于环境效益，降低欧洲国家应用新技术的意愿。比如挪威政府宣布，该国因成本原因推迟发展欧洲国家中的首个碳捕捉与利用项目。同时，随着一些欧洲国家削减甚至取消可再生能源相关补贴，新增可再生能源投资的盈利性以及投资积极性出现不同程度的下降，如2018年英国政府不允许陆上风电申请补贴，打击了开发商的积极性，英国可再生能源行业组织Renewable UK发布报告预计，2018年英国陆上风电新增装机量将从2017年2.6吉瓦的历史高点降至0.94吉瓦，2019年更将进一步降至0.37吉瓦。② 而2019年上半年欧洲风电装机容量达4.9吉瓦，同比增加8%，海上风电新增73%的同时，陆上风电新增装机容量却同比下降12%，德国上半年陆上风电装机容量更创19年来新低，显示了市场和补贴政策波动给可再生能源投资带来的不确定性。③

其次，由于能源市场价格机制问题，一些国家新能源的发展很可能挤

---

① 范伯登：《能源转型任重道远 多种能源缺一不可》，《中国能源报》，2017年12月25日第06版。
② 李慧：《英国陆上风电装机大增中存隐忧》，《中国能源报》，2018年01月29日第07版。
③ 《上半年欧洲风电 装机容量达4.9吉瓦》，《中国能源报》，2019年08月12日第05版。

占其他清洁能源。如德国电力市场竞价模式由同发电类型边际成本决定，该市场由成本低到高分别为核电、褐煤、硬煤以及天然气，可再生能源在首先挤占天然气的同时，却将煤炭留在了发电市场，使得天然气代替煤炭的进程反而受到影响。① 事实上，近年来德国、法国等国均出现过某一年度煤炭进口上升或煤炭使用量上升的情况，反映的是在经济形势和能源需求变化的情况下，煤炭等化石能源仍旧由于成本因素而出现需求反弹。部分国家甚至出现重新重视开发煤炭的趋势，如2018年6月波兰政府宣布准备开发兹罗佐（Zloczew）的褐煤资源，预计将于2018年底或2019年初启动。② 英国也在2018年5月宣布在兰开夏郡开始启动水利压裂油气开发。③ 化石能源将在长周期呈现供大于求的态势。就欧洲和西方国家而言，其产业结构仍将继续向着"去工业化"、高科技化和高端服务化方向发展，能源总体需求将继续降低，导致供求关系更加突出化石能源的价格竞争力。

欧盟国家还长期为化石能源提供大量补贴。2008-2016年欧盟每年化石能源的补贴在540-600亿欧元。虽然G7、G20等政府间全球治理机制多次重申，削减化石能源补贴对于促进新能源发展和应对气候变化有着重要意义，然而欧盟的能源补贴削减进程缓慢仍然是阻碍新能源提振竞争力的重要原因。此外，欧盟能源转型仍要受到政治与社会因素影响。虽然欧洲国家普遍对于应对气候变化、促进低碳能源转型有着较强的社会基础、政治支持以及经济与技术上的储备，但可再生能源利用仍将给欧洲经济与社会带来外溢性冲击。一方面，能源低碳转型给各国居民带来用能成本上升问题。德国对可再生能源的补贴政策推高了全社会用能成本，加重了居民生活负担。目前，德国已成为欧盟电价最高的国家，居民电价比欧盟平均水平高出近50%。其中，可再生能源附加费占据了居民电费的20%，加之各项税收，使电力成为烟草、汽油和烈酒之外赋税最高的消费品。法国2018年11月爆发的"黄马甲"运动，其起因即是马克龙政府欲提高燃油附加税，低收入群体认为该政策致使汽油开支超过其负担能力，进而爆发了全国性大规模抗议事件。"黄马甲"事件提醒马克龙政府在国内外高调

---

① 朱彤：《能源转型能增加天然气消费吗？——德国的实证与启示》，《中国能源》，2017年第12期，第17页。

② 采凝：《波兰批准褐煤开发战略（关注）》，《中国能源报》，2018年06月11日第05版。

③ 王升：《英国或将重启页岩气压裂作业（关注）》，《中国能源报》，2018年05月28日第05版。

国际能源大转型：机遇与挑战

推进气候政策不宜过快过猛，在政策规划中更要考虑到社会经济方面的影响。另一方面，欧洲国家在推进新能源替代传统能源时，将考虑带来的新旧产业变迁与就业问题，成为能源转型政策的影响因素。在削减煤炭使用和关闭煤矿问题上，波兰、德国、西班牙等部分欧洲国家均曾对减少补贴、及时关停等措施表示出异议。部分欧洲媒体也表示，煤矿的关停带来大量失业人口，对于以煤炭为经济支柱的工业地区是"社会和经济灾难"。保加利亚等国煤炭产区地方官员就对关停煤矿的决策加以批评，认为其缺乏对当地经济和就业现状的充分考量。西班牙等国在关闭煤矿的同时，提出保证失业员工的福利，令约60%的前矿工将能够提前退休，政府还提供约2.5亿欧元的资助，用于对废弃煤矿的资源再利用及商业投资。[①] 波兰是煤炭发电比例较大的欧盟国家，2017年褐煤和硬煤占发电比重分别为30.7%和50%，总计高达80.7%，已经形成了较强的"路径依赖"，致使该国推进能源转型的动力明显不足。如2018年6月，波兰政府公布开发新的褐煤煤矿——兹罗佐（Zloczew）褐煤开发项目，以保证其发电燃料供应。[②]

最后，欧洲能源转型也影响可再生能源应用稳定性。可再生能源虽然在欧洲的产能和消费比重中不断上升，但影响其发展前景的除了直接经济成本，还有其与电网的兼容水平和一体化水平，特别是新能源供应稳定性问题。众所周知，风能、太阳能和水能等发电产能受自然条件和天气状况影响较大，难以如化石能源一样持续、稳定地向电网提供电力，这将使得电网稳定及居民企业在用电高峰期供电保证受到挑战，从而限制了新能源从补充性能源发展为主要能源来源的能力。如2018年夏季欧洲的高温天气令电力需求增大的同时，也由于风力不足而导致风力发电量的下降，水力发电因水位过低而受到影响，给欧洲电力供应带来一定的挑战。[③]

新能源的大规模应用还将考验一个国家的相关辅助支持能力。一方面，新能源需要传统能源提供调峰能力。中国工程院院士、国家能源委员会专家咨询委员会委员江亿指出，"德国、丹麦等国风电都发展得不错，很

---

① 李丽旻：《欧洲煤矿迎来关闭潮（国际煤市）》，《中国能源报》，2019年01月07日第05版。
② 采凝：《波兰批准褐煤开发战略（关注）》，《中国能源报》，2018年06月11日第05版。
③ 董梓童：《持续高温"烤"验欧洲电力系统》，《中国能源报》，2018年08月13日第05版。

重要的原因是有气电调峰。因为气电的调节性能非常好，保证整个电网的控制能力。"① 而对于其他国家特别是可再生能源应用的后来者，建设调峰能力，保障电力系统稳定仍任重道远。另一方面，新能源的运用还有赖于储能行业的发展。当前欧洲国家的电池行业以及储能产业正处于发展阶段，尚无较大的储能项目投入运营，在短期内仍然难以帮助和支持可再生能源消费比例进一步上升。

在应用范围上，可再生能源的主要应用领域仍主要集中在发电，交通运输、取暖供热以及工业生产功能应用水平仍然有限。以电动汽车为例，至2018年底，欧洲（包括欧盟和欧洲经济区）范围内电动车保有量为134.6万台，中国则达到224.3万台，其中还包括很多油电混合车，② 欧洲电动车2018年销量仅占到汽车销量2.3%左右。同时，充电桩等电动车配套的基础设施也尚待进一步发展。

此外，欧盟及部分国家的能源转型进程是否足以支持其完成各自的温室气体减排目标，或达到预期的环保效果仍存有较大的变数。如近年来在可再生能源运用上成绩斐然的德国，2019年与法国、英国、意大利、西班牙、匈牙利、罗马尼亚、捷克和斯洛伐克等国一同被欧盟评估成为欧盟空气质量最差的国家之一，该国于"2020年将温室气体排放水平降低到1990年的60%"的目标在现有努力水准上也很有可能落空。③

---

① 贾科华：《天然气发电是对是错》，《中国能源报》，2019年07月01日第01版。
② "Top PEV global markets stock 2017 final with California.png," https://en.wikipedia.org/wiki/File: Top_PEV_global_markets_stock_2017_final_with_California.png.（上网时间：2019年7月11日）
③ 王林：《德国"环保先锋"标签被撕》，《中国能源报》，2018年02月26日第03版。

第九章

俄罗斯对能源转型的认知与对策[①]

俄罗斯是世界最大的一次能源出口国和第二大油气生产国,能源行业是其经济发展支柱。一直以来,俄罗斯都是全球能源市场的主要领导者和传统能源市场的捍卫者,可再生能源在其能源结构中的份额仅为1.5%。但伴随全球能源产业复杂转型、世界绿色经济飞速发展和俄罗斯国内经济结构调整的需要,俄罗斯也不得不逐渐转变认知,采取一系列措施,踏上能源转型的漫漫长路。

第一节 背景与认知:优势与隐忧并存

作为传统能源市场的领军者,截至2017年年底,俄罗斯石油产量位列世界第一,天然气产量世界第二,发电量世界第四,煤矿开采世界第六。能源行业是俄罗斯经济发展支柱和经济体系中最重要的部分,其份额占俄罗斯GDP的22%,出口的60%和联邦预算收入的40%。[②] 近年来,俄罗斯愈加关注、紧密跟踪可再生能源飞速发展、美国页岩革命等全球能源形势的重大变化,总体认为全球能源产业正在经历复杂转型,风险和不确定性持续积聚;但仍乐观看待中期前景,认定化石燃料仍在全球能源消费中占主导地位。

一方面,俄罗斯承认,全球能源行业的结构性变化导致风险和不确定性上升,继续保持领导地位是一项"艰巨而严峻"的任务。

一是以可再生能源为代表的新能源(太阳能、风能、生物燃料、氢能等)持续快速发展,全球对碳氢化合物(特别是煤炭和石油)的需求速度逐渐放缓。俄罗斯政府承认,可再生能源的发展是俄罗斯能源和工业未来发展的关键。

[①] 本章作者:尚月,中国现代国际关系研究院欧亚研究所副研究员、博士,主要从事中俄关系、俄罗斯能源等问题研究。

[②] Заседание Комиссии по вопросам стратегии развития ТЭК и экологической безопасности, http://www.kremlin.ru/events/president/news/58382.(上网时间:2019年8月12日)

二是美国页岩革命深刻塑造国际油气行业整体格局，传统能源供应国和消费国地位受到强烈冲击，全球油气供应端更趋多样化。

三是国际能源市场平衡越来越受到来自供应方和需求方的双重影响，能源价格大幅震荡或成为常态。

四是以长约合同交付（条款限制严格）和管道供应为主的区域性天然气市场正在被低成本、新技术的液化天然气（LNG）供应和交易形式取代，天然气贸易形式和出口路线的灵活性和复杂性激增。

五是世界能源革命，特别是美国页岩革命能量巨大，后果难料。在俄罗斯看来，全球能源产业正在经历"急剧、不可预见的变化"，导致各国油气公司不得不加速调整业务方向，改变投资计划。

与此同时，俄罗斯仍然乐观看待中期前景：

一是认为世界能源消费仍然旺盛。俄罗斯认为，过去20年世界一次能源消耗量增长50%，电力消耗量增长近80%；2040年前世界能源消费总量仍将增加20%－35%。俄罗斯能源部部长诺瓦克称，预计2040年全球石油消费将从1000万桶/天增至1400万桶/天。俄罗斯《独立报》称，过去10年世界天然气消费增长20%，需求增加70%。各地区各国对天然气的需求以年均1.7%的速度增长。[1]

二是认定化石燃料仍在全球能源消费中占主导地位。在俄罗斯看来，目前世界经济发展依赖的主要资源仍是油气，可再生能源在全球能源消费中占比直到2040年才可能与石油、煤炭和天然气平分秋色。俄罗斯总统普京表示，目前并没有看到可再生能源替代油气的"质变"，俄罗斯没有感到任何"威胁"。俄罗斯国家石油公司总裁谢钦称，油气在可预见的未来仍是"全球能源工业和经济核心"。俄罗斯天然气工业公司总裁米勒则直言，未来20年世界经济"全面脱碳"的目标只是"乌托邦"。[2]

三是看好天然气（特别是液化天然气）市场发展。作为世界第二大产气国，俄罗斯乐于看到"天然气世纪"的到来，认为2035年天然气在全球能源结构中占比将与石油持平，达到25%。其在俄罗斯能源消费结构和能源外贸中的作用也会日益提高。据俄罗斯评估，2035年欧洲天然气产量

---

[1] Глобальное потребление энергоресурсов может вырасти на треть, http://www.ng.ru/ng_energiya/2019－05－13/11_7571_en4.html.（上网时间：2019年7月11日）

[2] Форум в традиционном масштабе, http://www.cdu.ru/tek_russia/articles/1/481/?PAGEN_1=8.（上网时间：2019年8月10日）

将下降50%，供应缺口将达2000亿立方米，绝大部分将由俄罗斯补充。此外，2020年中国天然气消费量将达到3600亿立方米，其中800亿－1100亿立方米将来自俄罗斯管道天然气。俄罗斯尤其看好液化天然气（LNG）国际市场发展，认为其是"最具竞争力的市场之一"。

四是对本国清洁能源发展充满信心。一方面，俄罗斯对自身气候和地理条件极为自信，认为自己拥有巨大的清洁能源发展潜力。俄罗斯专家指出，奥伦堡或罗斯托夫的日照水平高于柏林和慕尼黑（德国是太阳能领域的领导者之一），低湿度和低温可提高效率，俄罗斯拥有充足的太阳能潜力。俄罗斯北极海岸和远东地区也完全可以成为风能领域的领导者。① 另一方面，俄罗斯自视其能源结构较为"清洁低碳"。在俄罗斯人看来，由于在"大型"水电和核工业方面具有历史性的强大竞争力，俄拥有相当平衡的"清洁"能源结构，其中很大一部分是无碳或低碳资源。到2030年，工业和贸易部估计俄罗斯可再生能源设备的市场规模为5000亿卢布。② 从能源消费结构来看，化石能源消费占据绝大部分（其中天然气占52.20%，石油21.96%，煤炭占12.95%），核能占6.6%，两者总共占俄罗斯能源消费总量的93.71%。而天然气、核能以及较高的水电开发利用量（占6.26%），则在一定程度上显示俄罗斯能源结构"清洁低碳"的一面。③

总体来看，地理环境、自然禀赋、宗教文化和历史经验强烈塑造着俄罗斯独特的观念认知和"处世哲学"：长期以来政治上坚持自成体系，经济上乐于自给自足，心态上"第三罗马"的使命感、优越感和强烈的不安全感并存，改革进程往往艰难而迟缓。俄罗斯向来对新现象、新概念"本能排斥"和高度警惕，既需要相对漫长、迟缓的理解和"内化"过程，又要在其中捍卫大国自尊，凸显"世界一极"地位，展现其独特的态度和立场。这体现在俄罗斯应对各领域变化和挑战、制定内外政策的方方面面。基于此，我们或许才能更深刻地理解作为传统能源大国的俄罗斯，看待全球能源产业飞速发展变化时展现出的复杂情感和立场。

---

① Стратегия будущего, http：//www.cdu.ru/tek_russia/articles/8/442/. （上网时间：2019年9月2日）

② Ватты и технологии: зачем России возобновляемая энергетика, https://www.forbes.ru/tehnologii/350313 - vatty - i - tehnologii - zachem - rossii - vozobnovlyaemaya - energetika. （上网时间：2019年9月22日）

③ 叶瑞克、高飞、刘康丽、周云亨：《俄罗斯可再生能源开发利用现状与展望》，《南京工业大学学报（社会科学版）》，2018年6月，第17卷，第3期。

第九章　俄罗斯对能源转型的认知与对策

第二节　可再生能源发展：特征与现状

由于自然资源十分丰富，特别是石油、煤炭等传统能源资源储量巨大，长期以来俄罗斯对可再生能源发展的关注与投入较少。近年来，受到国内外因素的不断刺激与推动，俄罗斯政府越来越关注可再生能源领域，给予一系列政策支持。

一、发展可再生能源的目标和特征

2009 年 11 月，俄罗斯政府出台《2030 年前俄罗斯能源战略》首次把发展新能源提高到战略高度，提出将对本国能源公司参与新能源开发的国际合作提供外交支持，特别是要提倡大幅增加核电和水电的份额。[①] 主要目标是：通过发展清洁能源拉动国内经济增长，促进就业；拓展和丰富俄罗斯能源供给种类，为远东、西伯利亚以及北极等偏远地区提供更多的能源选择；提高可再生能源在国家电力生产结构中的比例，逐步降低天然气、煤炭发电比例；减少能源生产和消费相关碳排放，履行应对气候变化和节能减排的国际责任。俄罗斯发展可再生能源的主要驱动力和特点如下。

首先是强烈受到世界绿色经济发展、国内生态环境及气候变化等因素的带动。近年，伴随油气、煤炭等传统碳氢化合物的过度消耗及其对环境的负面影响日益加剧，世界各国开始重视可再生能源的开发与利用。世界绿色经济的发展趋势对俄罗斯产生极大刺激。作为典型的资源依赖型经济体，其经济发展过程中碳排放等环境成本较高，能源供给的可持续性问题、环境污染问题日益严峻。对有价值的化石燃料的限制（天然气、石油和煤炭），碳氢化合物能源占主导地位对当地和全球环境的污染及气候变化，对水资源的高需求和一系列其他负面生态因素都促使俄政府和投资者逐渐放慢建设火电站，选择更清洁和安全的替代能源。俄罗斯认识到，任何国家都无法解决气候和资源问题，发展先进技术、提高经济发展能效和加强国际合作逻辑的必要性越来越突出。

其次是谋求实现国内空间和领土的发展。与寻求实现进口能源多样化

---

① Энергетическая стратегия России на период до 2030 года, https://minenergo.gov.ru/node/1026.（上网时间：2019 年 8 月 3 日）

的欧洲国家不同，俄罗斯并不急于"机械"增加可再生能源份额。《俄罗斯燃料综合体》期刊文章指出，俄罗斯的可再生能源不能被视为传统碳氢化合物的直接竞争对手。对俄罗斯来说，最有意义的是空间和领土发展。俄罗斯70%的领土都没有集中的能源供应方式，居住着1000万－2000万人。① 俄罗斯欧洲部分的五个联邦区与西伯利亚联邦区、远东联邦区之间的经济状况、电力消费、气候条件等差异明显，各区间的输电能力比较弱，输电成本比较高。广阔地区在经济上、生态上和社会条件上使用可再生能源都是一种有利方式。从这个角度来看，保持小规模发展的趋势非常重要。例如，小型水电站的建设可帮助解决西伯利亚或高加索偏远地区的能源供应问题。

最后是重视和强调本地化生产，促进实现进口替代。对于工业而言，俄罗斯替代能源的发展首先是先进技术和能力的发展。该领域国家政策的主要原则之一是"支持可再生能源发电本地化"。俄罗斯政府对本国可再生能源生产设备提出了国产化率的具体要求。2009年1月，俄政府1号令详细规定风电在2015－2024年、太阳能光伏发电在2014－2020年、小型水电在2014－2020年生产设备的国产化率目标。最终目标是到2024年，风电生产设备国产化率达到65%；到2020年太阳能光伏发电和小型水电生产设备的国产化率要分别达到70%和65%。文件还规定，只有符合上述建设成本要求和生产设备国产化率要求的可再生能源项目才能并网售电。这一政策的目的是推动国外可再生能源发电设备制造商在俄罗斯境内投资建厂，生产可再生能源发电设备，还可以通过成本造价的限定促使可再生能源发电设备制造企业相互竞争，最终降低可再生能源发电成本。

二、可再生能源发展现状

（一）水电

俄罗斯集中了9%的世界水资源，拥有全球第二大水电资源。根据俄罗斯能源预测署（EFA）的数据，俄罗斯年均降水量为600－800毫米，年均径流总量达4262立方千米。俄境内的大小河流有300余万条，湖泊280余万个，其中超过1000千米长的河流就有58条之多。特别是在西伯利亚地区蕴含着丰富的水力资源，仅东西伯利亚地区的河流水量就占了全俄罗

---

① Насколько высок технически реализуемый потенциал ВИЭ в России？http：//www.cdu.ru/tek_russia/articles/18/430/.（上网时间：2019年9月6日）

斯河流水量的30%。有数据显示，俄罗斯的理论水能蕴藏量估计为每年2.295万亿千瓦时，技术可开发量达每年1.67万亿千瓦时，经济可开发量为每年8520亿千瓦时。位于东西伯利亚地区的安加拉—叶尼塞河流域的潜在电能高达4800亿千瓦时。加上俄罗斯地处高纬度地区，蒸发较少，因此有着良好的水电发展基础。俄罗斯水电发展起自于十月革命之后。1920年，在列宁提议下通过了国家电力计划，随后10-15年间先后建成30座水电站。第二次世界大战后，苏联的水电建设进入高潮。1956-1960年是水电大发展时期，1975年后，苏联执行大力发展大型水电的方针，使1980年和1985年的水电比重分别达到14.2%和19.5%。1980年已建成10万千瓦以上水电站62座，其中100万千瓦以上的13座。目前，全球装机最大的前10个水电站中，俄罗斯就占3个。从能源生产方面看，水电是俄罗斯能源系统中可再生能源的主要来源。2016年，俄罗斯可再生能源电力装机容量为51350兆瓦，其中水电装机容量为51318兆瓦，占总量的99.9%。[①]

水电发展的良好前景也给予水电企业很大信心。目前，俄水电股份公司是俄最大水电运营商，该公司拥有超过90座可再生能源发电设施，运营发电装机总容量38.9吉瓦，年发电量1387.69亿千瓦时（2016年）。[②]

（二）风能

俄罗斯被公认为拥有世界最大的风电潜力。据10年前评估，其风电潜力约为8万千瓦时/年，是目前全球总电力消耗的3倍多。在卡尔梅克共和国、斯塔夫罗波尔边疆区、罗斯托夫州、克拉斯诺达尔边疆区、伏尔加格勒州和阿斯特拉罕州，以及北高加索、乌拉尔、西伯利亚和远东联邦地区，风能发展的潜力巨大。但遗憾的是，由于风电场地落实困难、缺乏风电支持政策以及环境因素等，目前全球风能地图上最大的（几乎）空白点正是在这个国家。

俄罗斯曾多次尝试推动风电行业的发展。2009-2011年，时任总统梅德韦杰夫积极推动经济现代化，开发巨大可再生能源潜力。然而因重重阻力，进展并不显著。近年来，特别是在乌克兰危机和西方制裁的背景下，俄罗斯积极与在风电领域有先进技术的国家合作，以推动本国风电发展。

---

① REMAP 2030 RENEWABLE ENERGY PROSPECTS FOR THE RUSSIAN FEDERATION, https://www.irena.org/-/media/Files/IRENA/Agency/Publication/2017/Apr/IRENA_REmap_Russia_paper_2017.pdf. （上网时间：2019年9月10日）

② Крупнейшие генерирующие компании, http://minenergo.gov.ru/node/1161. （上网时间：2019年8月17日）

2017 年，Azovsky VES 公司获俄罗斯罗斯托夫州批准 133 公顷土地用于建造风电场。该风电场装机容量 90 兆瓦，耗资 1.67 亿美元，将是俄罗斯最大的风电场，预计于 2020 年投入使用。2018 年，西门子歌美飒获俄罗斯风电开发商 Enel 风电订单，西门子歌美飒将为 Kola 风电场提供 57 台 3MW 的风力发电机组。据悉，Kola 风电项目总装机 201 兆瓦，位于俄罗斯摩尔曼斯克地区，预计于 2021 年开始投产，合同中风机质保期为 2 年。此外，西门子歌美飒将供应可靠性强、发电效率高的风力发电机组，致力于为俄罗斯当地 2024 年可再生能源发展目标做出贡献，并在 2024 年前，在俄罗斯提供 3.3 吉瓦的风电装机。同时，俄罗斯风能协会邀请全球风整机商来共同发展俄罗斯风电，此次计划开发风电 1000 兆瓦。俄方表示，希望整机商来俄进行本地化生产，目前可以合资或者许可证方式进入俄罗斯风电市场。2017 年俄罗斯已宣布截至 2018 年年底将拍卖 2213.67 兆瓦可再生能源，此次 1000MW 风电就是其中一部分。除本地投资的要求外，俄罗斯此次还要求整机商生产的风电机组功率至少为 2.5MW。2019 年 6 月，丹麦风力发电机制造商维斯塔斯风力技术集团和俄罗斯纳米技术集团在圣彼得堡国际经济论坛签署关于俄罗斯可持续能源市场设备本地化的谅解备忘录（MoU），包括供应链优化，风力涡轮机的本地制造和维斯塔斯考虑使用俄罗斯纳米技术集团投资组合公司开发的技术的可能性。

根据俄罗斯燃料和能源中央调度管理局的数据，2018 年俄罗斯风力发电厂（风电场）的装机容量较 2017 年增加 64.5%，从 133.5 兆瓦增加到 219.7 兆瓦。然而，该国风电场的总份额仍然相对较低，为 0.06%。[①]

（三）太阳能

总体而言，太阳能在全球电力生产结构中占据非常小的份额。根据国际光伏太阳能能源局的光伏发电系统计划 IEA PVPS 估计，太阳能在全球电力生产中的份额仅为 2.14%。但其作用正在迅速增长，预计到 2040 年产量将达到世界电力生产的 6.2%。到 2018 年年初，全球已投入 98 吉瓦的太阳能发电厂，总装机容量达到 402.5 吉瓦，是 2006 年的 70 倍。如今，太阳能发电领域的绝对领导者是中国，其份额占国际总电力的 60%；第二名是美国，其份额为 10.4%；印度排在第三位，其份额为 7.8%；接下来是日本、德国和巴西。

---

① Насколько высок технически реализуемый потенциал ВИЭ в России? http://www.cdu.ru/tek_russia/articles/18/430/．（上网时间：2019 年 9 月 6 日）

俄罗斯西南部和南部地区光照资源十分丰富,年均日辐射量每平方米3.5－4.5 千瓦时,夏天部分地区热辐射量高达每平方米 6 千瓦时,相当于年发电量每平方米 1200－1500 千瓦时,远高于德国的太阳辐射量强度。①近年俄罗斯光伏发电发展迅速。据国际可再生能源署统计,2014－2017 年俄罗斯光伏发电装机容量以年均超过 300% 的速度快速发展,但由于起点基数低,目前其光伏发电装机总量仍然相对较少。国际可再生能源署预测,未来数年俄罗斯光伏发电仍将维持高速发展,到 2030 年其光伏装机容量预计达到 2.7 吉瓦。② 根据俄罗斯燃料和能源中央调度管理局的数据,2018 年俄罗斯联邦太阳能站的生产量较 2017 年增加 34%,达到 7.576 亿千瓦时,是 2015 年的 2.5 倍。到 2020 年,俄罗斯政府计划建设 4 个总容量为 2 吉瓦的大型太阳能发电站,太阳能在俄罗斯能源平衡中的份额将增加到 1%。2021 年,俄罗斯计划启动 13 个太阳能发电站,每个发电站总容量为 15 兆瓦。2022 年前,俄罗斯政府将划拨 85 亿卢布发展太阳能产业。俄罗斯能源部称,2024 年前计划建造 57 个太阳能发电站。③ 目前正在巴什科尔托斯坦共和国、卡尔梅克共和国、布里亚特共和国以及车里雅宾斯克、萨拉托夫、奥伦堡和鄂木斯克地区以及斯塔夫罗波尔地区建设发电厂。因此,在俄罗斯能源行业的系统中,太阳能站的数量逐渐增加。④

(四) 生物质发电

生物质发电是俄罗斯目前第二大类可再生能源发电来源。在罗斯托夫州、别尔哥罗德州、列宁格勒州、斯塔夫罗波尔边疆区、阿尔泰边疆区、克拉斯诺亚尔斯克边疆区、达吉斯坦共和国、鞑靼斯坦共和国和巴什科尔托斯坦共和国,牲畜粪便能源潜力最高。植物生物质的技术能源潜力集中在俄罗斯中部、南部和伏尔加联邦区、阿尔泰边疆区、克拉斯诺亚尔斯克边疆区、伊尔库茨克和阿穆尔州。⑤

---

① IRENA, "Renewable energy propects for The Russian Federation," April 2017, p. 32.
② IRENA, "Renewable Capacity statistics 2018," 2018.
③ Источник жизни, http://www.cdu.ru/tek_russia/articles/6/572/. (上网时间: 2019 年 9 月 29 日)
④ Источник жизни, http://www.cdu.ru/tek_russia/articles/6/572/. (上网时间: 2019 年 9 月 29 日)
⑤ Насколько высок технически реализуемый потенциал ВИЭ в России? http://www.cdu.ru/tek_russia/articles/18/430/. (上网时间: 2019 年 9 月 6 日)

根据国际可再生能源署（IRENA）统计，截至2016年年底，俄罗斯境内共运营39座生物质发电厂，生物质发电装机容量为1370兆瓦，但在2014－2017年，俄罗斯生物质发电装机容量并无任何增长。俄罗斯拥有世界面积最大的森林，每年新生木材约2亿立方米，相当于1.9亿吨标准油，随着生物原料生产工艺的进步，未来俄罗斯生物原料年供应总量预计将达到3.55亿吨标准油当量。①

综上所述，地大物博、资源丰富的俄罗斯在发展可再生能源时面临着与其他国家不尽相同的问题和抉择。是否需要发展可再生能源，以及投入多大精力和成本发展可再生能源，对俄罗斯来说不仅是一个能源问题，更是一个工业政策和经济发展问题。在这方面，谋求实现国内空间和领土的发展，促进实现进口替代是比顺应世界绿色能源发展大势更为现实和重要的目标。

第三节 低碳经济：道阻且长

作为一个世界上能源资源最丰富的国家，俄罗斯国内能源开采不仅可以满足自身需求，而且还广泛出口到世界其他国家。由于能源相对易得和能源价格相对低廉，俄罗斯政府及公众未能充分意识到能效的重要性。这直接导致俄罗斯能源利用效率低，能源消耗量大，节能意识较为淡薄。俄罗斯GDP单位能耗是工业发达国家的3倍以上，是丹麦、日本、瑞士、挪威和英国的16倍以上。俄罗斯的可再生能源利用率也相当低，全国发电量中仅有1%来自可再生能源。② 俄前副总理阿尔卡季德沃尔科维奇也曾在2017年的圣彼得堡国际经济论坛上表示，目前可再生能源还太过昂贵。③ 这都从另一个侧面反映出俄罗斯节能潜力巨大。近年，在全球能源危机和金融危机的背景下，俄罗斯能源出口导向型经济要实现可持续发展，必须走环保型的低碳经济发展之路。为改善居民生活质量、保护生态环境和争取国际利益，俄罗斯开始积极发展应用先进清洁能源技术，优化本国能源

---

① IRENA, "Renewable energy propects for The Russian Federation," April 2017, p. 53.

② "俄罗斯能效概况", https://tbt.sist.org.cn/ydyl_2420/dlt/els_2478/nyjyjnxyq/201712/t20171228_2105241.html. （上网时间：2019年9月20日）

③ "俄罗斯的能源发展方向", http://newenergy.giec.cas.cn/zhdt/201705/t20170503_371464.html. （上网时间：2019年8月5日）

消费结构，推动绿色低碳发展。

一、积极节能和提高能效

提高能效是俄罗斯寻求经济结构改革的一项战略性安排。为此，俄罗斯在能源开发、能源运输方式和设备利用等各个环节进行技术改造，充分利用信息网络提高能源系统管理水平和能源运输效率；积极改变在国民经济活动中能源利用的不合理问题。具体政策措施包括：提出联邦政府行动计划，实施国家能源政策的指标体系，修订原有相关规划，以及利用国家信息资源建立能源战略实施监控系统。①

20世纪90年代中期俄罗斯颁布首部《节能法》，开始在立法层面的探索。21世纪以来，在全球气候变化的背景下，能源高效利用、清洁能源开发和追求绿色GDP成为各国竞相追求的目标。② 2008年6月，俄罗斯出台《关于提高俄罗斯经济的能源与生态效率的若干办法》，提出到2020年前俄罗斯GDP能耗量要在2007年的基础上降低40%的目标。近年来，特别是在2008－2012年梅德韦杰夫出任总统期间，俄罗斯在节能环保和提高能效方面取得积极进展。

2009年10月，总统梅德韦杰夫宣布，必须"大幅"提高全国的能源效率，称在此方面的先期步骤之一是逐步取消大功率白炽灯的使用。2011年1月1日起，俄罗斯禁用100瓦以上的白炽灯。2009年11月，俄罗斯联邦议会通过《俄罗斯联邦关于节约能源和提高能效法》（简称《新节能法》）。《新节能法》旨在通过法律、经济和组织措施促进节能并提高能效。据此，2010年俄罗斯政府推出了六个联邦级节能项目，包括大规模普及电气水表的使用、强制推广使用节能灯、建立节能示范社区、在国家机构及社会公益单位使用节能技术、鼓励研发小型节能设备、研究超导及生物能项目。③

2010年6月，联邦政府决定建立"节能和提高能源效率国家信息系统"。该系统涵盖俄从中央到地方各级行政单位，由俄罗斯能源部具体负

---

① 《对外投资合作国别（地区）指南——俄罗斯（2018年版）》，http://www.mofcom.gov.cn/dl/gbdqzn/upload/eluosi.pdf。（上网时间：2019年9月7日）

② 陈小沁：《俄罗斯节能立法及参与国际新能源合作的趋势》，《俄罗斯中亚东欧研究》，2012年第4期。

③ 《对外投资合作国别（地区）指南——俄罗斯（2018年版）》，http://www.mofcom.gov.cn/dl/gbdqzn/upload/eluosi.pdf。（上网时间：2019年9月7日）

责该系统的筹备、建立、运营和管理工作，并由财政部等其他部门密切配合。同年12月，俄政府正式批准《2020年前俄罗斯节能和提高能源效率规划》，这标志着俄罗斯提高能源效率的工作部署进入全面深化实施的阶段。① 2012年7月，修改后的《俄罗斯联邦关于节约能源和提高能源利用效率法》得以通过，将该信息系统的职能与作用以法律形式予以明确。根据俄罗斯政府构想，通过该系统可以获取国家各级职能部门在节能和提高能效领域发生的重大事件及相关数据，介绍俄及世界其他国家在节能减排和提高能效方面的成就，发布俄罗斯联邦能源消耗总量、相关部门的能源消耗量等信息。

2013年4月，俄罗斯政府通过由俄能源部制定的《2013年-2020年能源效率和能源发展规划》。根据该规划，到2020年俄罗斯单位国内生产总值能耗将比2007年降低13.5%，原油加工深度平均提高至85%。为实现该规划在"节约能源和提高能源效率""能源发展和现代化""石油工业发展""天然气工业发展""煤炭工业重组和发展""可再生能源使用发展"和"国家规划实现保障"等七个方向的相关国家项目，计划投入28万亿卢布预算外资金和6670亿卢布预算资金。

2017年9月，俄能源部宣布禁用50瓦以上白炽灯的提案将于10月份提交政府。② 2018年，俄罗斯政府宣布通过一项大规模国家能源效率计划，经济发展部将从2018年起每年对国家和政府采购中消耗大量能源的商品类别进行能效分析，所有国家采购都必须符合能效标准，国家和政府使用的所有高层楼房均应达到能效要求。这一文件的目的是升级固定资产、将技术因素对降低GDP能源消耗的贡献提高到每年不低于1.5%。③

二、参与国际气候谈判与合作

俄罗斯精英和学界对于全球气候变化的认知存在长期的演变和转变过程。21世纪初以前，俄罗斯对自身生态脆弱性的认知判定结果是处于较低水平，认为气候变化（特别是全球变暖）可能给处于寒带的俄罗斯带来潜在利益，这使其对气候变化的负面影响重视和研究程度不足，长期在国际

---

① 陈小沁：《俄罗斯节能立法及参与国际新能源合作的趋势》，《俄罗斯中亚东欧研究》，2012年第4期。
② 《节能和环保—俄罗斯将实施大规模能效计划》，http://tsrus.cn/keji/2018/04/27/661431。（上网时间：2019年8月8日）
③ 同上。

气候谈判中扮演旁观者角色。特别是在工业化的背景下，苏联曾经历过碳排放量迅速增长时期——1950年其二氧化碳排放量为2亿吨，到1968年达到6亿吨，[①] 增长速度明显超过同期的中国和美国。从20世纪初开始直到解体，苏联一直是世界上第二大碳排放国。[②] 1990年，俄罗斯温室气体排放量占世界总排放量的16.4%。1991年苏联解体后，俄罗斯的温室气体排放量随之大幅减少。虽然俄近年来经济增速较快，但温室气体排放量仍然远低于1990年水平，这使得俄罗斯在全球气候谈判中拥有"讨价还价"的老本，可以轻松完成《京都议定书》规定的减排任务。基于此，俄罗斯在气候政治中表现出超然的态度，在多国博弈中表现不够活跃。[③] 有俄罗斯媒体甚至指出："俄罗斯仍然游离于国际社会之外，好像我们生活在其他星球。"[④]

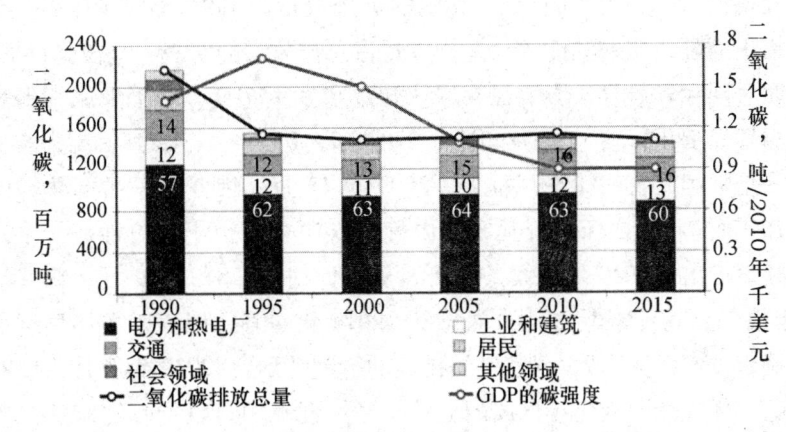

图9-1　1990—2015年俄罗斯二氧化碳排放量及行业结构（%）

资料来源：俄罗斯政府下属研究中心，http://www.ng.ru/ng_energiya/2019-09-09/9_7671_development.html。

[①] 任国玉、徐影、罗勇：《世界各国CO_2排放历史和现状》，《气象科技》，2002年第6期，第130页。

[②] 姜睿：《气候政治的俄罗斯因素——俄罗斯参与国际气候合作的立场、问题与前景》，《俄罗斯研究》，2012年第4期，第199页。

[③] 姜睿：《气候政治的俄罗斯因素——俄罗斯参与国际气候合作的立场、问题与前景》，《俄罗斯研究》，2012年第4期，第196页。

[④] Запасная Планета，http://www.vedomosti.ru/nrespaper/artcle/2009/12/07/220653.（上网时间：2019年9月2日）

21世纪以来,伴随着世界各国对气候问题关注度上升和俄罗斯极端气候现象频发(气候变化危害集中体现在能源、农业和永久性冻土三方面),特别是2008年梅德韦杰夫出任总统后,俄罗斯在气候变化问题上表现出相对积极的态度,在不同场合宣布支持国内节能减排行动和应对气候变化的全球行动。俄罗斯认识到,发展高效能源和绿色技术,减少温室气体排放涉及国家安全,无论从环保还是经济层面都符合俄战略利益。目前,俄罗斯是全球二氧化碳排量前五大国之一,占第四位(4.6%)。根据俄罗斯联邦水文气象和环境检测局的观测结果,俄罗斯气温上升速度超过全球平均水平。2017年,根据该机构评估,俄罗斯气候变暖的强度是全球平均值的1.5倍。俄罗斯自然资源部的年度报告同时指出,俄罗斯的主要大气排放物是二氧化碳(63.1%)和甲烷(32.4%)。2015年,俄罗斯大气污染物总排放量为3111.43万吨/年,其中固定排放量为1729.57万吨/年。特别需要指出的是,燃料和能源行业排放量占总排放量的49%。[1] 在此背景下,俄罗斯对国际气候合作影响因素的认知逐步发生转变,着手采取一系列措施应对气候变化,参与国际合作(参见图9-1)。

一是陆续完善法律法规框架。2009年12月,俄罗斯正式批准《俄罗斯联邦气候学说》,标志着其在国内气候立法方面迈出历史性一步。2011年4月,推出《2020年气候条件实施全面计划》。2013年9月,普京签署"关于减少温室气体排放"的总统令。2014年4月,俄罗斯联邦政府令批准《确保2020年前减少温室气体排放的行动计划》。2019年3月,俄罗斯出台第一部规范二氧化碳排放的立法草案,此草案将赋予政府监管二氧化碳和创造碳市场的权力。该法律草案规定三个主要支柱:刺激减少温室气体排放的活动、开发处理温室气体减排额度的市场机制、支付超过既定许可的温室气体排放费。如果该法案通过,则在2025年将推动工业及能源企业的排放交易系统,这两种产业每年直接的碳排放超过15万吨二氧化碳当量,其中也包括了国内航空和铁路运输组织的客运及货运。[2] 此法案由经

---

[1] Государственные доклады 《О состоянии и об охране окружающей среды Российской Федерации в 2014 году》и《О состоянии и об охране окружающей среды Российской Федерации в 2015 году》, http://www.mnr.gov.ru/docs/gosudarstvennye_doklady/o_sostoyanii_i_ob_okhrane_okruzhayushchey_sredy_rossiyskoy_federatsii/. (上网时间:2019年9月30日)

[2] 《俄国提出第一部规范二氧化碳排放的立法草案》, https://km.twenergy.org.tw/Data/db_more?id=3621。(上网时间:2019年9月20日)

济发展部起草，该框架包括不同的监管机制。例如，碳交易系统的排放许可以及企业因减少或捕获其他排放可得到的税收减免等。但也面临国内外阻力。该法案一旦获得通过，将成为俄罗斯立法史上"新的法律规范"，赋予二氧化碳和其他温室气体排放在法律上的地位，也正式将减排问题摆在桌面。

二是建设国家温室气体排放监管综合系统。俄罗斯联邦的政策重点即建立国家温室气体排放监测系统，支持自愿项目提高能源效率和减少温室气体排放。以上立法在确保建立和运行监测和控制温室气体排放国家系统方面发挥了重要作用。2019年3月，俄罗斯政府公布《关于温室气体排放的国家监管》文件。目前这项工作正在积极开展，但由于俄各部门、企业界之间长期存在不同声音，至今尚未形成一致立场。

三是参与国际气候谈判和合作进程。伴随对气候问题的认知调整，俄罗斯开始更加积极地参与国际气候谈判进程。2004年，俄罗斯国家杜马批准加入《京都议定书》，承诺把本国温室气体的排放量维持在1990年的水平。同年12月，梅德韦杰夫在哥本哈根会议上提出新的中期目标，到2020年俄罗斯温室气体排放量要比1990年削减20%-25%。2012年普京复任总统后，对气候变化问题采取更为进取务实的态度。2015年12月，《联合国气候变化框架公约》第二次缔约方大会在巴黎达成《巴黎协定》，对应对气候变化国际机制做出新安排。普京在出席气候大会期间表示，俄罗斯超额完成《京都议定书》1991-2012年的任务，不仅没有允许温室气体的排放出现增长，反而使其显著降低。2016年4月，俄罗斯政府通过《巴黎协定》。为准备批准该协议，2016年11月的俄政府令批准"实施一系列措施以改善国家温室气体排放监管并准备批准《巴黎协定》的计划"（简称"行动计划"）。该计划是包括一些关键节点的"路线图"。为履行《巴黎协定》的承诺，俄罗斯也制定了减排目标：2020年前温室气体排放量将减至1990年的75%；2030年前俄罗斯温室气体排放量将减至1990年排放水平的70%。2018年年底，俄罗斯经济发展部提出意向法律草案"关于温室气体的国家监管和对俄罗斯联邦某些立法行为的修正"。该法案将为国家排放交易体系（ETS）奠定基础。2019年9月，历经3年多的漫长审批，俄罗斯政府在联合国气候大会召开前夕宣布正式加入《巴黎协定》。

应该说，俄罗斯减排潜力仍然很大。但气候恶劣、能源价格被低估、节能意识淡薄以及能源工业管理不善等因素难以在短期内得到迅速改善，俄罗斯一直大力倡导的经济结构调整和经济增长方式转变也非一日之功。[①]此外还有一个问题值得关注，即高额碳信用已越来越成为俄罗斯参与国际合作的"新筹码"。《京都议定书》规定，污染排放低于规定指标的国家，可以向排放超标的国家出售未使用完的配额。由于俄罗斯实现减排目标几乎没有难度，因而积累了巨大的碳信用额盈余，可以出售多余的排放配额，这将给俄罗斯带来巨大的经济效益。与此同时，作为国际碳市场的后来者，俄罗斯有60亿吨二氧化碳当量（AUU）可供出售。美欧担心俄罗斯可能会控制未来总量管制和交易体系，滥发碳信用额度冲击市场，导致碳价崩盘。俄罗斯如何处理大量的富余碳排放配额，是否出售以及通过什么方式出口，这一问题越来越引发全球各国的高度关注。

第四节 数字化：能源行业的新焦点

当前，数字经济已经成为推动全球经济创新发展的重要力量。基于推动经济结构转型升级、赢得未来竞争主动的考量，俄罗斯政府将发展数字经济上升到国家战略的高度。[②] 普京总统在2016年12月的国情咨文中宣布："有必要构建通过信息技术来提高全行业效率的数字经济。"在2017年6月的直播连线节目中普京公开表示："发展数字经济是俄罗斯经济领域第一要务。"2017年7月，数字经济列入《俄联邦2018-2025年主要战略发展方向目录》。同时，俄罗斯政府正式批准《俄联邦数字经济规划》。2018年5月7日，普京在上任总统后颁布"新五月命令"，目标是在2024年前成为全球前五大经济体，经济政策的重点方向之一就是摆脱油气依赖，经济去原材料化，发展数字经济。

2018年10月，俄罗斯政府公布《至2024年工作优先方向》，明确了其在经济、社会和科技发展领域的目标、主要任务和重要举措。在数字经济和科技创新领域，未来六年俄罗斯政府将重点创造条件保证数字技术的大规模应用，通过持续的科技进步和知识产权交易加速国家创新进程。俄罗斯政府设立了"俄罗斯数字经济"国家项目，旨在保证实现以下目标：

---

① 戚文海、矫萍：《全球气候变暖背景下俄罗斯加强低碳经济发展的路径选择》，《俄罗斯中亚东欧市场》，2011年第1期，第7页。

② 高际香：《俄罗斯数字经济战略选择与政策方向》，《欧亚经济》，2018年第4期。

第九章　俄罗斯对能源转型的认知与对策

较2017年，俄罗斯全社会向数字经济发展领域的投入占GDP比重要提高3倍；构建稳定且安全的高速传输、处理和存储大数据的信息通信基础设施，保证所有的机构和家庭都能接入，在各联邦区设立数据处理支持中心，提高俄罗斯在全球数据保存和处理服务方面的市场份额；保证国产软件的市场竞争力，在国家机关、地方机关和相关机构中优先使用国产软件。

在能源领域，数字化也逐渐成为政府和各大能源公司的最新关注点。最近几年，在圣彼得堡国际经济论坛上，能源领域的数字化都是最热门的话题。2019年6月，在该论坛上举行了由俄能源部副部长索罗金主持的"从原材料到服务：石油和天然气公司的数字技术转型"研讨会。他指出，如果50-60年前对世界石油和天然气工业而言，主要问题是油气储量和可利用性的话，那么现在能源公司正试图从"原材料"转变为"服务"概念。全球公司和整个国家都在努力适应新现实。在此背景下，俄罗斯应该致力于以下几个方向：一是新能源汽车产业，这将引发能源种类之间的竞争。二是储能环节，若能在此方向取得突破，将改变整个能源行业版图。①

俄罗斯能源部副部长泰克斯勒也指出，数字化是俄罗斯燃料和能源领域技术变革的关键驱动力。同时必须记住的是，能源是为所有其他经济部门的运作和发展提供基础的基础产业。在这方面，我们所做的所有决定都必须经过权衡和深思熟虑。他表示："大数据和机器学习等现代技术为数据分析提供新的机会，从而可以更有效地管理生产，运输和能源消耗。"他指出，俄罗斯联邦支持这一趋势。国家作用是创建基础架构，消除管理障碍并为技术开发创造环境。为此，我们开始制定"燃料和能源综合体数字化转型构想"。与此同时，在"数字经济"的框架下，通过建立"油气数字化"临时工作组的决定。②

目前，能源公司在发展技术方面投入大量资金。在俄罗斯，新研发方面的投资大概占到全国总投资的1/5。这意味着油气公司拥有资本并处于整个工业体系的前列。俄罗斯石油企业订单占到IT服务制造商总订单的

---

① Павел Сорокин：《К внедрению передовых технологий подталкивает сама жизнь》，http：//www.cdu.ru/tek_russia/articles/1/617/? PAGEN_1 = 2. （上网时间：2019年9月1日）

② Павел Сорокин：《К внедрению передовых технологий подталкивает сама жизнь》，http：//www.cdu.ru/tek_russia/articles/1/617/? PAGEN_1 = 2. （上网时间：2019年9月1日）

20%~25%。为寻找新生产技术，优化和开发新市场，石油和天然气公司是 IT 产品和软件的主要客户，且投资周期长达 10 年。

"数字孪生"① 是俄罗斯油气行业最早应用的数字经济技术。一方面，"数字孪生"可完全取代项目管理，这将在效率上带来惊人效果。但俄罗斯专家也指出，该技术并不能替代控制和项目管理中的某些必要传统元素，即"数字孪生"只能与其他技术一起有效地工作。

电力行业也已出现最显著的技术变革。未来，行业数字化转型将为分布式发电、能源存储系统、设备和规范消费参与各种能源服务的组织提供新机会。② 俄罗斯能源部长亚历山大·诺瓦克在 2017 年 ENES 能源论坛会上指出，发达国家 60%-80% 的居民都居住在城市中，但国家通过出台提高能源效率相关法律以及数字技术的应用使得城市对电力保持平稳的需求。发展中国家只有 30%~40% 的居民居住在城市中，但电能需求却日益增长。智慧城市和智能电网战略的实施将有助于解决大城市能源问题。全球城市中已有很多将电能需求降低至 30%、水资源需求降低至 15% 的成功案例。到 2020 年前，俄罗斯政府的任务是能源利用率提升 40%。俄罗斯国内专家认为，到 2035 年，俄罗斯智能电网市场规模将达到 8000 亿美元。

---

① 或称数字映射，指在信息化平台内模拟物理实体、流程或者系统，类似实体系统在信息化平台中的双胞胎。借助于数字映射，可以在信息化平台上了解物理实体的状态，在各种行业（目前主要是工业）对核心设备、流程的使用进行优化，并简化维护工作。

② ALEXEY TEKSLER：《数字化是俄罗斯燃料和能源领域技术变革的关键驱动力》，http://www.nengyuanjie.net/show-59-141025-1.html。（上网时间：2019 年 9 月 4 日）

第十章

日本能源新战略与能源转型[①]

当前，日本正在经历自福岛核事故以来的第三次能源转型。此轮能源转型是对第二次转型的微调和优化，一方面延续推动能源"多元化"、优先确保能源稳定供给的政策方向，另一方面呈现短期"保核"和长期"脱碳"相结合的特点，特别是重视对氢能源的开发和利用。日本此轮能源转型除面临能源严重依赖进口的结构性矛盾仍存等固有难题外，还遭遇部分关键技术尚未突破瓶颈、可再生能源利用成本依旧较高、核电发展遭遇较大阻力等困难，完成转型仍需较长时间。未来，日本将在优先确保能源供给安全的前提下，继续维持对核电的开发和利用，改革可再生能源利用机制，继续提高化石燃料能效，全力推动氢社会建设等，努力推动能源结构转型。

第一节 能源转型历程及当前主要政策方针

实现能源转型是日本能源政策的长期目标，也是日本能源发展的核心目标。历史上，日本曾经历两次重大能源转型，当前则处在第三次转型过程中。第一次是日本经济进入高速增长期。战后初期，日本能源供给主要依赖国产的煤炭和水电，能源自给率较高。20世纪60年代后，随着日本经济进入高速增长期，能源需求激增，主要能源转为廉价的石油，并开始从中东等地大量进口。第二次是石油危机。20世纪70年代两次石油危机的爆发对日本经济造成巨大冲击，亦使日本政府切实认识到确保能源稳定供给的重要性。此后，日本的能源政策由单一依赖石油转向"多元化"，开始扩大对煤炭、天然气、核能、可再生能源等"石油替代能源"的利用，尤其是加强对核电的利用。第三次是福岛核事故。2011年发生的东日本大地震及其引发的福岛核事故对日本国民造成巨大心理冲击，对核电的

[①] 本章作者：汤祺，中国现代国际关系研究院东北亚研究所副研究员，主要从事日本经济、地区经济合作等问题研究；颜泽洋，中国现代国际关系研究院东北亚研究所助理研究员，主要从事日本经济、地区经济合作等问题研究。

不信任感急剧上升，核电发展严重受挫。这引发了日本政府新一轮的能源政策调整。

当前，日本能源政策的指导思想为"3E+S"原则，即以能源安全性（Safety）为前提，把能源稳定供给（Energy Security）放在首位，在提高经济效率（Economic Efficiency）的同时，实现与环境（Environment Suitability）的协调发展，也就是安全性与稳定性、经济性和环保性的平衡统一。2018年7月3日，日本政府发布最新制订的"第5次能源基本计划"，① 这是一份面向2030年以及2050年的日本能源中长期发展规划的政策指南和行动纲领，为日本能源转型战略提供了新方向。安全性方面，强调安全优先的前提下，要贯彻通过技术创新和治理结构变革来保障的新能源安全观；稳定性方面，在提高资源自给率的同时注重提高技术自给率，以确保能源选择的多样性；经济性方面，在降低供给成本的同时要考虑强化日本产业竞争力的因素；环保性方面，温室气体排放2030年要比2013年削减26%，到2050年则要削减80%，实现从"低碳化"迈向"脱碳化"的新目标。此次计划维持了2014年制订的"第四次能源基本计划"中2030年度的电力结构优化目标，可再生能源占22%－24%，核电占20%－22%，火电占56%。核电和火电的高比例目标仍是社会各界质疑的焦点。②

此次计划是以《巴黎协定》国家自主减排目标为基础的修订，制定了面向2050年的能源情景展望，提出了到2050年实现从"低碳化"迈向"脱碳化"的能源转型新目标，实现这一目标关键在于颠覆性的技术创新。日本的长期能源情景展望并未沿用传统的模型预测范式，并不是一个线性的目标规划，而成为多元化情境的设计，具体领域的变化方向值得关注。

一是核电发展面临困难，但仍不会放弃。福岛核电站事故后日本国内反核舆论高涨，政府对核电政策态度并不明确，一方面提出要减少对核电的依存度，另一方面强调核电是实现脱碳化目标的重要选择，继续推进安全前提下的核电重启，以实现2030年零排放电力占44%的目标。目前日本在运核电机组只有9台，2017年核电占全国总发电量仅2.8%，要实现2030年的目标，至少要保证30台核电机组投运，根据服役期限40年，至

---

① 経済産業省：「エネルギー基本計画」、2018年7月3日、https://www.enecho.meti.go.jp/category/others/basic_plan/. （上网时间：2019年8月30日）

② 経済産業省：「エネルギー基本計画」、2014年4月11日、https://www.enecho.meti.go.jp/category/others/basic_plan/past.html#head. （上网时间：2019年8月28日）

多可延长到 60 年的现行法规，届时可投运机组预计仅有 20 台左右，满额发电也只占 12%，因此不可避免需新建或替换老机组，新计划有意回避了这一敏感问题。但新计划提出今后将开发具有安全性、经济性和机动性优势的堆型，小型模块化堆（SMR）将是日本未来开发的重要选项，另外计划也提出将继续推进核燃料循环技术路线的方针。

二是将不断提升可再生能源占比。日本自 2012 年 7 月推行可再生能源固定价格收购制度以来，可再生能源装机容量增长了 2.7 倍，发电量占比由 2010 年的 10% 上升到 2017 年的 15.6%，其中光伏出现井喷式增长，2017 年占全国总发电量的 5.7%，而风电、地热发电和生物质发电则分别只占 0.6%、0.2%、1.5%，水电受制于水力资源限制而长期处于停滞状态，占 7.6%。[①] 为此，要改变光伏独大格局，需要放宽海上风电和地热发电的政策管制，积极推动扩大生物质发电，实现各类可再生能源的平衡协调发展。当前，日本可再生能源成本与欧洲各国相比高出 1 倍，这是造成日本可再生能源普及率滞后的重要原因。为降低可再生能源发电成本，要修改现行的可再生能源固定价格收购制度，推广实行可再生能源招标制度，逐步取消可再生能源补贴，实现可再生能源的经济自立。

三是发展清洁高效火电。火电定位为实现能源转型和脱碳化目标过渡期的主力电源，到 2030 年平均发电效率要求达到 44.3% 的水平。2017 年日本火电占比仍高达 81.6%，其中燃煤发电为 30.4%，燃气发电为 38.7%，燃油发电为 4.1%。2030 年制定的目标将分别减少到 26%、27% 和 3%。燃油发电为峰荷电源，石油主要用于应急发电，更多将用于交通运输和化工行业。油气上游开发比例要从 2016 年的 27% 提升到 2030 年的 40%，煤炭上游开发比例要维持在 2016 年的 61% 左右。基于化石燃料几乎全部依赖进口的现状，日本不仅要尽量在资源供给国分散采购，还要采取提高上游资源自主开发比例，构建灵活透明的国际市场，参与亚洲能源价值链等措施来保障资源供给。与此同时，要加强近海油气资源勘探，加快可燃冰的商业开发进程。

四是通过智能电网节能并大力发展氢能。新计划提出必须大量采用人工智能、物联网、大数据以及电力需求自动响应技术，并通过产业链需求侧横向和纵向的联动以及机器设备的融通，突破节能路径瓶颈，实现年均

---

① 周杰：《最新日本能源中长期发展规划新看点》，中国经济网，2018 年 8 月 14 日。

节能1%的目标。值得注意的是日本将氢能作为应对气候变化和能源安全保障的重要选择，氢能具有清洁性、发热量高、方便存储和运输的优点，为此日本制定了建设"氢能社会"的氢能基本战略目标。

日本能源战略规划以构建多维、多元、柔性的能源供需体系为目标，强调从"低碳化"迈向"脱碳化"对于实现能源转型的重要性，积极争夺能源技术的主导权，彰显了日本希望建立"能源技术霸权"的雄心。

第二节 各主要能源的政策动向

日本能源转型的总体方向是减少化石燃料的使用，特别是减少对石油的过度依赖。在推动能源结构转型的过程中，各主要能源领域的具体政策在不同时间呈现不同特点。核能政策因福岛核事故出现较大波折，可再生能源、煤炭清洁利用则持续推进，氢能源将成为未来重点发展的领域。

一、核能政策历经"扩""弃""减""保"

二战后初期，日本作为战败国曾被联合国全面禁止进行涉核研究。在1952年旧金山条约生效、1953年美国总统艾森豪威尔提出"和平利用核能"后，日本于1954年首次将核能研发列入预算。1955年11月14日，日美签署"核能研究协定"，日本正式获得核能"使用权"。同年12月19日，日本制定《原子能基本法》，确定和平利用核能的基本方针。1956年1月1日，日本在内阁府设立原子能委员会，主管核能相关事务。自1970年首座轻水堆并网运营，日本不断增建核电站。截至2011年福岛核事故前，共有54座核反应堆，设备利用率长期保持80%左右，核电在总发电量中占比约33%。

日本能源政策重点是确保稳定供给、兼顾节能减排。核事故前，核电因成本低、燃料可循环利用、不产生温室气体等，被认为是实现该政策目标的最佳选择。2005年的《核能政策大纲》认为"核电已成为我国的基础电源"。2010年的《能源基本计划》将核电定义为"能够兼备稳定供给、环境友好和经济效率的基础能源"。根据2010年政府制定的核电发展目标，日本计划2030年前至少新建14个核电机组，将设备利用率提升至90%，核电等清洁电源比率提升至70%。

然而，2011年发生的"3·11大地震"及其引发的福岛核事故极大地冲击了日本国民有关核电的"安全观"，也令日本的核电发展一度失去方向。2011年5月,时任首相菅直人要求政府终止执行2010年制定的《能源基本计划》,重新核算核电成本、思考核电未来。同年7月,菅直人宣布对所有核电站进行安全测试,测试后重启需要首相同意。7月13日,菅直人突然宣布要实现"无核电社会",后又在8月6日举行的广岛原子弹爆炸纪念仪式上强调要实现"没有核武器、不会发生核泄漏问题的社会"。但是,菅直人的"弃核"主张遭到日本各主要政党、经济界、经济产业省和文部科学省等相关政府部门及核电站所在地反对,日本舆论亦由立即"弃核"逐渐倒向"减核"。

2012年7月,时任日本首相野田佳彦重启大饭核电站3、4号机组,这是核事故后首次重启核电。同年9月14日,野田制定"创新型能源与环境战略",提出"早日实现不依赖核电的社会",力争21世纪30年代实现"零核电",并确定了逐渐降低核电比例的三原则:核电站运转年限为40年;核电站必须经原子能规制委员会确认其安全性后才能重启;不再新建核电站。

菅直人的"弃核"与野田佳彦的"减核"最终目标均为"零核电",只是计划实现的时间不同。2012年年底,首相安倍晋三执政后抛弃"零核电"路线,虽多次表示"希望构建可不依赖核电的社会""尽力降低对核能的依赖",但又称"立即实现零核电是不负责任""无法以零核电为前提制定能源政策""希望重启被原子能规制委员会认定为安全的核电站"。其本质是"保核",即在维持一定规模核电的基础上,保留并发展核电技术,扩大核电出口。

2014年4月11日,日本出台核事故后的首份《能源基本计划》,明确体现了安倍的"保核"路线。① 一是将核电定为"基荷电源",凸显核电重要性。《计划》以核电燃耗低、核燃料国内持有充足、运营成本低、输出功率稳定、不排放温室气体等为由,将其与煤电、水电等并列为有利于能源稳定供给的重要基荷电源。二是允许重启核电站。由原子能规制委员会根据"全世界最严格的"安全标准对核电站安全性进行专业评估,对确认安全的核电站,政府将在争得核电站所在地政府的理解与合作后推动重启。三是在降低对核电依赖的同时,确保一定的核电规模。一方面通过节能、发展可再生能源、提高火电效率等尽可能降低核电占比,同时基于确

---

① 経済産業省:「エネルギー基本計画」、2014年4月11日、https://www.enecho.meti.go.jp/category/others/basic_plan/past.html. (上网时间:2019年8月30日)

保能源稳定供给、降低成本、应对全球气候变化、保障能源安全、维持必要的核技术与人才考虑，必须保留一定的核电规模。四是继续发展乏燃料后处理和核燃料循环技术。以提高资源利用率、降低高放射性废弃物危害为由，将发展乏燃料后处理和核燃料循环技术作为"基本方针"。

2018年7月，日本再次更新《能源基本计划》，重新明确核电作为"准国产能源"的重要性，进一步确认其"基荷电源"地位。重申在确保安全的前提下，"由国家出面"积极与地方政府协调，重启通过原子能规制委员会检测的核电站，以实现2015年制定的"2030年核电在总发电量中占20%－22%的目标。此外，在当前新建核电站门槛仍较高的情况下，为提高现存核电站的利用效率，日本政府决定在坚持核电站使用寿命40年原则的基础上，允许其在通过安全审核后一次性延长使用期限20年。

二、努力推广可再生能源利用

日本对可再生能源的定义是，除化石燃料外的可永久性利用的能源，如太阳能、风能、水能、地热、生物质能等。① 20世纪70年代的石油危机成为日本大规模引入可再生能源的契机。石油危机前，日本正处于高速增长期，国内能源需求严重依赖从中东等地进口的廉价石油，1973年石油在日本的能源结构中占比高达75.5%。石油危机的爆发对日本经济造成巨大冲击，亦使日本政府对确保能源稳定供给的重要性有了重新认识。此后，日本的能源政策由单一依赖石油转向"多元化"，开始扩大对煤炭、天然气、核能、可再生能源等"石油替代能源"的利用，并于1980年制定了《石油替代能源法》。

与此同时，日本开始加大对于可再生能源相关技术研发的政策和资金支持力度。1974年，通商产业省工业技术院（现产业技术综合研究所）开始实施"阳光计划"，将太阳能、地热、煤炭、氢能源等列为未来除核能外的四项主要石油替代能源，支持对相关技术进行重点研发。此后，1980年成立新能源综合开发机构（现新能源与产业技术综合开发机构，NEDO），又将煤炭液化技术、对大规模深层地热开发的勘探与挖掘技术、太

---

① 経済産業省：「平成30年度エネルギーに関する年次報告」、2019年6月7日、https：//www.enecho.meti.go.jp/about/whitepaper/2019pdf/. （上网时间：2019年8月30日）

阳能发电技术的研发列为重点项目予以推进。

然而，由于石油替代能源在制造、利用等方面受到的经济性制约，可再生能源并未得到充分普及。为此，日本政府于 1997 年制定《新能源法》，将太阳能发电、风力发电、中小规模水力发电、地热发电、生物质发电、太阳热能利用、雪冰热利用、温度差热利用、生物质热利用、生物质燃料制造等定位为"新能源"，明确国家、地方政府、企业、国民等各主体的责任和分工，并规定对新能源相关企业提供财政支持。此外，为应对化石燃料枯竭、构建低碳社会，2009 年 7 月，日本政府对迄今以摆脱石油依赖为目的的能源政策再次实施根本性改革，决定将促进研发和利用的对象由"石油替代能源"调整为可再生能源、核能等"非化石能源"，并将"石油替代能源法"修改为"非化石能源法"。同时，制定"能源供给结构升级法"，进一步推动可再生能源等非化石能源的利用。

为加速推进利用可再生能源发电，日本于 2003 年依据"有关电力业者利用新能源发电等的特别措施法"启动 RPS 制度，要求电力企业每年必须生产或采购一定规模的可再生能源发电量。2012 年 7 月，日本正式实施可再生能源发电固定价格收购制度（FIT），将太阳能、风电、水电、地热发电、生物质发电等作为收购对象，并制定较高的官方收购价格，令可再生能源的利用规模获得爆发性增长。截至 2018 年 9 月底，已投入运营的可再生能源发电设备规模已达制度开始前的 2.3 倍。可再生能源发电规模的扩大使得日本的石油发电量逐步减少，对石油的依存度亦大幅降低。截至 2017 年，石油在日本能源结构中占比已连续 5 年下降，减至 1965 年来最低的 39.1%。

"第五次能源基本计划"将可再生能源定位为"重要的低碳国产能源"，认为其兼具不排放温室气体和可国产化的优势，有利于减排和保障能源安全，并继续坚持 2030 年可再生能源发电量占比 22%–24% 的目标。此外，新计划还首次将可再生能源确定为到 2050 年实现经济自立的脱碳化"主力电源"，主张继续积极推动扩大可再生能源的利用，明确进一步强化可再生能源利用的体系建设、改善相关政策和规制、加强研发以降低成本等政策方向。另一方面，新计划还提出可再生能源的开发利用应注重提高经济收益，并应基于各类可再生能源的不同特点，创造出一系列新的能源相关产业和就业岗位，如在漂浮式海上风力发电、大型蓄电池等日本的优势领域争取开拓出新的技术市场等。

具体而言，太阳能发电未来将推动进一步的技术创新，以解决发电成本高、电力输出功率不稳定等影响稳定供给的难题。风力发电将完善输配电体系、提高跨地区统一运用的调度力、进一步有效利用蓄电池等，以解决在日本北海道、东北北部等适合风力发电地区的电力供给与需求调配能力不足的问题。地热发电将以中长期视野推进可持续开发，不断改善输电网络，以减轻投资风险、确保与所在地的和谐共生。大规模水力发电在继续新建水电站的基础上，应提高对现存水坝的利用效率，如对现有水坝加装发电设备、或更新现有发电设备以提升发电功率等。对于还有较大发展潜力的中小水力发电，应逐步解决高成本难题，使之能够成为支撑所在地电力需求的基础性能源。生物质发电，特别是木料发电等仍因原料种类和形态繁杂面临成本较高等难题，应确保原材料的稳定供给，通过在森林和林业等方面提供多种政策支援，推动扩大利用。[1]

三、煤炭清洁利用快速发展

煤炭是日本的传统主要能源，2010年，日本经济产业省曾表示，将减少燃煤发电量，计划到2030年将煤电份额减少一半以上，并利用核电弥补空缺，将核电比例提升至50%。2011年，福岛核泄漏事故后，日本重启大量火力发电站，以弥补电力供应不足，导致煤炭消费和燃煤发电装机容量迅速增长。据美国能源信息署（EIA）数据，2018年日本90多家燃煤电厂的发电量估计为3170亿千瓦时，在日本电力结构中占比约为1/3。日本煤炭消费总量中99%来自于进口，2018年，日本进口煤炭总量超过2.1亿吨。[2] 为减少燃煤造成的污染物和温室气体排放，日本高度重视发展煤炭的清洁利用，一方面大力支持煤炭清洁高效利用技术的开发和推广，另一方面制定严格的环境保护法规标准和监管抑制环境污染。

技术方面，"第五次能源基本计划"明确提出，要推动煤炭清洁利用和高效发电。具体而言，要通过老旧电站改造和新电站建设时推广最新型发电技术，加强整体煤气化联合循环发电系统（GCC, Integrated Gasification Combined Cycle）的技术研发，该技术可以将煤炭整体转化为气体进行燃烧，使二氧化碳排放量减少约两成，从而大幅提高煤炭发电效率，减少

---

[1] 経済産業省：「エネルギー基本計画」、2018年7月3日、https://www.enecho.meti.go.jp/category/others/basic_plan/.（上网时间：2019年8月30日）

[2] 経済産業省：「貿易統計」、https://www.enecho.meti.go.jp/statistics/analysis/.（上网时间：2019年8月28日）

环境污染。2015年6月，日本成立了"促进新一代火力发电技术协会"，日本经济产业省还公布了下一代火力发电清洁高效利用技术开发的技术路线图，计划在2020年初步掌握IGCC技术，在2025年掌握煤气化燃料电池系统（IGFC）技术，即利用煤炭中的氢元素进行燃料电池发电，使二氧化碳排放进一步减少。① 为了实现这些目标，日本出台了许多优惠政策，一是政府为该技术相关的科研提供财政资金支持；二是实施电力自由化政策为燃煤发电站的审批松绑；三是由国际协力银行为日本境内外的火电项目提供低成本的融资支持。帮助日本煤电装备企业和煤炭清洁高效利用项目"走出去"。此外，日本还通过建立节能相关制度、健全节能管理机构、发展节能服务公司、加大宣传教育力度等方式推动能源高效利用和能源节约。日本通过制造业技术升级、设备大型化、生态型产品研发等途径，使钢铁、化工等行业的节能环保技术达到世界先进水平，生产效率和能源利用率大幅提升。《科技创新综合战略2014》提出2020年前实现1700℃级燃气轮机技术、超超临界火力发电技术、整体煤气化联合循环发电技术的商业化和出口，同时实现二氧化碳捕捉封存技术商业化，2030年实现煤气化复合发电燃料电池商业化。根据国际能源署（IEA）统计数据，日本煤电机组平均热效率为41.5%，居世界第一。

环保政策方面，日本将煤炭利用的环保政策纳入总体环保政策体系进行管理，对燃煤企业提出强制性排放限制，对采用不同燃料、不同机组、不同时段污染物允许排放值都有明确和详细规定，在制定污染物排放控制标准时，依据最佳可行技术实施动态控制。为解决二氧化硫污染问题，日本国会于1968年通过了全面修改后的《大气污染防治法》，以后经过多次修改，针对具体机组提出明确的排放限值和管理要求。② 另外，日本还通过环境税等市场机制激励企业减排，提高治污效率。20世纪90年代开始，日本政府出台了一系列环保相关的税收政策，目前已经形成了比较系统的环境税收体系，涉及能源、汽车、废弃物和污染物等多个领域。2012年日本开始实施新一轮的环境税改革，旨在加强税收对温室气体减排、促进污染物防治和废弃物循环利用等的调节作用。改革主要内容包括：一是按照

---

① 経済産業省：「国によって異なる石炭火力発電の利活用」、https://www.enecho.meti.go.jp/about/special/johoteikyo/sekainosekitankaryoku.html.（上网时间：2019年8月28日）

② 環境省：「大気汚染防止法の概要」、https://www.env.go.jp/air/osen/law/.（上网时间：2019年8月28日）

二氧化碳排放量，在现行的石油、煤炭税基础上附加征收"地球温暖化对策特别税"，也就是碳税；二是为促进废弃物循环利用，实施下调企业污染物处理设备折旧率，并延长废弃物处理设备购置税免税适用年限等措施；三是对污染物排放实施差别化税率，从而引导企业区位选择，如对中心城区等重点控税区征收的二氧化硫排放税率要高于其他区域。环境税收制度改革促进和引导企业的节能技术改造和研发，减少化石能源的使用并提高能源利用效率，有利于政府和企业进行环境成本内部化核算，预测未来的能源使用成本并用来指导和调整中长期生产经营活动策略。

四、大力推进氢能和智能电网

2013年5月，日本政府推出《日本再复兴战略》，把发展氢能源提升为国策。"第四次能源基本计划"则将氢能源定位为与电力和热能并列的核心二次能源。2014年6月，日本内阁呼吁建设"氢能源社会"，即氢能源在日常生活和产业活动中得到普遍利用的社会。2014年7月，日本新能源及产业技术综合开发机构（NEDO）发布了旨在实现"氢社会"的《NEDO氢能源白皮书》，介绍了建设"氢社会"的政策动向、制造、运输、储存、利用等的技术发展以及今后的发展方向。日本政府表示未来日本将致力于扩大氢能源市场，努力实现在2030年国内氢能源达到1万亿日元的市场规模，2050年达到8万亿日元的市场规模。2017年12月，日本政府发布了"氢能源基本战略"。该战略从氢气供给和氢气使用两个方面制定规划，分步骤列出了很多具体目标，包括到2030年将氢气价格从每标准立方米100日元降至每标准立方米30日元；到2030年实现氢燃料电池汽车达到80万辆；氢气加注站到2030年增至900个；氢燃料电池巴士到2030年达到1200辆，等等。

2018年，日本"第五次能源基本计划"再次强调，要加速构建"氢社会"，充分利用氢燃料发热和发电。日本的能源战略新趋势是将过剩可再生能源转化为氢储能，再通过电网转为电能。氢能作为能源的终极解决方案，将彻底取代传统能源，市场空间将达4万亿美元，日本氢能政策逐步成熟。

首先，日本很早就注重氢能源生产、储运和利用等相关技术的研发，并为其提供财政支持。早在1973年，日本就成立了"氢能源协会"，以大学研究人员为中心开展氢能源技术研讨和研发。1981年，NEDO开始进行燃料电池研究，其后进行了氢能源利用相关的技术开发。日本政府对氢和燃料电池的技术开发支持主要以向 NEDO 投入专项科研经费为主。1993年，由 NEDO 牵头，设立了为期 10 年的"氢能源系统技术研究开发"综合项目，由国有科研机构和民间会社共同参与，涉及氢气生产、储运和利用等全过程。2010—2015 年，NEDO 共得到日本政府达 529.8 亿日元的财政支持。2016 年 3 月，日本东北电力公司和东芝公司开始合作实验利用太阳能电解水制氢。2018 年，日本还开始了世界上最大的氢能源系统——福岛氢能源研究场地的建设，研究场地将运营一个 10 兆瓦级氢气生产工厂，经过最终测试来验证该技术后，该工厂将于 2020 年开始营运，所生产的氢气将用于驱动燃料电池汽车和支持工厂的运作。近年来，日本企业积极研发推广氢能源产业，已掌握相对成熟的技术并积极推广，由此获得经济效益与知名度。①

其次，日本政府对购买燃料电池车的消费者提供财政补贴。2014 年 12 月，丰田在全球首推 4 人乘坐的燃料电池车，百千米耗氢量约为 1 千克，续航距离 500 千米，补充燃料仅需 3 分钟，售价为每辆 670 万日元，日本政府每辆补贴 202 万日元。2016 年，本田公司发布 5 人乘坐的氢燃料电池车，续航里程高达 750 千米，可在 3 分钟内充满燃料，达到了与常规动力车型相同的标准，计划售价 709 万日元/辆，日本政府将为其提供 208 万日元/辆的补贴。日本政府对燃料电池车消费者补贴的措施大大提高了燃料电池车的销量。

最后，日本政府为加氢站建设提供财政支持和立法支持。一方面，日本政府对新建加氢站的建设费提供部分补贴，由"下一代汽车振兴中心"具体管理和发放。另一方面，日本政府放宽了加氢站建设的限制。加氢站的建设和运营要受《高压燃气保安法》《消防法》《建筑基准法》等相关安全规定限制。为促进加氢站的建设，根据不断采用的新技术的性能，日本及时调整政策，放宽建设标准和安全检查标准，从而削减建设成本。

另外，日本政府还与多个运营商合作，运用物联网、人工智能技术提升能源设备运营效率。通过规制和服务整合能源产业大数据，在保护企业商业机密的前提下开放数据信息，结合设备租赁等形式，推进企业节能。推进民生部门节能工作。运用人工智能技术，提升发电站运转的高效化。提高电力、煤气领域的服务器安全性能，2020 年完成火力发电厂运营及维

---

① 経済産業省：「氢能源水素社会の実現に向け」，https://www.enecho.meti.go.jp/about/special/johoteikyo/suiso_roadmap.html。（上网时间：2019 年 8 月 28 日）

护的国际标准,优化市场环境。组建"创新能源管理体系",为下一代有效利用蓄电池、电动汽车(EV)"车辆到电网"等分布式能源的"虚拟电厂"应用目标的实现,提供可再生能源资源的扩大、控制技术的升级、制度优化等方面的示范。2016年4月,日本全面放开了电力零售,更多的能源供应商和生产商涌入电力市场,电力消费者也增加了更多购买选择,这不仅为可再生能源发电和分布式能源发展奠定了环境基础,更推动了能源供应方式和消费方式的变革。

第三节 日本能源转型面临的主要问题与政策展望

尽管日本政府努力推动能源转型并取得一定的成果,但受日本自身条件及外部环境制约,日本未来的能源转型之路仍面临诸多挑战。

一是能源严重依赖进口的结构性矛盾仍存。保障能源稳定供给是日本能源转型的初衷和首要目的,但因日本资源严重匮乏等客观条件所限,当前仍面临较大的能源安全困境。战后初期,日本的能源供给主要依靠国产的煤炭和水电,因经济尚处于恢复性增长期,对能源的需求有限,能源自给率尚能保持较高水平。1960年,日本的能源自给率曾高达58.1%。进入高速增长期后,在能源需求大幅增加的同时,日本的能源供给逐步由煤炭转为石油,国内煤炭生产规模随之大幅缩小,加之石油主要依靠从中东等地的大规模进口,能源自给率不断走低。当前,日本的煤炭、石油、天然气等化石能源几乎全部依赖进口,加之核事故影响,2014年度日本的能源自给率降至史上最低的6.4%。随着可再生能源发电规模的扩大以及重启部分核电站,2017年日本的能源自给率虽升至9.5%,但仍处于极低水平。这意味着,一旦能源进口出现问题,日本将面临巨大的安全风险。

二是核电发展仍面临较大阻力。福岛核事故后,日本政府强化核电安全对策,决定对所有核电站进行压力测试,规定重启需通过测试并经政府及当地民众同意。由于相关电力公司需根据新的核电安全标准对核电站进行改造,加之核电站周边民众对核电安全的疑虑陡增,重启经过压力测试的核电站的进程极其缓慢。2012年5-7月,以及2013年9月—2015年8月,日本两度遭遇全部核电站均关停的"零核电"状态。截至2019年8月,日本仅有9座核电机组正常工作,2018年核电在日本总发电量中占比不足10%。当前,共有25座核电机组已提交重启申请,其中15座机组通过审核。除已正常工作的 9 座外，剩余 6 座机组均因改造工作费时或周边居民反对等原因尚无重启眉目。而尚未通过审核的 10 座机组则出于原子能规制委员会不断调高安全标准等，重启之日更是遥遥无期。这恐将导致 2019 年无一座机组得以重启；另一方面，正在运转的 9 座机组中，有 4 座机组或因相关反恐改造进度滞后，很可能在 2020 年被原子能规制委员会勒令停运，导致 2020 年日本只剩 5 座核电机组能够正常运行。①

三是可再生能源利用成本依旧较高。为扩大对可再生能源的利用，日本自 2012 年 7 月起实施可再生能源发电固定价格收购制度，要求电力公司以政府规定的固定价格全量收购企业和家庭以太阳光、风力、水力、地热、生物质等可再生能源作为电源生产的电力。该制度实施后，日本可再生能源发电迅速发展。截至 2018 年年底，可再生能源设备输出功率扩大至制度推行前的约 2.2 倍。除水电外的可再生能源发电量在总发电量中占比由 2010 年的 1.2% 上升至 2017 年的 8.1%。但是，由于政府为普及可再生能源发电设定了较高的收购价格，导致电力公司将部分成本向消费者转嫁，导致电价高涨。虽然政府每年都下调收购价格，但转嫁给家庭或企业电价的"转嫁费用"在 2019 年预计约达 2.4 万亿日元，相当于将消费税提升了 1 个百分点。② 此外，现行制度还导致可再生能源发电集中于利用太阳能，而风力、生物能发电等普及效果并不理想。较高的收购价格还造成投资过剩，导致电力公司一度因设备容量饱和无法全量收购可再生能源发电的情况出现。

四是部分关键技术尚未突破瓶颈。如碳捕捉与碳封存（CCS）技术成本仍高，普及难度大，难以有效提高化石能源利用效率。电力储存技术亦遭遇技术瓶颈和高成本压力，导致可再生能源发电输出功率不稳定的问题短期难以解决。可再生能源发热技术无大进展，安装使用热源的设备成本高，阻碍使用太阳能、地热能、温泉热能、污水热能等可再生能源加热的发展。氢能源制造、运输、储藏的成本及其在燃料电池和燃料汽车上应用的成本依旧较高，相关技术有待提升，这些也制约氢能源的大规模应用。③

---

① 「原発再稼働、今年ゼロ、運転中は総発電量の 10% 未満、4 基は来年停止も。」、日本経済新聞朝刊、2019 年 8 月 23 日。

② 《经产省考虑结束太阳能发电固定价格收购制度》，共同社中文网，2019 年 6 月 13 日。

③ 张慧智、张健：《基于能源战略规划的日本能源转型研究》，《现代日本经济》，2019 年第 3 期。

虽然日本的能源转型仍面临上述诸多问题，但根据"第五次能源基本计划"，日本政府推动能源转型的决心并未动摇，未来仍将从以下几个方面重点推动能源政策的实施。

其一，优先确保能源供给安全。因日本在未来较长一段时期内仍将维持高度依赖化石燃料的能源结构，所以确保能源进口安全仍是未来日本能源政策的头等大事。"第五次能源基本计划"提出，日本将在推动主要能源多元化、确保各种资源进口来源的多元化及掌握更多上游权益、改善与进口国关系以降低采购风险等既有举措的基础上，努力构建更加灵活透明的国际资源交易市场，并积极融入亚洲能源价值链。

其二，继续维持对核电的开发和利用。按照日本政府到2030年使核电在总发电量中占比达20% - 22%的计划计算，大约需30座核电机组正常运行。要实现该目标，必须推动更多的核电站重启。为此，日本政府提出要在深刻反省福岛核事故的基础上，继续切实强化核电站的安全性能，努力重建与国民、地方政府和国际社会的信赖关系，继续"由国家出面"推动重启核电站。此外，"第五次能源基本计划"还提出推进开发安全性及经济性优越的反应堆，为促进容易冷却且安全性高的小型反应堆、不易发生堆芯熔化和氢气爆炸的高温气冷堆等新型反应堆的研发，日本经济产业省近期初步决定在2020年度的预算中列入15亿日元的研发费用，是2019年度相关费用的2.3倍。① 日本政府力保核电的背后是希望维持核燃料循环政策，为其保留核废料后处理技术和资质留下"理由"。

其三，改革可再生能源发电固定价格收购制度。2019年8月，日本经济产业省综合资源能源调查会的小委员会公布了对固定价格收购制度进行改革的"中间整理草案"，最快将于2020年修改相关法律，从根本上改革现行制度。② 草案规定，将大规模太阳能、风能发电电力作为"竞争电力能源"，通过可再生能源电力公司进行销售。每当出现销售价格低于政府规定的价格标准时，价格的空缺将由政府进行补贴。此外，住宅区等小规模的太阳能发电、小规模地热发电电力将划分为"地区电力"，应对灾害能力极强的其他分散型电力能源也将依据"地产地销"原则维持现行制度

---

① 《独家：经产省拟申请15亿日元预算促进新型反应堆开发》，共同社中文网，2019年8月29日。
② 「再エネ、コスト重视、普及優先の買取制から転換、経産省、市场活用へ新制度。」、日本经济新闻、2019年8月6日。

内容。

此外，日本还将继续采取措施提高化石燃料能效、推动氢社会建设等，按照"第五次能源基本计划"描绘的蓝图继续推动能源结构转型。

第十一章

印度能源转型概况及前景[①]

作为发展中大国，能源供给不足一直是制约印度经济发展的短板。近年来，印度能源短缺问题日益突出，对外依赖度上升，能源安全难以得到充分保障。与此同时，因消耗大量化石能源，环境污染问题也日益严重。因此，印度政府将大力发展新能源、推动能源转型作为重要工作内容，针对太阳能、风电、海洋能源、水电、核能等新能源产业提供各类扶持政策，降低对传统化石能源的依赖并增加电力供应。

第一节 新能源发展历史与现状

通过印度政府大力推动，印度新能源及可再生能源发展迅速，成为全球第四大可再生能源市场。太阳能、风能等清洁能源装机容量快速增长。

一、发展历史

印度开发利用新能源和可再生能源历史较为悠久，可追溯到英属殖民时期，从水电开发利用开始。1897年，英属印度政府在大吉岭建立印度第一个小型水电站。独立后，印度不断尝试利用水、地热能和太阳能等清洁能源并将其写入发展规划，促使清洁能源产业起步。20世纪70年代爆发的石油危机更是让印度意识到发展清洁能源、降低化石能源依赖度的重要性。莫迪上台后形成了较为清晰的清洁能源发展思路，投资者也对印度新能源市场展现出较大热情，可再生能源投资快速增加。根据彭博新能源财经（BNEF）2019年发布报告，印度衡量清洁能源投资机会的年度指数最高，是清洁能源领域最有投资吸引力的国家[②]。根据印度工业和内部贸易促进局（DPIIT）数据，自2000年4月至2019年3月，印度非常规能源领

[①] 本章作者：王海霞，中国现代国际关系研究院南亚研究所助理研究员，主要从事印度经济等问题研究。

[②] India Brand Equity Foundation, "Renewable Energy Industry in India," September, 2019, https://www.ibef.org/industry/renewable-energy.aspx. （上网时间：2019年12月16日）

第十一章 印度能源转型概况及前景

域外国直接投资流入为78.3亿美元。自2014年以来超过420亿美元投资用于印度可再生能源开发利用，2018年新增清洁能源投资达111亿美元①。私营部门投资正成为印度可再生能源发展主力，约占总装机容量的95%②。相应地，清洁能源装机容量迅速增加。2014－2018财年，印度可再生能源发电装机容量复合年增长率为19.78%③。2018年，印度清洁能源装机容量增加14吉瓦，虽与2017年的15吉瓦相比略有下降，仍在除中国外的新兴市场国家中名列前茅④。截至2019年10月31日，印度可再生能源发电装机容量为83.3吉瓦。其中，风力发电装机容量为37吉瓦，太阳能发电装机容量（包括屋顶和地面安装）为31.7吉瓦，小型水电发电为4.65吉瓦，生物质发电为9.8吉瓦⑤。随着太阳能和风能利用的发展，发电成本不断下降。2018年6月，太阳能和风能拍卖价已低至3.29卢比/千瓦时，低于2018－2019财年3.46卢比/千瓦时（约合0.04美元/千瓦时）的燃煤电力均价⑥。

---

① India Brand Equaity Foundation, "Renewable Energy Industry in India," September, 2019, https：//www.ibef.org/industry/renewable－energy.aspx.（上网时间：2019年12月16日）

② "Hydel power in India is growing at the slowest pace," *Economic Times*, Jan 27, 2019, https：//economictimes.indiatimes.com/industry/energy/power/hydel－power－in－india－is－growing－at－the－slowest－pace/articleshow/67744776.cms?from=mdr.（上网时间：2019年12月16日）

③ India Brand Equity Foundation, "Renewable Energy Industry in India," October, 2019, https：//www.ibef.org/industry/renewable－energy.aspx.（上网时间：2019年12月18日）

④ "Emerging Markets Outlook 2019," *BloombergNE*, November, 2019, http：//global－climatescope.org/assets/data/reports/climatescope－2019－report－en.pdf.（上网时间：2019年12月17日）

⑤ Ministry of New & Renewable Energy, "Programme/Scheme wise Physical Progress in 2019－20 & Cumulative," Nov 13, 2019, https：//mnre.gov.in/physical－progress－achievements.（上网时间：2019年12月8日）

⑥ "India will achieve 100 GW solar energy target: Javadekar," *Economic Times*, Dec 11, 2019, https：//economictimes.indiatimes.com/articleshow/72468373.cms?utm_source=contentofinterest&utm_medium=text&utm_campaign=cppshttps：//economictimes.indiatimes.com/small－biz/productline/power－generation/india－will－achieve－100－gw－solar－energy－target－javadekar/articleshow/72468373.cms.（上网时间：2019年12月17日）

二、具体领域发展情况

太阳能是印度政府可再生能源发展计划的核心，印度已成为仅次于美国和中国的世界第三大太阳能发电安装国。2014—2018 年，太阳能发电装机容量由 884 兆瓦增加到 20006 兆瓦①。2018 年，印度太阳能领域获得投资 98 亿美元②。2015 年 1 月，印度在古吉拉特邦建成全球规模最大的太阳能光伏发电项目，总装机容量为 856.8 兆瓦，目前正在拉贾斯坦邦建设世界上最大的太阳能发电园区，建成后装机容量为 2.3 吉瓦。私人投资在太阳能开发利用中发挥主要作用。为实现政府到 2022 年太阳能装机容量达 100 吉瓦的目标，印度还需要 2500 亿美元投资，多数资金将来自私营领域③（参见图 11-1）。

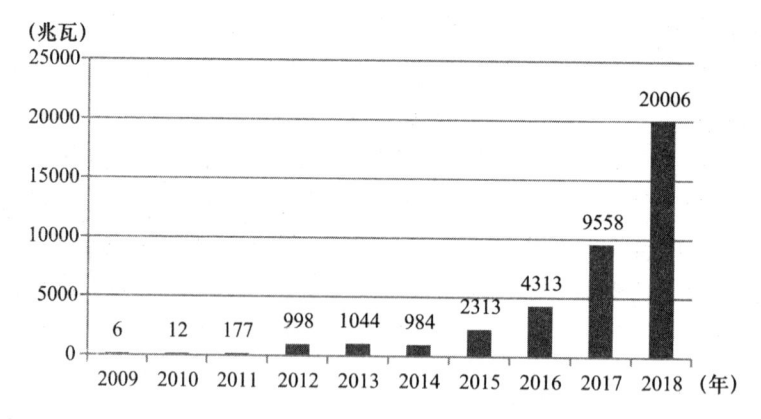

图 11-1 印度太阳能发电装机容量

---

① "India hits 20GW solar capacity milestone," *Times of India*, Jan 31, 2018, https：//timesofindia.indiatimes.com/home/environment/developmental-issues/india-hits-20gw-solar-capacity-milestone/articleshow/62715512.cms.（上网时间：2019 年 12 月 8 日）

② India Brand Equity Foundation, "Renewable Energy Industry in India," October, 2019, https：//www.ibef.org/industry/renewable-energy.aspx.（上网时间：2019 年 12 月 19 日）

③ International Finance Corporation, "India's Solar-Energy Market Set to Shine," January, 2017, https：//www.ifc.org/wps/wcm/connect/news_ext_content/ifc_external_corporate_site/news+and+events/news/impact-stories/india-solar-energy-market-set-to-shine.（上网时间：2019 年 12 月 17 日）

第十一章 印度能源转型概况及前景

印度的风电利用始于 20 世纪 90 年代，近年来增长显著（数据如图 11-2①）。尽管与丹麦或美国相比，印度风能行业还是新手，但国内对风电利用的政策支持使其成为世界上风电装机容量为第四大的国家。印度风电装机容量现为 37 吉瓦，主要分布在泰米尔纳德邦、马哈拉施特拉邦、古吉拉特邦、拉贾斯坦邦、卡纳塔克邦、安得拉邦和中央邦等地。随着技术发展，印度风电成本正在迅速下降。在 2017 年 12 月的风能项目拍卖期间，风电的平均电价达到了创纪录的低点，为每千瓦时 2.43 卢比（3.5 美分）（无任何直接或间接补贴）。2017 年 12 月，政府宣布风能项目拍卖指南，提高透明度、降低开发商风险。

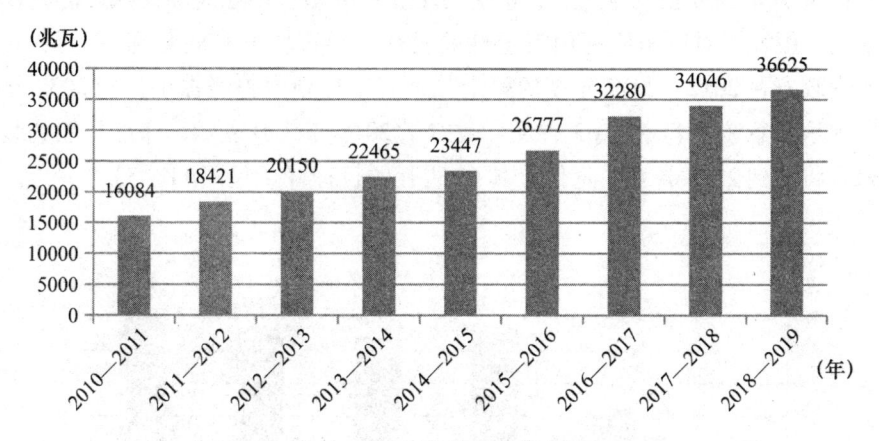

图 11-2 风能发电装机容量

（兆瓦）
- 2010—2011: 16084
- 2011—2012: 18421
- 2012—2013: 20150
- 2013—2014: 22465
- 2014—2015: 23447
- 2015—2016: 26777
- 2016—2017: 32280
- 2017—2018: 34046
- 2018—2019: 36625

印度对水电的利用始于 1897 年，是世界上利用水电最古老的国家之一。其根据装机容量将水电站分为小水电和大型水电。25 兆瓦以下为小型水电，由新能源与可再生能源部（MNRE）管理，大型水电由电力部负责。印水电发展以公有部门为主，约占印度水力发电量的 92.5%。21 世纪初期，水电被印度政府视为煤炭和天然气发电的可持续、可再生的替代品。政府制订雄心勃勃的发展规划推动水电发展，私营部门也积极参与其中。2008 年印度水电装机容量的增长超过总发电量增长。此后，随着太阳能和风能项目吸引更多关注，水电由于社会和环境负面影响较大，正逐渐从未

---

① Central Electricity Quthority, Ministry of Power, "All India installed capacity of power stations," Apr 26, 2019, http://www.cea.nic.in/reports/monthly/installedcapacity/2019/installed_capacity-03.pdf. （上网时间：2019 年 12 月 17 日）

来能源安全的讨论中淡出。2015 年，印度政府停止将大于 25 兆瓦的水电项目归类为可再生能源。2018 年年底，印水电装机容量为 45.4 吉瓦，年增长率仅为 1%，是 2009 年以来最低水平。2008—2018 年，印水电发电占总装机容量的比重由 25% 下降至 13%。同一时期，火电发电比重不变，约占 2/3[①]。

核电也是印度重视开发利用的清洁能源之一。截至 2018 年 3 月，印度在 7 个核电厂中运行着 22 座核反应堆，总装机容量为 6.78 吉瓦。7 座反应堆正在建设中，总发电量为 4.3 吉瓦。继 2008 年 9 月达成核供应商集团协议之后，印度扩大了从其他国家的供应商采购反应堆和燃料的范围。2011 年日本福岛核灾难之后，拟建的印度核电站所在地周围民众发起抗议活动，引发了对原子能利用安全性的质疑，导致核电发展受到一定阻挠。印度政府在 2012—2017 年度的第十二个五年计划中曾经提出，到 2032 年实现核能总装机容量达 63 吉瓦。政府于 2018 年 3 月表示，印度核能总装机量将达到 22.5 吉瓦，远低于其 63 吉瓦的目标（参见图 11-3）。

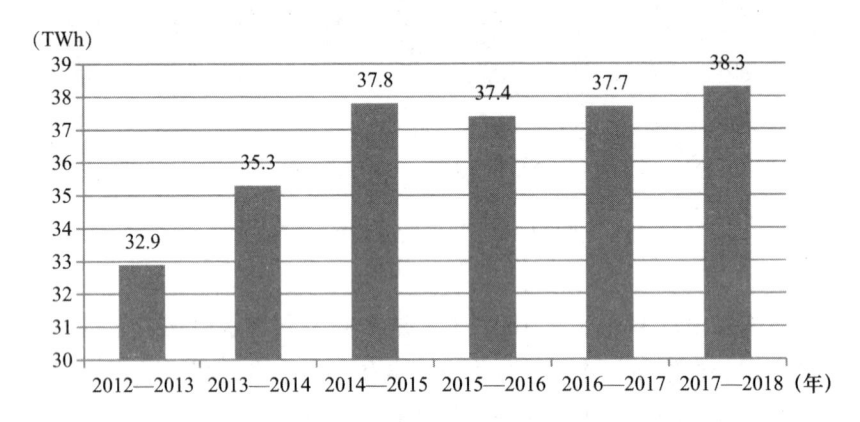

图 11-3 核能发电量

印度电动车市场规模目前虽然不大，但受到政府高度重视。根据国际会计师事务所普华永道发布报告，2018—2019 财年印度电动车仅售出 76

---

① "Hydel power in India is growing at the slowest pace," *Economic Times*, Jan 27, 2019, https://economictimes.indiatimes.com/industry/energy/power/hydel-power-in-india-is-growing-at-the-slowest-pace/articleshow/67704776.cms?from=mdr.（上网时间：2019 年 12 月 17 日）

万辆。其中两轮车占 16.4%，三轮车占 83%①。为推动电动车快速发展，印度 2015 年提出"全国电动车计划"（NEMM）。2017 年，交通部长皮尤什·戈亚尔甚至宣布到 2030 年全国所有汽车转为电动汽车，令世界震惊。考虑到汽车行业的萎缩，印度政府随后将目标由 100% 下调至 30%。根据新计划，2023 年印度实现 100% 电动三轮车全覆盖，到 2025 年实现 100% 电动两轮车全覆盖。尽管如此，印度电动汽车行业也还面临多重发展障碍，一是印度汽车行业正处在历史上最为严重的销售放缓区间，几乎每个细分市场都受到打击，二是印度小型乘用车对市场价格较为敏感，55% 的销售额位于低于 8000 美元的销售区间，电动车价格相对偏高。三是印度几乎不存在电动汽车生态系统，从充电基础设施到关键元件供应（如电池、电机和控制器）主要从中国进口。

第二节 能源转型政策

印度能源转型的关键是通过发展新能源技术降低对以石油、煤炭为核心的常规化石能源的依赖，提高新能源在能源消耗中所占比重，进而在增加能源供给的同时降低碳排放强度和环境污染。因此，印度政府长期推动新能源和可再生能源开发利用并提供相关优惠政策。莫迪在竞选中曾呼吁大力发展新能源、进行"能源革命"，其执政后更是重视新能源发展，为太阳能、风能等新能源发展设定更高目标并推出扶持政策。

一、设立并完善管理机制

为推动新能源开发利用，印度政府设立专门机构进行管理和规划。1981 年，印度政府在印度科学技术部科技厅（DST）下设立其他形式能源委员会（CASE），统筹发展非常规能源、减少对石油的依赖。1982 年，印度政府在其他形式能源委员会基础上成立非常规能源局（DNES），与能源部电力、煤炭等部门级别相同。1992 年升级为非传统能源部（MNES），为

---

① "Is India's automotive industry ready for an EV makeover?", *Economic Times*, Jul 01, 2019, https://economictimes.indiatimes.com/articleshow/70005695.cms?from=mdr&utm_source=contentofinterest&utm_medium=text&utm_campaign=cppshttps://economictimes.indiatimes.com/industry/auto/auto-news/is-indias-automotive-industry-ready-for-an-ev-makeover/articleshow/70005695.cms?from=mdr. （上网时间：2019 年 12 月 17 日）

新能源的开发和利用进一步提供动力。2006年该部门更名为新能源和可再生能源部（MNRE），为印度各类新能源产业政策的制定提供基础。在核能利用上，印度专门设有原子能委员会（AEC）和原子能部（DAE）进行管理，原子能委员会主席兼任原子能部部长。原子能委员会设于1948年，主要职能为制定原子能利用政策和和平利用计划。原子能部设立于1954年，除实施核能发展计划外，还主管核动力局、重水项目、核燃料循环业务等。此外，印度还设立专门对公共部门进行融资的印度可再生能源发展机构（IRE-DA），以促进新能源和可再生能源技术发展。

二、制定发展规划与目标

根据2008年发起的"贾瓦哈拉尔·尼赫鲁国家太阳能计划"（JMNSM），简称"印度国家太阳能计划"，印度计划到2022年实现20吉瓦光伏发电目标，太阳能集热器面积于2017年达到1500万平方米，2022年达到2000万平方米。莫迪就任后，更是提出野心勃勃的新能源发展目标，大力发展以风能、太阳能为代表的可再生能源。2015年6月，莫迪提出可再生能源装机容量将在2022年前达到175吉瓦，相当于2014年总装机容量32吉瓦的5倍之多。其中太阳能将达到100吉瓦，是贾瓦哈拉尔·尼赫鲁国家太阳能计划（JNNSM）的5倍，包括实现40吉瓦太阳能屋顶发电并建造60吉瓦集中式太阳能。风能发展目标为60吉瓦，生物能为10吉瓦，水能为5吉瓦①。如能实现这些发展目标，印度将成为世界上最大的绿色能源生产国之一，甚至超过部分发达国家。其中，太阳能装机容量增幅最大，为现有容量的588%。风能将达到现有规模的182%。2016年12月，印度政府发布《国家电力计划草案》，进一步明确了未来十年电力发展规划。2017年11月，印度政府发布《可再生能源发展三年规划》，再次提升可再生能源发展目标，计划到2022年可再生能源装机容量达200吉瓦（原定目标为175吉瓦），未来三年印度将新增太阳能和风能超过110吉瓦。

三、推出国家优惠政策

印度政府于2008年发起"贾瓦哈拉尔·尼赫鲁国家太阳能计划"，将

---

① 《印度修订国家太阳能利用计划目标》，中国科学技术部网站，2019年10月7日，http://www.most.gov.cn/gnwkjdt/201512/t20151204_122632.htm。（上网时间：2019年9月23日）

其作为国家气候变化行动计划的八个项目之一。该计划于 2009 年 11 月出台，2010 年正式启动，通过扶持性政策推动太阳能在全国范围内的推广利用。除印度现有光伏发电技术外，该计划还为大型并网电站光热技术提供了政策支持，为供电商提供上网电价补贴以加强并网系统开发利用。印度政府 20 世纪 80 年代就启动了风能发电项目，鼓励电力用户投资风电，还通过加速风电机组折旧、关税鼓励、津贴补助、抵充用电、可再生能源配额制等方式鼓励风能发展。为发展海上风能，印度政府于 2015 年专门推出"国家海上风电政策"① 并将在国内及数百海里专属经济区开展海上研发活动。印度国家风能研究所（NIWE）被授权为海上风电开发机构，负责分配海上风电区与其他相关部门或机构协调合作。印度通过提供所得税减免、建立专门贷款机构、加快折旧等多种优惠政策，加大对潮汐能等海洋能源开发利用投入，已成为可再生能源开发利用先进国家。印度小水电产业近年来发展迅猛，政府以法律形式颁布各种优惠政策有效促进了小水电产业的发展。其小水电政策可以分为两个阶段：第一阶段是在 1992 年以后，印度政府以非传统能源部为主导，推广小水电技术产业化和商品化；第二阶段是 2006 年 11 月以后，以新能源和可再生能源部为主导，采取了包括财务补贴在内的一系列激励措施，引导和推动山区和边远地区水电发展。发展核能是印度新世纪主导能源战略之一。印度认为可再生能源及其国内煤炭资源仅能满足印度短期和中期的能源需求，开发核能对满足印度长期能源需求非常必要。为发展核能，印度制定了明确的核电发展计划（NPP）。此外，为更好地开发绿色能源，印度长期通过提供财政资助及其他激励实施沼气利用项目。2017 年，印度国家转型委员会（主席为莫迪）提出基于广泛磋商的国家能源政策。它将取代国大党政府时期的集成能源政策，为大力推进清洁能源、降低石油进口勾勒蓝图。

四、积极寻求国际合作

印度在推动新能源发展和节能等领域积极寻求国际合作、获取资金或技术支持。2015 年巴黎气候变化大会期间，印度联合法国成立"国际太阳能联盟"，为贫穷发展中国家筹集资金、通过技术分享和能力建设增强太

---

① 《印度新能源电力行业研究报告》，中国商务部网站，2019 年 10 月 7 日，http://caiec.mofcom.gov.cn/article/jingmaoluntan/201708/20170802622369.shtml。（上网时间：2019 年 9 月 23 日）

阳能发电能力，2018年3月正式启动。莫迪2015年在G20峰会上呼吁G20成员国发挥模范作用，增加可再生能源的研究和开发力度。他表示，到2020年G20成员每年需在全球范围内投资1000亿美元用于可再生能源开发，确保全球对清洁能源的财力和技术支持[①]。他在2017年金砖国家领导人厦门峰会、2018年世界经济论坛达沃斯年会等国际场合多次提及印度可再生能源发展计划，将印度塑造为"可再生能源发展大国"，以寻求更多资金和技术支持。在节能技术、发展可再生能源方面，印度积极与日本、美国、澳大利亚和德国等国家进行合作，与部分西方国家进行核能技术合作并签订合作协议。例如，2005年9月英国同意与印度就民用核能开展合作，2006年法国总统访问印度期间两国达成民用核能合作协议，2006年美国总统布什访问印度期间两国签订民用核能合作协议。

由于技术成本和国情等原因，印度现阶段仍需继续依靠常规能源以保证能源供给。因此，除发展新能源和可再生能源外，印度还多途径提高能源使用效率、优化能源结构。2015年，印度政府宣布LED灯更换项目，用更节能、更耐用的LED灯取代数亿盏路灯和家用电灯，帮助成千上万个贫穷村庄解决用电问题并提高用电效率。印度公路交通和运输部长2017年9月宣布，到2030年印度将建成一个全电动汽车市场。印度政府计划采购1000辆电动公交并投入运营。在推动能源转型的同时，印度也推出煤炭行业改革并放宽外资进入限制，以提高煤炭生产效率，以缩小能源缺口。

第三节 能源转型动因

印度不断扩大的能源缺口和较高对外依赖度对增加能源供给、确保能源安全提出更高要求，严峻的能源形势也在一定程度上限制了经济发展。与此同时，气候变化问题使这个发展中大国不得不面对减排压力。因此，印度希望大力发展太阳能、风能等清洁能源，推动能源转型，既增加能源供给，又可减少环境污染和温室气体排放。

一、严峻的能源形势限制印度经济发展

随着经济快速发展和经济规模扩大，印度能源需求量不断上升，已成

[①] 《应对气候变化积极、化石燃料补贴难弃》，人民网，2015年11月23日，http：//paper.people.com.cn/zgnyb/html/2015-11/23/content_1635798.htm。（上网时间：2019年9月29日）

第十一章　印度能源转型概况及前景

为仅次于美国、中国和俄罗斯的世界第四大能源消费国。印度国内能源供应量的增长却难以与需求相匹配。受制于资源禀赋和生产能力等因素,印度能源供给能力有限,难以满足快速增长的国内需求。根据印度中央统计局统计,2008－2009 财年至 2017－2018 财年,印度石油需求量增长 4.59%,天然气需求量增长 4.82%。同一时期石油产量却仅增长 0.63%,天然气产量为负增长。印度耗电量增加 7.39%,发电量仅增长 5.71%[1]。印度能源消耗以煤炭、石油、天然气等化石能源为主,煤炭(包括褐煤)所占比例最高。2017－2018 财年煤炭(含褐煤)消耗量占能源消耗总量 46%,石油为 34.32%,天然气约占 7%,可再生能源约占 13%[2]。印度能源蕴藏量相对贫乏,尽管人口总数占世界总人口 18%却仅拥有 6%的一次能源[3]。受到地质条件限制,印度石油和天然气储量较低。据印度石油和天然气部统计,截至 2017 年 3 月印度已探明石油储量仅 7.6 亿吨,人均占有量仅为 0.63 吨,不到世界平均水平的 1/58。煤炭资源虽然较为丰富,占世界总储量的约 8.3%,但是产量低且优质煤占比不高。受煤炭热值低、开采征地难、获取环境许可期限冗长、生产高度垄断等因素制约,国内煤炭供应长期不足。

因此,印度长期存在能源短缺情况,近十年来煤炭、石油、天然气产量均低于消费量,供需缺口有增无减,最严重时能源短缺率高达 11.1%(2019)[4],几乎所有邦都面临能源短缺问题。严峻的能源形势日益成为印度经济发展的制约因素。工业是能源消耗最高的部门,约占能源消耗总量

---

[1] Central Statistics Office, Government of India, "Energy statistics 2019," March, 2019, http://www.mospi.gov.in/sites/default/files/publication_reports/Energy%20Statistics%202019-finall.pdf. (上网时间:2019 年 9 月 20 日)

[2] Central Statistics Office, Government of India, "Energy statistics 2019," March, 2019, http://www.mospi.gov.in/sites/default/files/publication_reports/Energy%20Statistics%202019-finall.pdf. (上网时间:2019 年 9 月 20 日)

[3] NITI Aayog, "India's Energy and Emissions Outlook: Results from India Energy Model," Oct 1, 2018, http://www.indiaenvironmentportal.org.in/content/458998/indias-energy-and-emissions-outlook-results-from-india-energy-model/. (上网时间:2019 年 9 月 20 日)

[4] Ministry of Power, Government of India, "Annual Report 2017-2018," http://powermin.nic.in/sites/default/files/uploads/MOP_Annual_Report_Eng_2017-18.pdf. (上网时间:2019 年 9 月 20 日)

的56%①。电力供应不足使企业深受频繁断电之苦,极大限制了工业增长。绝大多数农村人口仍然缺电,甚至还依赖薪柴等初级生物能源。在传统能源供给不足以满足经济发展需要的情况下,加大对可再生能源的开发利用,可有效增加能源供给、补足化石能源供应不足,促进工业快速增长和经济健康发展。

二、降低能源对外依赖度、确保能源安全和经济稳定

在国内产出难以满足需要的情况下,印度不得不大量进口石油等矿物燃料,不仅消耗大量外汇、增加宏观经济外部风险,还不利于能源安全的维护和保障。据印度统计局统计,印度煤炭进口量约占总消耗量的16%(2017)②,进口天然气占总消费量的45%③,原油对外依存度为83.7%(2019Y)④。国际能源署预测,到2040年印度进口原油将增长至720万桶/日,对外依存度超过90%⑤。大力发展新能源和可再生能源,可以在一定程度上降低对化石能源的依赖,对确保能源安全、推动经济稳定发展具有重要意义。

印度消耗巨额外汇维持矿物燃料进口,导致国内经济易受国际原油等大宗商品价格影响。各类国际能源价格,尤其是国际油价的上涨,一方面

---

① Central Statistics Office, Government of India, "Energy statistics 2019," March, 2019, http://www.mospi.gov.in/sites/default/files/publication_reports/Energy%20Statistics%202019-finall.pdf.(上网时间:2019年9月20日)

② "Coal here to stay despite India's ambitious goals for renewable energy," *Economic Times*, May12 2019, https://economictimes.indiatimes.com/industry/energy/power/india-will-not-be-able-to-achieve-its-renewable-energy-targets-anytime-soon/articleshow/69286279.cms.(上网时间:2019年9月19日)

③ "India begins importing LNG from Russia," *Economic Times*, Jun 4, 2018, https://economictimes.indiatimes.com/articleshow/64449583.cms?from=mdr&utm_source=contentofinterest&utm_medium=text&utm_campaign=cppst.(上网时间:2019年9月23日)

④ "India's oil import dependence jumps to 84 per cent," *Economic Times*, May 5, 2019, https://economictimes.indiatimes.com/industry/energy/oil-gas/indias-oil-import-dependence-jumps-to-84-pc/articleshow/69183923.cms?from=mdr.(上网时间:2019年9月23日)

⑤ International Energy Agency, "India Energy Outlook 2015," http://www.ica.org/statistics/statisticssearch/report/?country=India&product=balances.(上网时间:2019年9月23日)

容易导致印度经常项目赤字恶化、国际收支失衡、卢比急剧贬值，另一方面，易使印度发生"输入型"通胀、居民实际购买力下降、消费需求下降。印度《2017－2018 经济调查报告》指出，印度油价每上涨 10 美元/桶，经济增速下降 0.2－0.3 个百分点，经常项目赤字增加 90 亿－100 亿美元①。例如，1991 年发生的海湾危机和随后的油价飙升引发印度国际收支危机、卢比急剧贬值，迫使其不得不推行自由化改革。2014－2016 年国际油价大跌成为印度经济向好发展的重要推动因素，而国际油价在 2018 年上半年的上涨则导致本已承压的印度经济情况恶化。国际信用评级机构穆迪 2018 年 7 月表示，多数受调查者认为高油价是印度经济未来最主要风险②。与此同时，印度能源安全易受中东和非洲等主要产油地区地缘政治关系和安全局势威胁。美国针对伊朗的制裁要求不利于印度石油进口。美国要求中国、印度等国家 2019 年 5 月起停止从伊朗进口原油。伊朗此前是印度继伊拉克、沙特之后第三大原油供应国，美国的制裁要求使印度陷入两难境地、不得不寻找石油进口替代来源。2019 年沙特因产油设施遭到无人机袭击大量减产，导致国际油价突然上涨和卢比贬值，其宣布尽快恢复生产后国际油价才有所回落。

三、利用好自身发展新能源的优势条件

印度主要为三面环海的热带季风气候，太阳能和风能资源较为丰富。据估计，印度新能源发电潜力为 1096 吉瓦。其中，太阳能为 749 吉瓦，约占 68.33%，风能约为 302 吉瓦，约占 27.58%，小水电潜能为 19.7 吉瓦，约占 1.8%，生物能约为 17.5 吉瓦，约占 1.6%③。在世界前 20 位经济体中，印度平均日照量排第一，高于中国、美国、日本和欧盟，年均太阳辐

---

① "Every \$10 per barrel jump in oil price brings down GDP by 0.3 percentage points: Economic Survey," *Economic Times*, Jan 29, 2018, https://www.businesstoday.in/current/economy-politics/10-dollar-per-barrel-jump-in-oil-price-brings-down-gdp-by-0.3-percentage-points-economic-survey/story/269041.html. （上网时间：2019 年 9 月 23 日）

② "Moody's poll finds oil prices main risk to Indian economy," *The Hindu*, Jul 04, 2018, https://www.thehindu.com/business/Economy/moodys-poll-finds-oil-prices-main-risk-to-indian-economy/article24329329.ece. （上网时间：2019 年 9 月 24 日）

③ Central Statistics Office, Government of India, "Energy statistics 2019," March, 2019, http://www.mospi.gov.in/sites/default/files/publication_reports/Energy%20Statistics%202019-finall.pdf. （上网时间：2019 年 9 月 24 日）

射量可达1700－2500千瓦时/年，集光器日均太阳辐射量可达4.0－7.0千瓦时/平方米。大部分国土常年有250－300个晴天、约3000个小时太阳辐射[①]。从区域来看，印度拉贾斯坦邦太阳能辐射量最高，东北部地区则相对较弱。印度风能资源也较为丰富，风力发电区域集中在泰米尔纳德邦、古吉拉特邦、卡纳塔克邦、马哈拉施特拉邦和拉贾斯坦邦等邦。为了利用专属经济区数千公里的海岸线进行风能发电，印度政府专门发布"国家海上风电政策"。

四、缓解减排和环境压力

气候变化使印度自然灾害频繁、季风气候异常、水资源危机加剧，进而产生经济损失。据世界银行2018年6月发布的报告，如果全球气温持续上升，印度国内生产总值将遭受巨额损失。作为世界上第四大温室气体排放实体和主要发展中国家，印度在气候变化减排问题上面临较高国际压力。在能源短缺和减少碳排放双重压力下，印度承诺发展可再生能源降低碳排放强度，以换取发达国家资金和技术支持。2015年巴黎气候变化大会后，印度宣布新"国家自主贡献预案"，承诺在国际支持下，到2030年将非化石燃料在其能源结构中所占比重从目前的30%增加到40%左右，将碳排放强度在2005年基础上降低33%—35%，并通过加强造林力度增加25—30亿吨的碳汇[②]。除应对气候变化外，印度城市空气质量恶化也是其积极推动新能源发展的重要原因。印度以化石能源发电为主，煤、石油、天然气发电约占总发电量65%。煤炭的大量消耗带来较为严重的环境问题。据世界卫生组织的数据，世界50个污染最严重的城市中，印度占据22个。发展新能源和可再生能源、减少化石能源消耗有助于在保证能源供给的前提下减轻污染。

此外，印度政府还可以通过发展可再生能源发电获取政治利益。印度缺电严重，迄今仍有大量家庭无电可用而且多数为农村家庭。印度实行议会民主制和多党制，通过发展新能源增加农村电力供给，有助于赢得选民

[①] 《印度新能源电力行业研究报告》，中国商务部网站，2019年10月7日，http://caiec.mofcom.gov.cn/article/jingmaoluntan/201708/20170802622369.shtml。（上网时间：2019年9月23日）

[②] 《解读"国家自主贡献"——巴西和印度》，人民网，2019年9月23日，http://paper.people.com.cn/zgnyb/html/2015-11/23/content_1635811.htm。（上网时间：2019年9月24日）

第十一章　印度能源转型概况及前景

支持。莫迪曾于2015年8月15日承诺，在未来1000天内18500个村庄将通电，截至2017年5月其中已经有超过13000个村庄通电。在世界银行获取电力便利性指数上，印度由2015年的第99位上升到2017年的第26位，为莫迪政府赢得民众支持发挥了一定作用。

第四节　前景及制约因素

随着经济规模继续扩大，如何满足日益增加的能源需求将是更加严峻的挑战。经济合作与发展组织（OECD）2017年11月发布的报告称[①]，印度未来能源需求增长将快于世界上任何一个国家。这使得印度政府寄希望于新能源发展并提高能源利用效率予以缓解。

经过印度政府努力，印度新能源和可再生能源近年来发展迅速。太阳能发电装机容量由2011-2012财年的1吉瓦增加到2016-2017财年的12.2吉瓦。风电装机从2011-2012财年的17.35吉瓦增加到2016-2017财年的32.2吉瓦[②]。总体而言，印度可再生能源计划虽然已经取得积极进展，但是与预定目标相比完成度并不高，莫迪政府的可再生能源发展目标不易实现。2017年12月31日，印度可再生能源装机容量只有62.85吉瓦，如果要实现2022年增长目标，年增长率需达到40%，每年新增装机容量为2014-2017年新增装机容量总和。2018年10月31日，可再生能源发电能力为73吉瓦，虽较上年有明显增长，距实现目标仍有较大差距。发展可再生能源、实现能源转型是一个较为漫长的过程，且技术含量高、投资巨大，短期内不易解决能源短缺现状。尽管印度政府对发展新能源重要性有清醒的认识，对该领域资金支持、政策优惠力度和主导作用仍不足以实现其发展目标。印度发展新能源和可再生能源还受到体制、资金、土地、技术、基础设施、行政能力等因素限制。

首先，难以获得充足资金和土地用于可再生能源项目。印度发展可再生能源项目难以获得足够资金支持。彭博新能源财经指出，除40吉瓦屋顶

[①] OPEC, "World Oil Outlook 2040," October, 2017, http://www.opec.org/opec_web/flipbook/WOO2017/WOO2017/assets/common/downloads/WOO%202017.pdf. （上网时间：2019年10月7日）

[②] NITI Aayog of India and IEE of Japan, "Energising India," Jun 16, 2017, http://www.indiaenvironmentportal.org.in/content/445563/energising-india/. （上网时间：2019年9月23日）

光伏项目，印度如果要在2022年完成135吉瓦装机目标，需投资830亿美元。一方面，政府财政压力较高，难以投入充足资金大规模发展可再生能源项目。受累于较高财政补贴，印度政府长期"赤字财政"。2018－2019财年印度政府财政赤字占GDP比重为3.3%，4.59%。2019－2020财年财政赤字占GDP比重将达到4.59%，超过3.8%的浮定目标。随着经济增长有所放缓，印度政府希望通过推出基础设施建设项目和农村发展项目促进经济增长并安抚民众，导致其用于发展可再生能源的资金投入有限。另一方面，印度可再生能源融资成本高于欧美类似项目，多数国有银行和金融机构主要为煤电项目提供融资服务。印度风电领域融资问题尤其突出，高额的贷款成本使产业快速扩张能力受到很大限制。在土地问题上，太阳能项目发展需要选择光照较强、空气质量较好的大块区域。但是印度土地私人拥有，征地难度较高。印度现有《征地法》规定，如将土地用于私人项目，需80%被征地者同意，如用于公私合营项目，需70%被征地者同意并给予适当补偿。截至2017年12月，印度已经完成太阳能装机容量为17.05吉瓦，以2022年太阳能发电装机容量100吉瓦目标计算，大约还需超过60万亩土地，征地难问题将掣肘太阳能电站的建设和发展。

其次，输配电网落后、电价扭曲。印度政府对输电网的投资难以与其对发电装机容量的增长相匹配。印度电网结构处于低水平，缺乏继电保护及处理危机的能力，输配电效率低下。电网输配电过程损耗率普遍较高，远超10%的全球平均水平，导致可再生能源发电能力充足的地区难以将电力高效输往缺电地区，影响可再生能源项目效益。印度电价由各邦电力委员会制定，地方政府为取悦选民往往制定较低电价，导致终端电价低于发电成本、电力企业亏损。长期依赖邦政府补贴生存的电力企业缺少能力和动机完善输配电设备，可再生能源发电如何与现有电网融合并进行高效输送仍是挑战。低电价还将限制可再生能源效益和利润、影响投资积极性。此外，印度能源消耗目前仍以化石燃料为基础，近年来虽然通过技术发展已大大降低可再生能源发电成本，但只要化石燃料是最廉价的能源来源，可获取性目标就会与可持续性目标相冲突。

最后，受到国内利益集团掣肘。尽管印度逐年增加太阳能利用，但太阳能发电系统成本居高不下仍是其大规模推广应用的障碍。印度工业基础较为落后，太阳能产业相关组件生产能力落后，大部分依靠进口。尽管太阳能项目开发企业希望能获得价格低廉的发电板及组件，但印度国内生产商却希望限制太阳能电池等材料进口或增加关税以确保较高价格、获得高

第十一章　印度能源转型概况及前景

额利润。印度贸易部报告中称，太阳能组件制造商正面临着来自进口产品的激烈和不健康的竞争。为保护国内生产商利益，2018年印度对从中国和马来西亚进口的太阳能电池征收两年的保护，第一年税率为25%并逐渐下降，这在一定程度上推高了印度国内太阳能开发企业的成本。

尽管受到上述因素制约，印度作为具有巨大新能源和可再生能源发展潜力的市场，仍将受到投资者青睐。海外资金和技术合作将成为印度发展可再生能源、实现能源转型重要助力。《BP能源统计》报告显示，2017年印度能源消耗量仅为世界人均消耗量的1/3。尽管过去数年印度在能源供给上有明显进步，但是仍有2700万家庭没有通电，超过7亿人依靠生物能源做饭[1]。印度电力需求缺口巨大，基于环保及成本考虑，新能源发电将有极大发展空间。彭博新能源财经2017年6月发布的《2017年新能源展望》显示，2017－2040年印度新增可再生能源发电投资机会将达到6000亿美元[2]。无论在市场规模还是在投资者投资信心上，印度均为全球可再生能源市场重要角色之一。

---

[1] NITI Aayog, "India's Energy and Emissions Outlook: Results from India Energy Model," Oct 1, 2018, http://www.indiaenvironmentportal.org.in/content/458998/indias-energy-and-emissions-outlook-results-from-india-energy-model/. （上网时间：2019年9月28日）

[2] Bloomberg New Energy Finance, "New Energy Outlook 2017," http://about.bnef.com/new-energh-outlook/. （上网时间：2019年9月28日）

第十二章

中东能源转型的态势与走向[①]

截至2018年,中东占全球石油产量的37.1%,天然气产量的21.9%,全球已探明石油储量的52.1%和已探明天然气储量的42.4%,全球原油出口的47.9%和天然气出口的17.6%,并且有着仅次于中南美洲的采储比。[②] 对全球而言,中东是重要的油气资源供应者,对中东自身来说,油气则是维系整个经济运转的核心:石油出口国的油气产业是GDP和财政收入的支柱,非油产业则依赖石油财富带来的投资和消费,而石油进口国的经济则直接受惠于产油国的投资、援助和侨汇。

因此,中东的能源转型并不仅是产业的改革探索,而是事关整体经济的换代升级。靠油吃饭显然无法长久,中东的能源转型很早便被提上日程。自20世纪70年代起,沙特等国就曾提出要降低对石油的依赖,但除阿联酋等特例,各国的经济多元化努力都不算成功。2014年后国际油价大幅下跌,油价可能长期趋降(Lower for longer)。此时,中东又进入了地区战乱延宕、多国政局不稳的动荡期。各国危机感明显上升,能源转型成为各国谋出路、求发展的重要组成部分,进程明显加速。近5年来,中东能源转型的主要举措包括积极发展清洁能源,在一次能源消费中用天然气和新能源取代石油;最大限度地挖掘化石能源价值,发展下游产业,减产保(油)价,推动油气资产上市;推动能源补贴改革,遏制国内消费增长,等等。

第一节 积极发展清洁能源

中东是全球能源需求增长最快的地区之一。根据国际能源署的数据,

[①] 本章作者:唐恬波,中国现代国际关系研究院中东研究所助理研究员,主要从事中东经济与能源及伊拉克、利比亚等国别问题研究。

[②] 系笔者根据BP Statistical Review of World Energy 2019计算得出,下文数据若无特别说明,所引数据均来自此处。需指出的是本文所指中东包括西亚及北非地区,比BP定义的中东范围更广。由于各国际组织和商业机构对中东的定义各不相同,部分数据可能因此存在误差。

第十二章 中东能源转型的态势与走向

中东一次能源需求从 1990 年的 370 百万吨油当量升至 2015 年的 1084 百万吨油当量，占全球的比重从 4% 翻番至 8%，该增长幅度在全球范围内仅落后于中国（占比从 10% 到 22%），与印度相当（从 3% 到 6%）。[1] 2000 年以来，中东一次能源的需求量增速达到了 4.4%，约为世界平均水平的两倍。[2] 沙特作为中东最大经济体，GDP 排名在全球 20 位左右，但能源消耗总量却能排到第五、第六。中东未来的能源需求增长潜力同样可观。1990 年以来，中东的人口年均增长 2%，比全球平均高出了 0.7 个百分点。[3] 更高的人口总数和更高的青年人口比例，自然会需要消费更多能源，而全球变暖引发的气温升高和蒸发加剧，也将额外增加空调和海水淡化能耗。英国皇家国际事务研究所曾发表报告指出，由于国内能源消费迅速增长，沙特若无法提升能源产量，就可能在 2038 年沦为石油净进口国。[4]

提升自身能源产量，就成为中东各国满足迅速增长需求的必经之途。但与缺油少气的国家只能力拼新能源不同，中东首先考虑的是增加自身储备丰富的化石能源的产量，其中具有转型意义的就是各国都日益重视天然气的开发。相比石油，中东各国的天然气具有更加清洁、采储比更高、产量受限制可能较小（石油增产受欧佩克限产制约）、出口潜力更大（预期中的需求增速快于石油）等优势。自 2011 年起，天然气便已经超越石油成为中东第一大一次能源，而且还将保持较快增长。根据国际能源组织 2019 年天然气报告的预估，从 2018 到 2024 年，中东的天然气需求将增长 700 亿立方米。这一增量超过美国和印度，在全球主要国家和地区中仅次于中国。[5] BP 也预计，到 2040 年中东的一次能源消耗中，天然气将保持其 50% 以上份额，而石油的占比将从 47% 降低至 34%，其份额将由光能、核能等新能源取代。

在现实和前景的驱动下，中东各国重金投入了天然气开发领域。根据

---

[1] Emanuela Menichettietc, *The MENA Region in the Global Energy Markets*, MENARA Project, October 2018, p. 5.

[2] International Energy Agency, *WEO - 2018 Special Report: Outlook for Producer Economies*, October 2018, p. 32.

[3] International Energy Agency, *WEO - 2018 Special Report: Outlook for Producer Economies*, October 2018, p. 26.

[4] 《沙特石油出口国地位正在消蚀》，《中国能源报》，2012 年 1 月 18 日。

[5] "Gas 2019: Analysis and forecasts to 2024," https://www.iea.org/gas2019/. （上网时间：2019 年 9 月 20 日）

国际能源大转型：机遇与挑战

《中东经济文摘》（MEED）的统计，天然气是各国投资最集中的领域之一，至2019年6月正在执行的项目总值625亿美元，预期执行的项目价值也有294亿美元。① 其中，最重要的一些项目有：沙特2018年提出要在10年内令天然气产量翻倍至230亿立方米，并有望通过提升现有气田产量、加大常规与非伴生天然气开发力度实现；东地中海天然气开发迅速推进，埃及的天然气产量2018年已达到700亿立方米，开始通过管道和液化设施向外出口，有望在数年内由天然气净进口国恢复为净出口国，以色列也在推进其地中海天然气区块的招标；伊拉克当前放燃的天然气本可产生4.5吉瓦的电力，而该国计划到2021年消除所有放燃，并为此积极与国际石油公司展开合作；卡塔尔曾暂停对全球最大气田北方气田的开发长达12年，2017年取消禁令，重启开发，提出要将液化气生产能力从当前的每年7700万吨提升至2024年的1.1亿吨；阿联酋、阿尔及利亚等国家也纷纷着手扩张天然气生产能力。

尤其值得关注的是，此前一般集中精力开发本国油气资源的中东国家，也开始着手收购海外天然气资产。卡塔尔持有40%权益、埃克森美孚作业的塞浦路斯10区块已获得重大发现。② 沙特也多次表示将在全球天然气产业采取"更国际化的战略"。③ 2018年11月，沙特与阿联酋也签署协议，将共同在海外投资液化天然气行业。④ 正如国际能源署2018年的特别报告中所指出的那样，天然气对产油国而言是"战略优先事项"（strategic priorities for natural gas）。⑤ 阿拉伯石油投资公司（APICORP，系多边发展

---

① "Infographic: Rising gas pressure," https://www.meed.com/infographic-rising-gas-pressure/. （上网时间：2019年9月20日）

② 《卡塔尔石油公司上游资产并购偏重于前沿领域》，中国石油新闻中心网站，http://news.cnpc.com.cn/system/2019/10/23/001748835.shtml。（上网时间：2019年11月5日）

③ Jean-François Seznec, "The Saudi Aramco-SABIC merger: How acquiring SABIC fits into Aramco's long-term diversification strategy," October 22, 2019, https://atlanticcouncil.org/in-depth-research-reports/issue-brief/the-saudi-aramco-sabic-merger-how-acquiring-sabic-fits-into-aramcos-long-term-diversification-strategy/. （上网时间：2019年11月5日）

④ Kate Dourian, "ADNOC Repositions Itself to Challenge International Oil Majors," March 15, 2019, https://agsiw.org/adnoc-repositions-itself-to-challenge-international-oil-majors/. （上网时间：2019年9月20日）

⑤ International Energy Agency, WEO-2018 Special Report: Outlook for Producer Economies, October 2018, p.61.

第十二章 中东能源转型的态势与走向

金融机构) 2019 年的报告则显示,未来 5 年中东的天然气领域投资预计将达到 1860 亿美元。但由于本土发电和工业对天然气的需求上升迅速,中东新增的天然气产能短期内只有少量能用于出口。根据国际能源署的预测,中东占到 2018-2024 年全球新增天然气产量的 21%,但只占新增出口量的 2%,其中多数新增出口都将来自埃及。①

新能源是中东各国的另一个发力重点。长期以来,由于传统能源的价格补贴、官僚机构惰性和电网等基础设施的限制,新能源在中东的发展并不顺利,至 2017 年在一次能源和发电量中的占比均不足 1%,在全球范围内仅高于独联体地区。在国内用电需求的驱动和将更多传统油气资源用于出口或化工的考虑下,各国对新能源的重视程度逐渐上升。而且,新能源的一些特有优势也开始展现:在技术进步和充分市场竞争的驱动下,新能源的成本大幅下降,据国际可再生能源署的测算,太阳能光伏组件与风力涡轮的价格分别下降了 80% 与 30%-40%;光电、风电等所需动力可以完全来自本国国境,无须进口,能源安全系数更高;光电和风电可以在没有电网的情况下部署,对有分散居住的居民以及输电基础设施不发达的国家尤其有吸引力。多个中东国家迅速制定了新能源发展目标(参见表 12-1)。根据 BP 在 2019 年的预测,中东的一次能源消耗中,太阳能与风能将在 2040 年前保持年均 20% 以上的增长,核能的增长率也将在 15% 以上,至 2040 年在一次能源消费中占比达 12%,达到 170 百万吨油当量。② "低起点,高增速"有望成为中东新能源未来发展的主要特征。

表 12-1 中东部分国家的新能源发展目标

国家	目标	备注
沙特	2023 年可再生能源发电能力达 27.3 吉瓦(其中太阳能 20.3 吉瓦),2030 年达 58.7 吉瓦(其中太阳能 42.7 吉瓦)	2016 年提出的国家发展规划"2030 愿景"的一部分,2018 年将可再生能源发电目标进行了向上修正

---

① "Gas 2019: Analysis and forecasts to 2024," https://www.iea.org/gas2019/. (上网时间:2019 年 9 月 20 日)

② BP, "Energy Outlook - 2019 Insights from the Evolving transition scenario," Middle East, pp. 1-2.

续表

国家	目标	备注
阿联酋	2030，将清洁能源发电量的比重从25%提高到30%，2050年达到50%	"2021愿景"中提出清洁能源发电量到2021年达到27%
科威特	2030年15%的电力来自可再生能源	"2035国家发展计划"的一部分
摩洛哥	2020年可再生能源占电力总装机量的比例提高到42%，其中太阳能、风能和水能各占14%	2015年11月在巴黎气候变化大会上宣布2030年将可再生能源占比进一步提升至52%
埃及	2022年20%的电力来自可再生能源	埃及有一定水电发电能力，不完全是新能源

资料来源：根据公开信息整理。

目前看，由于资源禀赋、成本降低、发电时段与空调用电高峰重合、储电技术快速发展和建设周期短等因素，太阳能成为最被看好的细分领域（参见图12-1）。根据IHS Markit的预测，中东太阳能装机容量2016年为1.35吉瓦，至2035年将达到63吉瓦，在各类新能源中将是增长最大、增速最快的（参见图12-1）。

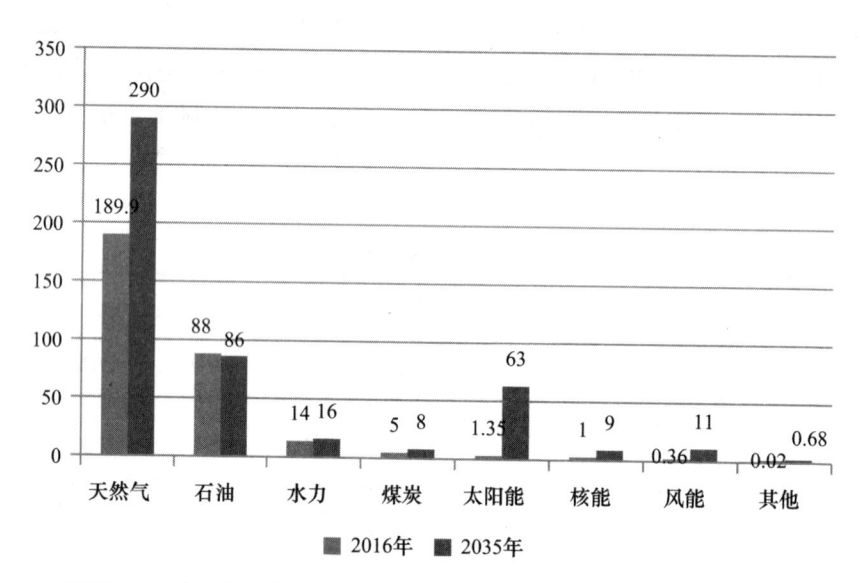

图12-1 中东细分来源发电能力2016年与2035年对比（单位：吉瓦）
资料来源：IHS Markit。

阿联酋是整个地区开发太阳能的先锋，甚至呈现一家独大的态势，至

第十二章 中东能源转型的态势与走向

2019 年运行中和在建的项目装机总量占整个中东的 58%。① 该国是国际可再生能源委员会总部所在地，阿布扎比的努尔太阳能光伏电站已于 2019 年 6 月开始商用，总装机量达 1177 兆瓦，为全球最大单一太阳能发电站，而且电价也已低至 2.4－2.9 美分/千瓦时。阿联酋官方称项目能为 9 万人供电，减排效果相当于减少 20 万辆汽车。同时，总装机量达 2 吉瓦的达夫拉光伏发电项目正在进行招投标，预计将于 2020 年商用。迪拜的马克图姆太阳能公园前两期工程已经完工，三、四期正在建设并预计将于 2020 年前后商用，其中第三期的光伏（PV）项目电价已低至 2.99 美分/千瓦时。第四期建成后则会成为全球最大单体光热太阳能（CSP）项目，总装机量 700 兆瓦。

沙特作为海湾第一大经济体，发展太阳能的计划几经调整，整体观感是从激进回归务实。在 2016 年的"2030 愿景"中，沙特提出到 2023 年太阳能总装机量达 8.3 吉瓦，其落实将主要由沙特能源、工业和矿产资源部（简称能工矿部）执行。但 2018 年 3 月，沙特王储小萨勒曼在访美时却突然宣布，沙特主权财富基金将与日本软银合作，计划投资 2000 亿美元，在 2030 年前建成 200 吉瓦的太阳能发电能力。由于所需的天价投资，以及 200 吉瓦约等于沙特所需电力的 3 倍，这一计划的可行性始终受到质疑，最终在 2018 年 10 月被低调叫停。② 2019 年 1 月，沙特官方公布到 2030 年的太阳能总装机量目标为 42.7 吉瓦，事实上承认了与软银合作所提目标的不切实际。③ 目前，沙特的技术官僚正在稳健地推进一些中小项目。例如，该国预计将于 2019 年商用的沙克克光伏项目装机量仅为 300 兆瓦。沙克克项目招标期间，国际厂商曾对电价报出 1.19 美分/千瓦时，创下全球最低纪录，最终中标的沙特国际水能和电力公司（ACWA）的价格也仅为 2.34 美分/千瓦时。④ 在阿联酋、沙特以外，科威特、阿曼、卡塔尔等海湾国家分别计划在 2022 年前运营 600－1500 兆瓦的太阳能项目，令海湾地区成为

---

① "$15 Billion Solar Projects in the Middle East Expected to Be Operational in 5 Years," Al Bawaba, September 29, 2019.（上网时间：2019 年 9 月 30 日）

② "Saudi Arabia Shelves Work on SoftBank's $200 Billion Solar Project," September 20, 2018, https://www.wsj.com/articles/saudi-arabia-shelves-work-on-softbanks-200-billion-solar-project-1538328820.（上网时间：2019 年 9 月 20 日）

③ The Renewable Energy Project Development Office of Saudi Arabia, *Saudi Arabia Renewable Energy Targets and Long Term Visibility*, February 2019, p. 2.

④ IRENA Renewable Energy Market Analysis: GCC 2019, January 2019, pp. 52－53.

整个中东太阳能开发的重点。其中，阿联酋投入运营的总装机量占海湾地区的80%以上，优势明显。根据国际可再生能源署的测算，海湾地区的光伏发电相对传统化石能源已经具备竞争力，沙特、阿联酋等国的光伏电价的最低值已低于此前天然气发电电价的最低值（参见图12-2）。

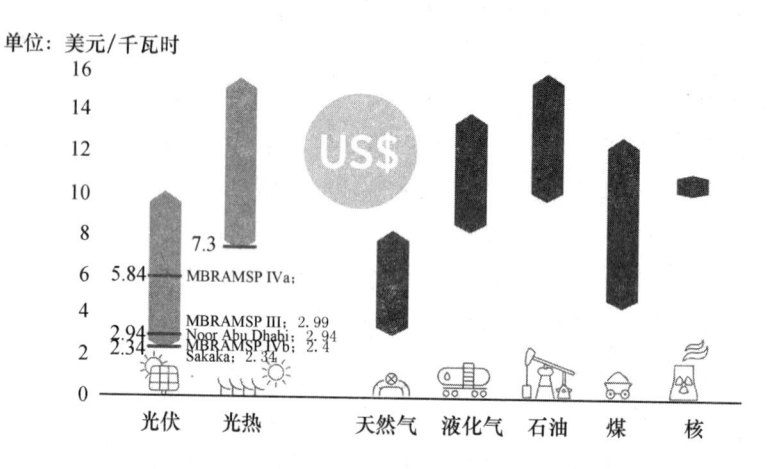

图12-2 海湾地区规模化不同方式发电价格比较

资料来源：《可再生能源市场分析：海湾2019年》，国际可再生能源署报告，第16页。

摩洛哥则是北非乃至全球太阳能发展的先锋。摩洛哥本国不出产煤和石油，95%以上能源依赖进口，其电力需求在过去10年增长了73%，发展新能源的动力尤为强烈。该国提出到2020年，要在国内建成2吉瓦的太阳能装机容量。2018年，瓦尔扎扎特的努奥太阳能电站项目投入商用，总装机容量580兆瓦，为全球运营中的最大CSP项目，且可通过熔盐塔蓄能7-8个小时。项目总体平均发电成本14美分/千瓦时，第四期项目将低至5美分，价格开始具有竞争力。[1] 由于摩洛哥的制造业基础在中东相对较好，瓦尔扎扎特项目设备的国产化率可达42%，相关产业链条能为当地创造了1.3万个就业岗位，发挥了较好的经济和社会效应。[2] 需要指出的是，尽管摩洛哥的太阳能发展在全球备受赞誉，但截至2018年，其总装机容量仅为0.7吉瓦，要在2020年实现2吉瓦的目标有一定难度。而且该国太阳

---

[1] See International Energy Agency, *Energy Policies Beyond IEA Countries: Morocco 2019*, June 20, 2019, pp. 85-86.

[2] "Middle East & North Africa," International Renewable Energy Agency, https://www.irena.org/mena. （上网时间：2019年9月20日）

能发电量要明显小于发电能力，2018年太阳能发电量仅占全国2%。①

相比太阳能，中东风能的资源禀赋、技术成熟度和部署成本都不占优势，发展进程要更加迟缓一些。截至2018年年底，中东运行中的风电总装机量为675兆瓦，绝大部分在约旦和伊朗。约旦现有风电总量375兆瓦，约一半都是在2018年建成的。伊朗则拥有278兆瓦，2018年新增63兆瓦，但2019年以来其风电建设进度已明显放缓。海湾地区暂时未将风能作为优先方向，到2018年风电总装机量仅14兆瓦，测试性质明显。在已公布的项目中，风电装机容量在21世纪20年代前期将只占到可再生能源的9%（太阳能占比超85%）。② 沙特的首个陆地风电项目Dumat Al Jandal几经延迟后，在2019年选定承包商和融资方案，项目总值5亿美元，总装机量400兆瓦，中标的电价保价为2.13美分美千瓦时，并网商用时间为2022年。凭借这一项目，沙特将成为海湾与中东风能应用的先驱。③ 此外，黎巴嫩、以色列和埃及等国也有一定规模的风能发展计划，但落实程度还需拭目以待。

核能是另一个备受关注的新能源选项。根据MEED在2019年4月的统计，中东目前拟建的核电站20个，价值高达1640亿美元。④ 但与太阳能、风能相比，中东核能的发展相对世界水平落后可能更加明显。截至2019年上半年，中东只有一座核电站进入了商用阶段，即伊朗的布什尔核电站。其总装机量1000兆瓦，1975年便已开工建设，在历经伊朗政权更迭、更换承包商、地震威胁、疑似网络攻击等众多波折后，直到2013年才正式并网发电，建设周期长达近30年。中东即将进入商用的核电站也只有一座，即阿联酋的巴拉卡核电站。巴拉卡核电站耗资200亿美元，总装机量高达5.6吉瓦，由韩国财团承建，四期工程分别于2012－2015年开工。其中，一期工程几经延误，2018年宣布完工，但因安全审查等因素不断推迟商用时间，最新估计是2020年。中东实质在建的核电站也只有土耳其的阿克库尤核电站，项目由俄罗斯国家原子能公司承建，包括4座反应堆，总装机

---

① "Morocco－Energy," https：//www.export.gov/article？id＝Morocco－Energy.（上网时间：2019年9月20日）

② *IRENA Renewable Energy Market Analysis：GCC 2019*，January 2019，p.15.

③ "Blowin' in the wind：Saudi Arabia's energy future," Arab News，July 30 2019，https：//www.arabnews.com/%20node%20/%20201533311%20/%20saudi－arabia.（上网时间：2019年9月20日）

④ *Middle East Energy in the 21st Century*，MEED Reports，April 2019，pp.24－25.

量4.8吉瓦，预计耗资将超200亿美元。项目已于2018年4月正式开工，其中第一座反应堆预计将于2023年投入运行。此外，约旦、埃及均已选定俄罗斯国家原子能公司为其建造首座核电站，而拥有中东最庞大核计划的沙特正在为其首个核电项目进行招标，已将潜在合作对象缩小至中国、美国、俄罗斯、法国和韩国的五家企业，但再三推迟了选定合作方的时间。[①]

总之，中东在一次能源的消费上已经出现了"油转气"与新能源迅速发展的势头。在新能源中，太阳能的应用一枝独秀，风能与核能的发展则暂居次要地位。根据行业分析师的估计，根据中东已经制定的可再生能源发展目标，到2030年新能源的推广使用将为该地区节省23%的石油使用，相当于3.54亿桶，并能令电力部门的碳排放下降22%，用水量减少17%。但是中东各国涉及新能源的目标和规划都经常出现大幅度修正，项目的延误与取消也比较常见。

第二节 传统能源产业加快转型与升级

在全球能源转型快速推进的大背景下，中东作为主要产油国，其能源转型既有适应国际潮流积极发展可再生能源的另一面，也有传统能源产业调整以应对全球能源转型趋势的另一面。在传统能源转型升级上，各国的整体指导思想是"增加价值，减少消费"。一方面，通过投资化工与金融资本运作，中东产油国试图最大限度开发油气资源的价值，并且借助与俄罗斯等国的机制化联合减产来支撑油价。另一方面，各国通过削减补贴，令国内能源价格逐步接近国际市场，以节制节节上升的国内能源消费。

一、价值最大化：加强对下游与科技的投资

中东产油国的国家石油公司往往控制该国大量乃至全部的油气生产，它们是国家能源战略的主要执行者，也成为能源转型的天然承担者。2014年以来的油价下行，首先表现为各国原油出口收入锐减。为了对冲收入下降的冲击，这些国家石油公司普遍希望进一步发展炼油和化工行业，最大化利用每一桶原油的价值。由于普遍实力雄厚且基本没有短期财报压力，海湾各国的国际石油公司尤为敢于进行长期投资。

沙特阿美（Saudi Aramco）控制沙特所有的油气开采，已探明原油储

---

① 本段内容主要依据世界核协会网站整理，更新至2019年6月。

第十二章 中东能源转型的态势与走向

量高达2615亿桶，按现行速度可开采55年，开采成本也是全球最低，因此业界一直有"全世界最后一滴石油将产于沙特"的说法。但由于要向政府缴纳税款与红利（2018年贡献沙特财政收入的68%），沙特阿美以桶计算的单位现金流不如道达尔、壳牌等国际石油巨头。① 为了提升盈利能力，也为了落实沙特2030愿景，阿美近期在下游领域采取了更重大、更激进的举措。公司已经宣布将在2030年前将炼油能力从每日490万桶提升到800—1000万桶，为此在本土和全球各地大量收购炼油股权或计划新建炼油厂。在化工领域，阿美也将投入重注。阿美首席执行官阿明·纳赛尔指出印度人每年人均使用10千克的塑料制品，仅为加拿大人的十分之一，认为发展中国家生活水平提升将拉动化工产品消费，带来光明的市场前景——阿美认为到2030年，化工产业将占石油需求增长的1/3。② 2019年3月，阿美签署协议，斥资690亿美元收购沙特基础工业公司（SABIC）70%股份，上演"国家石油公司"收购"国家化工公司"的巨头整合。此前，沙特基础工业是全球第四大化工企业，年产石化产品6200万吨，远高于阿美的1700万吨。③ 阿美希望在收购完成后（还需等待各国反垄断部门批准），借整合基础工业来加强本公司的化学制品部门。阿美收购基础工业，业界一般认为对阿美而言有利有弊。利的一面是可以得到基础工业的专业人才、化工专利和全球营销网络，并消除两家巨头间的竞争，弊的一面是基础工业的价值有高估之嫌，而收购将令阿美的业务和人员都更为冗杂——由于沙特政府对保就业的强调，阿美将很难进行大规模裁员。

阿联酋的阿布扎比国家石油公司（ADNOC，中文名阿德诺克，一般简称阿国油）长期是中东最保守的石油公司之一，但自2016年苏尔坦·贾比尔新任CEO后，该公司的转型步伐明显加快。公司更新后的2030年战略将"更有利可图的上游业务、更具价值的下游业务、更可持续的经济天然气供应"列为战略目标，冶炼、石化及化肥部门日益受重视。公司计划将化工产品的产量从2016年的450万吨提升至2025年

---

① 《四个视角看阿美 利润全球居首》，《中国石油报》，2019年5月14日。
② See "Saudi Aramco looks east," *The Economist*, Apr 17th, 2019.
③ "Saudi Arabia's SABIC sticking with growth plans, will discuss synergies with Aramco," https://www.arabnews.com/node/1474626/business-economy. （上网时间：2019年6月30日）

的 1140 万吨。① 为此，阿国油已于 2018 年宣布会投资 450 亿美元，在西部工业小镇鲁韦斯（Ruwais）打造"石化硅谷"，与众多国际化工巨头合作，生产品类繁多的化工产品。

其他海湾国家的国家石油公司也在将重心转向下游。科威特石油公司在 2040 年战略中提出，到 2035 年，要将炼油能力从每日 93.6 万桶提高到 200 万桶，为此启动了炼厂的新修和扩建。卡塔尔石油公司曾多次取消与国际石油公司合资的化工项目，但为了配合其天然气增产计划，该公司 2018 年 5 月宣布再次重启在拉斯拉凡新建大型石化联合体的计划，提出在 2025 年实现乙烯年产量 160 万吨。2019 年 6 月，卡塔尔石油与美国雪佛龙菲利普斯化学有限公司宣布将成立合资公司，共同建设年产能 190 万吨的乙烯生产设施，进一步提高了产能目标，项目将以卡塔尔天然气田的乙烷为原料，建成后将是中东最大的乙烯生产设施。② 发展化工行业，既可以充分利用中东国家低廉的油气成本，又能够带来一定的制造业中高薪就业，正在日益受到中东各国特别是海湾国家的重视。

除了炼化领域外，各国家石油公司为提升产能、节约成本和降低排放，也明显加大了对科技的投入。沙特阿美是其中的佼佼者，拥有一些世界领先的石油工程技术。2018 年，沙特阿美在美国获得了 230 项技术专利，是 2013 年的 57 倍，其实验室雇佣的科学家也翻番至 1300 人。③ 阿美的主要研发方向是成熟油田稳产技术、工业革命 4.0 与油田的智能化管理与节能减排等。由于阿美被视为全球碳排放最大企业，一些战略投资者甚至因气候变化考虑拒绝购买阿美股份，因此控制碳排放的技术日益获得重视。2018 年，阿美的碳排放强度为每桶油当量 1.2 千克二氧化碳，天然气放燃率低于 1%，均处于世界领先水平。④

---

① 《阿布扎比国家石油公司总裁公布 2017 年务实改革计划》，阿联酋使馆经参处网站，http://ae.mofcom.gov.cn/article/jmxw/201701/20170102497765.shtml.（上网时间：2019 年 6 月 30 日）

② "Qatar Petroleum and Chevron Phillips Chemical plan new world–scale ethane cracker in Qatar," June 24, 2019, https://www.woodmac.com/press–releases/qatar–petroleum–and–chevron–phillips–chemical–plan–new–world–scale–ethane–cracker–in–qatar/.（上网时间：2019 年 6 月 30 日）

③ "Oil Giant Saudi Aramco Wants to Become a King of Patents," Aug. 28, 2018.

④ Saudi Aramco, *Saudi Aramco Corporate Overview September* 2019, November 2019, p.6.

第十二章　中东能源转型的态势与走向

二、油气金融化：发债、上市等系列资本运作

2014年油价走低后，中东各国的经济形势和财政状况普遍吃紧，而为促进经济多元化转型又需要进行大手笔投资，仅沙特的NEOM新城项目预计投资就高达5000亿美元，大部分均需沙特政府提供。与企业缺钱时考虑发债和上市等资本运作的逻辑类似，一些国家也开始希望利用国际资本市场筹措资金，而国家石油公司的资产则显然是最有吸引力的投资标的。

沙特阿美上市是近年来中东能源界最吸睛的事件之一。2016年1月，时任沙特副王储小萨勒曼突然宣布，会将沙特阿美5%的股份上市。以小萨勒曼所希望的2万亿美元估值计算，阿美上市将会为沙特政府筹资1000亿美元，成为史上最大首次公开募股（IPO）。这也将令阿美在20世纪实现国有化后，首次有沙特政府以外的股东。IPO所获资金都将被收入沙特的主权财富基金"公共投资资金"（Public Investment Fund, PIF），用于在沙特国内外进行投资，从而推动沙特经济的多元化转型。因此，阿美上市也被视为是沙特"2030愿景"经济改革的压舱石与风向标。① 与"2030愿景"一致，阿美上市的进程也不断遇到曲折和反复，至2019年年底，一些基本问题正逐步明朗。②

一是上市与否与上市时间。在2017—2018年油价较高的时段，阿美上市屡次被传叫停，原因是国王及王室不愿让信息被披露。沙特能工矿部部长兼阿美董事长哈立德·法利赫则不愿给出明确的上市时间表，其公开宣布的上市时间也不断推迟，似乎反映出以法利赫为代表的能工矿部技术官僚和阿美管理层对上市的保留态度。但在沙特王储小萨勒曼的强势推动下，2019年8月能工矿部被拆分为能源和矿业部，9月法利赫先后被解除了阿美董事长和能源部长职务，小萨勒曼的异母兄长阿齐兹接任能源部长，力推阿美上市的沙特主权财富基金主席亚西尔·鲁梅延接任阿美董事长。在"不换思想就换人"的威慑下，阿美上市进程加速明显，已宣布将

---

① See Samantha Gross "The Saudi Aramco IPO is a game – changer for the Saudi economy," June 6, 2017, https：//www.brookings.edu/blog/markaz/2017/06/06/the – saudi – aramco – ipo – is – a – game – changer – for – the – saudi – economy/.（上网时间：2019年6月30日）

② "TIMELINE – Saudi Aramco's winding road to an IPO," November 3, 2019, https：//www.cnbc.com/2019/11/03/reuters – america – timeline – saudi – aramcos – winding – road – to – an – ipo.html.（上网时间：2019年11月5日）

于 2019 年 12 月正式上市。

二是上市地点。阿美曾宣布将在沙特国内和国际市场分别上市，纽约、伦敦、香港和日本交易所都曾跻身热门上市地点竞争者。同时，阿美也在探索将股份直接出售给国际石油公司或主权基金等战略投资者。但纽约上市可能令阿美面临重大法律风险，因为美国法律允许恐怖主义受害者起诉外国政府（"9·11"袭击的 19 名劫机者中 15 名为沙特阿拉伯人），此外，阿美也可能因为执行产油国联合减产协议而面临反垄断诉讼。英国"脱欧"和大规模抗议则令伦敦和香港交易所遭受质疑，两地均被从候选名单中排除。最终，东京脱颖而出，据《华尔街日报》报道，阿美决定将分两阶段执行上市，第一阶段于国内上市，第二阶段则在 2020 年或 2021 年在东京上市。[①] 阿美已宣布在 2019 年 12 月在沙特首都利雅得的证券市场所发行总股本的 1.5%，共 10 亿股，其中 0.5% 可以发售给个人投资者，但尚未透露战略或机构投资者的合作详情。

三是公司的估值问题。沙特王储小萨勒曼坚称阿美的市值高达 2 万亿美元，但分析师给出的估值多数在 1 万亿—1.5 万亿美元。为了提振市值，沙特政府与阿美进行了种种尝试。阿美连续展开大额收购，做大资产，承诺每年派发的股息不低于 750 亿美元，沙特政府则将阿美盈利上交政府的比例从 85% 降低至 50%。[②] 2019 年 11 月，沙特官方公布了阿美国内上市的指导价格，对应的阿美总市值约为 1.6 万亿—1.7 万亿美元，预计募集资金在 250 亿美元左右。[③] 这一估值水平低于王储目标，但仍明显高于市场预期，体现了阿美的自信。

四是透明度问题。阿美近几年通过财报、招股说明书等形式，晒出了部分家底，包括经第三方审计的石油储量、2018 年全年与 2019 年按季度的营业收入和利润及上交政府的比例与数额等，回应了投资者的主要关切。2019 年 4 月，阿美首次面向国际市场发债，引发抢购热潮。由于市场反应热烈，阿美还临时扩大发债规模并降低了利率，最终其成功发行 120

[①] "Aramco Proposes Two - Stage IPO, Shunning London, Hong Kong," August 29, 2019, https://www.wsj.com/articles/aramco - proposes - two - stage - ipo - shunning - london - hong - kong - 11567084503.（上网时间：2019 年 9 月 30 日）

[②] 《IPO 一大"路障"高税率问题已解决，沙特阿美下调税率提高估值》，《中国能源报》，2017 年 4 月 3 日。

[③] https://www.cnbc.com/2019/11/17/saudi - aramco - ipo - set - to - value - company - up - to - 1point7 - trillion.html.（上网时间：2019 年 12 月 1 日）

亿美元债券，吸引认购超 1000 亿美元，创下新兴国家债券市场需求的纪录。① 发债取得的巨大成功，也加强了沙特阿美对整体上市的信心。

阿布扎比国家石油公司同样开始展开系列资本运作，但其态度相对谨慎，采取的是"小步快走"策略。2017 年 11 月，阿国油史上首次发行债券，募集 30 亿美元用于后续投资，并获得 3.5 倍的超额认购。2018 年 11 月，阿国油也进行了 IPO 试水，在国内证券交易所将其负责零售业务的子公司 10% 的股份上市，总值约 8.5 亿美元，获得了超 22 倍的认购，显示了市场对阿国油前景的看好。②

三、改革深水化：削减能源补贴

众所周知，能源补贴是中东的一个老大难问题。补贴后的廉价电力与燃料是民众的天然福利，也是政权合法性的重要来源。20 世纪 80 年代至 21 世纪初，国际油价持续低迷，中东多国都出现了严重财政困难，政府却也不敢轻易削减补贴，就是怕引发民怨，威胁稳定。随后，各国国内能源消费继续快速增长，补贴所耗费的经济资源也水涨船高。根据世界银行的统计，2013 年中东人口占全球的 5%，能源补贴却占全球的 48%，总额高达 2500 亿美元，占产油国 GDP 高达 10%。能源补贴挤占过多经济资源，成为经济发展的巨大障碍。③ 能源补贴的效率同样备受质疑。补贴后的廉价电费、油费和水费（海湾等国淡水高度依赖油气发电驱动的海水淡化，所以实质上在"用油变水"，所以水费也是能源补贴问题的一部分），令居民养成了大手大脚的习惯，高排量汽车流行，人均水电消费远高于同等经济发展水平的国家。工业生产虽然能得益于廉价能源与原料，但产出有时却令人失望。例如，伊朗财政每年为水泥行业消耗的天然气提供 21.5 亿美元补贴，但水泥行业 2018 年的总收入只有 3.75 亿美元，令人发出补贴到

---

① "Aramco sells ＄12 billion bonds out of record ＄100 billion demand," April 9, 2019, https：//www.reuters.com/article/us－aramco－bond－demand/aramco－sells－12－billion－bonds－out－of－record－100－billion－demand－idUSKCN1RL0NF.（上网时间：2019 年 10 月 5 日）

② "Adnoc Distribution prices the largest Abu Dhabi IPO in 10 years," https：//gulfnews.com/business/markets/adnoc－distribution－prices－the－largest－abu－dhabi－ipo－in－10－years－1.2137571.（上网时间：2019 年 6 月 5 日）

③《世行呼吁中东北非国家改革能源补贴政策》，驻阿联酋经参处网站，2014 年 11 月 16 日，http：//ae.mofcom.gov.cn/article/jmxw/201411/20141100798206.shtml。（上网时间：2019 年 6 月 5 日）

底是支撑还是阻碍经济发展的疑惑。①

2014 年后,各国终于开始大幅削减补贴,汽油、柴油、天然气、电价等随之大幅上涨。海湾国家涨价的特征是基数低,涨幅大,单次涨幅动辄 50%－100%。除科威特外,沙特、阿联酋、卡塔尔、阿曼、巴林的汽油价格均已接近国际水平,但普遍对柴油仍有相当补贴,其中以沙特的补贴额度最高。各国连年提高民用和商用水电价格,沙特、巴林、阿曼等国商用天然气定价大幅上升。由于各国已经或很快将在史上首次开征增值税,电力和燃料价格会随之进一步上升。埃及、伊朗和阿尔及利亚是三个大幅削减了补贴的中低收入国家。埃及汽油 2014 年、2016 年、2017 年和 2018 年分别上涨 60%、47%、55%、50%,从约每升 0.2 美元涨到 2019 年的超过 1.4 美元,柴油亦连年上涨,从每升 0.4 美元涨到 1.7 美元,居民累进制电费的最低档则从 2015 年的每度 0.42 美分连年上涨到 2019 年的 1.68 美分。阿尔及利亚 2015 年燃油涨价 23%,2018 年涨价 18%。伊朗 2015 年汽油和柴油涨价 20%,2019 年涨价 8%。②

需要指出的是,单纯的缺钱并不能解释本轮削减补贴,因为卡塔尔、科威特等海湾富国财政压力其实不大,而中东整体的经济状况也要好于 20 世纪 80 年代。更重要的一些驱动因素包括:各国担忧国内能源消费挤占油气资源出口,最终会威胁到整个制度的经济基础,于是选择暂时削减部分福利;国际货币基金组织(IMF)与世界银行等外部机构一贯反对补贴,为此积极游说中东国家政府;地区动乱令各国领导者更有理由要求公民做出牺牲;多个地区国家政治领导人更迭,新一代领导人更希望革除旧弊等。③

这轮补贴削减之所以迄今还在持续,最重要的原因就是各国多措并举,一定程度上缓解了民意不满。沙特设立"公民账户计划",向符合条

---

① "Iran's huge energy subsidies: supporting or battering the economy?", July 28, 2019, https://www.tehrantimes.com/news/438654/Iran-s-huge-energy-subsidies-supporting-or-battering-the-economy.(上网时间:2019 年 9 月 5 日)

② See Jim Krane, *Too Much of a Good Thing: Subsidy Reform and Tax Increases Defy Academic Theory*, Rice University's Baker Institute for Public Policy Research Paper, September, 2019, pp. 6, 12-13.

③ Jim Krane, Francisco J. Monaldi, *Oil Prices, Political Instability, and Energy Subsidy Reform In Mena Oil Exporters*, Rice University's Baker Institute for Public Policy Research Paper, May, 2017, p. 4.

件的中低收入公民提供物价补贴，符合条件的家庭每户每月可获得 80 - 250 美元，所有公职人员也能获得特别津贴。2016 年 4 月，由于水费上涨引起民众强烈不满，沙特国王还免去了水电大臣的职务。阿联酋、科威特等国则坚持内外有别，对外籍人员的加价幅度远高于本国公民。埃及、阿尔及利亚等国军方势力强大，伊朗由神权领袖治国，三国官方强力镇压削减补贴引发的社会抗议，同时通过扩大其他社会福利、配额制内保持优惠价格等措施，稍微降低了改革对中低收入群体的冲击。从现有态势看，尽管多数民众反对削减补贴，不满价格上涨，但并未因此激烈反对政府，廉价能源对社会稳定乃至政权安全的重要性似乎并没有此前估计的高。

2017 年以来油价相对回升，但除阿尔及利亚、阿曼等国曾因大选或示威暂停削减补贴或调低能源价格外，多数国家迄今在坚持削减补贴。如果说阿美上市是中东能源转型在供给侧的风向标，那削减补贴就是在消费侧的晴雨表。对于西方投资者来讲，一般都会把是否大幅、持续削减补贴作为衡量中东国家是否真诚推进改革的重要指标。世行、IMF 对各国的削减补贴给予了高度肯定。埃及在削减补贴上的努力受 IMF 肯定，是 IMF 向其发放 120 亿美元贷款的重要前提。世行则直接指导并推动了埃及的能源补贴削减。2015 财年，埃及的教育和卫生支出之和首次超越了能源补贴，被世行视为重要成就。[①] 但削减补贴客观上增加了民众生活成本，一旦与其他不利情势如高失业、公共服务恶劣等情势叠加，就可能引发社会动荡。2019 年以来，中东多地出现 2011 年西亚北非局势动荡后最大规模抗议浪潮，苏丹、阿尔及利亚和黎巴嫩等国领导人均被迫下台，这为后续的补贴改革增加了新的不确定性。

四、深化国际合作

深化国际合作也是中东各国实施能源转型的重要内容，这种合作既包括产油国之间的抱团取暖，也包括抓牢主要油气资源买家。中东特别是海湾国家为此采取的策略就是与合作伙伴加深利益捆绑，并愿意为此进行利益置换乃至"让利"，具体做法则是打造产油国减产"准联盟"，同时加强与其亚太客户的双向投资。在与产油国的合作上，沙特牵头欧佩克，与非欧佩克国家成功实施了联合减产。历史上，中东产油国在油价下行时曾采

---

① *Energy Subsidy Reform Facility Country Brief: Egypt*, World Bank, March 2017, p. 3.

取过两大策略。策略一是减产保价，即在欧佩克平台通过联合减产来提振油价。但这样会令石油进口国转向非欧佩克国家购买石油，令欧佩克损失市场份额。此外，一些财政状况不佳、严重依赖石油的成员国往往超产，而沙特、阿联酋、科威特等海湾富国为了避免供应进一步过剩，只能超额减产，接受"被搭便车"。20世纪80年代，沙特一度被迫减产2/3，其对欧佩克的主导地位也部分是通过这种自我牺牲实现的。① 策略二是低价保额，即利用产油成本低的优势，接受低油价甚至主动开打价格战，迫使产油成本更高的竞争对手退出市场。2014年油价下跌之初，欧佩克曾一度拒绝限产，主要原因就是沙特希望尽可能打击美国页岩油厂商，并且一直坚持其地区宿敌伊朗也必须减产（伊朗曾因受美国制裁，因此要求获得豁免）。

形势比人强。随着油价进一步降低，财政压力日益增大的沙特开始放弃低价保额，转向减产保价。为了在达到足以支撑油价的减产数量时减少市场份额损失，沙特以及欧佩克需要争取与非欧佩克国家联合减产，尤其是其中产量较大且政府能决定产量的国家，比如石油产量高居全球前三的俄罗斯。鉴于俄罗斯此前一贯不愿加入联合减产，以及其相对沙特远为吃紧的财政状况，为了拉俄罗斯入伙，沙特与欧佩克实际上做了相当的大的让步。在沙特的努力下，沙特与俄罗斯就联合减产达成共识，并随后分别牵头欧佩克与非欧佩克产油国，实施共同减产。2016年12月，欧佩克与俄罗斯、哈萨克斯坦、墨西哥、阿曼、阿塞拜疆等其他11个产油国达成"欧佩克+"（OPEC Plus）协议，约定欧佩克各国每日共减产120万桶，非欧佩克国家共减产60万桶。这是欧佩克成立8年来，以及欧佩克与非欧佩克产油国15年来首次同意联合减产，欧佩克官方称其为"历史性协议"。② 此后，"欧佩克+"集团数次延长减产协议，2018年12月将减产量调整为相对2018年10月产量每日减产120万桶，其中欧佩克减产80万桶，俄罗斯等非欧佩克成员40万桶。2019年7月，各国已同意将120万桶的减产水平维持到2020年3月。2019年12月，"欧佩克加"再次加大石油减产力度，决定在2020年一季度在每日120万桶减产的基础上再增加

---

① 陈卫东：《"千万桶俱乐部"强强博弈"维也纳联盟"替代欧佩克?》，《国际石油经济》，2019年第1期，第8—10页。

② OPEC Bulletin Commentary November - December 2016, p. 5. 欧佩克各成员国的减产指标载于35页。欧佩克当时14个成员国中印尼已宣布将暂停在欧佩克的活动，利比亚和尼日利亚获得豁免，而伊朗事实上还被允许小幅增产。

50万桶，其中欧佩克国家每日再减产37.2万桶（沙特承担16.7万桶），非欧佩克国家减产13.1万桶（俄罗斯每日7万桶）。在上述强制性减产目标之外，沙特等国还愿追加减产每日40万桶，令"欧佩克+"的实际减产数额可以达到210万桶。①

多少出乎外界预期的是，"欧佩克+"集团的减产协议执行水平较高。根据彭博社的统计，2019年1-9月，欧佩克的减产执行率在89%-286%浮动（286%是因9月沙特石油设施遭袭，一度损失国内总产量的一半），平均达149%。非欧佩克国家的执行情况稍差，但整体执行率也高达111%。② 这种成就，可说是"人努力，天帮忙"的结果。首先，各国吸取教训，专门成立了部长级的监督委员会，按月督促各国履行承诺，对超产者形成更大的政治和舆论压力。沙特则再次承担了超额减产的任务。例如其承诺每日减产32万桶，但实际上平均减产超过100万桶，撑起了整个欧佩克的减产执行率。其次，部分产油国因各种原因，并不具备增产和稳产的客观条件。安哥拉、阿尔及利亚等由于油田枯竭、投资不足等原因，产量本身已在下降。委内瑞拉、利比亚因国内形势动荡，伊朗因受美国制裁，产量均有大幅下滑，目前已被豁免可以不参加减产。这些国家的产量损失客观上拉低了欧佩克的整体产量。最后，美国页岩油由于运营、地质和盈利等多重原因，其产量增速自2019年后已经下降，③ 客观上有利于油价回升，令各国更有动力坚持减产。根据牛津能源研究所的研究，所有产油国都从减产中获得了实际利益，从而更有动力将减产坚持下去。

值得一提的是沙特为了维护联合减产所采取的策略，特别是如何将俄罗斯留在减产联盟内的。除了一贯的超额减产外，沙特有意允许俄罗斯以小得多的贡献，获得与沙特相若的领导地位。俄罗斯最初的减产配额只有23万桶，而且还在不时超产，2019年1-9月平均减产执行率只有73%。

---

① 《"欧佩克+"产油国加大石油减产力度》，新华社，2019年12月10日，http://www.xinhuanet.com/energy/2019-12/09/c_1125322946.htm。（上网时间：2019年12月10日）

② "Saudi Attacks Pushed OPECDeeper Into Oil-Cuts Compliance," October 22, 2019, https://www.bloomberg.com/graphics/opec-production-targets/.（上网时间：2019年11月5日）

③ "Shale Boom Is Slowing Just When the World Needs Oil Most," September 29, 2019, https://www.wsj.com/articles/shale-boom-is-slowing-just-when-the-world-needs-oil-most-11569795047.（上网时间：2019年10月5日）

事实上，非欧佩克国家的整体减产执行率是靠俄罗斯以外的产油国超额减产来实现的。美国能源专家迈克莫尼格指出，俄罗斯人对减产的贡献"微不足道"，但沙特认为需要让市场相信，俄罗斯在发挥对减产国集团的领导作用，从而保证这一机制的持续。同时，沙特也在努力将整个"欧佩克+"机制长期化、常态化乃至实体化，直至升级为有较强约束的"维也纳联盟"（Vienna Alliance，维也纳是欧佩克总部所在地，也是联合减产协议达成的地点）。美国智库中东研究所学者劳夫·玛玛多夫认为，沙特希望将"欧佩克+"的减产协议保持20—30年，并且要加入带有强制性的减产条款。① 这一观点，可以从"欧佩克+"机制的演化中得到佐证。在2016年年底决定减产之初，"欧佩克+"各国达成的是"合作宣言"（Declaration of Cooperation）。在沙特的大力推动下，各国能源部长已经在2019年7月通过了"合作宪章"（Charter of Cooperation），并交由各国批准。从"宣言"到"宪章"，体现了欧佩克对加强集体行动强制性的孜孜追求，欧佩克秘书长巴金多甚至将"宪章"比作"天主教婚姻"（不允许离婚），称其有效期是"永久的"。加拿大皇家银行资本市场首席商品策略师克罗夫特则称宪章的诞生消除了沙特与俄罗斯合作能否持久的疑问。②

在与客户强化合作上，中东各产油国则普遍与亚太客户进行股权合作，加强利益捆绑。沙特的主要策略是入股和投资亚太炼化项目，提前锁定市场份额。沙特阿美近年对亚太炼化的投资可用狂飙突进、眼花缭乱形容。2017年2月，阿美与马来西亚国家石油公司达成协议，投资70亿美元在马来西亚柔佛州毗邻新加坡的地区建设大型炼油厂和石化项目，占股50%。项目炼油能力为每日30万桶，阿美提供其所需原油的50%，并可选择增加至70%。③ 2018年，阿美与阿布扎比国家石油公司与印度三家石油公司组成的财团达成协议，将在印度马哈拉施特拉邦建设巨型炼化项

---

① Rauf Mammadov, "Putin's visit to Riyadh could help shape the next chapter of Russia - Saudi relations," October 9, 2019, https：//www. mei. edu/publications/putins - visit - riyadh - could - help - shape - next - chapter - russia - saudi - relations. （上网时间：2019年11月5日）

② "Saudi - Russian Oil Fling Becomes a Marriage to Last an 'Eternity'," https：//www. bloomberg. com/news/articles/2019 - 07 - 02/saudi - russian - fling - becomes - marriage - with - oil - deal - to - eternity. （上网时间：2019年11月5日）

③ 《沙特阿美对柔边佳兰炼油石化区注资99亿》，联合早报网，2017年7月28日，http：//beltandroad. zaobao. com/beltandroad/news/story20170228 - 729928。（上网时间：2019年6月5日）

第十二章　中东能源转型的态势与走向

目,日炼油能力120万桶,年产化学产品1800万吨。项目总值高达440亿美元,阿美与阿布扎比国家石油公司占25%股份。① 2019年2月,阿美宣布将与中国北方工业和辽宁国企盘锦鑫诚成立合资企业,建设总投资额100亿美元的综合炼化项目,其中炼油能力30万桶,阿美占股35%并提供项目所需70%的原油供应,预计项目将于2024年投产。② 同期,阿美也拟收购浙江石化舟山炼厂(日炼油能力80万桶)9%股权,同时将利用后者的储油设施,从而可以更快响应、更好服务亚洲客户,未来也可能参与新建炼油能力每日40万桶的新项目。4月,阿美收购韩国现代石油银行大山炼厂(日炼油能力65万桶)17%股权。8月,阿美与印度信实工业达成协议,斥资150亿美元收购后者化工业务20%股权,而信实则将从阿美购买的原油翻番至每日50万桶。③ 正如《经济学人》杂志所说,阿美像在"挥洒五彩纸屑"般进行在亚洲下游项目的投资。这种做法其实是阿美此前在北美积极入股或收购炼化项目的翻版,以确保这些项目反过来能长期、稳定和大量购买阿美出产的原油。但其在亚洲出手如此雷厉风行,或是要趁亚太炼化行业相对低迷之际"抄底"。例如,接受阿美入股的印度信实目前债务负担沉重,亟待利用阿美资金还债,更可能向阿美做出让步。同时,这也折射了阿美对原油市场供应可能进一步宽松、买方市场或将加速到来的预期。一些观察家注意到,阿美在其上市过程中已经首次公开承认石油需求将会出现"峰值"。

阿联酋与亚洲客户加强利益捆绑的方式则是将上游资产权益销售给对方。与沙特阿美基本垄断了本国的勘探开发不同,阿布扎比国家石油公司长期向外企开放上游领域,而且其多个主要油气田的长期特许经营权正好集中在2014-2018年到期。负责管理该国油气事务的阿联酋石油最高委员

---

① "India Picks New Site For ＄44B Aramco - ADNOC Mega Refinery," June 19, 2019, https://oilprice.com/Latest - Energy - News/World - News/India - Picks - New - Site - For - 44B - Aramco - ADNOC - Mega - Refinery.html. (上网时间:2019年6月5日)

② 《沙特阿美与北方工业集团公司、盘锦鑫诚签约 设立中国最大的中外合资企业》,2019年2月22日,https://china.aramco.com/zh/home/news - and - media/press - releases/saudi - aramco - signs - agreement - to - form - largest - sino - foreign - joint -.html. (上网时间:2019年6月5日)

③ 《沙特阿美斥资150亿美元收购印度信实20%股份》,中国驻沙特阿拉伯使馆经商处网站,2019年8月18日,http://sa.mofcom.gov.cn/article/jmxw/201908/20190802894832.shtml. (上网时间:2019年9月5日)

会决定借机将部分权益转授亚洲公司。阿布扎比陆上石油公司（ADCO）控制的油田日产油160万桶，在2014年前由阿国油控制60%权益，其余由道达尔、英国石油、埃克斯美孚和壳牌持有。此后埃克斯美孚和壳牌没有再续约，其持有的约20%权益在2015－2017年被转售给中国（12%）、日本（5%）和韩国（3%）企业，有效期为自2015年1月起算的40年。[1] 此后，阿布扎比国家石油公司也将一些海上油气区块的权益出售给了中国、印度等国的公司，进一步凸显了公司的"向东看"战略。

第三节　问题及前景

在评价中东经济多元化和能源转型的效果时，不同机构往往给出不同的评价。国际货币基金组织、世界银行一般愿意肯定其成就和进展，认为非油经济增速更快、占比提升，能源补贴改革也得到实际推动。智库和商界人士却多表达失望情绪，指其知易行难、言多于实。这涉及以哪种标准来衡量效果。与过去的不紧不慢相比，中东近年来在开发清洁能源、深入挖掘油气资源价值上都有实际动作，体现了进步的一面。但如果就实现其宣称的经济非油化目标而言，现有的进展则无法令人满意。一些长期性、结构性的制约因素依旧存在，导致中东的能源转型没有进行得更快、更顺利。

第一，多数国家对发展非油经济和实现经济多元化的紧迫性认识不足。中东产油国多数是"地租型国家"，政府通过高福利、高薪公职、低税收和廉价能源，与公民分享石油财富，换取他们放弃政治权利。[2] 历史上，每逢油价出现大规模下跌，都会暴露这种模式的脆弱性，促使各国出台种种经济规划，想要降低经济对石油的依赖。然而，几十年来的改革及其停滞表明，许多国家对危险的认知并不如其宣称的迫切。一旦形势好转，警报解除，改革就可能裹足不前，甚至重走老路。本轮转型中，中东多数改革措施都出台于油价最低的2015—2016年，而在2017—2018年油价回升后，不少国家觉得"最坏的时候已经过去"，又开始推迟改革，重

---

[1] "Abu Dhabi looks to Asia to take up oil concessions," March 21, 2017, https://asia.nikkei.com/Politics/International－relations/Abu－Dhabi－looks－to－Asia－to－take－up－oil－concessions. （上网时间：2019年6月5日）

[2] 丁隆：《阿拉伯君主制政权相对稳定的原因探析》，《现代国际关系》，2013年第5期，第39－40页。

第十二章 中东能源转型的态势与走向

走老路。沙特在 2016 年公布"2030 愿景"之后，能工矿部长曾表态会压缩新能源发电占比，并代之以天然气，政府也将实现财政平衡的目标从 2020 年延迟到 2023 年。科威特等国也将征收增值税的时间推迟到 2021 年，令政府收入继续依赖于石油出口。有的石油进口国则是发现可观油气资源后，又将注意力从新能源转回传统能源。埃及在太阳能和风能上曾十分积极，但在地中海海域发现巨型天然气田后，有望重新成为天然气出口国，其能源政策重点已迅速转向打造东地中海天然气生产与出口枢纽。①

同时，不少国家仍然有较为充分的财政空间、借债能力与外来援助，能令它们维持"生意照旧"的能源与经济模式。许多分析都使用"收支平衡油价"（Breakeven oil price）来衡量各国的财政状况，指出在 2014 年以前，除了卡塔尔、阿联酋和科威特以外，中东国家普遍需要油价在 100 美元以上才能实现收支相抵。即便各国控制开支，也很难在 60 美元左右的油价上实现平衡。然而，这种分析多少忽略了各国尽管收入减少，却仍有较强的承受赤字能力。海湾国家中除阿曼和巴林外，各国都有巨额外汇储备和主权财富基金。阿曼和巴林则可以从其他君主国获得援助。所以，在两国主权信用均已掉入垃圾级后，它们仍旧能继续向外借款。阿尔及利亚、伊拉克、利比亚等产油国的债务水平都不高，靠借债度日不是不可想象，并且由于这些国家在反恐、控制难民潮等方面的突出作用，能从国际社会获得可观国际援助。

中东国家中，迄今只有阿联酋较为成功地主动摆脱了经济对石油的依赖。这得益于阿联酋很早就投入巨资发展转口贸易、旅游、航空等行业，并一直坚持对外资友好的政策，营商环境常年被世行列为中东第一、全球前三十。早在高油价时代，阿联酋便顶住国内压力，降低了对国内能源价格的补贴，并且在本国油气储量丰富的情况下，仍然大力发展新能源，甚至宣称"随时准备告别最后一滴石油"。② 但是，阿联酋的成功在中东是特例而不是普遍情况。卡塔尔、科威特等国的人均油气出口收入甚至高于阿联酋，但两国并没有在经济多元化上取得更大进展，这也佐证了没有倒逼压力时，改革的成功并非易事。《经济学人》2018 年评论，中东整体上并

---

① Clifford Krauss and Declan Walsh, "Egypt Looks to Offshore Gas Field for Growth and Influence," *The New York Times*, March 11, 2019.

② 王俊鹏：《阿联酋随时准备告别最后一滴石油》，《经济日报》，2019 年 10 月 16 日。

未对低碳经济做好准备，其发展新能源的主要动力仅限于节约国内油气消费。① 英国皇家国际事务研究所甚至指出，包括中东产油国在内的国际能源市场的"建制派"（Energy Establishment）倾向于高估市场对石油的需求，低估全球新能源的部署速度，并错判石油的"需求峰值"会更晚到来，一些国家采取行动已为时太晚。②

第二，现有的经济社会环境对非油经济与清洁能源存在结构性制约。在中东能源转型的过程中，经济与社会的一些结构性缺陷暴露得更加明显：一是经济对相关产业已经形成路径依赖。对中东产油国而言，无论是对外出口油气，还是发展炼油、化工和电解铝类的能源密集型行业，在经济上均拥有比较优势，因而也最容易获得成功。但这会造成强大的发展惯性，挤占其他领域的投资引发典型的"荷兰病"困境。例如，沙特能源部部长一般均由出身阿美的技术官僚担任，他们更愿意将能源产业投资重点放在其熟悉且擅长的提升产量、发展化工和海外收购上，却可能会错过更具开创意义的技术突破。美国莱斯大学贝克公共政策研究所能源政策研究员克雷恩在2019年9月指出，沙特对石油的依赖一如既往地强劲，只是转向更多依赖其附加值。③ 二是私人与外企投资不足且较难提升。中东各国一般均在经济中发挥主导性作用，在能源领域尤其如此。根据阿拉伯石油投资公司（APICORP）的统计，在中东能源领域的投资中，各国政府出资平均占比高达78%，只有摩洛哥、突尼斯和约旦三个国家在60%以下。④ 由于各国政府的开支很大程度上仍然与油价挂钩，提升空间有限，并不足以支撑其能源转型所需，吸引外资和私人资本就成为必经之路。可是多数国家的营商环境并不理想，政策和法律欠缺稳定性。在能源产业中，盈利前景最好的项目往往限制对私人或外国投资者开放。更令人担忧的是产权保护和法治问题。2017年10月，沙特以涉嫌贪腐为名，突然将超过100

---

① "The Middle East and Russia are ill–prepared for a low–carbon future," *The Economist*, Mar 15th 2018.

② Paul Stevens, *The Geopolitical Implications of Future Oil Demand*, August 2019, p. 4.

③ "Old habits die hard: Saudi Arabia struggles to end oil addiction," Reuters, https://www.reuters.com/article/us–saudi–oil–aramco–analysis/old–habits–die–hard–saudi–arabia–struggles–to–end–oil–addiction–idUSKCN1UK0L4. （上网时间：2019年9月20日）

④ Arab Petroleum Investments Corporation, *MENA Annual Energy Investment Outlook 2019*, April 2019, p. 24.

第十二章　中东能源转型的态势与走向

名政商精英扣押在五星级酒店，不少人在与政府达成协议并缴纳罚款后获释，期间没有经过正式司法程序。沙特政府据传获得了超过1000亿美元的收入，却引发了私人和外国资本的大规模出逃。在这样的环境下，无怪乎APICORP在其2019年投资展望中承认，私人资本参与能源投资的比重始终比其预计的要低。三是发展清洁能源与中东的教育与就业现状相矛盾。中东是全球人口增速最快的地区之一，但其制造业基础薄弱，服务业也不发达，吸纳就业的能力有限，失业特别是青年失业问题日益突出。清洁能源作为资本和知识密集型行业，无法创造太多的就业岗位，从社会效应上难以得到政府全力支持。雪上加霜的是即便是有限的就业岗位，也无法适配中东当前的教育水平。沙特约2/3的大学毕业生获得的是"伊斯兰研究"学位，他们既不具备投身清洁能源行业所需的知识与技能，又不愿再从事诸如安装太阳能电板或者为其在沙尘暴后除尘的体力活。当前中东各国为了缓解失业问题，纷纷出台了限制外国人就业的举措，在本国技术人员和劳工供给不足的情况下，只会进一步限制能源产业的发展。四是，现有的政策框架并不能对新能源发展形成有效支撑。中东国家能源政策与监管框架基本上是围绕油气制定的，对新形势的适应性不足。阿拉伯石油投资公司首席经济师贝纳利表示，2019－2023年，中东发电领域的投资中，新能源比重已升到34%，但地区仍普遍缺乏对配套的电能储存、电网输送的政策与信贷支持。[①] 埃及的油气与新能源均由其能源部主管，但能源部的组织架构已经20年未有变化，在适应新形势上存在一定短板。

　　第三，中东地缘政治风险走高，多国国内政局不稳，对能源转型形成长期制约。2011年西亚北非局势动荡后中东陷入长期动荡，但战况最惨烈的叙利亚、也门不是主要产油国，利比亚石油出口受阻但其产量本身有限，伊拉克主要产油区未被"伊斯兰国"占领，伊朗、沙特断交后在欧佩克内仍继续合作。加之页岩油革命形成的宽松供应，中东能源行业对地缘政治风险一度"脱敏"。但是从2016年开始，情况明显变化，地缘政治风险开始迅速回升。一是，卡塔尔突然遭沙特等四国断交、封锁，迫使该国展开大手笔海外并购，并决意退出由沙特主导的欧佩克。二是，美国总统特朗普退出伊核协定，威胁要对所有与伊朗进行经贸合作的国家实施制

[①] "MENA power sector needs ＄209b investments to 2023," Saudi Gazette, July 17, 2019, http：//saudigazette.com.sa/article/572081/BUSINESS/MENA－power－sector－needs－＄209b－investments－to－2023.

裁，伊朗石油出口因此大幅下降，欧洲、印度众多厂商均宣布停止从伊朗进口石油。伊朗与第三国的能源投资合作也因美国的"长臂管辖"而大受影响，法国道达尔退出南帕斯巨型天然气开发项目。三是，伊朗为回击美国，在波斯湾扣押并涉嫌袭击油轮，受其支持的也门胡塞武装袭击行经曼德海峡附近的油轮和沙特本土石油设施。2019年9月，阿美两处关键石油设施遭导弹和无人机袭击，一度导致沙特石油产量减半，全球产量损失5%，直到数周后产量才逐渐恢复。沙特半官方媒体则公开呼吁盟友美国对伊朗采取"外科手术式"的空袭。从关键制度安排（欧佩克）到关键石油设施到再到关键运输航道，地缘政治风险对能源的冲击显然在升级、扩散。

东地中海的天然气开发则是一个遭到地缘政治干扰的具体案例。2009－2015年，以色列、塞浦路斯、埃及等国近海先后勘探出大量天然气，东地中海逐渐成为全球天然气开发的一大焦点。2019年1月，埃及、以色列、巴勒斯坦、约旦、塞浦路斯、希腊、意大利七国能源部长在埃及首都开罗召开会议，宣布成立名为"东地中海天然气论坛"（Eastern Mediterranean Gas Forum，EMGF）的区域性合作组织，目的是形成区域天然气市场，在满足地区国家国内消费的同时，利用埃及已有的液化气出口设施向欧洲出口天然气。① 2019年8月，该组织便召开了第二届部长级会议，展现了较高的活跃性。然而，同样在积极推进东地中海天然气勘探与开发上的土耳其，却被有意排除在该组织之外，原因是土耳其指责埃及总统塞西上台系"军事政变"，扶持塞浦路斯的土耳其族与希腊族对抗等，与该组织的多个成员国关系恶劣。但土耳其本身是重要的天然气消费国，又正在修建通往欧洲的输气管道，东地中海天然气合作的经济效益与前景则势必受损。而且，随着东地中海天然气田的发现，土耳其与塞浦路斯、以色列与黎巴嫩等国之间的海洋划界争端明显激化，对后续开发将造成不良影响。

地缘政治风险也令核能这样在其他地区已经大规模部署的新能源选项，在中东变得充满争议。伊朗、沙特等国的民用核能计划长期被西方质疑，指其不过是发展核武器的幌子，最终将引发地区核军备竞赛。伊朗核

---

① Simone Tagliapietra, "An opportunity for natural gas in the eastern Mediterranean," March 2019, http：//bruegel. org/2019/03/an－opportunity－for－natural－gas－in－the－eastern－mediterranean/. （上网时间：2019年9月30日）

第十二章　中东能源转型的态势与走向

项目的国际技术合作因美国制裁大受冲击。沙特作为中东最大经济体，核电计划屡屡出现延误，迄今只有一个科研用小型反应堆正在建设中。在不利的舆论环境中，以及可能成为敌国潜在攻击目标的威胁下（例如，以色列便曾威胁要空袭伊朗核设施），中东的核电项目往往被推到风口浪尖，难以获得正常发展的机会。

此外，自2011年以来中东多国内部出现武装冲突、政局动荡与经济困难，国家正常发展进程屡遭冲击乃至打断，能源转型自然也无法幸免。伊拉克能源行业的发展长期受制于国内政争，其石油行业依据地域和上中下游业务，分别由9家主要国有石油公司分别主导，协同欠缺，效率低下。2018年3月，伊拉克议会通过决议，拟建单一的专业性国家石油公司，但因议会选举、政府更替和最高法院判定法案违宪等因素，相关努力并未成功，能源产业发展仍旧受制于政策不稳与官僚主义。结果，伊拉克石油增产和天然气开发进度均明显落后于政府目标，政府无力吸引大额外国投资，只能先将精力放在一些中小项目上。[1] 利比亚出现"两个政府、两个议会"的政治分裂，双方于2019年爆发新一轮武装冲突，国际石油公司纷纷暂停在利比亚的活动，利比亚国家石油公司也有被一分为二的风险。对于这些国家而言，其能源产业的主要任务不是转型，而是维持现状乃至为生存而战。

对于一些政局相对稳定的国家，能源转型也可能成为政治斗争的舞台或者工具。沙特王储小萨勒曼在强力推动阿美上市之际，也借此强化了对阿美的掌控及个人权力。前能工矿部长法利赫为代表的出身阿美的技术官僚派，与以沙特公共投资基金主席鲁迈延为代表的金融运作派，展开了激烈的权力与影响力竞争，并影响到国内能源项目的部署实施。科威特议会在海湾国家中权力最大，甚至能推翻埃米尔的决议，但议会民粹主义色彩突出，对外资态度较为傲慢，会借阻挠对外合作来敲打政府。阿尔及利亚能源政策的掌门人成为国内各大政治势力的斗争焦点，2010－2018年先后有四任能源部长和六任国家石油公司（Sonatrach）CEO，2019年国家石油公司CEO又换了两次，能源政策随之在扩大开放、吸引外资与经济民族主

---

[1] Robert Mogielnicki, "One Year On, the Iraqi National Oil Company is Everything and Nothing," October 1, 2019, https://agsiw.org/one-year-on-the-iraqi-national-oil-company-is-everything-and-nothing/. （上网时间：2019年11月5日）

义之间来回摇摆,腐败丑闻也不断爆发,令外资望而却步。① 总之,中东地区的地缘政治与各国国内政局,对能源转型产生了持久而深刻的负面效用。

在种种复杂局面下预测中东能源转型的走向并非易事。但综合考虑长期以来的历史轨迹以及2014年以来的事态发展,以下几个场景会有较大概率出现。

首先,从纵向时间维度看,能源转型仍然会在曲折中前进,进展与反复均将持续存在。中东国家多数能认识到转型的必要性,为此制定雄心勃勃甚至颇为激进的新能源发展目标。对沙特、科威特、卡塔尔等家底丰厚的国家而言,如果领导人真正予以重视,相关项目能获得非常迅速的推进,沙特阿美的上市就是如此。同时伴随着时间推移,不少相关项目都会出现调整、削减甚至取消。阿拉伯石油投资公司的数据显示,中东能源投资的执行率一般不足40%,项目从计划走向落实的比重始终无法令人兴奋。这种低位徘徊既可能是出于各国对其需求和技术趋势有更深入的理解,但更可能是各国削减财政支出的结果。在战乱频繁、反政府抗议示威频发的中东,各国都可能被迫要将更多支出用于国防与安抚民意,预计会挤占能用于投资转型的资金,令转型面临更大的不确定性。

其次,从横向的地区比较看,各国在能源转型上的进度分化会进一步加剧。在中东能源转型的进程中,各国已经出现了明显分层。最上层是有转型意识,也有转型财力的国家。典型的是阿联酋,在高油价、低人口时代就成功降低了对石油的依赖。第二层是有财力、缺意识的国家。卡塔尔、科威特、沙特等家底丰厚,日子好过,改革动力不足。第三层是有意识、缺财力的国家。摩洛哥、约旦、埃及均属此类。它们尽管有较强的转型动力,但政府财力受限,如果外援和外资不足,就无法为一些必要改革进行投资。这些国家的民众也因收入偏低而更可能激烈反对削减补贴,令改革难以为继。最低层则是无意识也无财力的国家,特别是仍旧处于战乱或地缘政治冲突前沿的伊拉克、利比亚、叙利亚、也门等国,能源转型基本没有提上议事日程。各个层级之间本身差距已非常之大,如在沙特阿美的天然气放燃率已低于1%时,伊拉克仍高达50%–60%。当前,中东整

---

① Breaking Algeria's Economic Paralysis, International Crisis Group Middle East and North Africa Report No. 192, November 2018, p. 3. (上网时间:2019年9月20日)

体动荡持续，国际油价长期趋降。未来，已经实现或至少有能力推动部分改革的国家，自然会有更高的抗风险能力，而其他国家则将面临一步落后、步步落后的窘况，出现典型的"马太效应"。

最后，各国政府仍会牢牢把握转型进程。中东各国经济普遍有浓厚的计划色彩，政府的作用突出。能源对中东国家而言攸关经济命脉乃至政权存亡，是政府尤其要加强控制的对象。近年来，许多国家均曾提出要推动能源产业的自由化、私有化，但无论如何吸引私人资本和外资，各国政府都不愿放弃乃至放松对能源行业的主导权。沙特阿美只会拿出5%的股份上市交易，外部投资者基本不可能获得对公司治理的发言权，便反映了这种思维。从中东现有的能源转型方向看，要执行"欧佩克+"减产，各国产量就必须由政府控制。要发展有竞争力的化工行业，政府也需要确保其获得廉价的原料与燃料供应。无论是国家石油公司发债或是上市，节奏与幅度也均由政府控制。种种迹象指向的都将是更强力的政府控制。

第十三章

拉美国家能源转型特点及前景[①]

自20世纪70年代起,一些拉美和加勒比国家开启了能源转型进程,无论是在提高能源使用效率,还是利用可再生能源方面,都取得了不少成绩。这主要得益于拉美国家政府的高度重视和该地区得天独厚的可再生能源开发条件。但也面临不少问题,如能源一体化相对处于落后阶段、部分国家能源政策易受政局变化和经济形势影响等。尤其在当前复杂的形势下,拉美国家要继续推进能源转型仍然任重道远。

第一节 基本情况和特点

拉美地区能源转型起步较早,取得的成绩也较为突出。自20世纪70年代开始,一些拉美国家便开始探索可再生能源的开发使用,该地区的能源一体化进程也初现端倪。经过数十年的发展,目前拉美地区在能源转型方面已经走在了世界前列。

一、总体概况

从全球作为燃料的能源消费结构来看,中南美洲地区消费最多的能源是石油(44%),其次是水电(23%),第三位是天然气(21%)。[②] 北美地区石油消费占首位,但比例略低(39%),第二位是天然气(30%),第三位是煤炭(13%)。亚太地区煤炭消费达到48%,其次是石油(28%),第三位是天然气(12%)。(见图13-1)相比之下,中南美洲对水电的开发使用力度较大,能源结构更为合理。

从全球用于发电的能源结构来看,目前拉美地区对清洁能源的使用处于世界领先水平。仅从中南美洲来看,水电发电量约占地区总发电量的56%,天然气发电量占16%,可再生能源发电量占12%,石油发电量占

[①] 本章作者:曹廷,中国现代国际关系研究院拉美研究所副研究员、博士,主要从事墨西哥、古巴、中美洲及中拉关系、美拉关系等问题研究。
[②] BP Group, BP Statistics Review of World Energy 2019, p. 10.

第十三章 拉美国家能源转型特点及前景

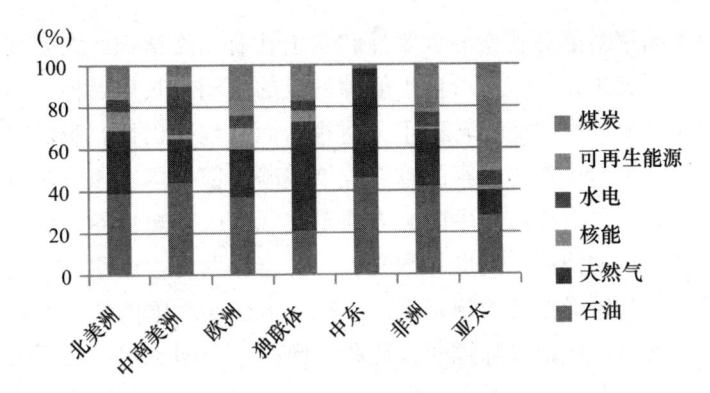

图 13-1　2018 年全球各地区用作燃料的能源消费结构

资料来源：BP 网站。

7.5%，煤炭发电量占 7%，核能发电量占 1.5%。相比之下，北美地区（美国、加拿大和墨西哥）发电能源中占比最多的是天然气（33%），其次是煤炭（24%），第三位是核能（18%）；欧洲地区发电能源中占比最多的是核能（23%），其次是煤炭（21%），第三位是可再生能源（19.5%）。在亚洲太平洋地区，煤炭成为发电的最主要能源（59%），第二位是水力发电（13%），第三位是天然气（11%）。[1]（参见图 13-2）可以看到，拉美国家水电和可再生能源的开发利用程度都处于世界领先地位。

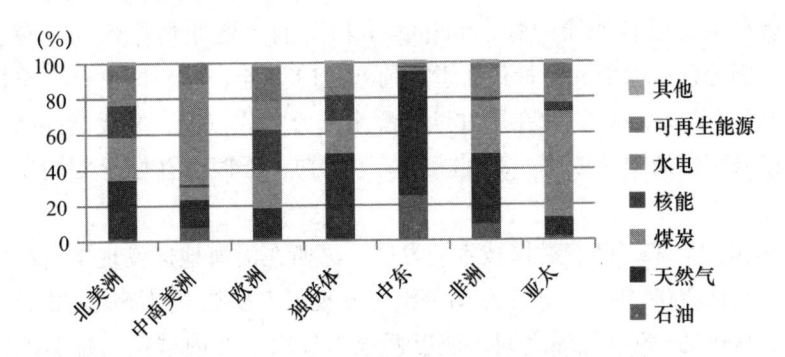

图 13-2　2018 年全球用于发电的能源结构

资料来源：BP 网站。

从具体国家来看，拉美地区尽管各国国情差异较大、资源禀赋不同，

---

[1] BP Group, BP Statistics Review of World Energy 2019, p. 55.

但多数拉美国家对能源转型的重要性和紧迫性有高度认识。大多数国家的政府推动作用突出,制定了可再生能源发展的中期或长期目标。不仅传统能源相对匮乏的国家对能源转型十分重视,而且包括巴西、墨西哥、阿根廷等地区大国也将此作为国家的重要发展战略。部分国家因地制宜、充分挖掘自身潜力,在发挥可再生能源方面走在了地区乃至世界的前列。巴西在生物燃料研发和使用方面世界领先,并且与墨西哥、巴拿马、乌拉圭等国成为拉美地区风能投资的领先国家。拉美地区在太阳能领域的投资总额也屡创历史新高,包括洪都拉斯、智利在内的多个国家都建成了太阳能电站项目。

二、主要国家的能源转型

(一) 巴西

巴西是拉美地区第一大经济体,也是拉美地区的能源消费大国,目前其能源消费量达到阿根廷、玻利维亚、智利和乌拉圭能源消费总和的两倍。[①] 其化石能源和可再生能源都十分丰富。历史上,巴西曾是一个高度依赖石油进口的国家。1973－1974年,巴西80%的石油是从国外进口。由于该时期石油价格飞涨,进口额从1973年的6亿美元增至1974年的220亿美元。[②] 因此,自20世纪70年代起,巴西就开始重视可再生能源的开发和利用。作为一个农业大国,巴西拥有生物原料充足的突出优势,作为乙醇燃料主要原料作物的甘蔗和作为生物柴油主要原料作物的大豆、木薯、棕榈等种植面积和产量位居世界前列。1975年,巴西即出台"全国乙醇计划"(Proálcool),旨在用甘蔗乙醇来部分替代汽油,并逐渐提高混合乙醇在汽车燃油中的浓度。20世纪80年代初,巴西已开始全面使用乙醇燃料。

21世纪以来,随着勘探技术的发展,巴西在沿海地区发现丰富的原油储藏。尤其2007年,巴西在东南部沿海发现了大型盐下层海底油田,估计储量在600亿—800亿桶之间,使巴西成为仅次于委内瑞拉的拉美地区石油储量第二大国。尽管巴西探明原油储量不断增长,但新发现的油田位于

---

① "El futuro energético del sistema eléctrico en América Latina," GE Reports Latinoamérica, https://gereportslatinoamerica.com/el - futuro - energ% C3% A9tico - del - sistema - el% C3% A9ctrico - en - am% C3% A9rica - latina - a54105757c7.

② 转引自中国社科院拉丁美洲研究所:《拉丁美洲和加勒比发展报告(2008 - 2009)》,社会科学文献出版社,2009年版,第28页。

第十三章 拉美国家能源转型特点及前景

海平面以下 7000 多米，开采难度和成本极高。同时，出于保护环境、应对气候变化的原因，近年来巴西多届政府高度重视能源转型问题，从国家层面推动多项计划和法案，鼓励提高能源效率和可再生能源使用比例。2004 年巴西推出"国家生产和使用生物柴油计划"（PNPB），规定自 2005 年到 2012 年采用生物柴油与矿物柴油混合 B2 燃料。2008 年 12 月，巴西时任总统卢拉签署了《国家气候变化政策》，其中对能源效率和可再生能源进行了规定，提出以多种手段提高能源效率，力争到 2030 年减少 10% 的电力消耗；可再生能源方面，计划提高风能和甘蔗秆发电所占份额，增加水电和太阳能光伏项目，鼓励使用太阳能、风能、生物质能和热电联产，并推动农村电气化进程。[①] 2010 年 12 月，巴西能源与矿业部通过了《2010—2019 年度十年能源扩展计划》，提出在 2014 年之前逐步停止化石能源发电厂建设，并在未来十年内加大对水电和风电的开发利用。具体包括：水电从 2010 年的 83.1GW 提高到 2019 年的 116.7GW；生物质能从 5.4GW 提高到 8.5GW；风电从 1.4GW 增至 6GW。[②] 在 2016 年达成的《巴黎气候协定》中，巴西政府承诺到 2025 年将在 2005 年温室气体排放基础上减少 37%，打击对亚马逊雨林的砍伐行为，增加使用可再生能源等。[③]

同时，巴西政府颁布多项法案促进可再生能源的使用。2005 年，巴西确立了电力拍卖制度，为可再生能源的发展提供了机制保障。2008 年，巴西矿业与能源部制定法律，规定其境内所有加油站销售的汽油都要包含 3% 的生物燃料。巴西还积极加大对可再生能源产业的投资。美洲开发银行研究报告指出，巴西在 2006 年至 2013 年间，就吸引了 963 亿美元的可再生能源投资。目前，可再生能源发电装机量已经占到巴西总装机量的 15%。巴西政府还引入了可再生能源项目拍卖机制。2009 年起，巴西举行一系列风电项目招标，吸引了众多竞标者，极大推动了巴西风电行业的发展，也使巴西风电价格不断下降。为保证风电发展的资金来源，巴西国家发展银行出台了为风电项目提供了专门低息贷款的政策。作为条件，厂商

[①] 王仲颖、任东明、秦海岩等编译：《世界各国可再生能源法规政策汇编》，中国经济出版社，2013 年 3 月第 1 版，第 643 页。

[②] 王仲颖、任东明、秦海岩等编译：《世界各国可再生能源法规政策汇编》，中国经济出版社，2013 年 3 月第 1 版，第 644 页。

[③] "Avanza Brasil en Uso de Energías Renovables Eólica y Solar," https://www.evwind.com/2018/02/25/avanza-brasil-en-uso-de-energias-sustentables-eolica-y-solar/

须使用一定比例的巴西国产设备。这也有利于推动巴西制造业发展和当地就业增长,并促进了整个产业链的发展。

此外,巴西政府积极参与国际合作,加大可持续能源和清洁能源技术开发。意大利 Enel 能源公司正在巴西东北部建造 Nova Linda 太阳能电池阵,建成后装机容量可达 290 兆瓦,将成为拉美最大的太阳能光伏电站。2007 年 10 月,第二届印度—巴西—南非首脑会议召开,三国就共同促进核能、清洁能源技术和其他可再生能源发展达成协议,并就减缓气候变化达成一致。此外,巴西积极参加各种国际机制,如清洁发展机制和清洁能源部长级会议机制等。

得益于本国得天独厚的资源禀赋和政府的高度重视,目前巴西已成为世界上可再生能源占比最高的国家之一。截至 2016 年,巴西能源消费中 42% 来自清洁能源和可再生能源,其中 29% 来自水电,13% 来自可再生能源。[①] 英国石油公司预计到 2030 年,巴西能源消费中约 48% 的能源为清洁能源和可再生能源。预计到 2040 年,石油将占巴西能源消费的 31%,其余 24% 来自水电,24% 来自可再生能源,16% 来自天然气,3% 来自煤炭,2% 来自核能。[②] 目前,巴西的电力生产中 70% 来自水力发电,政府考虑到旱灾会影响电力供应,正加大开发其他可再生能源,预计到 2030 年,风能、太阳能和天然气发电的比重将会有所上升。[③]

巴西在可再生能源领域的成就为其经济发展做出了重要贡献。巴西目前是仅次于美国的生物燃料生产大国,2018 年的生物燃料产量占世界总产量的 22.4%。[④] 巴西的乙醇工业长期处于世界领先地位,如今巴西生产的大部分甘蔗都用来制造燃料乙醇,甘蔗乙醇产业提供了 400 多万个直接就业岗位。

(二)墨西哥

墨西哥是拉美第二大经济体,亦是世界第六大产油国,西半球第三大

[①] "Energías Renovables Impulsarán Crecimiento de Brasil," https://www.evwind.com/2018/11/29/energias-renovables-impulsaran-crecimiento-de-energia-en-brasil-hasta-2040/

[②] "Energías Renovables Impulsarán Crecimiento de Brasil," https://www.evwind.com/2018/11/29/energias-renovables-impulsaran-crecimiento-de-energia-en-brasil-hasta-2040/

[③] El futuro energético del sistema eléctrico en América Latina, GE Reports Latinoamérica

[④] BP Group, BP Statistics Review of World Energy 2019, p. 53.

第十三章 拉美国家能源转型特点及前景

传统原油战略储备国（仅次于委内瑞拉、加拿大）、拉美地区第二大产油国（仅次于委内瑞拉），也是全球重要的非欧佩克产油国。①

根据美国能源信息署（EIA）的数据，墨西哥湾区域是除北极圈以外最大的待开发石油带。根据墨西哥国家油气委员会2015年上半年统计，墨西哥探明石油天然气储量达130.7亿桶，探明和概算油气储量为229.8亿桶。非常规油气方面，墨西哥拥有丰富的页岩油气资源。据2013年美国能源署（EIA）统计，墨西哥是世界上第六大页岩油气储量国家。美国的Eagle Ford和Woodford非常规盆地边界延伸至墨西哥境内，含油气系统与墨西哥类似。墨西哥已经确定的5个页岩油气区带分别位于奇瓦瓦、萨比纳斯、布尔戈斯、坦皮科米桑特拉和韦拉克鲁斯盆地。

可再生能源资源方面，墨西哥拥有世界顶级的地热能、太阳能、风能、水电能、生物能和潮汐能等可再生能源。地热能方面，墨西哥是世界第四大地热能生产国。墨西哥有几处地热田，主要位于由东向西穿过国家中部的火山地带。根据墨西哥能源部预测，墨西哥地热能发电潜力在10644MW左右。风能方面，据墨西哥国家电力委员会（CFE）统计，墨西哥风能发电潜力在71GW左右，主要集中在瓦哈卡州、塔毛利帕斯州和下加州。瓦哈卡州和塔毛利帕斯州区域内风能的平均发电利用率高达45%，发展风电项目极具潜力。瓦哈卡州有世界上最大的风能发电厂La Vantosa，发电量达到79.9MW。② 太阳能方面，墨西哥潜力巨大。其境内北纬23度以北的沙漠地区太阳能极为丰富。据墨西哥国家太阳能协会统计，2010年墨西哥通过太阳能发电28.62MW，但其发电潜力能达到6550MW。有分析认为，墨西哥将成为拉丁美洲最为强力的光伏市场。专家认为，到2030年太阳能发电能达到总发电量的5%，到2050年这一比例可升至10%。③

墨西哥卡尔德隆政府高度重视能源转型及发展可再生能源。2010年11-12月，墨西哥在海滨城市坎昆主办了联合国气候变化大会，与会各方就继续坚持《联合国气候变化框架公约》《京都议定书》和"巴厘路线图"达成一致，强调坚持"共同但有区别的责任"原则，同时就技术转让、能力建设等发展中国家关心问题的谈判取得了不同程度的进展。2012

---

① 《全球原油能源的分布及储量》，http://www.mcshe.com/zcny/5456.html。（上网时间：2015年12月16日）
② U. S. Embassy – Mexico City Renewable Energy Factsheet, January 2013, p. 1.
③ U. S. Embassy – Mexico City Renewable Energy Factsheet, January 2013, p. 2.

年4月，墨西哥通过了世界上首个关于气候的专门法律《气候变化法》，规定在2000年基础上，2020年温室气体要减排30%，到2050年减排50%。

自1938年至2013年的近80年内，墨西哥油气资源处于国家垄断之下。1938年，时任总统卡德纳斯宣布将国内油田和油井全部收归国有，并成立墨西哥国家石油公司（PEMEX）。卡德纳斯政府还征收了17家外国石油公司的资产，实行了石油国有化，由国营墨西哥石油公司对石油工业实行垄断经营。长期以来，墨西哥石油公司经营管理的特点是国家垄断式的高度集中的行业管理。全国石油的勘探、开采、加工炼制、基础石油化工产品生产以及大部分石化产品生产均由该公司独家经营。外国资本和私人资本只能参与二次石化产品的加工。政府部门对企业进行较多的行政干预，对资金的分配、产品价格、出口数量、利润上交比例等都加以严格控制。1982年以后，由于世界油价下跌，加之墨西哥国内爆发债务危机，墨西哥政府减少了对石油勘探、开采和炼化的投资，石油产量一度减少。油气工业中存在的一些结构性问题开始暴露出来。为了促进墨西哥能源行业的快速发展，2013年8月12日，墨西哥总统佩尼亚·涅托向国会提出能源改革法案，即宪法第27条和第28条修正案，内容包括油气和电力改革方案。2013年12月11日，墨西哥参议院通过了能源改革法案。能源改革的基本内容是在规定所有地下油气资源仍为墨西哥国家所有，保证国家对油气资源的所有权的前提下，允许私营企业（包括本国的外国公司）通过招标，进入能源领域参与符合法律规定的有关活动，如油气勘探、开采、炼化、运输、存储、销售等环节。私有和外国公司可以参与电力生产、运输和销售活动，精简新建电力项目的审批流程，并建立了电力批发市场，允许大型工业用户直接从批发市场购买电力。墨西哥能源监管机构（CRE）还在全国范围内建立了一个天然气分销区，简化经营许可的审批程序，为扩大分销渠道扫清障碍。

同时，墨西哥积极探索能源多样化，制订了发展可再生能源技术和基础设施的具体计划。佩尼亚总统称，可再生能源是"能源可持续发展和环境保护"的关键因素。[1] 墨西哥《2013－2027年国家能源战略长期计划》明确指出，要通过促进潜在的可再生能源（水电、风能、地热、太阳能

---

[1] Jorge Maximiliano Huacuz Villamar: El inventario de las energías renovables en el marco de la transición energética de México, Boletín IIE, julio–septiembre de 2013, p. 93.

第十三章 拉美国家能源转型特点及前景

等）来减少化石能源发电，并实现通过可再生能源获得更高的电力产能。墨西哥政府提出在 2025 年实现 35% 的能源消费来自清洁能源。[1] 能源部和国家科技委员会拨款 20 亿比索对国家新设立的三个能源创新中心进行资助，分别是：科学研究及高等教育中心下设的地热能源中心，位于下加州；墨西哥国立自治大学可再生能源研究所下设的太阳能中心；电力研究所下设的风能中心。[2] 通过这些机构，墨西哥进一步完善可再生能源发展机制，以保障国家能源安全。

2018 年 7 月，墨西哥联邦电力委员会还解除了对分布式发电系统的限制，允许中小型太阳能发电系统接入国家电网，并允许多余电力出售给墨西哥联邦电力委员会。委员会通过电力补偿或者现金支付的方式向用户购买。因此，私人安装的小型太阳能发电系统发出的多余电力可以通过国家电网传输给其他用户。截至 2018 年 7 月，墨西哥分布式太阳能发电系统的装机容量已超过 40 万千瓦。预计在该政策刺激下，到 2030 年，墨西哥太阳能装机容量将达到 1900 万千瓦，可增加 100 万个相关就业岗位。

（三）阿根廷

阿根廷是拉美第三大经济体，也是拉美第三大电力市场，主要以天然气火力发电和水电为主。2017 年，其电力供应的 70% 来自化石燃料发电，水力发电占 20%。[3] 实际上，阿根廷拥有较为丰富的非常规油气和可再生能源资源，内乌肯盆地瓦卡姆尔塔组页岩的规模排名全球第二，页岩油气总储量估计达 228 亿桶石油当量，但此前因为劳工成本和政府管控等原因未能得到有效开发。南部巴塔哥尼亚地区风力资源丰富，东部和西北部地区太阳能充足，但此前也一直未得到有效利用。

21 世纪以来，阿根廷政府加大重视对可再生能源的开发利用。2005 年发布了《国家风能战略计划》，提出在 3 年内安装约 300 兆瓦的风电装机量。安装地区主要包括丘比特省、布宜诺斯省、内乌肯省、里奥内格罗

---

[1]　Daniel Chavez，《墨西哥可再生能源发展前景展望》，《风能》，2015 年第 9 期，第 39 页。

[2]　"Decreto de la Reforma Energética," http://energiaadebate.com/wp-content/uploads/2013/12/DOFReformaEnerg.pdf.（上网时间：2016 年 4 月 12 日）

[3]　"El futuro energético del sistema eléctrico en América Latina," GE Reports Latinoamérica, https://gereportslatinoamerica.com/el-futuro-energ%C3%A9tico-del-sistema-el%C3%A9ctrico-en-am%C3%A9rica-latina-a54105757c7.

省、圣克鲁斯省、科尔多瓦省和圣马力诺省。① 2007 年出台《国家可再生能源发电计划》，计划到 2016 年实现全国 8% 的电力供应来自可再生能源。

2015 年年底马克里上台时，阿根廷能源领域面临较为严峻的挑战，使政府采取各项措施进一步加快能源转型进程。据 2016 年统计，阿根廷国内石油储量仅剩 24 亿桶，按照当时 68.7 万桶/天的产量，只能再开采 10 年。此外，其水电行业发展缓慢，效率低下。对此，马克里政府制定了开采页岩油气和发展可再生能源双管齐下的能源转型战略。

在开采页岩油气方面，马克里政府采取了积极的政策措施。上台后，他对国际能源公司进军阿根廷页岩油气开发采取了开放和支持态度。2017 年，阿根廷国家石油公司与雪佛龙、道达尔、壳牌等跨国石油公司达成了联合投资开发瓦卡姆尔塔组页岩资源的协议，投资金额达 150 亿美元。随着该项目的不断进展，预计 2020 年将能满足 60% 的国内石油需求，2021 年将能满足一半的国内天然气需求。② 在发展可再生能源方面，马克里也给予大力支持，宣布 2017 年为阿根廷"可再生能源年"，提出到 2025 年实现可再生能源可满足国内能源总需求的 20%，并希望未来 10 年为可再生能源领域吸引 200 亿美元投资。预计到 2030 年，包括水电在内的可再生能源发电将占其装机容量的近一半。③

（四）乌拉圭

乌拉圭是一个化石能源匮乏的拉美国家，也是该地区能源转型的成功案例。为解决能源短缺问题，20 世纪 90 年代，乌拉圭曾大力发展水电，但 1997 - 2007 年乌拉圭发生持续干旱，该时期其水电在电力消费中的比重从 90% 下降至 50% 左右。为此，乌拉圭不得不从阿根廷和巴西进口电力，2007 年国家电力消费中近 1/3 来自进口的化石能源发电，用电成本很高。2005 年起，乌拉圭政府就如何改善能源结构开展研究，并通过了《2005 - 2030 年能源发展计划》，制定了可再生能源投资刺激政策，大力推动私营和外国投资者参与可再生能源市场。2007 年，乌拉圭从全球环境基金获得

---

① 王仲颖、任东明、秦海岩等编译：《世界各国可再生能源法规政策汇编》，中国经济出版社，2013 年 3 月第 1 版，第 641 页。
② 薛世华：《阿根廷成南美"清洁能源之星"》，《中国石化报》，2017 年 9 月 29 日第 5 版。
③ "El futuro energético del sistema eléctrico en América Latina," GE Reports Latinoamérica, https://gereportslatinoamerica.com/el - futuro - energ% C3% A9tico - del - sistema - el% C3% A9ctrico - en - am% C3% A9rica - latina - a54105757c7.

100万美元启动资金，同时从国家预算中筹集了600万美元资金，用于开展风能计划。乌拉圭政府还投入资金对国家电力公司人员展开培训，让后者学会如何将可再生能源发电并入国家电网。同时，乌拉圭政府还规定国有企业需全额收购可再生能源电力，2015年前实现电力并网的项目可获得更高的电价。

在政府长远的发展规划和支持政策推动下，乌拉圭风电行业迅猛发展。2014年，乌拉圭人均风电装机容量位居世界第一。截至2015年年中，乌拉圭风电装机规模达到581兆瓦，全国发电总量中17%来自风电。[1]

（五）智利

智利国土面积狭小，是拉美地区化石能源高度匮乏的国家，长期依赖石油和天然气进口。实际上，智利拥有丰富的可再生能源资源。位于智利北部的阿卡塔玛沙漠是世界上阳光直射最集中最稳定的地区之一，有着巨大的太阳能发电潜力。同时，智利国土形状狭长，拥有4270千米的海岸线，为风电开发提供了天然条件。此外，智利所处地壳板块活跃度高，境内拥有多座火山，热能发电潜力巨大。进入21世纪，随着经济持续增长，智利的中产阶级人数不断扩大，能源消费随之猛增。而气候变化导致的旱灾频发使水电供应陷入困境。为此，智利政府多管齐下，加大对太阳能、风能和地热能的综合开发。其中地热能较为持续稳定，可以弥补太阳能和风能发电的间歇性特点，保证电力供应不中断。

2014年，巴切莱特再度上台执政后，智利政府制定了可再生能源发展战略，一年内便批准了76个太阳能和风力发电项目，同时积极推进地热能开发，计划到2025年，实现可再生能源电力占比达到20%，并提出到2050年，90%的电力来自清洁能源。在巴切莱特的大力推动下，2015年智利可再生能源领域吸引投资达到34亿美元，同比增长了151%。2015年，智利新增了1吉瓦的太阳能发电装机，还有8吉瓦的新增太阳能发电装机已获批准，正准备开始建设。另外，由于太阳能发电成本大幅下降，智利北部开发矿山的企业开始转向使用太阳能发电，帮助减少柴油的使用。

（六）哥斯达黎加

作为一个中美洲小国，哥斯达黎加也十分重视环境保护和可再生能源的开发使用。其国内的环境方面事务和能源部门统一由国家环境和能源部

---

[1] Joe Thwaites、陈玥：《乌拉圭是如何成为风电强国的》，《风能》，2016年第12期，第52页。

管理。哥斯达黎加拥有丰富的水力和地热资源。目前，其集中开发的可再生能源主要包括水电、地热能、风能、生物质能和太阳能。①

2010年，哥斯达黎加电力研究院设计并建造了水电站雷翁塔松（Reventazon），该水电站装机容量达到305.5百万瓦特，足以满足52.5万户家庭的电力需求。2014-2018年，哥斯达黎加政府大力推动可再生能源项目，共新建了14所发电厂，其中包括七座风电站，六座水电站和一座太阳能光伏发电站，实现了连续1197天完全使用可再生能源的纪录。目前其能源结构中占比最高的是水电，超过70%。2014—2018年，其水电在能源结构中的比例达到74.77%，地热能占11.92%，风能占11.08%，生物质能占0.73%，太阳能占0.03%。② 截至2015年，哥斯达黎加已经实现了98.53%的电力来自可再生能源。根据其国家能源控制中心统计，2016年创下了连续150天完全使用可再生能源的纪录。③ 目前，哥斯达黎加已成为全球碳排放量最低的国家之一。

三、地区能源一体化进程

能源一体化指的是"两个或两个以上的国家围绕能源行业（尤其是能源生产和运输）开展的活动，主要体现为参与的各方依据规范关系的准则建设或运营永久性能源设施"。④ 能源一体化能够满足参与国对于能源贸易的需求，使地区内国家在能源领域加深合作，不仅可以保障能源进口国的能源安全，同时帮助能源丰富国家将能源优势转化为经济收益，从而形成互利共赢的合作局面。随着电力化程度的提高，地区能源一体化进程对可再生能源发展和能源转型的影响越来越大。

拉美地区能源一体化进程起步较早。自20世纪70年代起，拉美国家

---

① María Castañeda Carvajal, "El 98% de la generación eléctrica en Costa Rica procede de fuentes renovables desde hace cuatro años," https://www.energynews.es/generacion-electrica-en-costa-rica/.

② Fuentes de generación eléctrica en Costa Rica, https://www.energynews.es/generacion-electrica-en-costa-rica/.

③ De dónde provine la energía eléctrica en Costa Rica?, https://www.forbes.com.mx/donde-provine-la-energia-electrica-costa-rica/.

④ Thauan Santos and Luan Santos, "Energy Integration in MERCOSUR: Itaipu Binational Emblematic Case", in Integration and Electrical Energy Security in Latin America, International Seminar of the Regional Programme Energy Security and Climate Change in Latin America, Rio de Janeiro, 2017, p. 139.

第十三章 拉美国家能源转型特点及前景

便加速推进与地区内国家的能源合作。巴西与巴拉圭在边境合建了伊泰普水电站,如今已成为仅次于三峡水电站的世界第二大水电站。在传统能源一体化方面,拉美国家也积累了一定的经验。1972 年,玻利维亚与阿根廷之间建成了拉美地区第一条天然气跨国管道,使阿根廷开始从玻利维亚进口天然气。2000 年,玻利维亚与巴西之间的天然气管道建设成功,成为拉美地区最长的天然气管道,总长度达 3150 千米。2005 年,委内瑞拉时任总统查韦斯倡导制订了"加勒比石油计划",根据该计划,委内瑞拉以低价和灵活的支付方式向加勒比国家提供原油,以促进该地区的能源一体化。此外,查韦斯还计划打造"南美洲石油天然气一体化",2006 年先后访问阿根廷、乌拉圭、厄瓜多尔和玻利维亚,初步达成合作协议,但最后无果而终。

在电力一体化方面,拉美国家取得一些进展。20 世纪七八十年代,拉美地区规划建设了三个大型跨国水电站,包括巴西与巴拉圭之间的伊泰普水电站、阿根廷与乌拉圭之间的萨尔图格兰德水电站、阿根廷与巴拉圭之间的亚西雷塔水电站。同时,南锥体国家间、哥伦比亚与委内瑞拉之间、洪都拉斯与尼加拉瓜之间建设了双边跨国电网。这为此后的电力一体化奠定了良好的基础。90 年代起,中美洲国家加快推进国家间的双边电力互联互通。2002 年,该地区启动了"中美洲国家电网互联工程"。[1] 截至 2015 年 6 月,中美洲六国已实现了多边电力互联互通,建设和投运输电线路达到 1792 千米。目前南美地区仅有安第斯能源走廊计划和北弧项目。[2] 安第斯能源走廊计划于 2014 年 11 月达成,参与国包括哥伦比亚、厄瓜多尔、玻利维亚、秘鲁和智利,旨在建设连接上述五国的输电网络。迄今项目进展缓慢,仅有秘鲁和厄瓜多尔正在为建设一条跨国输电线路吸引投资。北弧项目的参与国包括巴西、圭亚那、法属圭亚那和苏里南,旨在通过建设一条连接上述国家的输电线路,将巴西的水电出口到邻近国家。目前该项目尚处于调研阶段,但面临融资困难、协调机制缺失等诸多问题。可以看到,就整个地区而言,拉美电力一体化进展较为缓慢,多集中在双边合作,多边项目较少,尤其南美地区的多边跨国电网倡议更是稀少。

---

[1] 张锐:《拉美能源一体化的发展困境:以电力一体化为例》,《拉丁美洲研究》,2018 年第 6 期,第 114 页。

[2] 张锐:《拉美能源一体化的发展困境:以电力一体化为例》,《拉丁美洲研究》,2018 年第 6 期,第 116 页。

总体看，拉美能源一体化设想多、倡议多，但落实不够，不能与拉美国家自身的能源资源禀赋以及地区对能源一体化的需求相匹配，成为制约拉美国家经济社会发展的桎梏之一。

第二节 能源转型的动因

21世纪以来，拉美国家纷纷推动能源转型。以非常规油气资源开发的迅猛增长和可再生能源产业的稳步发展为主要特点的第三次国际能源转型是拉美国家能源转型的重要推动力。拉美自身经济结构转型的需要也加速了这一进程。同时，拉美地区蕴藏着丰富的可再生能源资源，为拉美能源转型提供了重要保障。

首先，保障能源安全是最主要的考虑。20世纪70年代两次石油危机让西方国家认识到，长期依赖中东石油将给国家安全带来重大潜在风险，必须降低对中东石油的依赖，同时追求自身能源独立。对此，西方国家开始调整本国能源政策，加大对中东以外地区的能源勘探和开发力度。同时，"页岩气革命"极大提升了非常规天然气资源的开采与供应能力，加速了天然气黄金时代的到来。美国加快推动"页岩气革命"，以实现自身的能源独立，同时加强与加拿大、墨西哥的能源合作，以打造西半球能源中心。拉美地区化石能源储量丰富，仅次于中东地区，居世界第二位。21世纪以来，墨西哥、巴西等拉美国家相继发现大型油田和页岩气等非常规油气资源，引起美欧等国关注，吸引许多跨国企业加大进军拉美能源市场。此外，拉美有十多个纯石油进口国，主要是中美洲和加勒比小国，其经济受国际油价大幅波动影响很大。为了规避风险，这些国家的政府纷纷调整能源政策，积极应对国际能源形势变化。

其次，加强环保、有力应对气候变化是重要动因。自20世纪80年代以来，气候变化问题日益成为国际政治的重要议题，加速推进国际能源转型。1979年第一次世界气候大会召开，1988年联合国成立了政府间气候变化专门委员会。1992年《联合国气候变化框架公约》诞生，成为国际社会应对气候变化的国际机制。随着环境保护和气候变化问题的日益突出，各国逐渐加大对环境治理的重视。21世纪以来，世界各国不断推进能源转型，将能源开发利用模式从粗放型转向节约型、环境友好型的发展模式。拉美国家历来重视环保问题，也纷纷出台相应法案，促进非常规油气和可再生能源开发利用。

再次，促进经济可持续发展是长远考虑。拉美地区为推动经济增长，电力消耗持续上升，传统能源供应已不能满足需求。随着拉美国家工业化和城市化进程加速，对电力的需求与日俱增。据国际能源署预测，到2030年，拉美地区的能源需求将增长70%，意味着需要增加140吉瓦的电能供应。[1] 要达到上述电力供应，所需投资高达1.5万亿美元。未来8年内，要达到每年6%的经济增长率，拉美地区的发电量需增长26%。为减轻对化石能源的依赖，同时增加能源供给，拉美国家积极寻求增加能源供应多样化，包括加大对非常规油气和可再生能源的开发利用力度。

最后，拉美可再生能源资源丰富，为推动能源转型提供了重要保障。拉美地域广袤，资源禀赋较高。由于拉美大陆横跨赤道，许多拉美国家位于光照充足的热带和亚热带地区，因此太阳能资源丰富。拉美地区拥有亚马逊河、拉普拉塔河、奥里诺科河等多条大河，地形复杂多变，因此水力资源潜力巨大。仅巴西、哥伦比亚和秘鲁就有687吉瓦的开发潜力。[2] 拉美还拥有丰富的地热资源。根据美洲开发银行及世界银行发布的报告，拉美的地热潜力高达300太瓦时，而当地每年使用量不足5%。尤其墨西哥和哥斯达黎加两国地壳活动活跃，境内拥有多座活火山，地热资源丰富。此外，拉美国家多数拥有绵延数千公里的海岸线，风能资源开发潜力巨大。据巴西电力研究中心评估，巴西的风力资源超过350GW。

第三节 面临的困难和挑战

尽管近年来拉美国家在能源转型和能源一体化方面取得不少进展，但仍面临一些困难和挑战。

一、政局变化影响能源政策稳定性

拉美大多数国家通过民主投票的方式选举国家元首，而且国家元首的任期均为4~5年，有的国家规定元首可以连任一次。大多数拉美国家政党林立、彼此对立，政府的政策延续性不足。近年来，随着政治力量的更

---

[1] "El futuro energético del sistema eléctrico en América Latina," GE Reports Latinoamérica, https://gereportslatinoamerica.com/el-futuro-energ%C3%A9tico-del-sistema-el%C3%A9ctrico-en-am%C3%A9rica-latina-a54105757c7.

[2] 魏蔚：《拉丁美洲可再生能源发展研究》，《西南科技大学学报》（人文社科版），2017年第1期，第2页。

迭，部分国家内外政策出现调整，包括能源政策也有所变化。巴西总统博索纳罗，相比巴西前几届政府对生态保护和气候变化议题的高度重视，其态度较为消极。他忽视环保议题，紧跟美国总统特朗普的步伐，曾宣称要退出《巴黎气候协定》，后收回此番表态。其提名的外交部长阿劳若称，"对抗气候变化"是全球左翼分子"为夺权而祭出的阴谋"。因此，其能源政策或发生相应调整，对可再生能源开发的支持力度或不如往届政府。墨西哥总统洛佩斯·奥夫拉多尔宣称要实现国家能源自给自足，更强调国有企业包括墨西哥国家石油公司的重振革新，计划新建炼油厂，对能源行业私有化和发展可再生能源的兴趣不大。尽管洛佩斯·奥夫拉多尔不太可能通过修改宪法推翻能源改革的既定方向，但可再生能源行业能否得到他的支持成为悬念。2019 年 1 月其就本届政府的能源计划发表了首次官方声明，其中对可再生能源行业几乎未提供任何支持措施。3 月，墨西哥国有电力公司联邦电力委员会表示，将不再进行对可再生能源电力的招标。短期内可以预见的是，墨西哥政府将集中人力财力用于开发化石能源。此外，阿根廷、萨尔瓦多、巴拿马等其他拉美国家均发生执政党更迭的情况。这些对包括能源政策在内的国家大政方针的稳定性或多或少都会有所影响。

二、经济形势影响能源转型进程

近年来，世界经济形势不稳定因素较多。在中美贸易战背景下，自身复苏乏力的大多数拉美国家更是受内外环境影响，陷入经济低增长甚至衰退的泥沼。2018 年，拉美经济增速为 1.2%，较 2017 年（1.3%）略有退步，尽管保住复苏态势，但未达到国际货币基金组织（IMF）此前 2.0% 的预期。[①] 由于经济低迷，各国对能源的需求均不如高增长时期那么强烈。巴西等一些国家的配电公司甚至出现供过于求的现象。市场需求减弱会对能源行业产生一定影响。2016 - 2018 年，巴西政府两年内没有举行可再生能源的拍卖，被迫取消了 16 个风电项目和 9 个太阳能项目。[②] 另外，由于经济衰退，巴西等一些国家面临能源行业融资困难的局面。一些拉美国家

---

① IMF, "Regional Economic Outlook. Western Hemisphere: An Uneven Recovery," Oct. 18, 2018, pp. 3 - 4.
② 《拉美可再生能源行业蓬勃发展》，《石油石化绿色低碳》，2018 年 2 月第 3 卷第 1 期，第 68 页。

因经济形势不佳而出现财政紧张的局面，导致政府对能源行业的投入心有余而力不足，甚至部分国家为抑制通货膨胀而给国内石油限制价格，导致企业盈利减少。另外，外界对拉美地区的经济增长预期不乐观，导致投资者减少投资，或持观望态度，甚至有可能出现外资撤离的局面。2016年前三季度，巴西的清洁能源总投资为50亿美元，同比减少了30%。2018年，受政府财政紧缩、旱灾重挫农业生产、借债成本高企等多方面因素影响，阿根廷通货膨胀不断加重，比索大幅贬值。阿根廷政府为抑制通货膨胀，不得不给国内石油价格限制最高价格，导致石油生产企业信心受挫。投资阿根廷页岩油气的中型石油企业凤凰国际资源（Phoenix Global Resources）首席执行官表示，最不希望看到的就是市场的不确定性。

三、基础设施落后影响能源使用

开发能源的最终目的是将其转化为电力、传输并使用。拉美地区基础设施落后，包括天然气管道、电网在内的能源基础设施亟待完善和升级。以墨西哥为例，除了沿墨西哥湾有较为完整的贯穿东部的天然气管道之外，北部只有三条较大的延伸至美国境内的天然气管道。至今墨西哥没有建设通往南部中美洲的天然气管道。可再生能源的开发利用也需要电网的改造升级。许多国家电网陈旧，不能适应可再生能源发电的特点，需要进行现代化升级改造，加强配电能力。但资金缺乏和技术落后极大地限制了能源基础设施的升级换代，也阻碍了能源转型的步伐。

四、国家间互信不足影响能源一体化进程

历史上，拉美能源一体化就曾遭遇因国家间互信不足和意见分歧造成合作停滞的局面。例如，巴西与玻利维亚两国政府曾计划仿效伊泰普水电站，在亚马孙河上建造跨国水电站，但因玻利维亚国内民众坚持要求将水电站选址安排在本国境内的河段，导致双边合作陷入瘫痪。[①] 近年来，拉美国家普遍受到经济复苏缓慢、政局不稳、社会矛盾突出等问题困扰，加之美国分化影响地区团结，因此拉美国家推进地区一体化的意愿与能力均明显下降。尤其巴西、墨西哥等地区大国领导人主张"本国利益优先"，委内瑞拉、阿根廷陷入困境自顾不暇，地区一体化进程缺乏领导者。地区

---

① 张锐：《拉美能源一体化的发展困境：以电力一体化为例》，《拉丁美洲研究》，2018年第6期，第118页。

国家围绕委内瑞拉问题发生重大分歧,左右阵营在多边场合针锋相对,使最大的地区一体化组织拉美暨加勒比国家共同体陷入空转。同时,南美洲国家联盟、美洲玻利瓦尔联盟等次区域一体化组织因意识形态分歧濒临瓦解。在地区一体化进程停滞的情况下,国家间缺乏合作与互信,拉美地区能源一体化亦受到影响。

第十四章

非洲能源发展与转型[①]

非洲是全球经济增长最快的地区之一,颇具发展潜力,未来能源需求增长空间巨大。相对于世界其他地区的能源转型,非洲具有一定的特殊性,即非洲的能源转型和经济发展几乎同时起步,能源转型过程也是能源建设的过程。因此,对非洲而言,能源转型意义重大,不仅是促进自身经济繁荣的前提和实现非洲复兴的桥梁,也是加速非洲融入世界经济与政治格局的重要环节。

第一节 能源利用现状

非洲地域辽阔,拥有丰富的能源资源,但开发利用水平偏低,目前约6亿非洲人民仍然无法用到电力,占世界未通电人口的2/3。非洲的能源消费仍以化石能源为主,随着工业化和城镇化进程的加快,非洲必须寻求更加高效的电力供给方案,才能满足经济发展和社会生活对电力的需求。

一、能源资源种类多样,可再生能源潜力大

非洲化石能源储量丰富,石油、天然气和煤炭都有出口。利比亚和尼日利亚等国拥有大量的石油和天然气矿藏,截至2018年,非洲已探明石油储量166亿吨,占世界石油储量的7.2%,已探明天然气储量为14.4万亿立方米,约占世界天然气储量的7.3%。南非作为世界第四大煤炭生产和出口国,已探明煤炭储量约99亿吨,占整个非洲煤炭储量的90%以上。非洲地貌特征也比较丰富,拥有全球40%的生物多样性资源、20%的森林储量、超过50%的新能源潜能。[②]

[①] 本章作者:魏蔚,中国社会科学院世界经济与政治研究所副研究员,主要从事能源经济学、能源转型等问题研究;王晨曦,中国社会科学院研究生院硕士研究生,主要从事能源转型问题研究。

[②] 张永宏:《非洲新能源发展的动力及制约因素》,《西亚非洲》,2013年第5期,第73~89页。

非洲的水电、风电、太阳能光伏等可再生能源分别占全球资源的12%、32%和40%，拥有巨大的可再生能源开发前景。总体来看，非洲大部分地区位于南北回归线之间，以热带气候为主，日照充足，太阳能可以满足从家庭到社区到区域等不同规模的使用需求。2018年非洲太阳能装机容量达60吉瓦，较2017年增长42.2%。非洲东部、北部和南部等沿海地区风力资源尤为丰富，平均风速可达9米/秒，2018年非洲风力发电装机容量达54.6吉瓦，较2017年增长19.6%。非洲最大的河流刚果河所在的中非地区水资源丰富，约占非洲水力发电的40%，2018年非洲水电发电量达132.8太瓦时。地热能集中在非洲大裂谷地区，据估计，非洲潜在地热能资源达1500万千瓦，2018年非洲地热能装机容量为670兆瓦。此外，非洲还蕴藏着大量的用于可再生能源网络建设所必须的钴、锂和石墨等材料。

二、能源消费仍以化石能源为主

非洲的能源消费主要以化石能源为主，近些年波动不大。根据BP的数据，2000年，非洲的石油、天然气、煤炭等化石能源消费分别为1.22亿吨油当量、0.48亿吨油当量和0.83亿吨油当量，三者共占一次能源消费的比重高达92.5%。到2018年，非洲石油、天然气和煤炭消费分别增加到1.91亿吨油当量、1.29亿吨油当量和1.01亿吨油当量，占一次能源消费的比重仅减少到91.4%。水电和非水可再生能源尽管装机容量和消费增加很快，但在一次能源消费中占比仍然较少。2000年水电消费量为1700万吨油当量，可再生能源消费100万吨油当量，分别占一次能源消费的6.2%和0.4%。到2018年，水电消费增加到3000万吨油当量，非水可再生能源消费增加到720万吨油当量，但占一次能源消费的比例仍然只有6.5%和1.6%。目前非洲能源消费结构仍然以化石能源为主，尤其是以石油和天然气为主，占比略高于世界平均水平，处于能源转型起步阶段。

三、电力极度短缺

非洲的能源储备具有多样性，发电情况反映了非洲区域之间化石燃料资源的差距。北非地区由于具有丰富的化石能源，通过化石能源发电，其电力覆盖几乎可达到100%。2017年，北非国家加上南非仅占非洲人口的20%，发电量却占非洲的74%。[1] 目前非洲12亿人口中仍有半数没有得到

---

[1] IEA. World Energy Balances Overview. 2019.

电力覆盖，主要分布在撒哈拉以南地区。这些地方平均电气化水平不到50%，7.3亿人口的生活主要依赖传统生物燃料（主要是柴薪）的供给。2017年，世界生物燃料占一次能源供给的9.5%，而在非洲这一比例则高达45%。更加不容乐观的是，超过半数的非洲国家不能得到持续有效的电力供给，日供电时间短、电压不稳等情况严重降低了非洲人民的生活质量，也不利于其经济活动的开展（参见图14-1）。

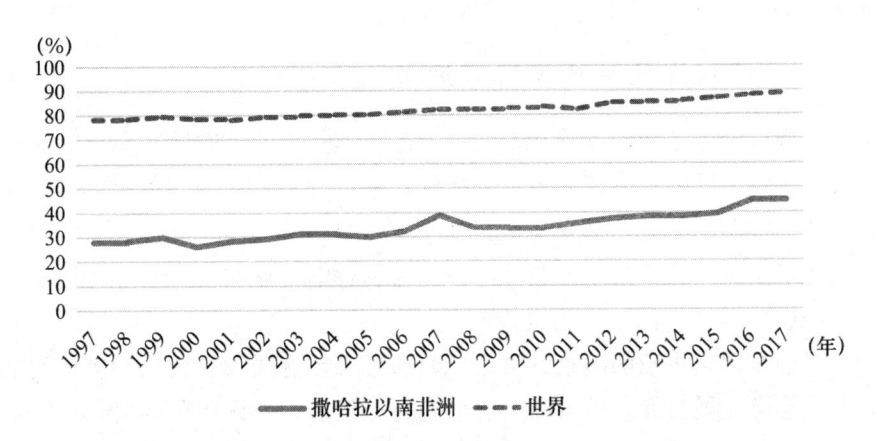

图14-1 电气化水平（通电人数占人口百分比）

资料来源：世界银行。

第二节 能源发展与转型进程

非洲资源丰富、平均发展水平低，是目前全球发展潜力最大的地区之一。进入21世纪以后，非洲经济仍保持快速发展。根据国际货币基金组织（IMF）2019年4月份发布的《世界经济展望》的预期，非洲整体经济向好，GDP稳步增长，到2020年北非地区GDP平均增速可达3.2%，撒哈拉以南非洲地区平均增速可达3.7%，其中低收入国家的GDP平均增速连年保持在5%以上。[①] 非洲的现代化进程离不开惠普的能源供给，经济发展带动能源消费需求与日俱增，BP预计到2040年，非洲地区能源消费需求增加3.8%，远高于世界平均水平1.7%。非洲拥有大量可再生能源资源，在积极参与全球能源转型方面具备得天独厚的优势。

---

① IMF. World Economic Outlook 2019.

《非洲 2063 年愿景》提出通过加快对交通、能源、通信的建设实现非洲的互联互通。"将利用所有非洲能源与资源，通过建设国家和区域能源池和电网，以及《非洲基础设施发展规划》项目，确保所有非洲家庭、企业、行业和机构都能获得现代化、高效、可靠、低成本、可再生和环保的能源。"[1] 能源是绝大部分产业的动力来源，加强能源建设有利于促进各行各业的进一步发展。以开发可再生能源为契机，形成非洲自身优势产业，对重塑非洲地区参与世界经济进程意义重大。

一、可再生能源政策日趋完善

按照联合国"可持续发展目标"和《非洲 2063 年愿景》倡议，非洲各国都确定了低碳、清洁的可再生能源发展目标，并制定相关政策措施促进可再生能源的利用。迄今为止，非洲共有 41 个国家为具体技术或具体部门制定了至少一种可再生能源目标，并为农村电气化和可持续烹饪制定了专门的微电网（离网）电力政策[2]。

目前非洲超半数的国家已制订长期的可再生能源发展计划和中短期的可再生能源发展目标。为推动可再生能源的发展，非洲各国的可再生能源政策多以财政激励为主，主要采用包括减税、公共投资、贷款和赠款等措施。减税是最普遍的激励措施，与其他支持政策相比，减税具有不需要额外预算分配、更少的行政程序和最低限度的监管等优势。但随着电力行业及其制度框架的成熟，拍卖制和净计量等规制政策正在被越来越多的非洲国家所重视。同时，非洲很多国家也通过征收二氧化碳税、能源税等方法支持可再生能源的发展。具体政策见表 14 - 1。

随着可再生能源行业不断成熟、新技术的利用促进成本不断下降，以及可再生能源在电力系统中的比例日益提高，非洲各国支持可再生能源发展的政策也在不断调整。政策目标是在扩大可再生能源普及的同时，逐步提高发电效率，吸引更多的参与者加入可再生能源发展领域，实现可再生能源的社会、经济效益最大化。目前拍卖制已成为全球利用最多的可再生能源政策机制，非洲采取可再生能源拍卖制的国家也越来越多，其普及速度甚至超过固定上网电价和固定补贴政策。

---

[1] AUC. Agenda 2063 Popular version 2015.
[2] IRENA. Africa 2030：Roadmap for a renewable energy future，2015.

第十四章 非洲能源发展与转型

表 14-1 部分非洲国家能源转型政策

国家	可再生能源发电目标（占总发电量份额）	固定上网电价	电力供应配额/发电配额制	净计量/账单	加入生物燃料义务/强制	可再生加热义务/强制	可再生能源证书交易	拍卖制	税收鼓励	投资或生产税抵免	减少销售税、能源税、二氧化碳税、增值税或其他税	能源生产费用	公共投资、贷款、赠款、资本补贴或回扣
高等收入国家													
塞舌尔	5%（2020）15%（2030）			√				√	√	√	√		√
中等偏上收入国家													
阿尔及利亚	27%（2030）	√						√				√	√
利比亚	7%（2020）10%（2025）								√		√		
毛里求斯	35%（2025）			√				√					√
纳米比亚	70%（2030）					√							
南非	9%（2030）	√		√	√			√					√
中等偏下收入国家													
埃及	20%（2021/2022）42%（2035）	√		√				√					√
加纳	10%（2020）100%（2050）	√	√	√		√							
肯尼亚	100%（2050）	√	√										
莱索托	35%（2020）（离网和农村）			√				√	√	√		√	

275

续表

国家	可再生能源发电目标（占总发电量份额）	规制政策					财政刺激与公共融资				
^	^	固定上网电价	电力供应配额/发电配额制	净计量/账单	加入生物燃料义务/强制	可再生加热义务/强制	可再生能源证书交易	拍卖制	税收鼓励	投资或生产税抵免	减少销售税、能源税、二氧化碳税、增值税或其他税	能源生产费用	公共投资、贷款、赠款、资本补贴或回扣
摩洛哥	52%（2030）100%（2050）							√			√		√
尼日利亚	10%（2020）	√	√					√	√		√		√
突尼斯	30%（2030）100%（2050）				√			√	√		√		√
赞比亚		√											
低等收入国家												
利比里亚	30%（2021）							√	√		√	√	
马达加斯加	85%（2030）100%（2050）								√		√		
马拉维	100%（2050）				√	√					√		
莫桑比克						√			√				√
卢旺达	100%（2050）	√							√				√
塞内加尔	100%（2050）	√	√	√	√						√		√
坦桑尼亚	100%（2050）	√		√							√		√
乌干达		√						√			√		√

备注：

人均收入水平和国家分类资料来源：世界银行，http://data.worldbank.org/about/country-and-lending-groups。

各国按年度国民总收入（GNI）人均水平划分如下：12056美元以上为"高等收入国家"，3896美元至12055美元为"中等偏上收入国家"，996美元至3895美元为"中等偏下收入国家"，995美元以下为"低等收入国家"。

表中只包括已颁布的政策。某些政策的执行条例尚未制定或生效，可能会造成这些政策在执行层面上的缺失并降低影响力。

许多固定上网电价政策在技术范围上受到限制。

资料来源：REN21, *RENEWABLES GLOBAL STATUS REPORT* 2019, https://www.ren21.net/wp-content/uploads/2019/05/gsr_2019_full_report_en.pdf。

拍卖制是一种可再生能源项目的竞标。参加竞拍的开发商分别提供具有竞争性的单位电价，政府在价格的基础上并参考其他标准进行评估。可再生能源质量、资本成本、投资成本、投资者期望以及拍卖流程的设计都会影响到拍卖的价格及评估的结果。如果开发商竞标成功，就会和政府签订 10-30 年的长期购电协议。拍卖制方式在价格和程序上都更具备灵活性，便于各国根据自身的资源禀赋和发展目标进行调整。国家对可再生能源部署发展战略也直接关系到拍卖能否顺利取得成效，该战略包括政治承诺、长期目标、高质量规划和可靠的合同计划，如电力采购协议等。2019年，世界范围内进行过可再生能源拍卖的国家增至 100 个。大多数的可再生能源拍卖集中在较为成熟的发电技术上，2017-2018 年度太阳能光伏和风电占据拍卖市场 95% 的份额，2018 年太阳能光伏和陆上风电的全球平均价格分别为 62 美元/兆瓦时和 55 美元/兆瓦时。[①]

非洲的可再生能源拍卖制也以太阳能光伏发电为主，阿尔及利亚、埃及、摩洛哥和赞比亚是非洲主要的太阳能光伏拍卖市场，2018 年这些国家可再生能源发电量占整个非洲的 70% 左右。可再生能源拍卖有效地促进了非洲大陆可再生能源的相关技术发展，更低的价格有利于提升可再生能源发电的市场竞争力，帮助非洲地区加快实现低碳经济增长目标。

在南非，拍卖制已将太阳能光伏和风力发电的成本降低至低于国家公用事业公司的平均供电成本和新建燃煤发电站的成本。加纳、毛里求斯、乌干达和赞比亚也已经实施了可再生能源拍卖制，而且至少还有 15 个撒哈拉以南地区的非洲国家正在制订拍卖制方案。在这些国家，太阳能光伏发电的价格与全球平均价格相似，甚至明显低于全球平均价格。这得益于光伏技术不断提高和成本持续下降，2012—2016 年，撒哈拉以南地区太阳能光伏发电装机容量增长了 10 倍。

作为"气候脆弱国家论坛"的成员，加纳、肯尼亚、突尼斯、马达加斯加、卢旺达、马拉维、塞内加尔、坦桑尼亚甚至制定了到 2050 年实现 100% 使用可再生能源的目标。

二、可再生能源装机容量大幅增加

非洲 2018 年光伏装机容量为 6093 兆瓦，较上一年增加了 42.2%，增速接近世界平均水平的两倍。太阳能的利用方式主要分为聚光太阳能发电

[①] IRENA. Renewable Energy Auctions Status and Trends Beyond Price 2019.

（CSP）和光伏发电（PV）两种转化方式，前者通过热量将水加热成水蒸气推动涡轮循环往复进行做功，CSP 更加适用于沙漠等地区大规模联网供电，后者通过太阳能电池将太阳能直接转化为电能，因此 PV 技术在离网式小规模供电时更加灵活。据估计，非洲 5% 的人口通过离网太阳能光伏系统获得了电力供给（参见图 14-2）。

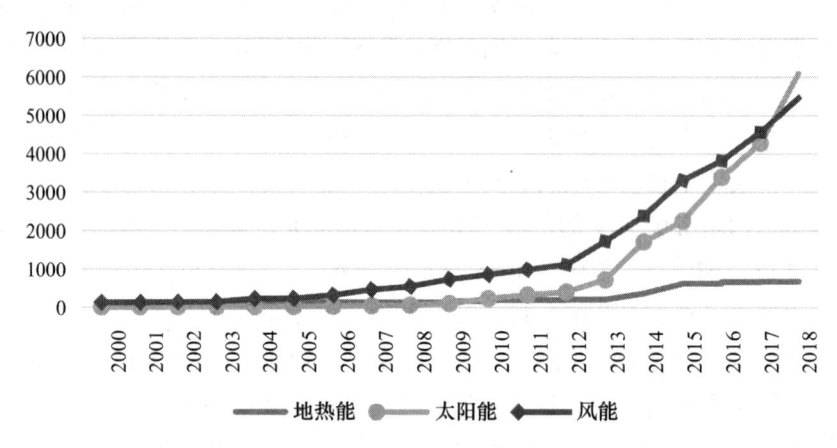

图 14-2　非洲可再生能源装机容量（单位：兆瓦 MW）

资料来源：BP Statistical Review of World Energy June 2019。

非洲东部、北部和南部风力资源充足，2018 年风电装机容量为 5464 兆瓦，较上一年增加 19.6%，过去 5 年间风电装机容量增加两倍。2018 年非洲风电装机容量占全球份额比 2008 年增加 1 倍。

非洲水力资源丰富，中非约占非洲大陆水力资源的 40%，其次是东非和西非，各占约 28% 和 23%。但目前水力资源最为丰富的中非、东非和西非地区其开发程度仅为 5% 左右，未来可开发空间巨大。2018 年非洲水力发电总计 132.8 兆瓦时，是目前非洲最重要的可再生能源发电方式。

地热能在非洲东部和南部是一种重要的资源。据估算，从莫桑比克到吉布提沿着东非大裂谷区域，非洲大陆约有 15 吉瓦的地热能开发潜力。非洲 2017 年较 2007 年总体地热能装机容量增加了 17.5%，远高于世界平均水平的 3.4%，成为十年来地热能发展最快的地区。肯尼亚是目前非洲地热能利用最好的国家，2014 年 12 月，肯尼亚地热发电首次占到该国发电量的一半以上，在过去 5 年间，地热能装机容量增加了 2 倍。

三、可再生能源投资需求大

国际可再生能源署认为,凭借现有技术水平,2030年可再生能源占全球能源份额将翻一倍,可以有效减缓全球变暖速度,届时全球可再生能源投资应达到9000亿美元。吸引私人部门对可再生能源的投资将对可再生能源的推广起到至关重要的作用。在发达国家,能源转型往往按照环境和可持续目标政策执行。短期看,能源替代过程中社会总体经济收益变动并不大,甚至可能会出现成本增加的情况。这导致近年来发达国家对可再生能源的投资呈下降趋势。而同期发展中国家投资则处于上升阶段,2015年发展中国家可再生能源投资首次超过发达国家(见图14-3)。

图14-3 可再生能源投资趋势(单位:亿美元)

资料来源:IRENA,https://www.irena.org/Statistics/View-Data-by-Topic/Finance-and-Investment/Investment-Trends。

按照《巴黎协定》缔约国提交的国家自主贡献(NDC)目标,国际可再生能源署预计非洲的可再生能源装机容量2015年至2030年之间可能增加290%,远高于同期亚洲的161%,拉丁美洲的43%。国际可再生能源署还预计,到2030年,非洲大陆可再生能源的成本效益潜力(cost-effective potential)约为310吉瓦,如果要充分发挥非洲在可再生能源方面的巨大潜力,那么从2015年到2030年,每年平均需要投资320亿美元。在融资需求方面,世界银行预计非洲每年对电力部门基础设施的投资为430亿美元,非洲开发银行和联合国环境规划署(UNEP)预计每年需要410亿美元的资金来资助非洲能源行业的发展。如果到2030年实现非洲大陆普遍的电力供应，则每年需要追加投资550亿美元。①

国际社会对非洲的能源转型非常关注。"非洲可再生能源和获取计划"（AFREA）成立于2009年，由世界银行通过非洲能源小组（AFTEG）进行管理。它的建立是为了以环保的方式帮助满足撒哈拉以南非洲国家的能源需求，并扩大获得可靠和负担得起的现代能源服务的机会。除世界银行和非洲发展银行外，欧盟、全球环境基金、欧洲投资银行、德国复兴信贷银行以及各国的国际开发机构如日本开发署、美国国际开发署、瑞典国际开发合作署、丹麦国际开发署、英国国际开发部、加拿大国际开发署和其他双边机构也向非洲国家提供赠款和贷款计划，结合各种能力建设，包括技术援助、咨询服务、讲习班和培训、信息传播、案例研究及最佳实践等项目，推动非洲可再生能源的发展。

世界银行《2019年营商环境报告》显示，全球所有营商监管改革中有1/3共计107项改革发生在撒哈拉以南非洲地区，创该地区纪录。2007年到2017年，中东、非洲地区总体可再生能源投资增加4倍以上，非洲地区并不完善的电力市场将会为能源转型带来更高的边际收益，转型动力更强。此外，在一项落地调查中发现，非洲农村地区由于居民收入较低且受农耕季节影响较大，支付能力较弱，可能会降低投资者信心。政府部门可以通过风险分析和制定经济增长计划的方式，同时结合改进信贷系统帮助村民提高支付可再生能源电力的能力，促进企业投资。②

四、可再生能源微电网建设需提速

非洲气候和地貌种类繁杂，人口分布十分不均，接近一半的区域无人居住。非洲人口主要集中在热带雨林带、降水较多气候温和的热带草原地带以及冬暖夏凉适合橄榄、柑橘、葡萄生长的地中海气候带，广大的沙漠地区则人烟稀少。非洲城镇化主要发生在中小城市，开展有效的多层次治理改革将有助于城市的可持续发展，并推动可再生能源的大规模部署。

近年来随着人工智能等科技的发展，可再生能源微型网络成本不断降低，使用效率提升。考虑到非洲电气化水平低和用户分散的特点，可再生

---

① *David Chama Kaluba*, Financing Renewable Energy in Africa in the SDG Era, https://www.ictsd.org/bridges-news/bridges-africa/news/financing-renewable-energy-in-africa-in-the-sdg-era, 24 April, 2018.

② 克莱门特·高登、史蒂夫·桑格、诺彭·戴博拉、克里斯丁·悌格斯：《非洲农村可再生能源利用与投资环境》，《风能》，2016年第3期，第36~40页。

能源微型电网的使用将成为提高非洲电网建设效率的有效途径：一是可以增加无电人口的电力使用；二是可以逐步完善微型电网的联通，形成强有力的非洲电力网络。

可再生能源微型电网是利用可再生能源就地供电，加速电气化步伐的有效工具，具有清洁、部署方便、效率高、模块化发展等优势，其装机容量在1千瓦到10兆瓦之间，既可以独立运行，也可以上网进行互联作业。2017年国际可再生能源署发布的《加速可再生能源网络建设》报告中，列举了建立可再生能源微型电网的关键因素，包括具有针对性的政策法规、可行性强的体制框架、成体系的商业模式和融资方案、不断创新的技术、产业链能力建设和跨部门互联等。[1]

经过10多年的发展，目前全球超过1亿人正在使用可再生能源微型电网供电，其中90%是太阳能光伏发电。2016年非洲约130万人使用微型电网供电，这一数字比2008年增加5倍之多。独立运行的微型电网可以实现非洲农村电气化的普及，其与更大的电网相连后，即可以实现24小时的持续供电，有利于提高社区整体的供电弹性。政府在推广电力使用初期，为缓解运营商收入低、成本高的问题，可以适当进行补贴以激励其向更偏远的地区供电。同时，完善电器等增值服务的设计、成立地方行业协会等措施也可以刺激居民购买家用微电网（离网）设备的需求增加。[2]

五、核电发展前景可期

南非是目前唯一拥有核电站的非洲国家，其核电站由南非国家电力公司运营，拥有两个反应堆，装机容量为1860兆瓦，相当于南非电力装机总量的2.5%，约占南非电力供应的5%。最近一段时间，持续已久的缺电问题对南非经济构成严重威胁，尤其是重要的矿业和制造业受影响最大。2019年第一季度南非经济创十年来最大跌幅，GDP年跌幅达3.2%。尽管大规模新建核电将给南非财政带来沉重负担，但南非政府仍然把核能看作南非能源结构的重要组成部分，也是纾解"电荒"的关键。考虑到大型核电站高昂的成本，南非正在评估小型核电的前景，认为推行小型堆是帮助

---

[1] IRENA. Accelerating Off – grid Renewable Energy: Key Findings and Recommendations from IOREC 2016.

[2] Blodgett C, Moder E, Kickham L, Leaf H. Financing the future of rural electrification achieving mini – grid scalability in Kenya. 2017.

南非用上可靠、清洁和廉价核电的"捷径"。

非洲大陆的其他国家也正在制定发展政策，计划在中期内成为中等收入国家，社会经济增长也伴随着可靠和可持续的能源需求增长。清洁、可靠和成本效益高的核电对非洲国家解决电力短缺具有重要意义。目前正在考虑使用核电的近30个国家中，有1/3在非洲。埃及、加纳、肯尼亚、摩洛哥、尼日尔、尼日利亚和苏丹已经与国际原子能机构接触，评估是否可以建设核电站，阿尔及利亚、突尼斯、乌干达和赞比亚也在考虑利用核电的可能性（参见表14-2）。

表14-2 非洲部分国家的核电发电量计划（单位：太瓦时）

国家 年份	埃及	摩洛哥	尼日利亚	尼日尔	苏丹	肯尼亚	加纳
2015	182	31.2	31.4	5.3	13	9.7	11.5
2030	280	47.9	48.3	8.2	20	14.8	17.6

资料来源：LAURA GIL, "Is Africa Ready for Nuclear Energy?," https://www.un.org/africarenewal/magazine/august-november-2018/africa-ready-nuclear-energy.（上网时间：2019年7月26日）。

尽管许多非洲国家对发展核电非常热心，但在发展核电过程中，有几个问题需要关注：其一是成本问题。建造一座核电站至少需要10—15年时间，需要数十亿美元的投资，还包括乏燃料管理和退役费用等。巨大的投资额成为非洲国家发展核电的最大障碍。

其二是非洲国家的技术能力无法自行运营核电站。从开采铀矿到建设直至运营核电站，都需要世界核电大国的技术支持。

其三是核电的安全问题。不仅包括核电站本身的运营安全，还需考虑是否具有完善的核电发展法律法规保障，是否有足够的人力资源支撑，非洲的政治不稳定性对核电安全的影响等。

其四是国家电网系统能否负担。核电站与电网相连，通过电网提供电力。为使一个国家安全引进核能，国际原子能机构建议其电网容量大约是计划中的核电厂的10倍。但非洲国家很少有如此大的电网容量。这一问题可以通过国家间区域电网加以解决，但需要各国之间的对话。

其五是核电发展计划需要广泛的政治和民众支持，这也是非洲核电能否成功发展的关键因素之一。

六、可再生能源在全球比重仍较低

纵向与自身相比，非洲的可再生能源发展很快，但横向与其他地区或世界平均水平相比，非洲的可再生能源发展还处于相对落后状态。从2000年到2018年，世界平均可再生能源占一次能源消费的比例从1.8%增加到4.0%，非洲则从0.4%增加至1.6%，占比远低于世界平均水平，与北美、欧洲和亚太地区相比，其可再生能源占比相差更多。由于非洲的经济发展水平不高，其占全球碳排放的比重也较低，只是从2000年的3.2%增加到2018年的3.7%。具体情况参见表14-3。

表14-3 2000-2018年世界一次能源消费结构比例及碳排放比例变化（%）

地区	年份	石油	天然气	煤炭	核能	水电	可再生	碳排放
北美	2018	39.3	31.0	12.1	7.7	5.7	4.2	17.9
	2000	40.7	23.8	21.2	7.3	5.6	1.4	28.0
欧洲	2018	36.2	23.0	15.0	10.3	7.1	8.4	12.5
	2000	37.5	23.2	19.2	11.5	6.8	1.9	20.3
亚太	2018	28.3	22.9	47.5	2.1	6.5	3.8	49.6
	2000	37.3	9.6	42.9	4.2	4.4	1.6	32.6
非洲	2018	41.5	27.9	22.0	0.5	6.5	1.6	3.7
	2000	44.6	17.6	30.4	1.1	6.2	0.4	3.2
世界	2018	33.6	23.9	27.2	4.4	6.8	4.0	100%
	2000	38.3	22.0	25.2	6.2	6.4	1.8	

资料来源：根据 BP Statistical Review of World Energy, June 2019 计算，2000年可再生能源数据根据总数估算而来。

非洲风电、太阳能光伏以及地热能的装机容量占全球比重也都很低。2008年以后全球可再生能源进入快速发展期，其中风电装机容量从115363兆瓦增加到2018年的564347兆瓦，10年间增加近4倍。中国、印度为代表的亚太地区发展最快，装机容量从2008年的22798兆瓦，增加到235584兆瓦，10年间增长近10倍，占全球风电装机容量的41.7%。非洲的风电装机容量从2008年的552兆瓦增加到2018年的5464兆瓦，10年间也增长近9倍，但由于基数太小，只占全球风电装机容量的1%。非洲的太阳能光伏和地热能也处于同样的状态，发展快，但总量偏小。太阳能光伏占全

国际能源大转型：机遇与挑战

球装机容量的 1.2%，亚太地区则占到 58.4%，地热能占全球装机容量的比重稍高，但也仅为 4.6%（参见图 14-4、14-5、14-6）。

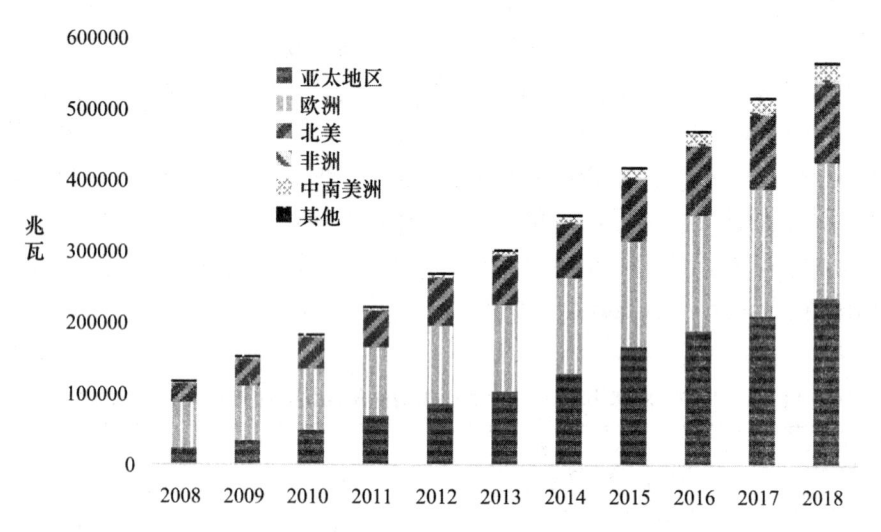

图 14-4　2008-2018 年全球风能装机容量变化

资料来源：BP Statistical Review of World Energy June 2019。

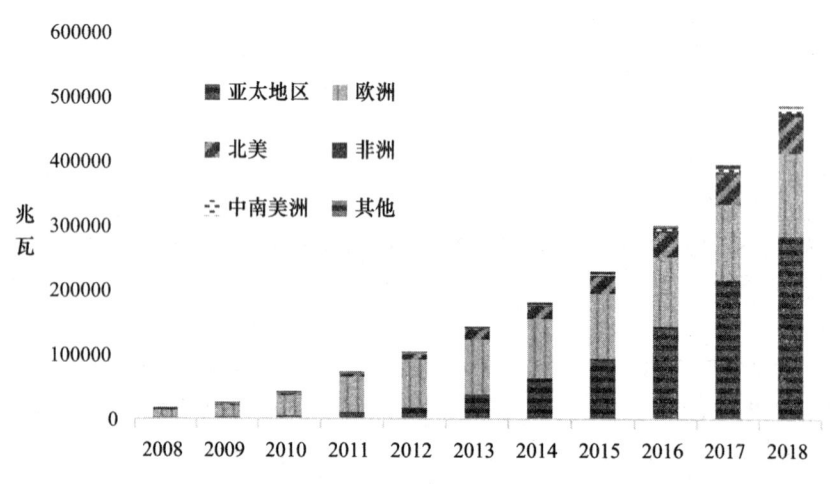

图 14-5　2008-2018 年全球太阳能光伏装机容量变化

资料来源：BP Statistical Review of World Energy June 2019。

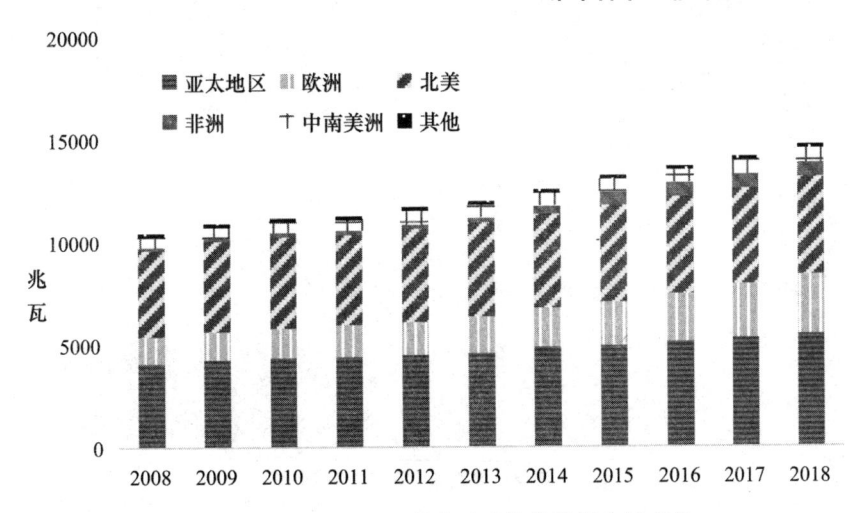

图 14－6　2008－2018 年全球地热能装机容量变化

资料来源：BP Statistical Review of World Energy June 2019。

第三节　主要国家清洁能源发展概况

非洲国家众多，能源资源禀赋各异，能源转型的路径也不尽相同。2018 年，南非、摩洛哥、埃及分别以 12.4 太瓦时、4.8 太瓦时、3.5 太瓦时的可再生能源发电量位居非洲可再生能源发电前三，总发电量约占非洲可再生能源发电总量的 65%，成为非洲可再生能源转型的主要代表。非洲的非水可再生能源发电结构以风能发电为主，随着近年来太阳能光伏发电技术的不断发展，太阳能发电日益成为非洲可再生能源中的新的生力军。

一、埃及

2018 年，埃及国内生产总值为 2693.38 亿美元，是非洲第三大经济体，也是北非地区人口总量最多、增长最快的国家。一次能源消费 94.5 百万吨油当量，占非洲能源总消费量的 1/5。埃及 95% 的人口集中在狭窄的尼罗河谷和三角洲沿岸，仅相当于总土地面积的 5%，过高的人口密度造成能源消费的增加。据统计，能源部门占埃及国内生产总值的 13.1%，能源部门对促进埃及经济增长有举足轻重的作用。

埃及与中东国家地理相邻、文化相近，资源储备也比较类似。目前已探明的石油和天然气储量分别占非洲总储量的 3% 和 14.8%。埃及可再生

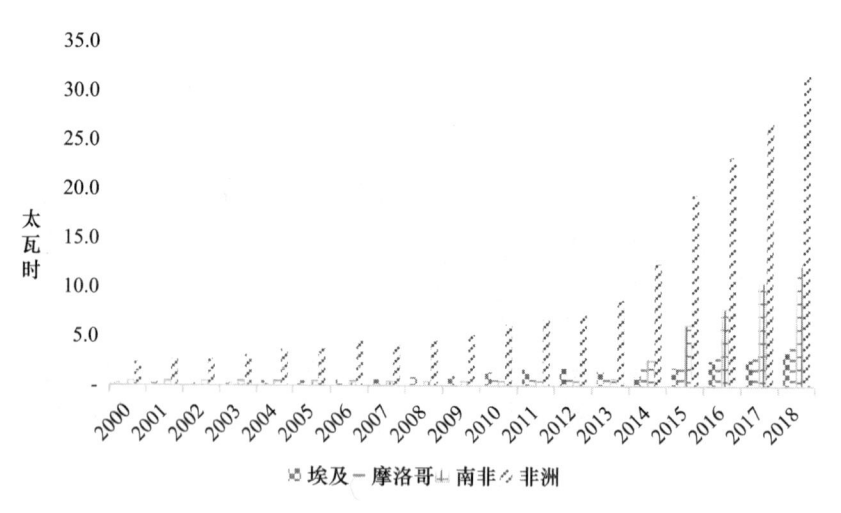

图 14-7 2000-2018 年可再生能源发电量（单位：太瓦时）

资料来源：BP Statistical Review of World Energy June 2019。

能源资源丰富，但还未得到系统的开发。平均每天日照 9-11 小时，每年太阳直接辐射强度约为 2000 至 3200 千瓦小时/平方米。水力发电是埃及最成熟的可再生能源技术，埃及的水力资源主要来自尼罗河。此外，埃及拥有丰富的风力资源，红海沿岸年均风速可达 8-10 米/秒，尼罗河西南岸及西部沙漠以南地区年均风速可达 6-8 米/秒，同时，每年大约还可产生 3000 多万吨的生物质能供转化成电力或其他能源（参见图 14-7）。[①]

埃及的第一个可再生能源发展战略可以追溯到 1982 年，其目标是到 2000 年可再生能源发电量达到总发电量的 5%，然而当时技术尚不成熟并未实现计划的目标。2008 年 2 月，埃及再次制定了到 2022 年全国 20% 的发电量来自可再生能源的目标。这一时期埃及政治较不稳定，大部分原计划由政府承担的发展项目没有顺利展开。

为了应对迅速增长的能源需求并实现可持续、安全稳定的能源体系建设目标，埃及开始制订新的 20 年能源计划。2013 年 1 月，埃及公开"2015 年至 2035 年的综合可持续能源战略"（Integrated Sustainable Energy Strategy，ISES），这一能源发展计划由欧盟资助并与所有相关国家合作实施。该战略侧重于通过提高埃及的电气化水平，电力部门与可再生能源体系建设齐头并进，沿着高质量的发展路径逐渐提升埃及能源效率，并设定

---

① RENA Outlook Egypt 2018.

了到2022年可再生能源发电占电力结构20%，到2035年占42%等一系列发展目标。①

2016年，埃及又提出"2030愿景"（2030 Egypt Vision）。其中与能源相关的核心目标有四个：一是保证能源供给安全；二是保证能源可持续发展；三是提高相关机构治理能力；四是完善监管规则加强市场竞争力。

二、摩洛哥

摩洛哥位于非洲西北部，东南接阿尔及利亚，南部接壤撒哈拉地区，西临大西洋，北隔直布罗陀海峡与西班牙相望，扼地中海入大西洋的门户。摩洛哥是北非唯一没有大规模生产油气的国家，主要原因是探明储量小，开发成本高，这也导致摩洛哥能源资源需求缺口较大。目前摩洛哥约95%的基础能源依赖进口，2018年摩洛哥一次能源消耗较上一年约增加5%。

摩洛哥清洁能源资源丰富，位于非洲前列。水力发电基础良好，摩洛哥现有水电装机容量达1770兆瓦，占全国总装机容量的1/5，2018年全国水力发电量1.69兆瓦时，占全国总发电量5%，较2017年增加42%；风力发电发展迅速，2018年摩洛哥风力发电装机容量为1220兆瓦，比上一年增加20%，长达1700千米的海岸线与广阔的沙漠地带为摩洛哥带来2.5万兆瓦的风力发电潜力；太阳能资源在摩洛哥前景广阔，地处西撒哈拉沙漠边缘的摩洛哥每天日照时间可达8-10小时，太阳能年发电潜力高达2600千瓦时/平方米，是欧洲部分国家的2倍，充足的风能和太阳能资源为摩洛哥能源转型提供了良好条件。

为减少长期以来对能源进口的依赖，摩洛哥政府积极发展可再生能源，近10年可再生能源发电量占比从几乎为零增加到14%左右。此外，摩洛哥建立专门针对可再生能源部门的人才培训网络，为进一步促进能源转型做充分准备。2017年6月，摩洛哥政府委员会通过了关于提高能源利用效率的国家战略项目，通过国家基金、吸引外资以及鼓励私人部门投资等方式充分利用其丰富的可再生能源资源，促进可再生能源发展。计划到2030年之前在能源部门投入400亿美元，其中75%用于发展可再生能源，此项目预计到2030年可以节约20%的能源消耗。除了加大对清洁能源的开发力度，摩洛哥还制定了到2020年实现12%的节能目标，以提高其电

---

① IRENA Outlook Egypt 2018.

力使用效率。

摩洛哥清洁能源发展需要关注的几点：第一，清洁能源转型动力出现减弱趋势。过去10年摩洛哥能源消耗量持续增长，但近期出现放缓迹象。此外，现阶段该国经济受到增长缓慢、失业严重、贸易和财政逆差扩大、外汇储备下降、物价上涨等因素的影响，2018年经济增速仅为2.9%，较2017年下降了1.2个百分点。经济疲软和能源需求增速放缓将导致摩洛哥能源转型后劲不足。第二，以往国家能源政策完成度较低。摩洛哥于2015年颁布《2016—2020五年电力规划》，现即将到期，规划目标完成情况表现欠佳。摩洛哥近10年的电力项目均出现超期现象，影响政府工作效率及下一阶段能源政策的制定，增加了投资成本与风险，投资者信心降低。摩洛哥清洁能源项目对政府补贴依赖程度大，财政压力逐年增加。第三，北非地区能源发展为摩洛哥带来机遇。摩洛哥地处非洲西北角与欧洲伊比利亚半岛隔海相望，是北非地区实现与欧洲能源网络互联的绝佳枢纽，如果北非地区形成清洁能源的统一调度网并实现与欧洲的能源合作，势必将成为摩洛哥能源部门发展与转型的良好推手。

三、南非

南非地处非洲大陆最南端，是非洲第二大经济体，也是非洲能源消耗最大的国家之一。2018年，南非发电256兆瓦时，占非洲总发电量的30%左右，总碳排放量位居非洲第一。即便如此，目前南非全国尚未实现全面的电力覆盖，截至2017年，南非通电率为84.4%。高额的电价、经常性断电甚至无法通电严重制约南非经济的发展。同时，能源结构单一、对煤炭依赖过高、环境污染等问题也迫使南非加快其能源转型进程。

南非资源储备以"富煤炭、贫油气"为特征，煤炭是南非最重要的资源。南非是世界第九大产煤国，拥有98亿吨煤炭资源储备。2018年，南非煤炭消耗占全年一次能源总消耗的70.1%左右，核能、水力和可再生能源总计仅占4.5%。同年，南非太阳能装机容量为2959兆瓦，较2017年增长19%，风能装机容量为2094兆瓦，与2017年持平。2018年南非可再生能源发电占全国总发电量4.8%，与此前南非制定的到2020年可再生能源发电占总发电量13%的目标相距甚远，能源转型尚需时日。

1994年南非种族隔离政策废除后，人人可以平等使用电力，导致能源需求急剧增加。煤炭以其易获得和价格便宜而成为南非最重要的能源，至今南非能源体系依然以煤炭为核心。2019年10月，南非颁布酝酿已久的

《综合资源计划2030》。这是一项旨在通过电力基础设施建设,实现南非电力供应可持续性,保障南非能源安全的计划。根据这一规划,南非到2030年预计实现煤电装机容量1500兆瓦、水电2500兆瓦、光伏发电6000兆瓦、风力发电14400兆瓦、储能2088兆瓦、天然气发电3000兆瓦。[1]

据 Lurco Group 的报告,南非煤炭部门每年为国家经济贡献1300亿兰特,并提供约8.6万个直接就业岗位和17万个间接就业岗位。由于煤炭在南非的能源消费结构中占比过高,在未来很长一段时间内还将维持核心地位,因此,南非的能源转型将会以煤炭的清洁利用为重点,同时大力发展可再生能源。洁净煤技术可以有效地解决目前南非面临的环境污染等问题,而成熟的煤液化技术以及碳捕获和封存技术(CCS)等将助力南非向清洁能源体系的平稳过渡。

第四节 能源转型的特征及趋势

2017年非洲以柴薪为主的生物燃料消耗占一次能源消耗的45%,柴薪和木炭等燃料的使用效率极低,造成非洲的能源强度远高于世界平均水平。与世界大多数地区相比,非洲能源转型的特殊性在于其能源转型过程也是能源建设的过程。不仅要解决能源供应不足的问题,即能源的可获得性和可支付性,同时也要兼顾能源的清洁性和可持续性。在转型政策方面,统筹多方资源、兼顾能源转型与能源公平可以使非洲更加高效地实现能源转型、惠及民生、推动经济增长。

一、解决能源供应不足问题是主要动能

随着国际上能源利用向可再生能源转型以及现代技术发展对电力的需求增加,电气化水平日益成为现代能源发展水平的重要衡量标准。非洲的现代化依赖于大规模电力设施建设和电力供应体系,这是创造经济增长、摆脱贫困落后的前提之一。[2] 提高电气化水平是能源建设的重要途径。根据BP公司的预测,在能源转型顺利发展的情况下,2040年全球发电量将

---

[1]《综合资源计划将比计划多花费1000亿兰特》,http://www.mofcom.gov.cn/article/i/jyjl/k/201910/20191002906435.shtml。(上网时间:2019年12月8日)

[2] 张建新、朱汉斌:《非洲的能源贫困与中非可再生能源合作》,《国际关系研究》,2018年第6期,第45~59页、第153~154页。

增加约60%，电力2%的增长率远超过总能耗0.8%的增长率，未来电气化发展前景良好。

非洲石油、天然气等化石燃料储量大，开发程度低，资源分布不平衡。2018年非洲石油储采比为41.9，远高于北美与欧洲水平，天然气储采比为60.0，更是高于世界平均水平。非洲绝大多数化石能源分布在阿尔及利亚、埃及、利比亚和尼日利亚等少数几个国家，这些国家的能源供应相对充足。

非洲目前有6亿无法使用电力的人口，普遍集中在撒哈拉以南地区。[1] 这一地区多数国家经济水平落后，众多农村人口生活中烹饪和取暖等手段多依靠生物燃料，污染大，效率低。2017年该地区电气化水平不足50%，比10年前仅增加10个百分点，电气化进程较为缓慢。目前非洲城市化率偏低，仅有43%的人口生活在城市区域。截至2017年，撒哈拉以南非洲农村通电率仅为23%，而城市通电率为79%（参见表14-4）。

表14-4 2017年全球电力普及情况

世界/地区/经济体	电气化水平（通电人口占比%）	未能使用电力人口数量（百万）
世界	87	992
全部发展中国家	83	992
非洲	52	601
北非	100	<1
撒哈拉以南非洲	43	602
亚洲发展中经济体	91	351
中南美洲	96	20
中东	92	18

资料来源：REN21, *RENEWABLES GLOBAL STATUS REPORT* 2019, https://www.ren21.net/wp-content/uploads/2019/05/gsr_2019_full_report_en.pdf。

非洲居民生活用能较为原始，能源使用成本较高。目前非洲国家平均电价约为14美分/千瓦时，是发展中国家平均水平的2-3倍。2015年，撒哈拉以南地区一次能源强度为7.1，高于世界平均水平20%。由于能源

---

[1] UN DESA.《世界城市化展望（2018年修订版）》。

消耗中51%是碳氢化合物，48%是生物质能，所以，高的能源强度一旦得不到控制，将会转化为更高的二氧化碳强度。① 非洲仅14.3%的人口可以获得家庭用清洁的烹饪燃料和技术，不及世界平均水平的1/4，由此带来的健康问题极大了降低了非洲人民的生活水平（参见表14-5）。②

表14-5 2017年全球无法达到清洁烹饪情况

世界/地区/经济体	无法使用清洁烹饪燃料人口占比（%）	无法使用清洁烹饪燃料人口（百万）
世界	36	2677
全部发展中国家	46	2677
非洲	71	895
北非	<1	1.1
撒哈拉以南非洲	84	893
亚洲发展中经济体	44	1715
中南美洲	11	56
中东	5	11

资料来源：REN21，*RENEWABLES GLOBAL STATUS REPORT* 2019，https：//www.ren21.net/wp-content/uploads/2019/05/gsr_2019_full_report_en.pdf。

非洲也是当前能源建设需求最大的地区之一，非洲建筑行业门户网站在2017年的调研中发现，能源基础设施建设需求是非洲需求排名第二的建设内容，排在第一名的是水资源。③ 受城市人口自然增长率高、农村向城市移民因素影响，非洲是目前世界上城市化最快的地区之一，2010—2015年非洲城市人口增长率高出世界平均水平1.5个百分点。④ 能源供应不充

---

① Boqiang Lin & HermasAbudu, "Changes in Energy Intensity During the development Process: Evidence in Sub-Saharan Africa and Policy Implications," *Energy*, Volume 183, 15 September, 2019, Pages 1012-1022.

② 世界卫生组织认为无法在家里获得清洁的烹饪燃料和技术是家庭空气污染的主要来源，2016年，世界上仅环境空气污染就导致约420万人死亡，而由于做饭时使用的污染性燃料和技术所产生的室内空气污染在同期估计导致380万人死亡。

③ 《非洲4大基础设施发展需求》，http://www.sohu.com/a/163049707_590014。（上网时间：2019年8月26日）

④ 朴英姬：《非洲的可持续城市化：挑战与因应之策》，《区域与全球发展》，2018年第4期，第43~66页、156~157页。

足是造成目前非洲人口城市化与产业城镇化、就业城镇化、生活城镇化相背离的主要原因之一，撒哈拉以南非洲地区城市化与制造业互动发展关系不显著，尚未实现工业化与城镇化的协调发展。但对于撒哈拉以南非洲地区而言，制造业的发展却正是其推进城镇化良性发展的客观需求和必由之路。[①] 充足的能源供应对非洲经济发展起着关键性作用，以电气化为重点的能源建设过程中可再生能源开发前景广阔。

二、适应新能源体系阻力小，空间大

非洲多数地区能源体系建设仍处于相对空白的阶段，可再生能源在非洲的发展可以避免许多与已有能源体系不相容的麻烦，市场对可再生能源的接受度更高，发展空间大。能源网络发达国家和地区通常存在能源路径依赖现象，从能源供给端到需求端，从能源相关的基础设施建设到社会政策制定再到用户行为惯性都为能源转型带来一定的阻力。相比之下，非洲的能源网络建设阻力较小，有可能通过学习发达国家的先进经验而创造可再生能源发展新路径。

在清洁能源的应用中，超过90%的能源需要转换成电力后使用。电气化是国家城市化和工业化的核心，城市的医疗、教育、交通等各行各业离不开电力支持。根据中国的经验，工业化阶段GDP每增加一个百分点，对电力的需求将增加1.2－2.3个百分点。[②]《非洲2063年愿景》中明确提出了对非洲未来城市化和工业化的目标，电气化发展程度将直接影响到非洲经济的增长。

水电、太阳能和风电是目前清洁能源发电的主要来源，也是未来一段时间内重点发展的清洁能源。2018年全球水电发电量占世界总发电量的15.8%，非洲地区近一半的可再生能源发电由太阳能和风能提供。与传统化石燃料能源不同，水电、太阳能光伏和风电受到地貌、时间、天气和季节的影响，无法持续稳定的发电，在技术上对电网的灵活性要求较高。2003—2013年间，德国因太阳能与风能供电不稳而导致的电压事故风险上

---

① 柏露露等：《撒哈拉以南非洲城镇化与制造业发展关系研究》，《国际城市规划》，2018年第5期，第39-45页
② 全球能源互联网发展合作组织：《非洲能源互联网规划研究》，中国电力新闻网，2018年9月5日。

升了三级①。未来非洲电网部署需早做打算，形成以清洁能源供电为核心的能源网络。

新的制度和规则可能会损害既得利益者的优势，在带来新的机遇的同时也可能出现"偷梁换柱"滥用补贴等问题。如何调动市场积极性使能源部门进行主动转型以及让补贴和配额等政策有效地发挥作用，在欧洲和北美等率先进入能源转型的地区也备受关注。除此之外，用户行为习惯也需要做出改变。

现阶段非洲大部分国家处于低收入阶段，年能源消耗远低于发达国家，在能源转型的初级阶段代价小、用电量低，进程相对较快，近年来非洲家用太阳能光伏普及率已经明显开始提升。

三、能源转型路径多元化

根据国际能源署的预测，在合理的能源政策推动下，随着电气化程度加深、效率提高以及可再生能源的普及，未来煤炭消费将会得到有效的抑制。② 2030 年，天然气将取代煤炭成为全球能源结构中第二大来源，其中工业部门消费最多，将占全球天然气消费增长的 45%。到 2040 年，工业部门煤炭使用量将略有增加，全球煤炭消费量将基本持平。石油需求的总体增长将完全来自发展中经济体，达到每日 1.06 亿桶。

大部分发展中国家和地区的火电厂才刚刚建立，处于收益快速增长阶段，短时间内还无法从能源结构中快速降低化石能源的份额，预计 2020 年后新开工煤炭项目将大幅放缓。多元的能源结构有利于维护地区能源安全，非洲可利用南北天然的能源禀赋差异寻找多样化的能源转型路径。

非洲的化石能源储备集中在三个 OPEC 国家：阿尔及利亚、利比亚和尼日利亚，这三个国家石油和天然气的储量占整个非洲探明储量的 75% 以上。中东地区在经历 20 世纪石油危机后为防止过于依赖能源产业，积极进行产业结构调整，大力发展服务业。尽管如此，其经济结构依旧是以能源出口为主。与中东国家不同的是，非洲地区的化石能源出口

---

① Gerard Wynn, "Electricity demand response shows promise in Germany," https://www.smh.com.au/business/the-economy/electricity-demand-response-shows-promise-in-germany-20130920-2u3b9.html. （上网时间：2019 年 8 月 26 日）

② World energy outlook 2018.

国深陷资源诅咒，[1] 其中尼日利亚是世界上贫富差距最大的国家。2019年4月沙特公布其雄心勃勃的可再生能源计划，呼吁顺应全球趋势提高化石能源使用效率，逐步实现公平的能源转型。[2] 近年来国际各大石油公司纷纷将业务延伸至可再生能源领域，调整其发展战略，向综合性能源公司转变，力求在新一轮能源转型中抓住机遇。[3] 非洲化石能源丰富的国家可乘着中东地区能源转型的东风实现合理转型，着重实行化石能源清洁化使用，提高能源效率。

非洲撒哈拉以南地区电气化水平不及北非地区的一半，并且农村落后地区较多，当务之急则是应加速能源网络建设，在推广可再生能源使用的同时，允许技术成熟、见效快的化石能源在建设初期处于优势地位，以促进经济社会发展。这样，在非洲东、西、南、北、中各地区结合自身能源现状进行转型的同时，建立起非洲能源互联网更有利于区域能源的综合发展。

四、兼顾能源转型与能源公平

非洲在减少化石燃料使用，向更清洁的能源体系转型过程中还应兼顾能源公平问题。

一是增加能源更广泛的可获得性。非洲是世界上能源普及率最低的地区，在实现低碳能源使用的过渡期必须优先解决能源贫困的问题，提高能源普及率，减少能源贫困人口迫在眉睫。能源分布、能源开发、能源政策制定者之间的不对称增加了全球框架下能源转型的复杂性。发展中国家在过去的"几代人"中没有向发达国家那样透支环境，因此在现阶段能源开发中可以容忍较高的碳排放量。[4] 由于在能源政策制定中利益相关者的缺位明显，国际组织在协调全球能源问题方面需要做的工作还很多，道阻且长。

---

[1] 资源丰富的国家经济发展出于种种原因可能并不如预期的强劲甚至一直处于萧条状态。

[2] 《沙特敦促"公平"能源转型 捍卫石油》，http://www.chinapeace.org.cn/chanjing/201904/057609.html。(上网时间：2019年8月26日)

[3] 王擎宇：《国际石油巨头纷纷发力可再生能源》，《能源研究与利用》，2019年第3期。

[4] Peter Newell & Dustin Mulvaney, "The political economy of the 'just transition'," *The Geographical Journal*, Vol. 179, No. 2 (June 2013), pp. 132–140.

二是清洁能源在使用过程中能否保证完全的"清洁"需要技术做支撑。水电站对河流流量的改变、风能发电和太阳能光伏发电所占据的自然空间所带来的环境变化应给予关注；在太阳能光伏发电电池的半导体材料制作过程中产生的有毒物质以及汽车乙醇燃料的生产过程对工人健康的影响等问题同样不可小觑。

三是平衡新能源体系的规则制定。技术成熟且已形成集群效应的传统能源产业边际收益递减，新的清洁能源领域是未来发展的重点。在新的能源体系规则制定中，政策制定者应注意政策的平衡性。对非洲来讲，首先要帮助传统化石能源行业的平稳过渡。主要包括非洲北部等化石能源大国的经济结构转型，引导化石能源行业从业者再就业，提高化石能源的使用效率。其次，要制定合理的新体系竞争规则。主要包括为清洁能源行业的发展提供高效的市场环境，防止新的、成长初期的参与者无法进入，尽快实现可再生能源分布形成一定规模，以清洁能源产业带动当地就业。

第五节 能源转型的意义

预计到 2040 年，非洲人口将占全球总人口的一半，如何满足快速增长的人口和日益强劲的经济发展对能源的需求，对非洲和世界的能源建设都有着至关重要的意义。全球能源转型为非洲能源转型提供经验与思路，非洲能源转型也是全球能源转型不可缺少的重要节点。非洲能源转型意义重大，是促进自身繁荣的前提、实现非洲复兴桥梁，也是加速其融入世界经济与政治格局的关键环节。

一、促进自身繁荣的前提

非洲是世界上最有发展潜力的地区，2018 年 GDP 本币实际增速 3.4%，预计 2019 可达到 4%，[1] 6 个非洲经济体有望挤进 2018 年世界经济增长最快的经济体前十名之列[2]。经济的迅速增长对能源供给提出了更加明确的挑战，建立合理的能源体系，实现能源高质量可持续的供给来满足能源需求的增长，是目前非洲发展过程中最核心的议题之一。

能源可持续发展已纳入《非洲 2063 年愿景》的社会、经济和可持续

---

[1] African Development Bank, https://www.afdb.org/en/.
[2] World Bank Database, https://data.worldbank.org.cn.

发展目标。可持续能源处于非洲国家发展计划的前列，这充分体现了能源转型在实现可持续发展目标、减缓碳排放和适应气候变化方面的核心作用。考虑到非洲大陆庞大且不断增长的人口，预计到2040年，能源需求将增长近1倍。① 按照国际可再生能源署（IRENA）的发展规划，预计到2030年，非洲近1/4的能源需求将来自本土的可再生能源，装机容量有望达到310吉瓦，比2017年提高7倍。

能源供应充足是发展工业的保障，能源转型在降低经济成本助力非洲经济蓬勃发展之余，可再生能源的推广还将产生就业机会等可观的社会效益。目前，全球有1030万人从事可再生能源行业。未来非洲的可再生能源行业可以创造数以百万计的新就业机会。经济情况的改善还将带来连锁的社会反应，如改善医疗服务、促进教育公平和改善生态环境等。

二、实现非洲复兴的桥梁

泛非主义由黑人世界的民族主义发展成为非洲大陆的民族主义，现阶段泛非主义的主要内涵是推动非洲国家走向经济、政治和军事的一体化，实现非洲复兴。面对这些问题，坚持以联合自强为要义的泛非主义是非洲在国际竞争中摆脱不利地位和谋求发展的根本出路和希望。② 非盟与次区域组织正在为非洲区域合作做出不懈努力，并在能源合作上提出了许多切实可行的框架，如非洲基础设施规划、非洲能源行动规划、非洲可再生能源倡议等，确定发展路线图与时间表，推动非洲能源转型平稳有效进行。2017年非洲开发银行批准的发电项目全部是可再生能源发电，累计装机容量1400兆瓦。

此外，国际社会也密切关注非洲能源转型的进展。国际可再生能源署在非洲正在实施的计划有：旨在加速东部非洲电力网（EAPP）和南部非洲电力网（SAPP）的可再生能源发展，以及可再生能源跨境贸易的非洲清洁能源走廊项目；致力于在西非电力网（WAPP）建立区域电力市场的西非清洁能源走廊项目；旨在促进将更多可再生能源纳入阿拉伯地区电力系统的泛阿拉伯清洁能源倡议（PACE）；针对为中小型可再生能源企业家提供支持的西非和南部非洲的企业家支持机制等。

---

① IRENA. Scaling up renewable energy deployment in Africa 2019.
② 路征远、雷芳：《从非统到非盟——泛非主义发展的必然》，《盐城工学院学报（社会科学版）》2018年9月，第31卷第3期，第49~53页。

在合作中加强非洲区域联系，增强国家间的信赖感和归属感。非洲大部分能源贫困国家地理跨度大，基础设施差，政府能源部门较小，整合资源加强区域合作，在提高效率的同时也有利于增强非洲国家间的信任，维护地区和平稳定。

三、融入世界的关键

非洲的可持续发展是全球共同关心的焦点，作为实现联合国可持续发展目标的关键地区，联合国对非洲的支持力度不断增强。以促进非洲地区经济、社会和文化繁荣为核心，加强区域经济一体化，消除能源贫困，实现联合国可持续发展目标，即确保人人获得负担得起的、可靠和可持续的现代能源。

世界能源格局与世界安全格局息息相关，世界上大部分地区早已完成了由柴薪到煤炭再到石油的能源转型过程，正在紧锣密鼓地筹备如何在新的能源转型进程中占领低碳能源的制高点。然而，当前的非洲还有一半的人口处于无法使用电力的原始状态。尽管非洲地区蕴含着丰富的一次能源资源，但开发力度和转换效率并不高，早日实现能源供给全覆盖有利于非洲地区自身的能源安全和政治稳定。

从国际能源转型经验来看，资源禀赋在能源转型机制中影响巨大。[①] 非洲拥有大量可再生能源资源，在本次以低碳、清洁、可持续能源为目标，技术创新引领方向的能源转型进程中，非洲有望通过摆脱路径依赖，加快可再生能源转型，成为全球能源互联网的重要组成部分，并以能源转型为契机，发展本地区经济，促进区域一体化，推动非洲的可持续发展。

---

① 吴磊、杨泽榆：《国际能源转型与中东石油》，《西亚非洲》，2018 年第 5 期，第 142~160 页。

第三部分

中国篇

第十五章

中国可再生能源发展现状及趋势[①]

可再生能源发展是中国能源转型最重要的内容之一。中国的可再生能源发展经历了从无到有、从追赶世界先进水平到成为世界主要可再生能源产业大国的进程。当前,中国在可再生能源产业发展、企业实力、装机容量等方面已经成为全球最成功的国家之一,正成为清洁能源产业发展的引领者。[②] 由于中国的能源结构的惯性以及可再生能源发展所面临的的技术和非技术问题,中国的可再生能源发展虽然将继续持续,并且是中国能源结构的发展方向,但中短期内难以取代化石能源特别是煤电的主体地位。

第一节 发展历程

1981年,联合国新能源及可再生能源会议召开,会议讨论了新能源:以新技术和新材料为基础,使传统的可再生能源得到现代化的开发和利用,用取之不尽、周而复始的可再生能源取代资源有限、对环境有污染的化石能源,重点开发太阳能、风能、生物质能等。改革开放以前,新中国的风电、光伏主要是解决海岛和偏远农村居民的用电问题,没有产业化。20世纪70年代末,我国开始开展风电并网示范研究,开启了可再生能源产业化道路。[③] 1991年的"八五"规划首先有了发展可再生能源的提法,21世纪头10年的中叶中国大规模发展可再生能源到了成熟的机遇。[④]

[①] 本章作者:吴翰传,中国现代国际关系研究院博士研究生,主要从事经济、能源等问题研究;董一凡,中国现代国际关系研究院欧洲研究所助理研究员,主要从事欧洲经济、能源等问题研究。

[②] 赵宏图著:《超越能源安全——"一带一路"能源合作新局》,时事出版社,2019年8月版,第336页。

[③] 《改革开放40年来我国能源生产和消费总量跃居世界首位》,http://energy.people.com.cn/n1/2018/1107/c71661-30386293.html。(上网时间:2019年6月3日)

[④] Michael Aklin, Johannes Urpelainen: "RENEWABLES The Politics of a Global Energy Transition," The MIT Press, 2018, pp. 200–201.

国际能源大转型：机遇与挑战

随着我国经济体制改革，尤其是入世之后，中国能源需求不断扩大，出于能源供给安全以及降低温室气体排放等考虑，中国新能源行业快速起步并逐步发展壮大。匹兹堡大学副教授 Michael Aklin 和约翰斯·霍普金斯大学教授 Johannes Urpelainen 认为，中国的可再生能源发展速度令人惊讶，1990 年中国几乎没有可再生能源发电（非水），2005 年还仅为 0.3%，此后就出现飞速发展，他们认为中国经济增长和对能源的巨大需求为中国可再生能源发展提供了巨大推动力。① 中外均有学者研究认为，中国煤电造成的空气污染早在本世纪初就受到广泛关切，预估 20 世纪 90 年代中国环境污染造成的经济损失相当于 7%。②

2006 年 1 月 1 日，《中华人民共和国可再生能源法》颁布实施，确立了可再生能源的法律地位、基本制度和政策框架，明确了政府和社会在可再生能源开发利用方面的责任和义务，包括国家可再生能源目标、强制性接入电网和购买政策、出口退税制度以及可再生能源奖励费用分摊和供资安排等措施，加之可再生能源发电全额收购制度（2009 年修订版完善为全额保障性收购制度）的出台，是我国开始大规模积极支持新能源产业发展的标志。③ 2007 年 9 月，国家发展改革委发布《可再生能源中长期发展规划》，将太阳能发电和风电列为重点发展领域。2009 年，中国又颁布了《新能源产业规划》，加快产业构建的步伐。2006 - 2016 年间，中国太阳能消费每年平均增长 91.1%，风能消费每年平均增长 51.5%。④ 2018 年，全国可再生能源发电量为 18670 亿千瓦时，占全部发电量的 26.7%，比 2005 年提高 10.6 个百分点。其中非水可再生能源总装机容量是 2005 年的 94 倍，发电量是 2005 年的 91 倍。

我国可再生能源快速发展进一步推动能源结构优化。到 2018 年年底，可再生能源发电装机占全部电力装机的 38.4%，发电量占全部发电量的

---

① Michael Aklin Johannes Urpelainen: "RENEWABLES The Politics of a Global Energy Transition," The MIT Press, 2018, pp. 199 - 200.

② Michael Aklin, Johannes Urpelainen: "RENEWABLES The Politics of a Global Energy Transition," The MIT Press, 2018 p. 200.

③ 《改革开放 40 年可再生能源发展成就》，http://news.bjx.com.cn/html/20180828/923907.shtml。（上网时间：2019 年 6 月 3 日）

④ "Statistical Review of World Energy - alldata, 1965 - 2017," https://www.bp.com/content/dam/bp/business - sites/en/global/corporate/xlsx/energy - economics/statistical - review/bp - stats - review - 2018 - all - data.xlsx. （上网时间：2019 年 6 月 3 日）

26.7%，在一次能源消费中占比提高至12.4%，清洁低碳的绿色能源体系已初具规模。① 美国"可再生能源世界"网站（Renewable Energy World）数据显示，2018年中国风能和太阳能装机容量分别达到210吉瓦和200吉瓦，是全球第二大可再生能源装机国2倍，风能和光伏装机量均占到全球的1/3。② 中国再生能源占一次能源消费总量比重达到12.5%左右，比2005年翻了一番。③ 中国的可再生能源主要包括水电、光伏、风电等主流可再生能源以及潮汐、垃圾焚烧、生物质等新兴可再生能源。其中，风电和光伏主要是在改革开放后特别是2006年《中华人民共和国可再生能源法》颁布实施后迅速发展，使我国成为全球可再生能源第一大国。意大利国际事务研究所2019年发布的报告认为，近10年来中国通过全面和与时俱进的政策规划、法律和监管措施、奖励或扶持政策、基础设施发展开发以及对研究、开发、示范和创新的支持，使得该国在清洁能源技术的生产和应用方面已成为全球领先国家。④

风能方面，中国的现代风电发展从20世纪80年代开始。1984年，原国家计委启动我国首台国产风机设计制造，装机容量仅达到55千瓦。1986年，山东荣成风电场的成功并网，是我国风电首次引进国外机组，开启了大规模风电建设进程。1994年年底，达坂城风电场装机容量超过1万千瓦，成为我国首座万千瓦级风电场，虽然经济性不足但标志性意义巨大。1995年，原电力工业部提出2000年风电装机达100万千瓦目标，提出电网允许风电场就近上网、全额收购电场上网电量，对高于平均电价情况实行全网分摊的鼓励政策。⑤ 1999年，我国研制出国产化率达到90%以上的

---

① 《风电光伏等可再生能源发电成本持续下降》，新华网，http://www.xinhuanet.com/power/2019-06/28/c_1210172462.htm。（上网时间：2019年6月28日）

② Renewable Energy World, "End of the year wrap-up: five figures show China's renewable energy growth in 2019," https://www.renewableenergyworld.com/2019/12/01/end-of-the-year-wrap-up-five-figures-show-chinas-renewable-energy-growth-in-2019/. （上网时间：2019年12月28日）

③ 《我国可再生能源开发利用规模显著扩大》，新华网，http://www.xinhuanet.com/2019-12/24/c_1125384036.htm。（上网时间：2019年12月28日）

④ Barbara A. Finamore, "China's Quest for Global Clean Energy Leadership," IAI, https://www.iai.it/en/pubblicazioni/chinas-quest-global-clean-energy-leadership. （上网时间：2020年3月3日）

⑤ 《改革开放40年可再生能源发展成就》，http://news.bjx.com.cn/html/20180828/923907.shtml。（上网时间：2019年6月3日）

600千瓦风电机组，主要经济指标达到国际20世纪90年代先进水平。21世纪以后，我国启动风电特许权项目招标，规划大型风电基地建设。此后，国家加大了风电发展的产业规划力度，特别是《中华人民共和国可再生能源法》颁布实施后。2009年，《新能源产业规划》正式颁布，确定了6个省区的7大千万千瓦级风电基地，《风电"十二五"发展规划》进一步提出，研究大型风电基地风能资源特点，结合电力市场、区域电网和电力外送条件，积极有序推进河北、蒙东、蒙西、吉林、甘肃、山东、江苏、新疆和黑龙江等九个大型风电基地建设。[1] 2010年10月，上海东海大桥100兆瓦海上风电场全部风机并网发电，是我国建立的第一个大型海上风电场，是中国海上风电发展的标志性事件。2008年、2009年和2010年风电装机先后突破10吉瓦、20吉瓦和40吉瓦，先后超越丹麦、德国和美国，成为世界第一风电大国，2006-2017年间，我国风电装机容量年平均增长率达到约46%，2017年底装机容量为1.64亿千瓦，是2005年底的约129倍。截至2018年9月，我国风电装机已经达到1.76亿千瓦，新增装机连续9年持续领跑全球。2007-2017年间，中国风力发电量从56亿千瓦时增长至3057亿千瓦时，增长54.6倍，年均增长率49.15%。[2] 2017年中国累计风电装机占全球的35%。

光伏的发展也主要在改革开放之后，1984年，我国第一座离网光伏电站在甘肃省兰州市榆中县园子岔乡诞生，装机10千瓦。2005年8月，中国第一座并网光伏电站在西藏羊八井正式投产发电，装机100千瓦。但2007年以前，我国光伏产业还处于示范阶段，2006年全国光伏发电装机仅8万千瓦。自2006年《中华人民共和国可再生能源法》颁布实施后，以风力发电和光伏发电为代表的新能源行业快速发展，新能源的供给和消费呈级数增长态势。2009年以后，"金太阳"和"光电建筑"两期特许权招标大大加快了集中式光伏电站开发进程和分布式光伏市场。2009-2012年，我国光伏装机连续4年同比增长超过100%，其中2010年和2011年超过200%。[3] 2015年6月，国家能源局联合工信部和国家认监委发布了《关于促进先进光伏技术应用和产业升级的意见》，业界通称"领跑者"，旨在

---

[1] 《大风起兮"电"飞扬》，http://www.cpnn.com.cn/cpnn_zt/40zn/hygc/201812/t20181217_1109601.htm。（上网时间：2019年6月28日）
[2] 周晓兰：《风电智能化时代开启》，《能源》，2018年第10期，第71页。
[3] 《改革开放40年可再生能源发展成就观察》，http://www.cec.org.cn/xinwenpingxi/2018-08-29/184189.html。（上网时间：2019年6月3日）

要提升光伏产品市场准入标准，每年进行光伏专项扶持计划，主要措施包括建设先进技术光伏发电示范基地、新技术示范工程以及优先使用"领跑者"企业开发的产品等。2017年光伏发电装机从2006年年底的8万千瓦增长到1.3亿千瓦，2017年新增5306万千瓦，超过2016年以前的装机容量总和。截至2018年9月底，我国太阳能光伏发电累计装机容量达到16474.3万千瓦，新增装机连续六年保持世界第一。①

同时，由于中国多山川大河的优势，水电也是中国可再生能源的重要组成部分，也是中国相较于欧洲、日本等发展可再生能源的重要优势。改革开放以后，三峡、溪洛渡、向家坝、白鹤滩、乌东德等一大批大型水电站相继投运，我国大型水电机组的制造能力和水平已达到世界领先水平，水电控制自动化、流域梯级利用已居世界先进水平。特别是在核心的坝工技术和水电设备研制领域，形成了规划、设计、施工、装备制造、运行维护等全产业链高水平整合能力。1978－2017年，全国水电总装机增长了18.7倍。② 长期重视水电资源的系统开发，使中国水电发电量2016年已占全球的28.9%，居世界首位，水电占2017年全国非化石能源发电装机容量的一半以上，2016年可再生能源生产占总量的11.4%，其中水电就占8.6%。③

此外在其他可再生能源发展上，中国生物质能实现了多元化技术发展和应用；地热能实现了工程规模化应用；电网接入和运行技术水平不断提高，为可再生能源大规模发展和消纳提供有力支撑。截至2017年年底，全国共有30个省（区、市）投产了747个生物质发电项目，发电装机达到1476万千瓦。全国最大地热电站装机容量2.728万千瓦，位于我国西藏羊八井地区；全国唯一的潮汐电站———温岭江厦潮汐试验电站位于浙江温岭，总装机容量4100千瓦，这两个电站目前还在运行中。地热和潮汐发电在我国尚处于探索阶段，为可再生能源资源全面综合利用起到了积极的示范作用。④ REN21组织报告认为，中国是全球生物发电、热泵产业领导力

---

① 《改革开放40年，太阳能光伏产业砥砺前行发展迅猛》，http://dy.163.com/v2/article/detail/E64EMGOI0511N8B7.html。（上网时间：2019年6月3日）

② 《改革开放40年 | 电力科技：从"追赶"到"引领"》，http://news.bjx.com.cn/html/20181219/950214.shtml。（上网时间：2019年6月3日）

③ 张抗：《中国能源发展的特殊性》，《能源》，2018年第9期，第74页。

④ 《改革开放40年可再生能源发展成就观察》，http://www.cec.org.cn/xinwen-pingxi/2018－08－29/184189.html。（上网时间：2019年6月3日）

量，地热能市场十分活跃。①

第二节 发展现状

当前，中国可再生能源发展呈现较好态势，在产能、产业发展等方面均有显著亮点，并已成为全球公认的可再生能源发展大国，其世界影响力也在不断上升。美国战略与国际研究中心（CSIS）《外交政策新观点》刊物曾将中国称为"全球可再生能源领导者"。②智库"能源转型地缘政治全球委员会"（Global Commission on the Geopolitics of Energy Transformation）曾发布报告称，没有哪个国家像中国那样渴望成为全球可再生能源超级力量。③

一、中国可再生能源规模迅速

中国是全球可再生能源第一大国，风电、太阳能等可再生能源装机容量均为世界第一。2018年年底，我国水电装机（含抽水蓄能）3.52亿千瓦，在建规模约9100万千瓦，年发电量1.23万亿千瓦时；风电装机1.84亿千瓦，年发电量3660亿千瓦时，太阳能发电装机1.74亿千瓦，年发电量1775亿千瓦时。我国水电、风电、光伏发电装机容量稳居世界第一。④截至2019年6月，中国风电装机1.93亿千瓦，占总装机容量的10.5%。光伏装机1.36亿千瓦，占总装机容量的7.4%，光伏装机已经提前实现2020年的规划目标。海上风电上，2018年11月底，我国海上风电累计装机约360万千瓦，已经核准容量超过1700万千瓦，在建约600万千瓦。目前全国已并网海上风电装机容量仅次于英国和德国，位居全球第三位。⑤

---

① REN21, "Renewables 2019 Global Status Report," https：//www.ren21.net/wp-content/uploads/2019/05/gsr_2019_full_report_en.pdf.（上网时间：2020年3月3日）

② Dominic Chiu "The East Is Green: China's Global Leadership in Renewable Energy," October 6, 2017, https：//www.csis.org/east-green-chinas-global-leadership-renewable-energy.（上网时间：2019年6月3日）

③ "China Is Set To Become The World's Renewable Energy Superpower, According to New Report," https：//www.forbes.com/sites/dominicdudley/2019/01/11/china-renewable-energy-superpower/#74076ad6745a.（上网时间：2019年6月3日）

④ 水电总院发布《中国可再生能源发展报告2018》，2019年6月27日。

⑤ 《"大风起兮"电"飞扬"》，http：//www.cpnn.com.cn/cpnn_zt/40zn/hygc/201812/t20181217_1109601.htm.（上网时间：2019年6月28日）

中国还计划到 2030 年海上风力装机增长到 40-50 吉瓦。①

《中国可再生能源发展报告 2018》预计，2020 年可再生能源并网装机规模将达约 8.82 亿千瓦，进一步提升发电利用率和资源利用率。可再生能源的跨越式发展，替代作用日益凸显，极大优化了中国的能源结构，对中国实现能源安全、大气污染防治以及温室气体排放控制等多重目标均做出突出贡献。可再生能源相关产业作为战略性新兴产业，已经成为新疆、内蒙古、甘肃等风、光资源大省的支柱性产业，在优化当地经济结构、贡献财政收入以及创造就业机会等方面发挥了重要作用。根据 REN21 的"2019 年可再生能源全球现状报告"显示，2017-2018 年中国可再生能源直接或非直接就业岗位共计 407.8 万人，占全球总岗位的 37.1%，远高于欧盟（123.5 万人）、巴西（112.5 万人）、美国（85.5 万人）。②

二、中国可再生能源投资发展迅猛

根据彭博新能源财经统计，2006 年，中国清洁能源投资仅 107 亿美元，为全球 8.9%，2012 年达到 606 亿美元，超过美国（545 亿美元），2014 年达到 928 亿美元，超过欧洲（785 亿美元），2017 年达到 1624 亿美元的顶峰，占全球清洁能源投资 41.4%，2018-2019 年虽有下降，但均在 1000 亿美元以上，且自 2013 年以来中国就是全球第一大清洁能源投资目的地，2006-2019 年中国清洁能源累计投资 1.02 万亿美元，仅比欧洲 1.16 万亿美元稍低，占全球的 25.6%。③ 2019 年 8 月，联合国可再生能源咨询机构发布的报告显示，中国连续第七年成为全球可再生能源的最大投资国，2018 年中国对可再生能源的投资几乎占世界的 1/3，达 912 亿美元。根据彭博新能源财经数据，2019 年中国可再生能源投资为 834 亿美元，继

---

① Barbara A. Finamore, "China's Quest for Global Clean Energy Leadership," IAI, https://www.iai.it/en/pubblicazioni/chinas-quest-global-clean-energy-leadership. （上网时间：2020 年 3 月 3 日）

② REN21, "Renewables 2019 Global Status Report," https://www.ren21.net/wp-content/uploads/2019/05/gsr_2019_full_report_en.pdf. （上网时间：2020 年 3 月 3 日）

③ BENF, "Clean Energy Investment Trends 2019," https://data.bloomberglp.com/professional/sites/24/BloombergNEF-Clean-Energy-Investment-Trends-2019.pdf. （上网时间：2020 年 3 月 3 日）

续是全球第一大可再生能源投资国，占 2019 年全球的 29.8%。① 中国的可再生能源供应日益增长，可再生能源技术也居世界领先地位，中国引领全球可再生能源发展方向。② 联合国环境规划署（UNEP）2019 年 9 月 5 日发布的《2019 可再生能源投资全球趋势》显示，在过去 10 年间，中国是全球可再生能源领域的最大投资国，从 2010 年至 2019 年上半年以 7580 亿美元的投资额位居榜首。同期，美国以 3560 亿美元可再生能源投资额位居第二，日本以 2020 亿美元排名第三；欧洲可再生能源投资额为 6980 亿美元，德国达 1790 亿美元，英国则为 1220 亿美元。③ 2018 年，中国新增海上风电投资达 117 亿美元，占世界总投资的近一半，居全球第一。④

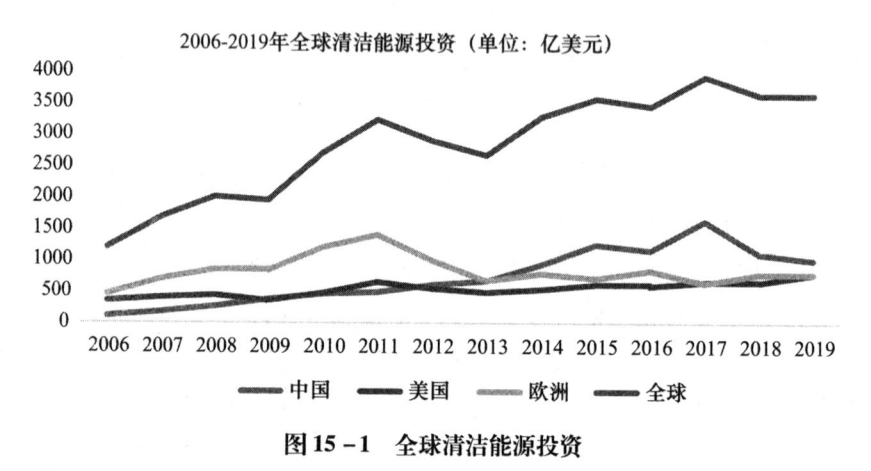

图 15-1　全球清洁能源投资

资料来源：BENF, "Clean Energy Investment Trends 2019," https://data.bloomberglp.com/professional/sites/24/BloombergNEF-Clean-Energy-Investment-Trends-2019.pdf。（上网时间：2020 年 3 月 3 日）

---

① BNEF, "Late Surge in Offshore Wind Financings Helps 2019 Renewables Investment to Overtake 2018," https://about.bnef.com/blog/late-surge-in-offshore-wind-financings-helps-2019-renewables-investment-to-overtake-2018/.（上网时间：2020 年 3 月 7 日）
② 《中国引领全球可再生能源发展》，《人民日报（海外版）》，2019 年 8 月 21 日。
③ UN Environment Programme, "Global Trends in Renewable Energy Investment 2019," https://www.unenvironment.org/resources/report/global-trends-renewable-energy-investment-2019.（上网时间：2019 年 12 月 3 日）
④ Barbara A. Finamore, "China's Quest for Global Clean Energy Leadership," IAI, https://www.iai.it/en/pubblicazioni/chinas-quest-global-clean-energy-leadership.（上网时间：2020 年 3 月 3 日）

第十五章　中国可再生能源发展现状及趋势

三、中国可再生能源产业稳健"走出去"

中国可再生能源的发展，包括技术水平的提升以及市场规模扩大带来的成本下降，使得可再生能源的利用门槛大幅度降低，这为可再生能源在世界范围内的蓬勃发展做出巨大贡献。通过"一带一路"以及南南合作等机制，中国帮助广大发展中国家提高电力普及率，改善大气环境质量和控制温室气体排放。[1] 我国"一带一路"能源合作中，中国公司"走出去"合作建设可再生能源项目，涉及六个大洲69个项目，其中太阳能项目34个，风能项目24个，地热及生物质能等项目11个。[2] 近年来，中国可再生能源企业出现不少重大海外投资特别是制造投资。目前，已经有近20家国内光伏企业在印度、马来西亚、越南、泰国、德国、美国等18个国家或地区设立制造工厂，已建成电池和组件产能超过5吉瓦。[3] 2016年，晶科能源在马来西亚槟城就设立了中国企业在海外最大的光伏工厂，目前产能是3.5GW的太阳能电池，2.1GW的太阳能组件，年产值大概是8亿美元，创造了6000多个当地就业机会。2019年4月，晶科能源在美国佛罗里达州年产400MW工厂也已投入正式运营（参见图15-1）。[4]

在可再生能源贸易方面，联合国贸发会议数据显示，中国可再生能源产品出口额从2007年的591.2亿美元增长至2016年的1186.9亿美元，年均增长近11.2%，进口额则从2007-2016年的746.3亿美元-803.3亿美元增至2016年的851.6亿美元，同时2007年中国可再生能源产品有212.2亿美元逆差，2008年、2009年逆差不断缩小，2010年转为12.8亿美元顺差，此后顺差总体呈现扩大，2016年达203.9亿美元。[5] 在光伏出口上，2019年，中国光伏产业出口额超过200亿美元，创下"双反"以来的新高，组件出口增长出口量超过65GW，出口额为173.1亿美元，超过2018

---

[1]《风电光伏等可再生能源发电成本持续下降》，新华网，2019年6月28日。
[2] 赵宏图著：《超越能源安全："一带一路"能源合作新局》，时事出版社，2019年8月版，第153-156页。
[3]《改革开放40年，太阳能光伏产业砥砺前行发展迅猛》，http://dy.163.com/v2/article/detail/E64EMGOI0511N8B7.html。（上网时间：2019年6月3日）
[4]《中国可再生能源项目前景广阔》，http://www.financialnews.com.cn/zt/2019xjdws/201907/t20190703_163115.html。（上网时间：2020年3月3日）
[5] 帅竞、成金华、冷志惠、王梓涵、史至瑶：《"一带一路"背景下中国可再生能源产品国际竞争力研究》，《中国软科学》，2018年第7期，第28页。

年全年光伏产品出口总额。① 风电出口上,早在2007年,华仪风能就向智利出口了3台780千瓦风电机组。2011年7月,龙源电力成功收购加拿大安大略省9.91万千瓦风电项目,2014年11月项目正式投产发电,这是我国发电企业在海外自主开发、自主建设、自主运营的首个风电项目。2011年起,我国风电机组开始真正实现批量出口②,2013年中国风电机组出口累计为1393兆瓦③,2018年达到3581亿兆瓦,为2013年的2.57倍,其中2013年达到中国风电机组出口高峰692兆瓦,但2014年和2015年分别为369兆瓦和275兆瓦低谷期,2016年和2017年分别为529兆瓦和641兆瓦,2018年再次跌至376兆瓦,④ 但2019年又回复到了600兆瓦。⑤ 同时,中国风电机组不仅出售到亚非发展中国家,也进入了美国、英国、法国、意大利、瑞典、丹麦、西班牙、澳大利亚等发达国家市场,显示出中国可再生能源装备竞争力得到全球普遍认可。然而,仍有观点认为,中国风电企业大发展过去主要取决于国内市场,在国际市场仍有进一步提升的空间,风电"走出去"要解决好技术研发、认证检测等一系列问题,带动全产业链"走出去",未来中国风电在认证资质、标准制定、技术水平等方面均尚待提升。⑥

四、可再生能源实现了良性发展

中国可再生能源技术装备水平显著提升,关键零部件基本实现国产化,相关新增专利数量居于国际前列,并构建了具有国际先进水平的完整产业链。中国已成为世界第一大风机和光伏设备生产国,国际竞争力大幅度提升。帅竞等研究认为,2007-2016年中国可再生能源产品国际竞争力比较优势(RCA)指数中,除了太阳能从2012年的3.15跌至2.41以及地

---

① 《2019年中国光伏出口额超200亿美元》,http：//news.moore.ren/industry/188115.htm。(上网时间：2020年3月3日)
② 《风电出口骤降 这组数字背后暴露出哪些问题?》,http：//news.bjx.com.cn/html/20190416/975002.shtml。(上网时间：2019年10月3日)
③ 1吉瓦(GW)等于1000兆瓦(MW),1兆瓦等于1000千瓦(KW)。
④ 《2018年中国风电吊装容量统计简报正式发布》,http：//www.escn.com.cn/news/show-725540.html。(上网时间：2019年10月3日)
⑤ 《2019中国风机出口哪家强? 远景能源排第一》,https：//www.in-en.com/article/html/energy-2287604.shtml。(上网时间：2020年3月3日)
⑥ 《风电出口骤降 这组数字背后暴露出哪些问题?》,http：//news.bjx.com.cn/html/20190416/975002.shtml。(上网时间：2019年10月3日)

热能以外，风能、水能、生物能和海洋能源的产品竞争力均呈现总体上升的态势。2016 年风能、水能、地热和海洋能源 RCA 分别为 1.02、1.3、1 和 1.11，均属于具有一定比较优势，太阳能属于比较优势较强的产品。①

从光伏产业看，金融危机前后中国光伏产业大幅发展，但 2011 年 10 月以来美国和欧盟相继对华光伏产品实施双反措施，给中国光伏出口造成一定影响，但也倒逼中国光伏产业进行了一定的转型升级，不仅逐步通过国内市场的扩大降低了对海外市场的依赖，为光伏生产的稳定发展奠定了一定基础，同时多晶硅等高端原材料国产率也不断提升，一定程度改变了光伏产品"两头在外"遭受挤压的局面。中国光伏产业从多晶硅到电池组件、光伏电站全产业链，无论在技术还是在规模推动方面都已经走在全球的前列。中国不但是光伏大国，也是核心的多晶硅原料生产大国；不但是光伏制造大国，也是光伏应用大国。2005 年以前，中国多晶硅生产几乎完全依赖进口。2017 年，我国光伏行业生产的硅片全球占比 83%、电池片全球占比 68%、光伏组件全球占比 71%，均达到了绝对多数。凭借研发、生产制造、终端应用等全产业链条上的领先技术水平，我国光伏行业已稳稳站立在全球光伏产业发展的最前列，实现了多晶硅材料、硅片、电池片、组件全产业链，而且还可以提供光伏发电解决方案服务。② 2017 年多晶硅产量 24.2 万吨，是 2005 年的 300 倍，全球占比 54.8%，在全球排名前十的多晶硅企业中，我国占 6 席；2017 年电池组件产量 75 吉瓦，是 2005 年的 375 倍，全球占比 71.1%，全球排名前十的电池组件企业中我国占 8 席。③ 在产业集中度上，截至 2019 年 6 月，多晶硅企业从 24 家减少至 18 家，加之龙头企业大规模扩产，产业集中度进一步提高，硅片、电池领域"强者恒强"格局得以巩固，中小企业由于产能利用率低、缺乏成本优势逐渐失去竞争力，逐步转为大企业代工厂，继续优化光伏产业的梯队和分布。④ 当前，全球 70% 的光伏产品由中国生产，为全球能源转型提供了坚

---

① 帅竞、成金华、冷志惠、王梓涵、史至瑶：《"一带一路"背景下中国可再生能源产品国际竞争力研究》，《中国软科学》，2018 年第 7 期，第 34 - 35 页。

② 《科工力量：光伏率先"突围关税"，背后有什么故事》，https://www.guancha.cn/kegongliliang/2019_06_20_506313_s.shtml。（上网时间：2020 年 3 月 3 日）

③ 《改革开放 40 年　太阳能发展的"中国速度"》，https://m.solarbe.com/21 - 0 - 301184 - 1.html。（上网时间：2020 年 3 月 7 日）

④ 《光伏市场或将呈现爆发式增长》，http://www.xinhuanet.com/energy/2019 - 08/01/c_1124823206.htm。（上网时间：2020 年 3 月 7 日）

实的后盾。①

在风电领域,中国风电国产化水平不断提升。2007年,我国新增风电装机国产设备占比已达到55.9%,首次超过外资设备。2009年,国产化率已达85%以上,1.5兆瓦、2兆瓦机组基本实现国产化,取代进口机组成为国内主流机型。2010年以后,国产陆上2兆瓦以上、海上4兆瓦等多种机型先后问世,并大批量投入市场。② 目前,我国陆地主流机型由1.5兆瓦向2-2.5兆瓦发展;适用于海上的3-4兆瓦级风电机组已批量生产,5兆瓦和6兆瓦机型已经并网运行,7兆瓦风电机组也在实验中。中国风电产业已经涵盖技术研发、整机制造、开发建设、标准和检测认证体系以及市场运维,在叶片设计、传动链布置形式、塔筒结构、控制系统等方面推出诸多个性化技术。2017年,外资品牌风机在我国风电市场的占比已不足4%。

同时,中国可再生能源市场巨大规模效应以及技术的迅速发展也在迅速降低可再生能源成本,其经济性和竞争力正在不断提高,甚至不需要补贴。2009-2018年光伏发电造价下降了90%。2018年,光伏组件价格降至2500-2800元/千瓦,大型集中式光伏发电项目整体造价降至6000元/千瓦以下,给发电成本下降奠定了基础。③ 在发改委能源研究所等单位发布的2019版《中国可再生能源展望》中指出,中国已经提前完成了"十三五"规划中的新能源发展目标,同时已经进入了"后补贴时代"。固定上网电价模式(Feed-in-Tariff FIT)逐步已经推行,2021年后新增陆上风电项目将不享受FIT补贴,同时国家已开始研究将固定上网电价模式给可再生能源发电的补贴设定上限,未来鼓励未享受国家财政补贴的项目推进,并以不设置发电上限等其他鼓励性政策加以支持,此外还将鼓励分布式发电参与电力市场。可再生能源发电成本也在不断降低,2018年中国典型风力发电区域风力电价从每千瓦时0.5元降至0.35元,光伏发电零售价达到每千瓦时0.37-0.51元,提前达到了2020年的成本目标,光伏和风

---

① 何继江:《中国能源转型路线图的思考》,《能源》,2018年第Z1期,第56页。
② 《大风起兮"电"飞扬》,http://www.cpnn.com.cn/cpnn_zt/40zn/hygc/201812/t20181217_1109601.htm。(上网时间:2019年6月28日)
③ 《改革开放40年可再生能源发展成就观察》,http://www.cec.org.cn/xinwenpingxi/2018-08-29/184189.html。(上网时间:2019年6月3日)

第十五章　中国可再生能源发展现状及趋势

电在零售价上已经拥有与煤电相竞争的水平。①

2019年，陆上风电和光伏发电与燃煤发电之间的电价价差分别为每千瓦时0.1元和每千瓦时0.14元，2019年光伏拍卖项目平均补贴水平仅为每千瓦时0.065元。2018年，三峡新能源格尔木项目投标每千瓦时0.31元标价，已经低于火电电价，标志着光伏行业有能力独立参与市场竞争的时代或将到来。在技术难度更高的海上风电领域，成本也在不断下降的趋势。以江苏、上海为例，海上风电单位千瓦造价从2009年左右的每千瓦2.3万元左右逐渐降到2018年1.5万元左右，广东、福建海上风电的造价在1.6万—2万元/千瓦。② 以《关于积极推进风电、光伏发电无补贴平价上网有关工作的通知》中的定义的平价上网条件看，即光伏电站无补贴下上网电价等于当地燃煤标杆上网电价，中国大部分省份已经可以实现平价、部分平价或接近平价的水平。③ 事实上，可再生能源作为新兴产业，在其发展初期需要政府的扶持，德国、丹麦等国家都经历了这样的过程，部分研究者曾认为中国可再生能源经历了相当长的"非断奶期"。2018年5月31日，发改委、财政部、国家能源局联合发布《关于2018年光伏发电有关事项的通知》，即业界通称的"531新政"，即暂停地面电站指标发放、调低上网电价、限制分布式光伏发展等，给上游设备和零件厂商带来巨大冲击甚至波及相关企业的融资和股价状况，甚至出现56%的产能闲置，但政府在政策背后是希望推进市场实现高质量、可持续发展。④ 在风电领域，2018年5月，能源局也发布了《关于2018年度风电建设管理有关要求的通知》，推动风电去补贴化和平价上网进程。

竞争力上升还体现在中国可再生能源技术实力的增强。2016年，中国已经拥有15万项可再生能源技术专利，占全球的29%，远远超过美国（10万项）、欧盟（7.5万项）和日本（7.5万项）。⑤ 2017年4月，国际

---

① "China Renewable Energy Outlook 2019 Executive Summary," http://boostre.cnrec.org.cn/wp-content/uploads/2019/12/CREO2019-Summary-191206.pdf.（上网时间：2020年3月7日）

② 《大风起兮"电"飞扬》，http://www.cpnn.com.cn/cpnn_zt/40zn/hygc/201812/t20181217_1109601.htm。（上网时间：2019年6月28日）

③ 惠星：《第一批光伏平价项目如何实现?》，《能源》，2019年第10期，第83页。

④ 李帅、李佩聪：《光伏六月寒》，《能源》，2018年第7期，第22-23页。

⑤ "A New World: The Geopolitics of the Energy Transformation," http://geopoliticsofrenewables.org/assets/geopolitics/Reports/wp-content/uploads/2019/01/Global_commission_renewable_energy_2019.pdf.（上网时间：2020年3月7日）

电工委员会可再生能源设备认证互认体系（IECRE）宣布，北京鉴衡认证中心成为 IECRE 认可的认证机构，并准许颁发 IECRE 证书，为我国风电企业公平参与国际风电市场竞争提供助力。

五、产业发展健康稳定

至 2020 年，我国风电累计装机规模已连续八年位居全球第一，光伏发电连续 3 年位居全球第一，涌现出一批全球具备相当竞争力的光伏、风电企业，形成了完整的、具有国际竞争力的风电、光伏产业链。2012 年，中国占到全球前十五大光伏生产企业的 9 家，全球市场份额占到 30%；占到全球前十大风电生产企业的 4 家，全球市场份额占到 17%。[1] 随着中国政府 2018 年以来逐步削减以财政补贴为手段的政策支持，逐步市场化、成熟化的中国可再生能源产业仍然有着较强的发展势头。2019 年 5 月公布的中国 2019 年风电、光伏平价上网项目总计装机规模达到 2076 万千瓦时，显示各地企业对于投资建设平价上网的积极性超乎预期。[2] 此外，中国可再生能源发展也为世界的减排和能源结构绿色优化转型做出积极贡献。中国新能源企业产业竞争力不断上升，2014 年以来中国就是全球新能源 500 强企业最多的国家，且呈现不断攀升的趋势，入围企业数量从 2014 年 163 家上升至 2018 年 217 家，2019 年虽然减少到 209 家，但仍然远超欧盟（90 家）、美国（74 家）和日本（54 家）。在顶级企业中，中国占世界十大太阳能电池板制造商中的七家，其中前三家都是中国公司，占到全球十大陆上风力发电机组制造商中的五家，其中金风科技排名第二，中国风力涡轮机制造商在 2018 年占据全球市场的 90%。[3] 中国光伏装机全球占比从 2005 年的 1.8% 提升到 2017 年的 32.8%，风电装机全球占比从 2005 年的 2.1% 提升到 2017 年的 31.9%。[4]

---

[1] Michael Aklin, Johannes Urpelainen, "RENEWABLES The Politics of a Global Energy Transition," The MIT Press, 2018, p. 200.

[2] 惠星：《第一批光伏平价项目如何实现？》，《能源》，2019 年第 10 期，第 83 页。

[3] Barbara A. Finamore, "China's Quest for Global Clean Energy Leadership," IAI, https：//www.iai.it/en/pubblicazioni/chinas - quest - global - clean - energy - leadership. （上网时间：2020 年 3 月 3 日）

[4] 上述数据由笔者根据 BP 公司统计数据整理计算得出。

第三节 发展趋势

随着中国在产业转型升级、建设生态文明以及应对气候变化的需要，中国的能源消费格局和可再生能源的发展都将向着更为绿色、智能和成本优化的方向发展。匹兹堡大学副教授 Michael Aklin 和约翰斯·霍普金斯大学教授 Johannes Urpelainen 认为，中国可再生能源发展历程证明该能源能够逐渐形成竞争力，且中国可再生能源为满足能源需求、保障能源安全、提升环境质量均作出贡献。① 根据中国石油集团经济技术研究院发布的 2019 版《2050 年世界与中国能源展望》中的预测，中国的一次能源需求将在 2035—2040 年达到约 40 亿吨标准油的消费峰值，2035—2050 年中国能源消费将以平均每年 0.2% 的速度下降，同时能源相关的二氧化碳排放也将在 2025—2030 年到达顶峰，2050 年有望比 2030 年下降 32%，这就意味着中国能源消费在总量上对于化石能源特别是煤炭的依赖性将下降。

从诸多角度以及业内的预测来看，中国可再生能源将在未来处于发展上升阶段：一是可再生能源消费比例的总体扩张。2019 版《世界与中国能源展望》预测，至 2035 年水能和非水能可再生能源分别从 2018 年的 8% 和 4% 升至 9% 和 15%，至 2050 年再分别升至 10% 和 21%，届时将有望与石油（15%）和天然气（17%）在能源消费格局中成为重要的拼图。二是电力化程度提高对可再生能源的推动作用。在能源二次使用结构中，智能化、绿色化趋势将引发能源消费结构向电力化转化，中国电力需求将从 2018 年的 6.4 万亿千瓦时增长至 2035 年的 10.6 万亿千瓦时，2050 年达到 12.2 万亿千瓦时。② 2018 年电力在中国能源消费的比重已经达到 57%。③ 2019 版《2050 年世界与中国能源展望》预测，终端部门用能中电力比重将从 2018 年 23.2% 升至 2050 年的 38.5%，制造业、服务业及建筑用能中以电代煤的比重均将不断上升，建筑用能中电力的比例在 2035 年和 2050 年将达到 50.6% 和 58%，电力在交通中的比重将从 4% 升至 2035 年的

---

① Michael Aklin, Johannes Urpelainen, "RENEWABLES The Politics of a Global Energy Transition," The MIT Press, 2018, p.201.
② 中国石油集团经济技术研究院，2019 年版《世界与中国能源展望》，2019 年 8 月。
③ "China Renewable Energy Outlook 2019 Executive Summary," http://boostre.cnrec.org.cn/wp-content/uploads/2019/12/CREO2019-Summary-191206.pdf.（上网时间：2020 年 3 月 7 日）

10%，2050 年达到 18%。同时在电力组成结构中，清洁电力的比重将不断上升，至 2050 年将有望达到 58%。① 2019 版《中国可再生能源展望》中指出，"十四五"规划需要推动供热、制造业和运输业用能电力化水平的大幅提升，打造"电力化 + 可再生能源"的模式，才能提出替代化石能源的经济可行性方案。② 三是中国电力"绿色化"进程还将不断推进，电力是可再生能源最大的运用情景，根据 REN21 组织的报告，2017 年底中国发电的可再生能源比例达到 26.4%，与欧盟（30.7%）相比差距较小且比美国（18%）的发电结构更为优化，且中国 2030 年预计发电中可再生能源比例将上升至 35%。③ 总体上看，中国可再生能源将延续技术更加成熟、稳定性进一步增强、发电成本继续降低、电网的吸收能力进一步提升、分布式可再生能源发展也起到较大的促进作用等特点，而中国可再生能源的发展动力主要包括政治意愿和政策导向，以及技术进步和投资延续性两方面。

  首先，中国在政策和政治意愿上对可再生能源和能源转型有着坚定的支持。建设生态文明已经写入党的十九大报告，是"五位一体"思想的组成部分之一，2018 年 5 月，中共中央召开全国生态环境保护大会，提出了习近平生态文明思想，党对生态文明的理论逐步成型，为我国可再生能源发展并助力减排环保指明了道路方向。2015 年，中国政府提出《中国制造 2025》规划，提出节能技术新能源、电动汽车等为未来中国支持的战略性新兴产业，全面推行绿色制造，持续提高绿色低碳能源使用比率，开展工业园区和企业分布式绿色智能微电网建设等发展愿景。④ 2016 年通过的"十三五"规划提出了未来能源系统发展的宏伟目标，即"建设清洁、低碳、安全、高效的能源系统和保障能源安全"，提出至 2020 年非化石能源

---

① 中国石油集团经济技术研究院：2019 年版《2050 年世界与中国能源展望》，2019 年 8 月。

② "China Renewable Energy Outlook 2019 Executive Summary," http://boostre. cnrec. org. cn/wp - content/uploads/2019/12/CREO2019 - Summary - 191206. pdf. （上网时间：2020 年 3 月 7 日）

③ REN21, "Renewables 2019 Global Status Report," https://www.ren21.net/wp - content/uploads/2019/05/gsr_2019_full_report_en. pdf. （上网时间：2020 年 3 月 3 日）

④ 《国务院关于印发〈中国制造 2025〉的通知》，http：//www. gov. cn/zhengce/content/2015 - 05/19/content_9784. htm。（上网时间：2020 年 3 月 7 日）

占能源消费总量达到15%，2030年达到20%的目标。① 2017年10月，党的十九大报告提出，我国须推进能源生产和消费革命，构建清洁低碳、安全高效的能源体系，并大力发展节能环保、清洁生产和清洁能源产业，推进我国能源体系向着低碳、高效、可持续发展的自我革命。2018年，中国对各地方提出明确的限制"弃光率""弃风率"的措施，以及可再生能源的消费比重目标。国务院相关部门据此不断细化可再生能源指导政策。在市场监管方面，2016年7月，国家能源局提出就风电投资环境的早期预警机制；2017年12月，国家能源局又制定了光伏市场环境的早期预警机制。产能支持方面，2016年3月，国家发改委要求电网公司订立对可再生发电的最低购买数量；2017年11月，发改委和能源局联合发布了应对水电、风电和光伏弃发问题的落实计划；2018年10月，能源局制定了2018－2020年可再生能源弃发的政策目标；2019年5月，发改委发布了可再生能源强制消费机制。上述政策显示中国政府对可再生能源政策继续保持支持力度，并通过稳固消费和生产、维护市场秩序的方式，来保证这一产业的健康可持续性发展，并逐步帮助其摆脱国家补贴的"拐棍"。可以看到，政府给各地区提出的可再生能源消纳目标已经有效促进了新能源市场的活力和积极性。2018年3月，国家能源局发布《可再生能源电力配额及考核办法（征求意见稿）》，提出各级电力公司、电力企业、配售电企业、直购电用户、自发电工厂等应承担可再生能源发电配额。国家能源局2019年6月提交的《2018年度全国可再生能源电力发展监测评价报告》指出，浙江省购买的20亿千瓦时（相当于200万个绿证）可再生能源，以完成国家规定的消纳比重，为我国首例省一级出面购买绿证，而京津冀、黑龙江、甘肃和青海非水电可再生能源电力消纳比重2020年最低消纳权重仍有较大差距，将有望推动中国可再生能源的稳步增长。未来"十四五"时期，中国推进可再生能源发展将从过去鼓励投资基础设施、鼓励发电转向鼓励用户用电，在可再生能源上网、推动绿证、刺激绿电消费上来，2019年推出的《关于建立健全可再生能源电力消纳保障机制的通知》意味着我国将给各省配发可再生能源消费任务，进一步促进其消费增长。②

其次，新能源仍有技术进步空间。未来，随着技术进步以及各国加大

---

① 赵宏图：《超越能源安全"一带一路"能源合作新局》，2019年8月，时事出版社，第104页。
② 彭澎：《可再生能源发展的新时代》，《能源》，2019年第8期，第28－29页。

能源转型力度，全球可再生能源将继续产能扩大成本降低的趋势。国际可再生能源署预测，光伏发电将引领全球能源变革，全球太阳能装机量将在2030年达2.48太瓦，2050年达8.5太瓦；光伏发电在总发电量中的占比在2030年达13%。太阳能平准化度电成本将从2018年0.085美元/千瓦时降至2030年的0.02—0.08美元/千瓦时。① 中国由于其超大市场规模和能源转型动力，将在全区可再生能源增长中占据较大比重，也会遵循此路径发展。对光伏而言，硅的理论转换效率是29%，HIT、IBC、多结、钙钛矿电池等创新性技术还有进一步挖掘商业价值、降低成本的潜力。② 近年来，光伏商业化产品转换效率平均每年提升0.3%~0.4%。2018年上半年，我国单晶硅和多晶硅太阳能电池转换效率分别达到19.5%和18.3%，天合光电光伏科学与技术国家重点实验室研发的IBC太阳能电池转换效率高达25.04%。③ 此外，数字和互联网技术也有望给新能源发展带来革命性变化，比如5G、人工智能和大数据将让能源使用、制造和调动的过程更为数字化、智能化，将可再生能源、电动汽车、智能电网有机结合，提升能源使用效率并节约能源消费的总量。④ 然而，新能源领域的前沿技术商业化将是一个渐进的过程，比如光伏PERC技术源于20世纪80年代，但最终商业化运用也是近几年的事情。在此背景下，可再生能源投资也将保持稳步发展趋势，新能源投资依旧强劲。2018年发电部门中1200亿美元投资中有70%流向了新能源发电，储能发展上，2018年电池储能产能新增600兆瓦，其中36%为电网侧，总计存量已达到1020兆瓦⑤。国际能源署2019年12月预测称，2019－2024年中国可再生能源装机量将增长489－580吉瓦，远高于欧盟（182－237吉瓦）和美国（132－157吉瓦）水平，同时预测中国将有越来越多省份使用混合10%乙醇的生物燃料，2024年中国乙醇产量

---

① 《前10月光伏产品出口额增32.3%》，http：//www.xinhuanet.com/power/2019-12/06/c_1210383896.htm。（上网时间：2020年3月7日）
② 沈小波：《唐旭辉：光伏不害怕没有补贴最担心政府保护火电》，《能源》，2020年第1期，第72页。
③ 《改革开放40年 太阳能发展的"中国速度"》，https：//m.solarbe.com/21-0-301184-1.html。（上网时间：2020年3月7日）
④ 谭建生、殷雄：《从资本视角认识能源革命（续）》，《能源》，2020年第9期，第25页。
⑤ "China Renewable Energy Outlook 2019 Executive Summary，" http：//boostre.cnrec.org.cn/wp-content/uploads/2019/12/CREO2019-Summary-191206.pdf.（上网时间：2020年3月7日）

将是 2019 年的 3 倍，中国将引领生物燃料产量增长。①

在面临良好发展前景的同时，中国可再生能源仍然面临一定挑战。可再生能源在中国能源结构和其本身特性的限制，短期内无法大幅进行扩张，更无法较大规模替代化石能源。2019 版《2050 年世界与中国能源展望》预测，2035 年前可再生能源在电力领域将起到填充增量而非取代存量的作用，2035—2050 年才能替代部分存量煤电。而除了能源消费的结构性问题意外，可再生能源本身的发展特点也会带来一定挑战。

第一，现有激励政策与企业预期仍存在落差。比如可再生能源补贴的延迟发放现象普遍存在，给相关企业现金流及扩张业务的意愿造成阻碍；再比如可再生能源产业土地使用政策上的不确定性也阻碍其发展，一些地区仍然违反国家规定收取不合理的可再生能源资源费或城市土地使用税；可再生能源强制消费机制仍需要制定更多细节以减少企业面对的不确定性。2018 年，中国"弃光率"和"弃风率"分别为 7% 和 3%，分别比 2017 年下降 5 和 2.8 个百分点，相较 2016 年的"弃光"和"弃风"高潮大幅下降，但仍显示出政策和市场环境给企业带来的挑战。随着国家对可再生能源产业的"去补贴化"进程推进，可再生能源"弃发电"问题仍将在今后一段时间内困扰其发展。财政部统计 2017 年拖欠可再生能源经费 1000 亿元，其中光伏缺口 496 亿元。② 同时，政府拖欠补贴甚至给新能源企业带来现金流危机，部分企业应收补贴拖欠长达 3 年以上，使得一些企业陷入债务违约危机甚至导致电站等资产低价抛售乃至破产的处境。③ 政策波动可能引发可再生能源投资积极性下降，根据彭博新能源财经（BNEF）数据，2019 年中国可再生能源投资为 834 亿美元，同比下降 8%，是 2013 年以来的最低水平，风电投资 550 亿美元，增长了 10%，但太阳能下降了 33%，达 257 亿美元。④

第二，可再生能源产业仍面临一些政策性壁垒。比如当前可再生产业仍需进一步提升市场机制的有效发挥；各级地方政府对电价的制定，政府

---

① IEA, "Renewables 2019," https://www.iea.org/reports/renewables-2019。（上网时间：2020 年 3 月 7 日）
② 李帅、李佩聪：《光伏六月寒》，《能源》，2018 年第 7 期，第 22-23 页。
③ 《新能源资产交易进入活跃期》，《能源》，2019 年第 9 期，第 2 页。
④ BNEF, "Late Surge in Offshore Wind Financings Helps 2019 Renewables Investment to Overtake 2018," https://about.bnef.com/blog/late-surge-in-offshore-wind-financings-helps-2019-renewables-investment-to-overtake-2018/. （上网时间：2020 年 3 月 7 日）

仍需为可再生能源制定更多针对性的长期措施和目标。对于光伏生产企业而言，当前较大的呼声是地方政府应削减对光伏的"限制发电"政策，同时逐步削减对火电的产业保护。① 可再生能源"非技术成本"仍尚待降低。当前，光伏和风电发电成本已经可以和煤电媲美，但可再生能源由于其发电不稳定性和不确定性带来的"非技术成本"仍是制约其发展的重要因素。比如在电网中为可再生能源提供剩余负载通常较为昂贵；间歇性可再生能源发电量的不确定性也可能导致常规发电厂的爬坡和循环增加，发电厂调度效率低下，带来较大的系统性成本；可再生能源比例提高对电网的调控能力压力将更大，使得新建输电线路和电网加固等基础设施投资必须加大力度，输电成本因而被推高，这方面成本甚至由于政策推动而转嫁于最终电价或部分由发电方承担，进而削弱可再生能源竞争力。② 未来，可再生能源发展仍能依靠煤电等可调节机组提供用户所需电能，即快速爬坡服务是指煤电等可调节机组能够以较高的速度增加出力，可再生能源消费比例每增加 1 个百分点，对电力系统快速爬坡能力的要求都是质的变化，部分从业者认为国内电力行业也没做好可再生能源穿透率快速提高的准备。同时，由于煤电比例下降，煤电角色将逐步从主力向"调峰"转变，意味着其每年平均发电小时数将大幅下降，进而使其单位发电成本上升，也推高整个电力系统的供电成本，未来可再生能源发展仍然需要依托稳定的调控体系及调控成本。③ 部分从业人士认为，当前我国电力波峰、波谷之间差异最大达 25%，未来可能上升至 40%，火电调峰将扮演重要角色，火电未来需达到每年开机 4000 小时左右来服务可再生能源调峰需求。④ 同时，随着可再生能源设备和技术成本降低，"非技术成本"比例愈发增加，光伏发电项目中各类土地成本超过了 10%，各项税费、建设期利息、管理费等税费大约占到了 7%，显示地方政府需要更大努力来降低"非技术成本"。⑤

---

① 沈小波：《唐旭辉：光伏不害怕没有补贴最担心政府保护火电》，《能源》，2020 年第 1 期，第 72 页。
② 张浩天：《电力成本的全解析》，《能源》，2019 年第 10 期，第 65 页。
③ 谷峰：《五问平价上网后可再生能源发展》，《能源》，2019 年第 10 期，第 26-29 页。
④ 赵风云：《煤电新使命——助力消纳更多可再生能源》，《能源》，2019 年第 9 期，第 38 页。
⑤ 惠星：《第一批光伏平价项目如何实现?》，《能源》，2019 年第 10 期，第 84-85 页。

《中国可再生能源展望》中指出，中国可再生能源依然需要顺畅且成本—效率比较高的路径融入中国的能源体系，才能进一步有效推进可再生能源进一步扩展消费比例。① 为此，该报告建议了中国可再生能源行业在"十四五"规划中的政策支持重点：一是提升电力系统的灵活性，化石能源电厂应进行转型，即从向电力系统提供量的支持转向提供系统的灵活性。二是政府应制定政策保证良好的市场环境，既不让市场出现可再生能源之间的恶性竞争，也要防止可再生能源新增装机量的大幅下跌甚至停滞。三是可再生能源仍需要补贴意外的机制和投资环境支持，尤其是削减监管费用、营销成本、土地使用费和融资成本等非技术成本。四是应建立全国一体化的灵活的电力市场，以市场机制促进电力的减少波动和不确定性以及电力系统稳定性，并连接省级和地级电力市场，增加电力的流通性。五是让可再生能源以渐进式方式参与进电力市场，而非直接以市场机制让可再生电力与煤电竞争，结合使用电力购买协议、中长期合同、竞争性投标、直接参与现货市场等多种模式，现阶段仍要以竞争式拍卖进行可再生能源进入电力市场的推进。

第三，中国仍需继续拓展"电力+"可再生能源扩张模式。当前，中国可再生能源仍然主要集中于大电厂发电领域，分布式可再生能源、供热、交通、工业用能领域虽然有所探索，但这些领域可再生能源仍然难以代替化石能源的地位。在供热能源领域，中国仍以燃煤热电联产或燃煤锅炉为主，可再生能源除了开发电供热以外，必须探索太阳能、生物质能源、垃圾、地热等组成分布式供热提供，同时发展太阳能储水存热设备。在交通领域，乘用车的电动汽车比重仍需要进一步提升，但在大货车、航运等只能推进氢燃料电池的使用。在工业转型中，钢铁的还原剂和中小企业的蒸汽提供只能依靠氢燃料而难以运用可再生能源提供的电力。② 因此，由于物流和工业需求，化石能源仍然有较大的刚性需求，可再生能源消费提升势必面对无形的"玻璃板"。

---

① "China Renewable Energy Outlook 2019 Executive Summary," http://boostre.cnrec.org.cn/wp-content/uploads/2019/12/CREO2019-Summary-191206.pdf.（上网时间：2020年3月7日）

② 何继江：《中国能源转型路线图的思考》，《能源》，2018年第Z1期，第54-56页。

第十六章

中国传统能源产业的转型与应对[①]

中国的能源禀赋可概括为"富煤、贫油、少气",在可预见的将来实施大规模的"去煤化"不现实,煤炭将依然是中国能源供应中不可替代的龙头老大。同时,工业对石油的依赖仍有增无减,石油在中国能源消费中"老二"的地位也将较为稳固。当前,中国既要保证能源供应的充足与安全,又要尽快解决严重的污染问题。而实现煤炭和石油的清洁高效利用,加快传统能源产业转型升级,既能破解煤炭、石油石化产业困局,也是实现中国经济社会可持续发展的战略需要。

第一节 传统能源清洁利用体系逐步成形

能源清洁与否应看排放而不是"出身"。清洁能源的界定,应只论排放,不问出身。[②] 事实上,不是煤炭有污染,而是用煤技术比较落后。满足国民经济发展对基础能源的需求,起到保底作用,是煤炭高效清洁利用的目标。燃煤发电、工业锅炉和窑炉、煤化工、居民炊事取暖,是高效清洁用煤的四个抓手。当前,中国高强度、低水平的煤炭生产和消费模式已经终结,煤炭行业走向结构调整、精细化发展的新时期,煤炭生产的绿色化、智能化,利用的清洁化、低碳化,成为煤炭行业的发展方向。未来,从保障国家能源安全稳定供应的战略高度,中国在发展新能源、可再生能源的同时,应充分发挥煤炭资源丰富、经济和保障程度高的优势,全面推进煤炭清洁高效低碳集约化利用。

中国已经通过自主创新,构建起洁净煤技术体系。面对煤炭资源丰富而油气资源相对不足的状况,中国早在 20 世纪 80 年代初就开始加强洁净煤技术研究工作,并于 20 世纪 90 年代中期成立了由当时的国家计委、国

[①] 本章作者:张茂荣,中国现代国际关系研究院世界经济研究所副研究员,主要从事世界经济、国际能源等问题研究。

[②] 王伟:《"弃煤"还是"绿煤"? 煤炭要通过这四类技术蜕变为"清洁能源"》,《能源评论·首席能源观》,2018 年 8 月 13 日。

家科委和煤炭、电力等13个部委组成的"国家洁净煤技术推广领导小组"。1997年出台的《中国洁净煤技术"九五"计划和2010年发展纲要》对洁净煤技术的内涵进行了符合中国煤炭资源特点的定义,指出洁净煤技术主要应包括煤炭加工、洁净燃煤与发电、煤炭转化、污染物治理与资源综合利用等四个领域的技术。2000年,根据国内外洁净煤技术发展新态势,中国在"煤炭高效燃烧和发电"中增加常规超临界与超超临界发电技术、低氮氧化物燃烧技术;在煤炭转化技术中增加多联产技术,以及包括二氧化碳在内的近零排放技术,由此构建了中国洁净煤技术体系并沿用至今。[1] 此后,在政府、企业和社会各界共同努力下,我国煤炭高效清洁利用实现了短时间、跨越式发展,研发出一批具有国际领先水平的技术和装备,培育出一批新兴企业和研发团队。

展望未来30年,煤炭清洁化之路可以分两步走:2020—2035年,建成近零生态损害与近零排放的智能化、多元煤炭开发利用体系,进入井下无人、地下转化、接近清洁能源排放水平的煤炭工业4.0阶段,煤矿井下空间得到有效利用;2035-2050年,建成煤基多元、开放、协同、绿色开发利用的清洁能源基地,进入井下无人、地上无煤、纯清洁能源的煤炭工业5.0阶段,直接在地下实现热电气一体化生产,由开采煤炭转变为开采"能源"。同时,煤矿井下空间资源与城镇化发展协同开发利用。[2]

多年来,通过加强技术创新和提高治理能力,石油炼化等上下游产业在绿色发展和生态环保方面已取得很大进步,但挑战仍然巨大。在此背景下,我国高度重视石油开采和炼化行业的安全环保监管,近年来密集出台了一系列行业监管与安全环保法律法规,对石油开采和炼化行业的安全环保发展和污染物排放要求日益严格,监管也愈加严厉。中国环保政策导向由污染物总量控制转为环境质量改善,对石油开采和炼化企业提出了更高的环保要求。

需要指出的是,传统能源全产业链清洁高效利用应是其终极归宿。[3]

---

[1] 葛世荣:《深部煤炭化学开采技术》,《中国矿业大学学报》,2017年第4期。
[2] 王伟:《"弃煤"还是"绿煤"?煤炭要通过这四类技术蜕变为"清洁能源"》,《能源评论·首席能源观》,2018年8月13日。
[3] 张立宽:《坚持"三大方向"转变发展方式——我国煤炭行业面临转型升级关键阶段》,http://www.cpnn.com.cn/zdyw/201908/t20190819_1149479.html。(上网时间:2020年3月11日)

除了持续推进煤炭和石油自身从开采到利用的清洁化以外，今后努力方向至少还应包括以下两个方面。

一是煤炭、石油勘探开发过程中共伴生资源的高效利用，实现变废为宝。由于煤炭、石油等是从地层深处获取资源，因此在煤炭勘探开发过程中伴生有大量的副产品如煤层气、煤矸石、矿井水、高岭土、黏土、砂岩等非金属资源和铝、锂、镓等金属资源。煤层气，俗称煤矿瓦斯，是一种非常规天然气和清洁高效的高能能源，但长期以来却是煤矿井下灾害的第一杀手，对瓦斯的全面抽采利用可实现变害为宝；煤矸石是煤矿开采过程中产生的固体废弃物，长期以来煤矸石占用大量耕地且易自燃，极易造成严重污染甚至生态灾难，可通过煤矸发电、煤矸石建材等加以利用；矿井水是煤矿水害的重要来源，如实现矿井水的清洁利用，不但可以节省水资源，还能变害为宝。其他诸如高岭土和金属资源，如能精细化开采和高效选矿，都是非常好的、稀有贵重的战略资源。①

二是矿区环境修复和资源型城市的生态恢复。长期以来，中国煤炭和石油开发呈现出先有矿、后有矿城（矿区）的特点，资源型城市应运而生；而由于煤炭和石油的不可再生属性，这些城市终究会面临资源枯竭的窘境。因此，做好生态环境治理，因地制宜开发利用，使资源型城市转型、生态恢复和废弃矿井、油井的合理再利用有机结合，成为当前煤炭和石油工业的当务之急、重中之重。十八大以来，生态文明理念逐渐深入人心，"绿水青山就是金山银山"成为传统能源企业的重要指导思想，矿城（矿区）环境治理和生态恢复受到前所未有的重视，成效正在逐步显现。如今，徐州贾汪的采煤塌陷区蝶变成美丽的潘安湖4A级景区和国家湿地公园，开滦唐山矿沉陷区改造成为风光旖旎的城市南湖公园，阜新海州露天煤矿资源枯竭关闭成为第一批国家矿山公园，湖南煤炭坝矿区因地制宜华丽变身为影视基地，成为矿区转型和生态治理的样板。②

---

① 《绿化黑色能源 中国技术为煤炭正名》，http://energy.people.com.cn/n1/2018/0813/c71661-30225234.html。（上网时间：2020年3月11日）

② 张立宽：《现代煤化工，煤炭清洁高效利用的重要途径》，《中国矿业报》，2019年11月13日。

第二节 煤炭业的清洁开采与利用

一、煤炭开采、洗选提质升级

产业集约化经营是实现煤炭清洁高效利用的重要前提。过去很长一段时期，我国煤炭工业是以小煤矿为主的生产结构，效率低下，问题重重。随着我国煤炭工业机械化、信息化、自动化、智能化程度不断提升，建设大基地、培育大集团，加快煤炭产业结构调整，建设安全高效大型煤矿，成为煤炭工业发展的重点方向。按照"十二五"规划，我国着力推进14个大型煤炭基地建设，兼并重组形成10个亿吨级和10个5000万吨级特大型煤炭企业，大型煤炭基地的煤炭产量占全国60%以上。

进入"十三五"，煤炭行业开始深化供给侧结构性改革。2018年，年产30万吨以下煤矿产能减少到2.2亿吨以内，煤炭产能利用率上升到70.6%。到2018年底，全国煤矿数量已减少到5800处，平均产能提高到92万吨/年。排名前十的煤炭企业原煤产量之和达到18.7亿吨，占全国总产量的50.82%，较上年增长10.34个百分点；亿吨级煤炭企业达到7家，5000万吨级以上企业达到17家。原煤生产继续向优势地区和优势企业集中，产业集中度不断提高。据统计，内蒙古、山西和陕西三省（区）原煤产量占全国的69.6%，原煤生产企业户均产量136.7万吨，产业集中度创历史新高，煤炭产能结构进一步优化。

中国煤炭消费前环节的清洁化措施持续强化。在煤炭开发利用过程中，通过洗选、加工、转化等可减少污染物排放，提高利用效率。一般来说，洁净煤包括经过洗选的优质无烟煤、兰炭（半焦）、民用洁净焦、洁净型煤等。我国煤炭提质加工技术主要包含煤炭洗选、低阶煤提质等。煤炭提质加工是实现煤炭清洁高效利用的重要方式，国家能源局发布的《关于促进煤炭工业科学发展的指导意见》提出，煤炭工业发展"要坚持提质增效、集约发展原则"。

在煤炭洗选方面，近年来中国产能利用率显著提升。煤炭工业规划设计研究院统计数据显示，2018年中国煤炭开采和洗选业产能利用率为70.6%，同比增长3.52%。在煤炭提质方面，低阶煤利用的经济效益和环保效益都不理想，可通过提高发热量、改良燃烧特征、加强气化技巧顺应性等提高品质。中国的低阶煤热解技术已经处于国际领先水平。所谓低阶煤热解技术，就是在隔绝空气或非氧化条件下，把低阶煤加热到一定温度发生热解反应，制得半焦、煤焦油和煤气的工艺。由陕西煤业化工集团和北京国电富通科技发展有限责任公司自主研发的"煤气热载体分段多层热解成套工业化技术"已处于国际领先水平，成功开发的分段多层立式矩形热解炉单套处理能力达 50 万吨/年，实现炉内自除尘和均匀布料布气，有效解决了当前混煤热解工业化、单套处理规模较小、油尘气分离效率低等多项技术难题。①

展望未来，在煤炭清洁开采方面将实现化学开采。即把煤炭燃烧的过程和二氧化碳产生的过程全部留在地下，从而打破长期以来的开采方式。煤炭化学开采有三种技术：地下气化、地下热解和生物溶解。煤炭地下气化开采利用可控的燃烧技术，将煤炭在地下直接通过燃烧转化为合成气。地下煤炭原位热解开采是将热量直接导入地下并加热煤层，使煤炭的固态有机质受热发生裂解，产生液态和气态有机质并被抽取至地面进行加工处理。煤炭生物开采原理是让地下的煤发生分子氧化解聚反应，从而把固体煤还原为有机液体或气体。② 化学开采是人类未来清洁开发利用煤炭的革命性技术。煤炭地下气化作为化学开采技术之一，经过 100 多年的研究，已经具备规模化工业生产水平。目前，煤炭化学开采技术已先后在重庆中梁山、甘肃华亭、贵州盘县等地进行了产业化示范开发，省去传统的开采、运输、洗选等工艺环节，燃油和煤化工成本降低 50% 以上。

煤炭清洁开采还将逐步实现数字化与智能化。西方国家 20 世纪 80 年代开始实施井下工作面无人采矿，目前我国不少矿山尚未实现 100% 机械化作业。但从总体上看，我国采矿技术在许多方面已接近或达到国际先进水平。如兖矿集团、黄陵矿业、同煤集团等，依靠两化融合转变传统采矿方式，在矿山工业智能方面持续发力，已取得不小成绩。2016 年 11 月，国土资源部发布《全国矿产资源规划（2016－2020 年）》，明确提出要大力推进矿业领域科技创新，加快建设数字化、智能化、信息化、自动化矿山，采矿业的智能化建设开始进入新阶段。智慧矿山是煤炭版的"工业4.0"，是智能工业物联网（IIOT）技术在矿山领域的全面应用。智能化生产正逐渐成为煤炭行业两化融合发展的核心。目前智能化生产已不仅限于

---

① 王若曦：《由黑转绿 清洁发展——我国煤炭清洁高效利用探索路（上）》，《国家能源报道》2019 年 11 月 11 日。

② 葛世荣：《深部煤炭化学开采技术》，《中国矿业大学学报》，2017 年第 4 期。

第十六章　中国传统能源产业的转型与应对

传统的智慧矿山建设，还延伸到选煤厂、化工厂、煤机制造厂等领域。

二、现代煤化工方兴未艾

现代煤化工是以煤为原料，经化学加工使煤转化为气体、液体和固体燃料以及化学品的过程，它是实现煤炭资源高效利用的重要手段。现代煤化工主要以清洁能源和精细化学品为目标产品，包括煤制油、煤制气、煤制甲醇、煤制二甲醚、煤制烯烃、煤制乙二醇等，以及煤化工独具优势的特有化工产品，如芳烃类产品。而传统煤化工主要指"煤—电石—PVC""煤—焦炭""煤—合成氨—尿素"三条产业路线，涉及焦炭、电石、合成氨等领域。[1] 2017年，国家能源局发布《煤炭深加工产业示范"十三五"规划》指出，中国现代煤化工产业的发展规模目标是，2020年煤制油、煤制天然气、低阶煤分质利用产能分别为1300万吨/年、170亿立方米/年、1500万吨/年（煤炭加工量）。"十三五"期间，我国重点开展了煤制油、煤制天然气、低阶煤分质利用、煤制化学品、煤炭和石油综合利用等五类模式以及通用技术装备的升级示范。

"十三五"以来，在国家能源局《规划》指导下，我国现代煤化工技术不断成熟，合成气转化、大型煤制甲醇、煤直接制油、煤间接制油等技术领域实现突破，煤炭清洁高效转化示范工程持续推进。我国现代煤化工产业一批关键技术装备打破了国际垄断，达到或接近世界先进水平；攻克一大批世界级技术难题，实现了关键技术装备产业化。我国先后开发了"多喷嘴对置式水煤浆气化""航天粉煤加压气化"等先进技术，成功研发出"航天炉""神宁炉""晋华炉"等先进装置。目前，国家能源集团百万吨级煤炭直接液化项目建成，兖矿百万吨级和神宁年产400万吨煤炭间接液化项目相继建成投产，新疆伊犁、内蒙古克旗煤制气项目建成投产，现代煤化工技术体系和工艺流程日益完善，走在了世界煤化工产业创新发展的前列。[2]

当前，中国现代煤化工项目主要分布在国家规划建设的14个大型煤炭基地和9个大型煤电基地，其中新疆、陕西、宁夏、山西、内蒙古、河南

---

[1] 张立宽：《现代煤化工，煤炭清洁高效利用的重要途径》，《中国矿业报》2019年11月13日。

[2] 张立宽：《现代煤化工，煤炭清洁高效利用的重要途径》，《中国矿业报》2019年11月13日。

等省（区）煤炭深加工发展速度较快，培育了宁东能源化工基地、鄂尔多斯能源化工基地、榆林能源化工基地等多个煤炭深加工产业集聚区，现代煤化工产业基地化格局初步形成。全行业可实现煤炭年转化能力逾2.5亿吨，产业规模、产品产量均实现稳步增长。中国石化联合会公布的数据显示，2018年我国煤制油总产能953万吨/年，煤（甲醇）制烯烃总产能1302万吨/年，煤制气总产能51.05亿立方米/年；煤制油、煤（甲醇）制烯烃、煤制气产量分别同比增长24.8%、4.8%、7.5%。2019年上半年，我国现代煤化工行业生产总体平稳，产能利用率处于合理水平，转化煤炭约5570万吨；煤制油、煤制气、煤制烯烃和煤制乙二醇产量同比分别增长14.1%、25.5%、10%及56.4%，现代煤化工发展呈现方兴未艾之势。[①]

中国现代煤化工行业耗水量大幅降低。现代煤化工由于原料禀赋带来的高水耗问题长期遭到诟病，一度成为阻碍行业发展的最大难题。如今其水耗不断降低，已低于全国工业行业平均水平。比如，国家能源集团宁煤煤间接液化项目吨油水耗从12吨降至6-7吨，60万吨/年煤制烯烃项目吨产品水耗由设计值36.5吨降至20吨以下。另外，国家能源集团鄂尔多斯煤制油公司将经过净化处理的煤矿疏干水用于煤直接液化生产，实现了煤直接液化先期工程工业水源替代，在保护地下水资源的同时，解决了煤矿疏干水的综合利用难题。而且，公司采用先进的污水处理工艺，摸索出"清污分离、污污分治、分质回用"的治理方法，吨油水耗由设计的10吨降至6吨以下，使煤制油成为水耗极低的现代煤化工项目。

高度重视低阶煤的清洁高效利用。目前，我国正在积极探索推进低阶煤分质分级利用新模式。相对煤炭直接燃烧，低阶煤分级分质利用的优势是能够实现物质、能量的梯级利用，提高煤炭利用效率，增加煤炭附加值。对成煤时期晚、挥发分含量高、反应活性高的低阶煤，通过热解、半焦利用、焦油加氢等技术进行分质分级利用，探索形成油、气、化、电多联产的新模式，提升煤炭清洁高效利用整体水平。今后，应鼓励使用高硫和劣质煤进行化工转化。高硫煤等劣质煤也是煤炭产品，高硫煤燃烧是导致"酸雨"的祸首，但通过现代煤化工技术可以很好地回收和利用其中的硫资源，创造更高价值，为高硫煤资源找到良好利用途径。

当前，在中国现代煤化工产业发展中，仍存在煤化工高端产品短缺、

---

① 张立宽：《现代煤化工，煤炭清洁高效利用的重要途径》，《中国矿业报》2019年11月13日。

低端产能过剩的问题,应推进煤化工项目在产业结构上向高端化、绿色化延伸。首先,逐步淘汰污染重、能耗高、产能过剩的传统煤化工产能,不再新批此类项目。其次,不断发展新型煤化工技术装备,逐步实现关键技术装备国产化。技术进步是解决煤化工产业高端化、绿色化不足的关键,这需要通过高要求来倒逼。此外,现代煤化工项目投资大,风险高,且很多项目仍然存在能耗高、污染重、耗水多等问题,应避免一哄而上,要坚持高标准逐步试点、谨慎发展的原则。

不断探寻煤化工碳减排的可行路径。煤化工作为碳排放大户,是碳减排的重点对象,也是推动我国煤炭清洁高效利用的重要方式。为了解决碳排放问题,我国正在加快发展碳汇、碳中和、碳捕捉、碳循环利用和碳市场。煤化工生产过程中的二氧化碳比较集中,纯度高,便于捕集。目前,中国正在这方面加大研发和投资力度,鼓励 CCS 和 CCUS 技术的创新与突破。国际能源署洁净煤中心主任明切纳认为,中国把 CCUS 提上日程,将给其他国家提供宝贵经验。

未来,中国煤化工需要走出一条适合自身国情的发展之路。一方面,要加强现代煤化工与炼油产业融合发展,利用煤制油品的特性与清洁性协助炼油产业成品油质量升级,降低炼油成本。另一方面,应考虑设立国家油品产能战略储备平衡基金,将煤制油列为保障国家能源安全的战略储备产能。在国际油价低于某一节点价格时,增加原油炼化产量,调减煤制油等非常规油品产量,维持基本负荷运转并进行补贴;当国际油价高于该节点价格时,对煤制油等非常规油品恢复征收燃油税,并适当压减原油进口和炼化,利用平衡基金给予一定补贴,这样既保证相关企业正常运营,又能维护国家能源安全。

中国煤化工面临的问题与挑战:一是战略定位不明确。当前社会对"煤炭是我国能源支柱"这一点存在认识误区,对现代煤化工可清洁高效部分替代石油化工等认识不到位,致使我国煤化工一直未能获得清晰明确的战略定位。二是成本与特色优势不明显。随着大炼化时代的到来,我国石油化工产品产能已能够满足市场需求,部分产品还存在明显过剩。而煤化工与新建的大型炼化一体化项目相比并无优势。煤化工单位产能投资大,是石油炼化单位产能投资强度的 5-10 倍,类似石油炼化千万吨级一体化基地,在煤化工领域至少需投资 1000 亿元以上,成本压力巨大;产品结构单一,现有项目因规模限制,只能生产 1-2 个主产品,缺乏差异性和独特性。在当前条件下,我国煤化工亟需找准行业定位,加快补齐短板,根据自身特点选择产品、降低成本、耦合技术路线、优化系统，形成自身特色。三是技术有待实现新突破。我国煤化工产业在共性关键技术、前沿引领技术、现代工程技术和颠覆性技术上都有待创新和突破。只有实现技术创新突破，才能有效促进能源低碳转型。部分重大装备、重要材料的不足亦制约我国煤化工进一步发展，必须加快技术攻关，推动技术进步。四是面临石油化工的激烈竞争。近年来，我国在沿海地区布局了许多炼化一体化大型项目，使得石油化工与煤化工产品交叉重叠，导致更加激烈的市场竞争。不少民营企业从下游向上游延伸，打通原油加工、化工产品到纺织品的全产业链，"三桶油"等央企也打破生产油品的传统模式，积极向下游高附加值化工产品延伸；国际石油、石化巨头也抢滩我国市场，建设具有世界领先水平的高端炼化一体化项目。这些都给我国煤化工的可持续发展带来巨大挑战。[①]

三、建立清洁高效煤电体系

由于电力用煤消耗了我国近一半的煤炭，我国尤其重视燃煤电厂的煤炭清洁高效利用。为全面实施煤电行业节能减排升级改造，建成世界最大清洁高效煤电体系，我国于2015年12月发布《全面实施燃煤电厂超低排放和节能改造工作方案》，要求具备条件的燃煤机组加快实施超低排放改造步伐，到2020年全国所有具备改造条件的燃煤电厂力争实现超低排放，不具备改造条件的机组实施达标排放治理，落后产能和不符合相关强制性标准要求的机组实施淘汰。我国《能源发展"十三五"规划》提出，优化规划建设时序，加快淘汰落后产能，促进煤电清洁高效发展；煤电清洁高效发展的目标是：2020年煤电机组平均供电煤耗控制在310克/千瓦时以下，其中新建机组控制在300克/千瓦时以下，二氧化硫、氮氧化物和烟尘排放浓度分别不高于35毫克/立方米、50毫克/立方米和10毫克/立方米。我国"十三五"电力规划提出，要全面掌握拥有自主知识产权的超超临界技术。

在倒逼机制下，我国燃煤发电高效利用技术取得较大进展，特别是在超超临界发电、循环流化床燃烧、IGCC与多联产等方面成绩显著，达到世界先进水平。以循环流化床燃烧为例，循环流化床锅炉是一种新型洁净煤

---

① 张立宽：《现代煤化工，煤炭清洁高效利用的重要途径》，《中国矿业报》2019年11月13日。

燃烧技术，近年来我国已经拥有了具有自主知识产权的 15 万千瓦、20 万千瓦、30 万千瓦、60 万千瓦循环流化床锅炉系列产品。① 此外，为了减少燃煤电厂的二氧化碳排放，近年来我国一直在探索 CCS 与 CCUS 技术，为减缓气候变化、减少二氧化碳排放做出努力。国家能源集团于 2017 年 11 月完成"基于富氧燃烧的百万吨级碳捕集燃煤电厂技术研发和系统集成"项目验收；陕西国华锦界电厂 15 万吨/年 CCS 全流程示范项目，2017 年 8 月获得科技部重点研发计划项目立项批复。世界煤炭协会会长米克·巴菲尔表示，建设清洁燃煤电厂是一项世界性任务，不仅对煤炭行业很重要，对全球气候环境也有重要意义；CCUS 技术有巨大潜力，在中国已获得较好发展。目前，我国建成了国家能源集团国华台山电厂、华能玉环电厂、浙江能源嘉兴电厂等一批高标准燃煤电厂超低排放示范工程，这些技术改造电厂的烟尘、二氧化硫、氮氧化物排放指标均低于燃气电厂排放标准，大大减少了大气污染物排放，有效解决了煤电高污染、高能耗的"双高"困境。据统计，2017 年 6 月，我国燃煤电站的除尘、脱硫、脱硝设备安装率均在 90% 以上，火电单位发电量二氧化碳排放比 2005 年下降 21.6%。

　　经过多年不懈努力，我国燃煤发电技术总体已经处于世界先进水平，大容量、高参数机组成为绝对主流。中国电力企业联合会统计数据显示，截至 2017 年年底，我国全口径发电装机容量 17.77 亿千瓦，其中煤电发电装机量占比 55.2%。2017 年，全国发电量为 6.42 万亿千瓦时，其中煤电发电量占比 64.5%。截至 2018 年年底，我国煤电总装机 100835 万千瓦，全国已投产百万千瓦超超临界机组达到 111 台。同时，2018 年全国火电机组平均供电煤耗 307.6 克/千瓦时，明显优于美国及世界平均水平，先进的百万千瓦二次再热机组供电煤耗已低于 270 克/千瓦时，引领了世界燃煤发电发展方向。目前，我国煤电产业开始逐步实现从"肮脏"到"洁净"的华丽转身，超过 70% 的煤电机组实现了超低排放，达到天然气的排放水平，标志着我国已建成全球最大的清洁煤电供应体系，有效缓解了能源供应和环境保护的矛盾，为世界范围内煤炭清洁利用做出了良好示范。

　　不过，我国在燃煤发电领域仍存在煤炭利用方式与煤炭资源特点的适配性不足问题。对此，煤炭企业不应只负责采掘和生产，将来还要根据客户的使用进行选配，从而使煤炭企业逐步成为煤炭生产、选配、配送中

---

① 王若曦：《由黑转绿　清洁发展——我国煤炭清洁高效利用探索路（上）》，《国家能源报道》2019 年 11 月 11 日。

心。煤炭作为产品也不应再是传统意义的大路货，在某些领域也可成为"高端"产品，甚至要有自己的品牌和包装。煤炭产品要分级利用，根据煤质销售给不同用户。例如，高硫煤可以用于煤化工领域，不仅不会污染，还可以把硫回收或做成含硫产品。

四、以热电联产等提高工业用煤效率和清洁度

工业也是用煤大户。工业用热一般是通过燃煤锅炉供应蒸汽，此外烧砖、烧水泥、烧石灰等都离不开煤。我国《工业领域应对气候变化行动方案（2012－2020年）》提出，到2020年，单位工业增加值二氧化碳排放量比2005年下降50%左右，基本形成以低碳排放为特征的工业体系。在此指导下，我国工业锅炉和窑炉节能减排技术发展迅速，煤粉工业锅炉、新型链条锅炉、蓄热节能、新型燃烧器等节能技术设备用于技术改造和设施新建，锅炉、窑炉超低排放相关配套研究和应用实现新突破，工业锅炉不仅效率提高，在环保方面也有显著改善。目前，我国工业锅炉热效率可提升到80%以上，有的甚至达到90%以上。另外，通过装备大型化和集中供热，可以实现工业锅炉烟气超低排放，有效解决大气污染问题。据统计，我国10%的燃煤工业锅炉已可实现超低排放。

我国通过热电联产，大力强化清洁供热。热电联产是以热电厂作为载体，通过能量梯级利用，同时供应热力和电力。大型燃煤热电联产项目是指单机容量大于200兆瓦的抽凝式供热机组。以煤为燃料的大型热电联产项目供热成本相对较低，能源利用率高，污染物排放少，具有广阔市场发展空间。通过热电联产集中供热，是我国大中城市实现散煤治理、推进煤炭清洁高效利用的有效手段。

2014年9月，我国发布《煤电节能减排升级与改造行动计划（2014－2020年）》提出，积极发展热电联产，坚持"以热定电"，严格落实热负荷，科学制定热电联产规划，建设高效燃煤热电机组，同步完善配套供热管网，对集中供热范围内的分散燃煤小锅炉实施替代和限期淘汰。我国燃煤热电机组装机规模目标是，到2020年装机容量占煤电总装机容量的比重达到28%。在这一精神指导下，近年来我国将污染物排放大的不达标中小型工业燃煤锅炉作为治理重点，通过淘汰落后锅炉，以及为供热锅炉安装高效脱硫除尘设施等，推进污染治理。

2018年7月，国务院印发《打赢蓝天保卫战三年行动计划》，要求加大对纯凝机组和热电联产机组技术改造力度，加快供热管网建设，充分释

放和提高供热能力,淘汰管网覆盖范围内的燃煤锅炉和散煤;2020 年年底前,重点区域 30 万千瓦及以上热电联产电厂供热半径 15 千米范围内的燃煤锅炉和落后燃煤小热电全部关停整合。2019 年,全国各省、自治区、直辖市相继出台燃煤锅炉治理方案和锅炉大气污染物排放标准。山西太原市坚持空气质量改善优先原则,以大幅减少重污染天气为主攻方向,持续开展大气污染防治行动,推进燃煤锅炉深度治理,努力实现 35 蒸吨以下燃煤锅炉清零。山东济南市要求莱芜区、钢城区、莱芜高新区等高看齐,坚决打好大气污染防治攻坚战,2020 年 10 月底前全部完成 35 蒸吨及以下燃煤锅炉淘汰或替代任务。

五、加强散煤治理

通过推广洁净煤制品与节能炉具,治理散煤问题。近年来,我国开始逐步构建节约高效、清洁低碳的社会用能模式,而散煤治理是推进秋冬季大气污染防治与实现清洁供暖的重要抓手。在暂时没有条件采取集中供热的地区,散煤的相对清洁化利用是可行之举。近年来,随着技术的不断进步,洁净煤制品与节能环保炉具日渐受到青睐。

在坚持散煤治理"宜煤则煤"原则时,首先应考虑减少煤炭硫分、灰分等的含量。在区域性配煤中心,煤质灰分低于 12%;在空气污染严重的地区和特大型城市,硫分低于 0.8%,灰分低于 10%。型煤分为工业型煤和民用型煤,以民用蜂窝煤为例,燃烧效率达到 28%,远高于散煤的 10%左右。型煤中添加剂的使用,有助于减少污染物特别是硫化物的排放。2018 年,我国散煤治理持续深入推进,全年散煤削减量约 6100 万吨,其中工业领域削减占比 72%,民用领域占比 28%。[①] 在 2017 年基础上,民用散煤治理政策趋向理性,冬季供气紧张局面大为缓解,可再生能源供热进一步发展,清洁煤和节能环保炉具作为过渡性方案受到重视,因地制宜和多能互补迎来更多模式创新和地方实践,清洁取暖改造规模超额完成国家目标。同时,工业散煤治理仍以淘汰落后、整治"散乱污"企业为重点。在此基础上,工业窑炉治理专项行动的开展,使得 2018 年工业小窑炉淘汰关停力度加大。今后,面对散煤治理的补贴退坡,政府需预判其影响,并采取措施予以弥补。

---

① 王若曦:《好煤配好炉 分散改集中——我国煤炭清洁高效利用探索路(下篇)》,《国家能源报道》2019 年 11 月 25 日。

好煤配好炉，散煤治理应走"炉煤一体化"之路。近期，一批大型煤炭企业不断创新思路，深入洁净煤领域。例如，兖矿集团推出"洁净型煤+环保解耦炉具"，陕煤集团推出"型煤产品+型煤气化炉具"。但也应看到，民用洁净型煤为季节性需求产品，由于资金周转压力以及价格和补贴的不确定性，许多中小型企业发展难以为继。[①] 对此，自然资源保护协会等机构联合发布的《中国散煤综合治理调研报告2019》提出的解决思路是，在替代条件较差的地区推行清洁型煤和适配炉具，并制定过渡性兜底政策，如清洁型煤、清洁燃烧、排放标准、限时替代、限定用煤方式等做法；同时，实行洁净型煤供应特许经营，建立点对点供货平台和全覆盖供应网络。

第三节　石油石化和汽车产业清洁化发展

油气开采过程中，废水和污泥污染物对环境的破坏严重。随着油气田开发中压裂、化学驱、稠油热采等技术的运用，油气田开采产生的污水和含油污泥总量不断增加，对环境造成巨大危害，处理难度大。炼化企业生产过程中，更会排放大量污染物，造成水污染、大气污染、固体废物污染和噪声污染等。我国石化行业污水排放强度虽逐年下降，但排放总量仍然较高，尤其近年来高硫高氮劣质原油的加工利用，导致炼油和化工企业排放的污废水水质构成更加复杂，高含盐、高含酸、高氨氮、含重金属和难降解等水质特点造成处理和回收利用难度极大。此外，石化企业排放的废气具有排量大、毒性强、覆盖范围广等特点，对人体健康、生命安全和生态环境构成严重威胁。

在此背景下，我国高度重视石油开采和炼化行业的安全环保监管，近年来密集出台了新《安全生产法》、新《环境保护法》《能源行业大气污染治理方案》《石油炼制工业污染物排放标准》（GB3150-2015）、《打赢蓝天保卫战三年行动计划》等一系列行业监管与安全环保法律法规，对石油开采和炼化行业的环保和排放要求日益严格，推动企业积极行动起来，取得显著成效。

---

① 王若曦：《好煤配好炉　分散改集中——我国煤炭清洁高效利用探索路（下篇）》，《国家能源报道》2019年11月25日。

第十六章 中国传统能源产业的转型与应对

一、对环境友好的开采和炼化技术受到重视和应用

增效和环保兼具的二氧化碳驱油技术崭露头角。二氧化碳有着独特的性能，纯度在90%以上可用于驱油。二氧化碳溶于油后，使原油体积膨胀，黏度降低30%－80%，油水界面张力降低，有利于增加采油速度。二氧化碳驱油一般可提高原油采收率7%－15%，延长油井生产寿命15－20年。二氧化碳驱油技术不仅能满足油田开发需求，还可解决二氧化碳封存问题。在实际应用中，二氧化碳被注入后，50%－60%将被永久封存于地下，40%－50%随着油田伴生气返回地面，再通过原油伴生气二氧化碳捕集纯化，可将伴生气中的二氧化碳回收，就地回注驱油，可进一步降低驱油成本。

二氧化碳驱油技术适用于常规油藏，尤其是低渗、特低渗透油藏，可明显提高其原油采收率。我国低渗油藏和潜山类厚油藏较多，采用二氧化碳驱油可以解决水驱注入压力高或注不进、无水源可注等问题。而且，我国油田开采已步入中后期，为提高原油采收率，采用驱油技术提高产量是各大油田的普遍做法。

事实上，我国在二氧化碳驱油方面起步较早。1990年10月，大庆油田即开展了二氧化碳驱油尝试。此后，草舍油田、中原油田、胜利油田分别在2005年和2008年相继开展二氧化碳驱油，均不同程度取得效果，采收率提高10%－20%。二氧化碳可从工业设施如发电厂、化肥厂、水泥厂、化工厂、炼油厂、天然气加工厂等排放物中回收，既可实现温室气体减排，又能达到油气增产的目的。目前我国在二氧化碳驱油技术上已经有了突破，但主要困难在于碳捕集及运输成本较高。长远看，二氧化碳驱油在我国石油开采中有着巨大应用潜力，今后随着技术的进步和应用范围的扩大，二氧化碳将成为我国改善油田开发效果、提高原油采收率的重要资源。[①]

在炼油和石化技术方面，我国企业不断采用新的节能技术，降低炼油装置设备能耗，同时减少二氧化碳排放量；采用先进的炼油环保技术，降低炼油生产装置大气污染物的排放量，实现回收利用与达标排放同步，满足国家环保法规的强制性要求。在实现更加清洁化生产的发展进程中，炼

---

① 《二氧化碳驱油：油煤合作新纽带》，http://news.cnpc.com.cn/system/2019/05/14/001729934.shtml.（上网时间：2020年3月11日）

油环保技术得到同步发展。围绕各生产装置产生的废气、废液、固体废弃物这"三废"治理，炼油企业应用了大量的配套炼油环保技术。这些环保技术不仅应用于生产装置，还为许多服务于生产装置的公用工程、辅助工程等大型配套设施提供减排达标保障。

二、石油石化企业开始绿色转型

中石化致力于建设"绿色企业"。长期以来，中石化持续推进成品油质量升级。2000年以来累计投入3000多亿元用于油品质量升级，车用汽油、柴油硫含量从不大于1000ppm下降到不大于10ppm，降幅达99%。2018年，中石化出厂汽油、柴油全部达到国六标准。在提供高品质油品方面，中国石化推动汽油、柴油质量从限制杂质含量为主进入优化烃类组份为主的新阶段，油品质量保持国际先进水平。2020年，船用燃料油硫含量将从3.50%降至0.50%（质量比），预计减少二氧化硫排放130万吨/年。[1]

2018年，中石化宣布启动"绿色企业行动计划"，将以"奉献清洁能源，践行绿色发展"为理念，提供清洁能源和绿色产品，提升绿色生产水平，引领行业绿色发展，到2023年建成清洁、高效、低碳、循环的绿色企业，将绿色低碳打造成公司核心竞争力。"绿色企业行动计划"由绿色发展、绿色能源、绿色生产、绿色服务、绿色科技、绿色文化六部分组成。绿色发展计划，包括优化产能布局、保障生态安全、调整产业结构、构建绿色物流；绿色能源计划，包括加大清洁能源供应、提供高品质油品、加大地热开发和推进新能源研发；绿色生产计划，包括源头清洁化、过程清洁化、资源能源利用最大化、污染治理高效化、环境风险可控化；绿色服务计划，包括拓展绿色化工产品、建设绿色加油站、发展节能环保产业、打造绿色供应链；绿色科技计划，重点突破石油化工绿色工艺技术、资源循环利用技术、污染治理技术、前瞻性绿色技术等；绿色文化计划，包括建立长效机制、培育绿色文化。绿色企业的远景目标是，到2035年绿色低碳发展水平达到国际先进水平，到2050年绿色低碳发展水平达到国际领先

---

[1] 《中国石化2023年将建成"绿色企业"》，http：//energy.people.com.cn/n1/2018/0402/c71661-29903423.html。（上网时间：2020年3月11日）

水平。①

中石油谋划低碳发展。多年来，中石油炼化板块实施"达标减排、绿色炼化"治理工程，已累计投入100多亿元。中石油对环境的保护涉及水、土、气等多个方面。2017年，中石油节水达1241万立方米。2018年6月，中石油制定低碳发展路线图，努力构建全方位、全地域、全过程绿色发展体系。中石油将在资源保护中开发，在开发资源中保护。中石油的低碳发展目标为：力争2020年实现二氧化碳排放总量比2015年下降25%，2050年低碳发展达到国际先进水平。②

三、汽车排放标准和油品标准快速提升

"国六"排放标准启动。"国六"是目前全球最严格的排放标准之一。相较之前的"国五"，"国六"在多项污染物限值方面更加严格，特别是在碳氢化合物、一氧化碳等排放污染物的限值上比"国五"严苛了50%，甚至比"欧六"标准更高。2016年年底，环境保护部、国家质检总局发布《轻型汽车污染物排放限值及测量方法（中国第六阶段）》。根据规定，"国六"分为a、b两个阶段，最迟2020年7月1日起，所有销售和注册登记的轻型汽车应符合"国六a"要求；2023年7月1日起，所有销售和注册登记的轻型汽车应符合"国六b"要求。2019年下半年，北京、上海、天津、深圳等地都已开始执行"国六"标准。其中，北京市规定，自2019年7月1日起，所有重型燃气车以及公交和环卫重型柴油车执行"国六b"标准；自2020年1月1日起，所有轻型汽油车和重型柴油车执行"国六b"标准。③

汽车排放要达标，油品质量是关键。在国际上，油品标准与排放标准同步更新和实施，即"车油一体"。过去，我国油品标准长期滞后于排放标准。2017年，我国国五油品标准终于与国五排放标准同步出台，真正实现了"车油一体"。国五标准下，汽柴油硫含量限值均为10ppm，比2009年国三标准分别下降93.7%和99.5%。我国仅用了8年时间，就实现了油

---

① 《中国石化2023年将建成"绿色企业"》，http://energy.people.com.cn/n1/2018/0402/c71661-29903423.html。（上网时间：2020年3月11日）
② 《中石油发布低碳发展路线图》，http://www.xinhuanet.com/fortune/2018-06/01/c_129885184.htm。（上网时间：2020年3月11日）
③ 《"国六"排放标准启动 车市准备好了吗?》，《人民日报》（海外版）2019年7月16日。

品质量从远远落后于欧美到与欧洲水平接轨并超过美国的目标。2019 年我国实施的国六汽柴油标准，又在国五基础上进一步提高了烯烃及蒸汽压等方面的限制。可见，我国不仅已出台了全球最严格的汽车排放标准，油品质量也完成了从高硫到低硫的跨越，最终实现了排放标准与油品标准同步的"车油一体"管理。

受此影响，我国在机动车保有量持续上升的情况下，污染排放持续降低。1998－2017 年，我国机动车碳氢化合物、一氧化碳、PM2.5 排放量分别下降 31.4%、51.0% 和 46.7%。轻型汽油车排放控制成绩尤为突出，目前国五轻型汽油车主要污染物排放相对无控的国零水平降低了 98% 以上。就重型柴油车来说，虽然颗粒物排放削减显著，但氮氧化物排放控制仍存在较大挑战。在今后一段时间内，柴油车氮氧化物排放控制仍是我国大气污染防治的主要任务之一。[①]

四、燃油汽车禁售时间表逐渐浮出水面

早在 2017 年，工信部就已释放了"研究制定燃油车退出时间表"的信号。2019 年 3 月，海南省出台《清洁能源汽车发展规划》，规定 2030 年起全省全面禁止销售燃油汽车，成为全国首个提出所有细分领域车辆清洁能源化目标和路线图的地区。[②] 2019 年 9 月，工信部发布对《关于研究制定禁售燃油车时间表加快建设汽车强国的建议》的答复，明确指出："我国将支持有条件的地方建立燃油汽车禁行区试点，在取得成功的基础上，统筹研究制定燃油汽车退出时间表。"工信部书面信息正式公布后，部分领域禁用燃油车加速推进，越来越多的燃油出租车、公交车将被电动汽车取代。当前，全国很多城市开始在公交车、出租车等领域启动"禁燃"工作。太原市和深圳市于 2016 年、2017 年分别成为世界上第一个出租车、公交车全部电动化的城市。根据规划，2020 年全国重点区域公交车全部更换为电动汽车。而《中国传统燃油车退出时间表研究》报告显示，我国有望在 2050 年前实现传统燃油车的全面退出。

最后需要指出，日益严格的环保要求在限制石油消费的同时，还有利

[①] 能源与交通创新中心：《中国传统燃油汽车退出时间表研究》，http：//nrdc. cn/Public/uploads/2019－05－20/5ce20cbfca564. pdf。（上网时间：2020 年 3 月 11 日）

[②] 《工信部制定燃油汽车退出时间表》，《科技日报》2019 年 9 月 5 日。

第十六章 中国传统能源产业的转型与应对

于促进经济增长。在交通部门,新能源汽车的大规模应用促进了汽车革命和能源革命,加速了新兴产业发展;在石化及其他部门,节能环保技术的研发和产业化促进了新兴产业对油基塑料的替代,带动了创新产业发展。在油气生产端,利用二氧化碳驱油增气的开发,催生了一批有巨大发展潜力的新业务和新行业,这些都将拉动经济增长。今后,为了进一步解决石油石化相关行业的节能减排问题,应致力于以下几个方面:一是制定交通部门传统燃油车退出时间表和路线图。鼓励制定地方传统燃油车退出时间表及具体实施路线图,激励车企规划新能源汽车发展战略和目标。二是制定和实施更新版"限塑令",分品种从源头上禁止、限制、替代和回收基于石油的塑料制品生产和使用。化工行业做好行业禁塑、限塑和替代,再辅以末端的回收再利用和清洁处理。建立"净塑平台",与垃圾分类和"无废城市"行动相结合,把"净塑"推向新高度。三是在其他部门的耗油设备上制定和实施更高的能效和污染物排放标准,首要抓好汽柴油发动机的能耗标准和污染物排放标准。①

---

① 杨文:《应对气候变化 跨越石油时代》,《人民日报》(海外版)2020年3月19日。

第十七章

中国能源互联网发展概况[①]

在推动我国能源革命、落实"互联网+"国家战略、深化电力市场化改革的三大背景之下，我国能源系统面临向清洁化、电气化、信息化、互联网化转型升级的战略要求，能源互联网将成为未来能源系统发展的重要方向和基础平台，迎来重大发展机遇。能源互联网已经受到了国内各级政府和研究机构的高度重视，能源互联网的理念与技术也已在国内引起了越来越广泛的关注。我国能源互联网产业潜力巨大，但仍需在体制机制、技术创新、标准化、能源市场等方面进行改革与完善以形成能源互联网发展的良好环境。

第一节 建设能源互联网的意义

能源互联网是我国能源革命、"互联网+"国家战略和电力体制改革三轮驱动下创新发展的内在要求。能源革命的核心是要实现生产环节的清洁替代和消费环节的电能替代，"两个替代"对能源系统的可再生能源消纳、能源大范围优化配置和多种能源的协调互补等能力提出了更高要求。"互联网+"国家战略对能源系统提出了信息化和互联网化的新要求。在此背景下，能源系统需要推出国家层面的战略理念实现转型升级、带动产业发展。清洁化、电气化、信息化、互联网化应是这一战略理念的核心诉求。探索能源系统可持续发展新路径，推动产业升级发展，能源互联网创新发展成为必由之路。

一、建设能源互联网是加快生态文明建设的重要支撑

能源系统是污染物和碳排放的主要来源，是造成环境污染和气候变化的重要原因，建设能源互联网将对推动可持续发展、建设生态文明提供重要支撑。

[①] 本章作者：毛吉康，国网能源研究院能源互联网研究中心研究员，主要从事全球能源治理、能源地缘政治等问题研究。

第十七章 中国能源互联网发展概况

我国政府提出到 2020 年、2030 年非化石能源占能源消费总量的比重分别达到 15% 和 20%，承诺 2030 年左右碳排放达到峰值。能源互联网将实时匹配供需信息，整合分散需求，形成能源交易和需求响应，可以推动实现供需平衡和低碳能源结构，并极大提升能源利用效率，最终使经济增长与能耗增长脱钩。建设能源互联网可使我国碳排放提前 5 年达峰，且峰值水平减少 23 亿吨碳排放，可使 2030 年我国非化石能源占比高出国家设定目标值 3 个百分点，能源消费强度大幅下降，与典型发达国家的差距持续缩小（参见图 17-1）。[①]

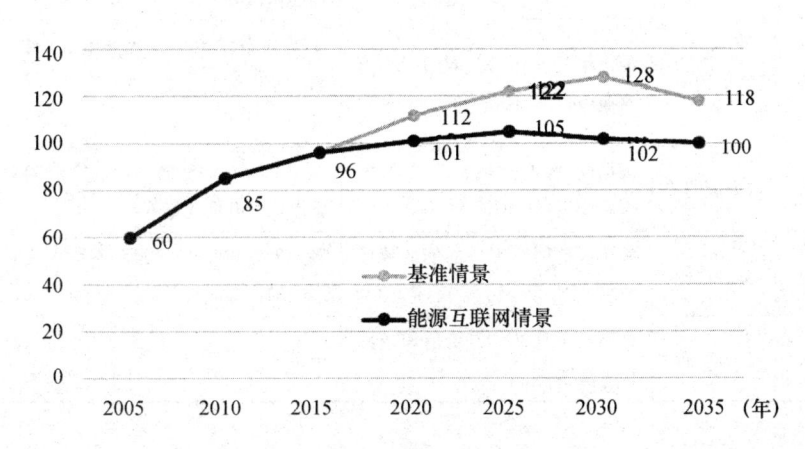

图 17-1 中国在基准情景和能源互联网情景下碳排放量比较（单位：亿吨）

二、建设能源互联网将为建设现代化经济体系提供重要动力

创新是引领发展的第一动力。能源互联网产业是重要的战略新兴产业，成长潜力大、综合效益好，对经济社会全局和长远发展具有重大引领带动作用，是贯彻新发展理念，建设现代化经济体系的重要动力。

能源互联网将有助于形成一个巨大的能源资产市场，实现能源资产的全生命周期管理，通过这个市场可有效整合产业链上下游各方，形成供需互动和交易。另外，我国七大战略性新兴产业中，能源互联网产业将直接带动节能环保产业、新一代信息技术产业、高端装备制造产业、新能源产

---

① 刘振亚：《共同推动构建全球能源互联网》，人民网，http://energy.people.com.cn/n1/2016/0303/c71661-28168200.html。

业、新材料产业、新能源汽车产业等六大战略性新兴产业的融合发展，并促进这些产业快速升级。催生一系列能源装备制造商、能源网络运营商、信息能源系统集成商、信息能源融合应用开发商等，将具有巨大的产业规模和广阔的市场前景，并将孕育出全新的商业模式（参见表17-1）。

表17-1 能源互联网主要业务模式

序号	业务类型	服务对象	业务内容
A	智能配电网	满足配/售电公司自身价值需求	配电自动化、配电网资产管理、电网侧储能系统等
B	智能用电	满足配/售电公司和居民/小型商业用户价值需求	小型分布式发电、智能电表、智能家居、家用储能系统、电动汽车、电能替代等
C	需求侧响应	满足配/售电公司和工农业/大型商业用户价值需求	虚拟电厂、需求侧响应、需求侧管理、电动汽车有序充电等
D	综合能源	满足各类用能客户的能源价值需求	多元能源供应、微能源网、多表集抄、多网融合等
E	基础平台	为满足所有参与方价值需求提供支撑平台	能源大数据平台、云平台等

三、建设能源互联网将助推新一轮能源科技革命

全球新一轮科技革命中，互联网、先进信息技术与能源产业深度融合。加快能源互联网建设，可促进我国在新一轮科技革命中的引领作用。能源互联网可以打破不同类型能源之间的界限，实现各种能源在微观层面的自平衡和广域的联动平衡。这就对相关信息和设备提出了高度智能化和精确化的要求。一方面，将推动能源技术体系本身的变革，催生跨领域的能源系统规划、控制、运行等技术。另一方面，也将推动能源技术与信息通信技术体系融合，带动能量路由器、能源大数据、能源区块链等一批信息物理新技术的发展和应用，为能源技术开辟新的研究方向，推动和支撑能源技术革命。

第二节 能源互联网发展政策框架

近年，我国政府先后出台多项与能源互联网相关的指导性、规划性政

策，为能源互联网产业发展提供了良好的政策环境。2015年7月，《国务院关于积极推进"互联网+"行动的指导意见》发布，"互联网+"智慧能源成为重点行动之一。2016年2月，发改委发布《关于推进"互联网+"智慧能源发展的指导意见》（以下称《指导意见》），明确智能化能源生产消费基础设施、多能协同综合能源网络、能源与信息通信基础设施深度融合等十方面重点任务。2017年6月，国家能源局发布《国家能源局关于公布首批"互联网+"智慧能源示范项目的通知》，能源互联网建设再次提速，示范项目共计9类55个，涉及城市能源互联网、园区能源互联网、基于灵活性资源的能源互联网、基于绿色能源灵活交易的能源互联网和能源大数据等多个领域。

根据《指导意见》，我国能源互联网近中期将分两个阶段推进，先期开展试点示范，后续进行推广应用，确保取得实效。

2016—2018年，着力推进能源互联网试点示范工作：建成一批不同类型、不同规模的试点示范项目。攻克一批重大关键技术与核心装备，能源互联网技术达到国际先进水平。初步建立能源互联网市场机制和市场体系。初步建成能源互联网技术标准体系，形成一批重点技术规范和标准。催生一批能源金融、第三方综合能源服务等新兴业态。培育一批有竞争力的新兴市场主体。探索一批可持续、可推广的发展模式。积累一批重要的改革试点经验。

2019—2025年，着力推进能源互联网多元化、规模化发展：初步建成能源互联网产业体系，成为经济增长重要驱动力。建成较为完善的能源互联网市场机制和市场体系。形成较为完备的技术及标准体系并推动实现国际化，引领世界能源互联网发展。形成开放共享的能源互联网生态环境，能源综合效率明显改善，可再生能源比重显著提高，化石能源清洁高效利用取得积极进展，大众参与程度大幅提升，有力支撑能源生产和消费革命。

2016年，国家发改委、能源局发布《能源技术革命创新行动计划（2016-2030年）》与《能源技术革命重点创新行动路线图》，提出了能源互联网相关技术发展战略方向：

能源互联网架构设计。重点在能源互联网全局顶层规划、功能结构设计、多能协同规划、面向多能流的能源交换与路由等方面开展研发和攻关。

能源与信息深度融合。重点在能量信息化与信息物理融合、能源互联网信息通信等方面开展研发和攻关。

能源互联网衍生应用。重点在能源大数据、能量虚拟化、储能及电动汽车应用与管理、需求侧响应以及能源交易服务平台、智慧能源管理与监管支撑平台等方面开展研发和攻关（参见表17-2）。

表17-2 我国能源互联网发展及相关政策

颁布日期	文件名称	政策解读
2014年6月	《能源发展战略行动计划（2014—2020年）》	指出我国发展天然气、可再生能源等清洁能源的发展战略，提出未来我国应进一步降低煤炭等化石能源的消费比重，以推动我国能源结构的持续优化和改革
2015年6月	《强化应对气候变化行动——中国国家自主贡献》	到2030年实现碳排放强度比2005年降低60%~65%
2015年7月	《关于推进分布式可再生能源微电网示范项目建设的指导意见》	鼓励综合利用风能、太阳能等各类分布式能源多能互补的特点，建立以波动性分布式可再生能源为主体的发、输、配、储、用一体化局域电力系统
2015年7月	《国务院关于积极推进"互联网+"行动的指导意见》	首次提出了"互联网+"智慧能源的理念，建议逐步建成开放共享的能源网络
2016年2月	《国家发改委、能源局、工信部关于推进"互联网+"智慧能源发展的指导意见》	是能源互联网的顶层设计，明确了近中期中国能源互联网发展的两个阶段
2016年3月	《能源技术革命创新行动计划（2016-2030年）》	提出到2020年初步建立能源互联网技术创新体系，能源互联网基础架构、能源与信息深度融合及能源互联网相关应用技术取得重大突破并实现示范应用
2016年3月	《中华人民共和国国民经济和社会发展第十三个五年规划纲要》	指出加快推进能源全领域、全环节智慧化发展，提高可持续自适应能力。推进能源与信息等领域新技术深度融合，统筹能源与通信交通等基础设施网络建设，建设"源-网-荷-储"协调发展，集成互补的能源互联网

第十七章　中国能源互联网发展概况

续表

颁布日期	文件名称	政策解读
2016年5月	《国家创新驱动发展战略纲领》	要求发展安全清洁高效的现代能源技术，推动能源生产和消费革命。加快核能、太阳能、风能、生物质能等清洁能源和新能源技术开发、装备研制及大规模应用，攻克大规模供需互动、储能和并网关键技术
2016年6月	《中国制造2025—能源装备实施方案》	开放智能电网、能源互联网等工程项目示范，推动关键装备的试验示范
2016年7月	《关于推进多能互补集成优化示范工程建设的实施意见》	建设多能互补集成优化示范工程是构建"互联网+"智慧能源系统的重要任务之一
2016年7月	《关于组织实施"互联网+"智能能源（能源互联网）示范项目的通知》	提出开展综合和典型创新模式的两类能源互联网试点示范。典型创新模式试点示范，包括基于电动汽车、灵活性资源、智慧用能、绿色能源灵活交易和行业融合五种情景的能源互联网试点
2016年11月	《电力发展"十三五"规划（2016–2020年）》	提出将发电、输配电、负荷、储能融入职能电网体系中，加快研发和应用智能电网、各类能源互联网关键技术装备，实现智能化能源生产消费基础设施、多能协同综合能源网络建设、能源与信息通信基础设施深度融合
2016年12月	《能源生产和消费革命战略（2016–2030）》	提出到2020年，全面启动能源革命体系布局，推动化石能源清洁化，根本扭转能源消费粗放增长方式，实施政策导向和约束并重
2016年12月	《能源技术创新"十三五"规划》	推进能源互联网建设，加强智能配电与用电网络建设，促进分布式能源和多能互补式发电项目在微网中的利用，开展能源互联系统运营交易技术研究
2016年12月	《能源发展"十三五"规划》	积极推动"互联网+"智慧能源发展。推进能源与信息、材料、生物等领域新技术深度融合，统筹能源与通信、交通等基础设施建设，构建能源生产、输送、使用和储能体系协调发展、集成互补的能源互联网

续表

颁布日期	文件名称	政策解读
2016年12月	《可再生能源发展"十三五"规划》	从技术性、经济性、项目示范应用等方面对各类可再生能源、储能、微网等能源互联网构成要素的发展进行了详尽的规划，实质肯定了能源互联网在可再生能源发展过程中不可替代的重要作用
2016年12月	《"十三五"国家战略性新兴产业发展规划》	大力发展"互联网+"智慧能源，加快研发分布式能源、储能、智能微网等关键技术，构建智能化电力运行监测管理技术平台，建设以可再生能源为主体的"源－网－荷－储－用"协调发展、集成互补的能源互联网
2017年6月	《国家能源局关于公布首批"互联网+"智慧能源（能源互联网）示范项目的通知》	确定了首批56个"互联网+"智慧能源（能源互联网）示范项目名单
2017年9月	《关于促进储能技术与产业发展的指导意见》	储能是智能电网、可再生能源高占比能源系统、"互联网+"智慧能源的重要组成部分和关键支撑技术
2017年10月	《关于开展分布式发电市场化交易试点的通知》	为加快推进分布式能源发展，决定组织分布式发电市场化交易试点
2018年2月	《2018年能源工作指导意见》	扎实推进"互联网+"智慧能源（能源互联网）、多能互补集成优化、新能源微电网、并网型微电网、储能技术试点等示范项目建设，在试点基础上积极推广应用
2019年1月	《关于积极推进风电、光伏发电无补贴平价上网有关工作的通知》	为促进可再生能源高质量发展，提高风电、光伏发电的市场竞争力
2019年4月	《关于完善风电供暖相关电力交易机制扩大风电供暖应用的通知》	进一步完善风电供暖相关电力交易机制，扩大风电供暖应用范围和规模，促进能源互联网深度发展
2019年5月	《关于建立健全可再生能源电力消纳保障机制的通知》	为加快构建清洁低碳、安全高效的能源体系，促进可再生能源开发利用，决定对各省级行政区域设定可再生能源电力消纳责任权重，建立健全可再生能源电力消纳保障机制

第三节 能源互联网建设基础与实践

一、能源互联网建设基础

我国拥有较为集中统一的能源网络、较为成熟的"互联网+"商业模式及能源互联网技术基础，具有较大的能源互联网业务市场及多元化的市场主体，是能源互联网建设快速取得成就的重要基础。

具有能源基础设施及技术基础。中国拥有高度集中统一的能源网，尤其是电网和天然气网，且中国的移动互联网实现了跨越式发展并领先全球，拥有以华为和中兴等为代表的国际领先的 ICT 公司，拥有促进能源互联网产业发展的重要的基础设施及企业主体条件。另外，中国拥有庞大的产业园区，为能源互联网产业落地提供了广阔的试验田。在政策激励下，中国能源互联网相关技术研发也不断取得突破。中国基于市场优势和技术应用场景优势，通过技术引进和创新研发，在与能源互联网紧密关联的技术领域取得了重大突破。在太阳能、风能、核能及人工智能等多项关键技术领域里走在了世界前列，涌现出一批具有技术实力的企业和研究机构。

具有较大市场潜力。随着能源转型背景下我国可再生能源相关产业链的增加，微网市场的大规模增长，以及新能源供应和能效提升的新增投资，能源互联网产业市场将大幅增长。根据相关数据，2017 年我国能源互联网市场规模为 7950 亿元，2020 年将突破万亿美元，在 2023 年达到 13080 亿元，2019—2023 年年均复合增长率约为 8.55%。（参见图 17-2）[1]

根据埃森哲测算，预计到 2020 年，欧洲和美国能源互联网的市场规模约为 1.1 万亿美元，我国能源互联网市场将与欧美并驾齐驱，几乎占据全球的半壁江山，中国将是未来能源互联网主战场。[2]

市场参与者日益多元化。智能化能源生产者、智能化网络优化者、智能化消费赋能者等三大类能源互联网战略参与者都在加快布局，推动能源

---

[1] 《未来 5 年中国能源互联网行业发展》，北极星电力网，2019 年 6 月 17 日，http://news.bjx.com.cn/html/20190617/986602.shtml。

[2] 埃森哲报告：《能源互联网4.0：以变御变数创未来》，https://www.accenture.com/_acnmedia/pdf-101/accenture-energy-internet-4-0-creates-future-with-change.pdf。

国际能源大转型：机遇与挑战

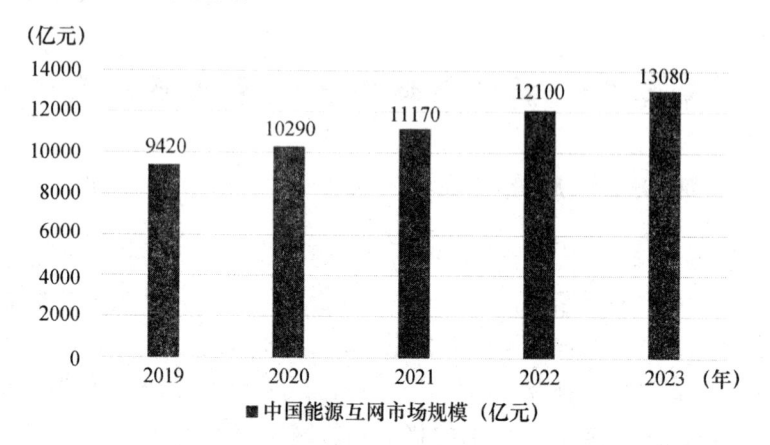

图 17-2　2019-2023年中国能源互联网产业市场规模统计情况及预测（亿元）

资料来源：《未来5年中国能源互联网行业发展》，北极星电力网，2019年6月17日，http://news.bjx.com.cn/html/20190617/986602.shtml。

互联网市场发展。电力、石油、天然气等传统能源供应商，以及电网、油气管道等能源输送网络运营商正在加速数字化低碳转型，得以更快速地响应市场需求，灵活开展能源生产和储备，升级能源输送能力，实现效率提升和服务增值。以能源消费客户为核心的能源产品及服务市场正在成为中国能源互联网市场增长机遇的战略重点之一。多元化的市场参与者为客户提供数字化赋能的零售服务。围绕着消费端的用能需求和生活方式，提供

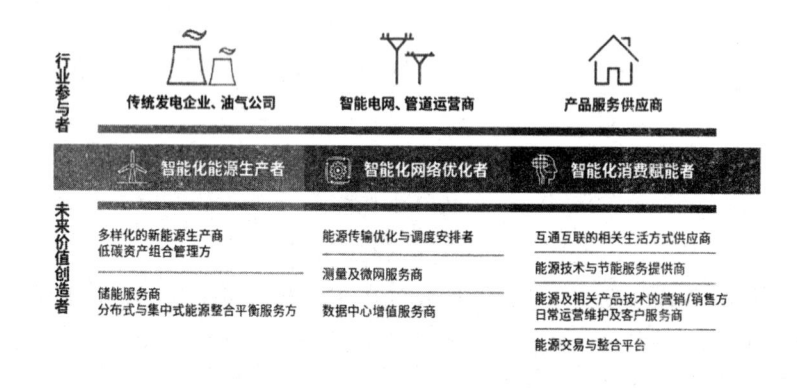

图 17-3　三大类能源互联网战略参与者

一系列新的运营支持服务、绿色节能服务、数字化生活服务和灵活的产销

第十七章　中国能源互联网发展概况

一体化服务（参见图17-3）。[①]

二、能源互联网典型项目

中国目前已开展多项能源互联网示范项目，具体项目内容参见表17-3。

表17-3　我国首批"互联网+"智慧能源（能源互联网）示范项目情况

	类型	建设内容	个数
能源互联网综合试点示范	城市能源互联网综合示范项目	建设普及低碳能源、低碳建筑和低碳交通的低碳城市； 利用能源互联网通信功能和各类用能大数据支撑智慧城市建设； 开展100%可再生能源示范区研究规划	12
	园区能源互联网综合示范项目	实现多能流协同能量管理； 探索多种能源形式灵活交易与需求响应模式； 提高清洁能源利用率和终端能效	12
	其他及跨地区多能协同示范项目	邻近城市间能源生产与消费协同模式； 弃风/弃光/弃水制氢、供热循环利用模式	5
典型创新模式试点示范	基于电动汽车的能源互联网示范项目	电动汽车与储能的互联网化运营	6
	基于灵活性资源的能源互联网示范项目	需求侧响应及辅助服务等灵活性资源的市场化运营； 建设多能源形式的虚拟电厂	2
	基于绿色能源灵活交易的能源互联网示范项目	化石能源的互联网化交易、绿色能源的互联网化交易、绿色货币与绿色证书等能源衍生品的交易运营管理	3
	基于行业融合的能源互联网示范项目	能源互联网与农业、工业、交通、商业、体育、教育等不同行业融合发展新途径	4

[①] 埃森哲报告：《能源互联网4.0：以变御变数创未来》，https://www.accenture.com/_acnmedia/pdf-101/accenture-energy-internet-4-0-creates-future-with-change.pdf

续表

类型		建设内容	个数
典型创新模式试点示范	能源大数据与第三方服务示范项目	能源大数据应用服务；基于互联网的第三方综合能源服务	8
	智能化能源基础设施示范项目	智慧用能及增值服务	3

以较为典型的北京延庆能源互联网综合示范区项目为例（参见图17-4），该项目以总分第一名的成绩成为全国首批"互联网+"智慧能源（能源互联网）示范项目。项目总投资31亿元，主要包含"世园会零碳智慧能源智慧系统、八达岭经济开发区智慧能源园区、柳沟绿能美丽乡村、里炮村能源型高效型农业、百里画廊旅游带绿色交通旅游、绿色能源交易中心"等建设内容。

延庆能源互联网示范区以实现能源互联网技术创新、高端制造、能源互联网金融的产业聚集为建设目标，促进北京绿色经济快速发展。项目建成后，将在规划区实现可再生能源渗透率超过100%、占比超过70%，灵活性资源占比超过30%，能源综合利用效率提高10%的全面绿色供电、供热、区内能源灵活交易的综合示范区。项目将打造绿色延庆，实现低碳"世园会"、绿色"冬奥会"；践行"互联网+智慧能源"的发源地，让延庆成为全国能源互联网金融中心，成为电力体制改革的引领者。

图17-4 北京延庆能源互联网综合示范区示意图

2019年1月，拟投资70亿的"北京延庆能源互联网绿色云计算中心"

项目正式启动，作为能源互联网示范项目"源、网、荷"的核心板块之一，该子项目将按照能源高效利用可持续发展理念，响应日益增长的 IT 需求，建设更绿色、更高效的 IT 基础设施。项目预计 2020 年底可完成 6000 个机柜的交付，并完成相应配套的云计算及服务系统，服务于能源互联网及其相关的云服务产业，极大促进中关村延庆园能源、信息产业的发展；并且为延庆能源互联网项目大数据处理、能源控制中心、能源交易中心、能源云建设等提供重要支撑。

三、能源互联网情景下中国综合能源服务业务开展概况

当前，我国综合能源服务市场尚处于起步阶段。从项目进展、商业化程度看，多数企业对综合能源服务业务的开拓都处于项目孵化阶段，且大多数项目都在规划建设中，尚未投产。同时，大多数项目规模都比较小，多在企业内部或较小区域内做示范，且商业模式处于示范项目探索阶段。[①]与国外先进国家相比，国内综合能源服务政策体系仍在不断完善，综合能源服务业务尚未形成成熟的独立细分市场，大型技术性专业服务公司仍然为数较少。

国内综合能源服务市场的竞争形势日趋激烈，典型的综合能源服务商包括：以央企、国企为主的煤、电、油、气领域的传统能源企业，协鑫、新奥等新能源民营企业，以及远景能源、阿里能源云等互联网科技企业。主要开展的业务包括分布式光伏、冷热电联供、风电、工业和建筑节能、能源数据增值服务等。

基于多能互补的综合能源服务是目前较为主流的业务模式，其发展路径可以分为三类：第一类是产业链延伸模式，如新奥是以燃气为主导，同时往燃气的深度加工——发电、冷热供应方向发展；协鑫以光伏、热电联产为主导，同时在天然气、智慧能源领域布局。第二类是"售电＋能源服务"模式，是将节能服务、能效服务等增值业务整合在一起的能源服务，相比于前一种模式对其产业基础要求较低。第三类是"互联网＋能源服务"模式，如远景能源、阿里云等新兴科技公司，利用自身在新能源技术、互联网信息技术领域的优势，以大数据、云计算、人工智能等新兴技术术为核心工具，帮助客户达到资源配置优化、系统运行高效的目的，这一

[①] 封红丽：《国内综合能源服务发展现状调研》，《能源情报研究》，2018 年 10 月。

类属于"轻资产、重技术"型发展模式。

新奥集团是国内较早开展综合能源服务并取得较好效果的企业,其依托互联网+人工智能技术,着力打造泛能网络平台。2012年新奥提出"泛能网"概念并付诸实践,公司将业务划分为园区、建筑和工业企业业务,将冷热、燃气联系起来,开发冷热电联产项目,将燃气、冷、热、电一起销售给用户,改变了传统的能源利用方式;泛能云平台应用大数据和云计算等新兴技术,为用户提供运维、交易、数据等服务。典型的项目如湖南长沙黄花机场综合能源供应项目,通过分布式能源系统建立泛能网商业模式(参见表17-4)。

表17-4 新奥泛能网的实现方案与已开展的项目

泛能网的应用	园区解决方案	进行电力、热力、燃气、分布式能源专项规划,因地制宜构建园区泛能网系统	☆广东肇庆新区泛能规划项目 ☆中德生态园能源规划项目 ☆沈阳丁香湖新城能源规划项目
	建筑解决方案	根据建筑的特点,利用能源利用技术、节能技术等实现太阳能、电、水燃气的高效集成	☆株洲神农城项目 ☆亭湖医院项目 ☆中国工程院节能科技楼 ☆湖南长沙黄花机场项目
	工业解决方案	利用企业的高温余热,配备多重冗余安全控制系统进行能源系统的节能改造	☆兴隆化工水玻璃项目

第四节 存在问题及对策

近年,能源互联网产业在我国已出现长足发展。政府从政策、法规层面大力支持能源互联网产业发展,相关的学术研究不断深化,呈现百花齐放局面,能源与互联网企业纷纷布局能源互联网业务。但从我国能源互联网项目运行情况及与主要发达国家情况对比可见,我国能源互联网产业发展仍存在许多发展障碍。

我国已建立多元能源供应体系,但不同能源之间的互联和协作相对较弱。我国已经基本建立了煤、油、气、核、新能源、可再生能源多轮驱动、国内外多主体分散化供应的多元供应体系。依托公路、铁路、航运等发展，形成了煤炭、石油、天然气的运输网络；初步形成连通海外、覆盖全国的油气骨干管网；实现除台湾地区外全国电力联网。这些不同类型的能源系统独立规划、建设和运行，缺乏统筹、协调和联合，影响了能源系统效率的进一步提升。未来需要明确发展方向和目标，统筹规划，释放清晰的市场信号，引导各类能源系统协调发展和联合运行。

能源管理体制机制还存在不利于能源网络优势充分发挥的桎梏。需进一步改革，加强能源系统市场化和开放性。较为突出的是清洁能源消纳问题。当前电力体制改革仍未完成，清洁能源消纳仍存体制障碍。这需要从体制机制角度强化顶层设计，将大范围优化配置和发挥市场决定性作用有机结合。

另外，"互联网+"背景下，应制定与市场相适应的监管框架，修订完善现有的监管制度，建立以信息化技术和互联网平台为支撑的新型监管方式，使其与"互联网+"智慧能源的要求相适应。同时秉承"鼓励创新、包容审慎"的原则，给予能源互联网初创企业更多试错机会，开放能源信息、降低准入门槛。

能源互联网技术创新有待进一步加强。一方面，我国能源互联网研究领域较为缺乏重大基础理论性研究。需要对能源互联网的物理架构、体系结构、标准协议、协同控制方法等关键基础理论问题进行深入研究，揭示能源互联网的控制、运行和演化机制，研究能源互联网的信息能源融合机制，提出面向可靠性、安全性、自愈性等目标的能源互联网体系结构设计与优化技术，形成相应的基础理论和关键技术创新。[1] 另一方面，我国在技术创新方面，注重横向的多种能源耦合相关的研究，但对多种信息之间融合的研究还不够深入，特别是不同信息传输、接口、建模、应用的标准化、统一化。

能源互联网标准体系尚未建立。标准化是能源互联网技术特点内在的需要。能源互联网覆盖诸多专业，要发挥作用，必须要打通各个环节的通道。当前，能源互联网企业百花齐放，但各自为战，缺乏必要的协调、优势互补与规范化引导。应积极建立跨行业、跨领域、适应我国技术和产业发展需要的能源互联网标准体系，充分发挥标准的规范、引领和支撑作用，推动能源互联网技术和装备进步，促进能源、互联网等相关产业协调

---

[1] 周孝信等：《能源互联网的发展现状与展望》，《中国科学：信息科学》，第47卷第2期。

发展。

实践项目多为新建能源互联网网络，而对已有能源网络的升级改造重视不足。我国已建立多项能源互联网示范项目，且国内多家企业也开展了能源互联网实践。但这些项目都是对新的区域或社区进行能源互联网设计，而缺乏对已有的区域或社区进行能源互联网升级改造。比如，从建筑领域国际对比看，日本分布式能源互联网大多是结合既有建筑节能改造进行推进。我国大多数是结合新区规划实施。将来，我国必然有大量既有建筑面临能源系统改造需求，而在此过程中，可以借鉴日本的实践经验，对大量的既有老旧建筑进行能源互联网升级改造。

第十八章

中国碳市场建设进展[①]

人类工业化进程中的化石燃料燃烧，带来二氧化碳等温室气体排放大量增加，从而引发温室效应，最终导致冰川融化、海平面上升以及极端气候频发等自然灾害。科学家模拟结果显示，大气中二氧化碳浓度加倍将使得全球温度升高 $3±1.5℃$，应对气候变化已成为标志性的全球议题。作为最大的碳排放国，中国提出将于2030年左右使二氧化碳排放达到峰值并争取尽早实现，非化石能源占比提高到20%，单位GDP排放比2005年下降60%-65%。2011年中国在"五市两省"率先开展了碳交易试点工作，采用市场机制倒逼企业减排。试点碳市场经过5年的运行，市场激励机制初步形成。

2015年9月，习近平主席提出中国将于2017年启动全国碳市场体系，将覆盖电力、石化、化工、建材、钢铁、有色、造纸和航空等八个行业，这八个行业的能源消费总量，分别占全国及工业的50%和76%以上。2020年全国碳市场将启动交易，有必要总结试点碳市场经验并为全国所借鉴，进而通过碳市场建设推动能源转型。总量控制下的碳市场，转变了政府的管理职能，变微观强制为宏观控制，通过市场化机制倒逼企业减少二氧化碳等温室气体的排放，纳入企业将减少化石燃料的消费、加大新能源比例和节能技术改造等手段降低排放成本，客观上将促进新能源发展，碳市场建设给能源的转型带来了机遇。

第一节 碳市场建立的背景及进程

旨在减少温室气体排放的应对气候变化工作，需要全球各个国家和地区共同努力。因此，国际社会一直在探索构建具有法律约束力的气候治理体系。1988年12月，联合国大会决定，在联合国环境规划署和世界气象组织成立"联合国政府间气候变化专门委员会"（IPCC），自此之后，应

[①] 本章作者：杨光星，湖北碳排放权交易中心副总经理、博士，主要从事能源经济、碳市场与碳金融等问题研究。

对气候变化国际谈判工作开始推进。

一、应对气候变化全球治理体系的演进

1992年5月,联合国大会通过了《联合国气候变化框架公约》,该公约确立了应对气候变化的最终目标、国际合作的基本原则等内容,奠定了国际合作的法律基础和国际框架,但没有规定具体义务和实施机制,所以缺少法律约束力。1995年起,每年召开缔约方会议,以推动应对气候变化的进展,其中,比较有影响力的是《京都议定书》和《巴黎协定》。

1997年12月,《京都议定书》在日本京都通过,并于2005年2月16日正式生效,该条约量化了发达国家减少排放的目标,建立了三个合作机制:即国际排放贸易机制(International Emissions Trading, IET)、联合履行机制(Joint Implementation, JI)和清洁发展机制(Clean Development Mechanism, CDM),这是首个具有法律约束力的温室气体国际减排合约。2015年12月,《巴黎协定》在巴黎气候变化大会上通过,该协定提出了"将本世纪全球平均气温上升幅度控制在2℃以内,并将全球气温上升控制在前工业化时期水平之上1.5℃以内"的减排目标,这是应对气候变化的第三个里程碑式的国际法律文本,影响了2020年后全球气候治理的格局。

二、温室气体减排的政策选择

三种主要的减排政策。工业企业是各个国家实施温室气体减排的责任主体,针对企业减排的途径主要有政府强制减排、碳税和碳交易三种。一是政府强制减排,是指政府把其承担的减排总任务,量化分解给纳入的每家企业,对于没有完成减排任务的企业实施行政处罚。二是碳税,是指政府针对排放的企业,每单位二氧化碳征收一定税费,以实现减排目的。目前,全球已有29个碳税机制,比如,2008年2月,加拿大不列颠哥伦比亚省规定从当年7月起开征碳税,即对所有化石燃料征收碳税,不同燃料的碳税也不同。三是碳交易,是指政府结合减排总目标设定排放配额总量,并以排放配额的形式发放给纳入企业,企业实际排放超过分配量的部分可以到市场购买,用以完成减排任务,多余部分在市场上卖掉,从而获取经济收益。目前,全球已有28个碳市场。三种方式各有优劣(见表18-1)。

第十八章 中国碳市场建设进展

表 18-1 三种主要减排政策的比较

政策	优点	缺点
强制减排	量化减排目标； 行政约束力强	难以掌握所有企业减排的空间、成本等信息； 难以进一步发掘减排动力；存在寻租风险； 需要核定每家企业的减排量
碳税	政府管理成本低； 政府可获取财政收入； 多排多缴税，传递减排压力	税率水平难以和具体减排目标匹配； 企业要承担排放成本，实施难度较大； 核查每家企业的排放量
碳交易	可量化减排目标；行政约束力强； 企业有减排的经济激励	需要给每家企业分配配额； 核查每家企业的排放量

碳交易的运作机制。《京都议定书》允许发达国家通过碳交易机制完成减排任务，这给碳市场的实施提供了政策依据和路径指引。碳市场主要分为两个层次，一是强制碳市场，即对符合纳入标准的工业企业，主管部门根据其排放和产品生产水平等因素，对其分配一定量的配额，企业根据实际排放量必须完成履约，其持有、多余或不足的配额都可以在市场上交易，从而形成的碳市场。一是自愿减排碳市场，即针对业主自愿开展减排的某类型项目，主管部门通过制定相应的方法学用以计量其减排量，并通过专业机构核证等管理机制，将其减排量签发到业主账户。这种减排量可以用于纳入企业履约，项目业主可以出售减排量给纳入企业，因此具有一定的市场价值，这种项目开发及交易不具有强制性。

因此，从可以落实具体减排目标和用市场化机制激励企业减排角度出发，碳交易成为多数国家和地区的政策选择。目前，全球 28 个碳市场和 29 个碳税机制，覆盖了 46 个国家及 28 个地区，近 110 亿吨碳排放，约占世界总排放的 20%[1]。

三、全球主要碳市场的建设情况

《京都议定书》规定，发达国家从 2005 年开始承担减少碳排放量的义务。自此之后，欧盟、美国、韩国和新西兰等国家和地区纷纷建立了各具特色的碳市场。

---

[1] World Book, *State and Trends of Carbon Pricing* 2019。

（一）欧盟碳市场（EU ETS）

欧盟碳市场于 2005 年 1 月启动，是全球最具影响力的碳市场。其覆盖的固定设施由第一阶段的 11000 多个降到第三阶段（2013 - 2020 年）的 4000 多个，其排放总量上限约为 20.8 亿吨二氧化碳，排放总量占欧盟的 45% 左右。配额分配包括免费分配和拍卖，第一、二阶段免费分配，第三阶段开始实施拍卖，比例不低于 50%，并逐步提高。市场交易以碳期货为主，第一、二阶段，碳价格完全由市场确定，曾因供大于求，导致价格暴跌。

（二）美国的两个区域性碳市场

美国没有建立全国统一的碳市场，有两个区域性的碳市场。2009 年 1 月，美国区域温室气体减排行动（RGGI）[①] 开始实施，仅将 25 兆瓦以及上的化石燃料发电厂纳入碳市场。各州的预算排放总量构成了 RGGI 配额总量上限，RGGI 对配额值上限调低并逐年下降。RGGI 的分配方式包括免费分配和拍卖，并以拍卖分配为主。配额均可在二级市场上交易，市场运行初期配额过剩也影响了碳价格，2012 年收紧配额后，价格有所回升。美国加州碳市场，2013 年 1 月正式启动。碳市场覆盖了交通、电力和工业领域，纳入门槛为年排放大于或等于 25000 公吨二氧化碳当量的排放源。配额分配也主要采用了免费分配和拍卖，初期以免费发放为主，后期免费分配比例逐步下降。2013 年之前，拍卖结算价格高于拍卖保留价格，2013 年 8 月由于宣布将免费分配的配额增加 1/3，碳价格应声下跌。

（三）韩国碳市场（KETS）

2015 年 1 月，韩国启动了全国碳市场，其体量仅次于欧盟碳市场。覆盖了钢铁、水泥、石油化工、炼油、能源、建筑、废弃物处理和航空业等八个行业，已纳入约 600 家企业，排放规模占全国的 68%。配额分配从免费过渡到以免费分配为主、有偿拍卖为辅的方式，有偿比例由第一阶段的 0 提升至第二阶段的 3% 和第三阶段的 10%，2015 年到 2018 年的配额总量逐年减少。碳配额的价格开市交易后一直呈上涨趋势。

第二节 试点碳市场的建设情况

全球碳市场的建设及运行，在制度设计、市场运作、系统建设等方

[①] 涵盖区域范围：康涅狄格、特拉华、缅因、马里兰、马萨诸塞、新罕布什尔、新泽西、罗德岛、纽约和佛蒙特州等 10 个州。

面，为我国应对气候变化，建立全国碳市场提供了有益的参考。

我国碳市场建设分两步走，先选择部分省市开展试点，为全国碳市场建设积累经验，同时探索全国统一碳市场的建设路径。《京都议定书》规定，发展中国家从2012年开始承担减排义务，2011年10月底，国家发改委批准了北京、天津、上海、重庆、湖北、广东和深圳等七省市开展碳排放权交易试点，各个试点经过一系列准备工作，2013年6月开始逐个启动交易，形成了各具特色的碳市场体系。七个试点共纳入排放企业和单位3100多个，分配的碳配额总量约12亿吨。截至2019年年底，一级市场交易量为2,574.2万吨配额，交易金额10.03亿元；二级市场线上配额现货交易量1.97亿吨，交易额47亿元。

一、中国试点碳市场的建设成效

国家主管部门对试点碳市场建设不做统一要求，各试点结合自身产业结构特点，可自行设计试点碳交易体系。经过数年运行及不断完善，试点碳市场在机制构建、体系设计、市场运行和减排等方面取得了一定的成效。

一是构建了运行有序的管理机制。各试点通过成立应对气候变化处等机构部门，专门负责碳市场建设工作。工作内容包括，建立法律法规的制度支撑，确定纳入门槛和分配方法的配额分配方案，建设涵盖各类交易要素的交易市场，制定规范的核查指南和核查机构管理规定，开发稳定高效的注册登记、交易和排放数据报送系统，制定各试点中国核证自愿减排量抵消制度，组织企业开展年度履约[①]和开展各类能力建设等工作。2018年机构改革后，应对气候变化工作由国家发改委转隶至生态环境部，各试点省市的主管部门也相应进行了调整。

二是有效地覆盖了温室气体的排放。试点碳市场综合考虑管理成本、管理效率和碳排放量的覆盖比例等因素，选择了不同的行业，确定了不同水平的纳入门槛。工业化石燃料燃烧排放是温室气体的主要来源，目前我国工业排放约占全国总排放的66%。从表18-2可以看出，七个试点覆盖的行业也均以工业为主，纳入企业的排放总量几乎都占到所属省市的40%以上。还可以看出，试点省市第二产业体量越大，该市场的排放量就越

---

① 履约，是指纳入碳市场的企业，在一定时间内，向碳交易主管部门上缴与实际排放量相等的配额的行为。

大，即使是纳入的门槛偏高，企业的数量相对较少，市场的规模依然很大，例如，湖北和广东。第二产业体量较小的试点碳市场，为了扩大市场规模，纳入门槛相对偏低，覆盖的行业甚至还包括了交通客运、港口、建筑等行业，例如，北京和深圳。

表18-2　七个试点碳市场比较（2018年）

区域	第二产业			分配和排放规模		纳入主体	
省市	增加值（万亿元）	增加值占GDP比重	配额总量（亿吨）	占各省市排放比例	纳入企业数量（个）	纳入门槛	纳入行业（工业+其他）
北京	0.55	18.6%	0.5	27%	约1000	年排放≥5千吨CO_2	轨道交通、公共电汽车客运和服务业
上海	1.04	29.8%	1.58	50%	约380	工业：年综合能耗≥1万吨标煤；非工业：航空、港口、建筑年综合能耗≥5千吨标煤；水运年综合能耗≥5万吨标煤	航空、机场、港口、水运、宾馆、商务办公建筑和铁路站点
天津	0.76	40.5%	1.6	60%	约110	年排放≥2万吨CO_2	工业行业包括：电力、热力、钢铁、有色、建材、石化、造纸、自来水、汽车、设备制造等
重庆	0.83	40.9%	1	40%	约200	年排放≥2万吨CO_2	
湖北	1.76	43.4%	2.7	45%	338	年综合能耗≥1万吨标煤	
广东	3.07*	41.8%	4.22	55%	288	年排放≥2万吨CO_2或年综合能耗≥1万吨标煤	民用航空
深圳	1.00	41.1%	0.3	40%	约830	工业年排放≥5千吨CO_2；公共建筑≥2万平方米；机关建筑≥1万平方米	建筑、公交、港口、地铁

资料来源：广东省第二产业增加值不含深圳市，数据来自各试点交易所。

第十八章 中国碳市场建设进展

三是形成了市场化的减排激励机制。通过配额有偿分配和免费分配相结合，鼓励二级市场配额自由交易，碳价格对排放资源的配置作用初步发挥。一级市场，政府开展拍卖（见表18-3）可以调节市场供需，从而引导市场价格，降低市场投机炒作风险，试点结合现实情况，向存在履约缺口的企业、所有纳入企业和交易机构进行拍卖。二级市场，企业将多余配额出售，获取经济收益，配额不够的企业通过在市场上购买，完成履约工作。剩余配额可以高效变现，激励了企业积极进行减排。

表18-3 试点碳市场一级市场和二级市场交易情况

市场 试点 省市	一级市场拍卖					二级市场交易		
	拍卖次数	拍卖总量（万吨）	成交量（万吨）	成交总额（万元）	拍卖均价（元）	交易总量（万吨）	交易总额（亿元）	平均价格（元）
广东*	19	2460	1716.2	80392	46.84	3988	7.64	19.17
上海	4	658	42.8	1817	42.49	1500	4.63	30.90
湖北	2	700	700	16270	23.24	5870	12.66	21.57
天津	1	200	107.7	1575	14.63	415	0.55	13.35
深圳	1	20	7.5	266	35.43	5673	13.52	23.84
北京	无					1331	7.92	59.54
重庆	无					949	0.49	5.21
总计	27	4038	2574.2	100320	38.97	19725	47.4	—

资料来源：广东省拍卖统计截至2016年，其他统计至2019年年底，数据来自各试点交易所。

四是倒逼企业减排以及能源转型取得效果。碳市场通过对企业排放终端的控制，倒逼企业减少化石燃料的消费量、降低化石燃料的比例、开展节能技术改造等。2013年分别启动碳交易后，各个试点的企业，履约率均接近100%。通过观察各试点省市单位GDP能耗（见表18-4），可以发现下降非常明显，在一定程度上说明碳市场发挥了作用。企业的减排效果也非常显著。2018年，湖北碳市场，采用历史法分配的229家企业，有58%的企业实现了排放量的下降，采用历史强度法和标杆法分配的105家企业，66%的企业单位产品的排放强度实现了下降。广东碳市场也有60%的纳入企业排放强度实现了下降。

表18-4 试点省市单位GDP能耗（等价值）增速

试点地区	2014年	2015年	2016年	2017年	2018年
北京	-5.29	-6.17	-4.79	-3.99	-3.82
天津	-6.04	-7.21	-8.41	-6.24	-1.54
上海	-8.71	-3.92	-3.7	-5.28	-5.56
湖北	-5.24	-7.66	-4.97	-5.54	-3
广东*	-3.56	-5.71	-3.62	-3.74	-3.38
重庆	-3.74	-6.31	-6.9	-5.12	-2.52

资料来源：广东数据包含深圳市，数据来自中经网数据库，单位为%。

二、试点碳市场面临的问题和挑战

一是碳市场的企业微观减排和省市宏观减排政策之间，缺乏有效衔接，碳市场和能源市场的协同性较弱。试点碳市场是从企业层面直接分解减排任务，尚未与省市温室气体宏观减排考核建立直接联系。另外，应对气候变化和能源管理分别属于生态环境部和国家发展改革委管理，碳市场控制终端碳排放，能源政策控制能源初始端化石能源消费，部分试点碳市场减排目标和能耗下降目标、碳市场和用能权市场存在重复和交叉的情况，管理机制和市场建设不协调，容易给企业造成双重负担。

二是碳市场缺乏流动性支撑，价格发现的有效性相对不足，价格容易受政策因素影响。流动性是碳配额金融化的基础，当前多数试点由于各方参与不足，市场交易量较小，交易主要集中在履约期，交易间断非常普遍，价格发现不充分，市场"有价无市"（见表18-5）。碳市场是个政策性市场，政策不稳定对市场的影响较大。例如，严重偏离市场价格的拍卖会误导市场价格，引发价格混乱；碳排放报告相关参数的随意变更和核查数据的质量，也会最终影响市场的公信力。

表18-5 试点碳市场交易连续性和日成交量统计

试点省市	零成交天数占比	1万吨以上成交天数占比	日均成交量（万吨）
深圳	10.7%	23.7%	3.6
上海	38.8%	21.6%	1.0
北京	34.2%	20.7%	0.9

续表

试点省市	零成交天数占比	1万吨以上成交天数占比	日均成交量（万吨）
广东	18.3%	33.0%	2.8
天津	67.8%	1.4%	0.3
湖北	0	60.5%	4.2
重庆	69.6%	4.3%	0.7

资料来源：各试点交易所。

注：数据截至2019年底。

三是碳市场的激励机制，推动企业能源转型并发挥实际作用，还有较长的路要走。随着碳市场的推进，企业减排空间应当越来越小，减排成本也会越来越高，碳价格应当逐渐上升。但是实际情况是，各试点碳价格却整体走低，市场激励机制效果难以充分发挥。试点碳市场对自愿碳市场产生的新能源项目减排量吸纳能力有限，企业为进行能源转型所进行的技术改造、能源转换等都需要较长时间，试点碳市场建设处于初始期，市场的政策稳定性较差，对企业开展能源转型产生实际效果，还需要较长的时间。

三、试点碳市场的经验借鉴政策建议

一是要处理好经济发展、碳减排目标和能源转型的关系。当前，我国经济处于增速放缓、传统动能趋弱、向高质量发展转变的阶段。碳市场建设，要充分结合我国经济发展要求、2030年左右达到峰值的目标和能源转型发展目标，增强各方的沟通协调，明确碳市场政策导向，制定全国碳市场的减排目标，并与"十四五"规划、国家自主贡献目标和国家能源发展战略行动计划等形成有效衔接。

二是继续做好试点工作，处理好试点和国家碳市场的关系。试点碳市场为全国碳市场进行了有益探索。一方面，要继续深化试点碳市场，发挥试点碳市场先行先试的作用，鼓励地方试点在覆盖行业、分配方法、交易方式、碳金融等方面进行创新，并继续为全国碳市场建设提供有益经验。另一方面，要实现试点碳市场向全国碳市场的平稳过渡，尽快出台全国碳市场建设顶层制度，明确全国碳市场建设思路。例如，覆盖八大行业的入市时间安排，试点碳市场存续及配额的处理、试点交易所的职能定位等

问题。

三是吸收试点碳市场的运作经验，做好全国碳市场的制度设计。在管理机制上，理顺国家和地方主管部门、交易和登记管理机构等关系，规范碳咨询、投资机构等市场主体的行为，明确各方的权责。制定合理的配额分配方案，选择合适的分配方法，考虑企业能源转型的潜力和成本等因素设定基准值。制定科学合理的抵消机制，促进自愿减排市场健康发展。重视二级市场对排放资源的配置作用，丰富市场主体，做好市场流动性建设，发挥碳价格的定价功能，通过政府配额投放和回购建立市场风险防控机制。做好核查管理，确保核查数据真实有效。

第三节 全国碳市场的建设情况

通过发挥市场机制的作用，控制温室气体的排放，已成为我国应对气候变化工作的重要选择。2011年3月，"十二五规划"提出逐步建立碳排放交易市场，发挥市场机制在推动经济发展方式转变和经济结构调整方面的重要作用，11月，国家发展改革委启动了《中华人民共和国应对气候变化法》的起草工作。2013年，《中共中央关于全面深化改革若干重大问题的决定》提出，发展碳排放权交易制度，建立吸引社会资本投入生态环境保护的市场化机制。2016年10月，国务院发布的《"十三五"控制温室气体排放工作方案》中提出，到2020年，单位国内生产总值二氧化碳排放比2015年下降18%，碳排放总量得到有效控制，全国碳排放权交易市场启动运行。一系列的应对气候变化和能源控制等政策提出了通过发展碳市场，实现控制温室气体的排放和能源转型的战略目标。在试点碳市场建设并运行的同时，全国统一碳市场工作也在逐步推进，当前还处于制度体系建设阶段，计划于2020年正式启动交易（截至2020年7月尚未启动）。

一、中国自愿减排碳市场的建设情况

欧盟碳市场启动后，实施了《京都议定书》中提出的清洁发展机制（CDM）。我国开发了大量的 CDM 项目销往欧盟碳市场，曾占到欧盟碳市场减排量供给的60%以上，之后由于欧盟碳市场配额供大于求，市场价格暴跌，我国的 CDM 项目开发及交易陷于停滞。随后，我国开始着手建立国内的自愿减排碳市场，2012年6月，国家发展改革委出台了《温室气体自愿减排交易管理暂行办法》，明确了自愿减排项目的管理要求，包括项

目方法学备案、项目备案、审定与核证、减排量签发、减排量交易等。该市场中，所签发的减排量称之为中国核证自愿减排量（Chinese Certified Emission Reduction：CCER）。目前国家主管部门正在修订《温室气体自愿减排交易体系管理暂行办法》，进行管理制度改革。

（一）项目开发情况

截至2017年4月，中国自愿减排项目共有2874个。从开发阶段看，审定阶段的项目1861个，备案项目677个，监测报告项目57个，减排量备案项目289个。从项目类型看，风电类项目最多，占比为34%，太阳能发电项目占17%，农村沼气项目占14%，光伏发电项目占12%，垃圾处理、水力、生物质和天然气发电、林业碳汇项目数量占比均在5%以下。

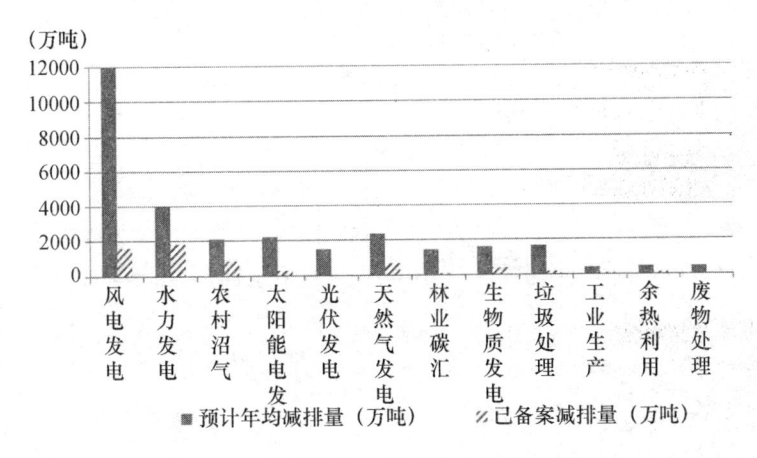

图18-1 中国核证自愿减排项目减排量分布

资料来源：中国自愿减排交易信息平台。

从减排量大小看（见图18-1），这些项目预计年均减排量3.1亿吨，实际已签发减排量6577万吨。每年预计产生减排量，风力和水力发电项目分别为1.2亿吨和0.4亿吨，太阳能、天然气发电和农村沼气项目计划约0.2亿吨。已经签发的减排量，主要集中在水力、风力、农村沼气和天然气发电等项目，其他项目签发量较少。

（二）CCER抵消和交易情况

CCER抵消情况。纳入企业履约时，可以选择配额，也可以选择一定量的CCER。因为有项目类型、项目区域和产生时间等区别，并非所有CCER都可用于抵消。

各个试点每年会出台相关的抵消政策（见表18-6），从试点碳市场抵消细则看，抵消量，主要以企业排放量和初始配额分配量为基准，不超过一定的比例；项目类型，2014年深圳和湖北部分风电和水电项目能用于抵消，2015年开始都不能再用于抵消，可抵消的项目均向农林类倾斜；项目区域，所抵消的CCER还受区域的限制，部分试点仅限于本省市或有合作省市的项目，如湖北要求项目来自贫困地区。试点没有公布每年实际抵消的量，实际抵消量远低于所规定的比例。

表18-6 试点碳市场CCER抵消条件和交易情况

试点地区	抵消量限制	项目类型	项目计入期	项目所在区域	交易总量（万吨）
深圳	当年排放10%	2014年：风力、太阳能、垃圾焚烧发电；2015：农村户用沼气和生物质发电；清洁交通、海洋固碳；2016：林业碳汇、农业	无	指定地区	1841
上海	年度基础配额5%、1%*	非水电类	2013.1.1后	无	8097
北京	年度核发配额5%	非水电项目及非减排HFCs、PFCs、N2O、SF6气体的项目；非本市固定设施减排量；本市签约的合同能源管理或节能技改项目；2015年2月16日后，增加本市造林和经营碳汇	2013.1.1后	京外CCER≤其当年核发配额量的2.3%；有合作协议地区优先	2252
广东	不超过年度实际碳排放量10%	2016—2018年：在广州碳交所交易；来自二氧化碳、甲烷减排项目；非来自水电、使用煤、油和天然气等化石能源的发电、供热和余能利用项目，其中，2017年开始使用省级碳普惠核证减排量；非来自在联合国注册前产生减排量的CDM	无	70%以上来自本省，非来自国家试点省市	4269
天津	当年实际排放量10%	非水电；仅来自二氧化碳气体项目；2019：新增本市林业碳汇	2013.1.1之后	京津冀地区优先，至少50%来自该地区（2019）	124

续表

试点地区	抵消量限制	项目类型	项目计入期	项目所在区域	交易总量（万吨）
湖北	年度初始配额10%	2015年：非大、中型水电；已备案减排量100%抵消，未备案项目不高于有效计入期减排量60%	2013.1.1—2015.5.31	有合作协议的省市，不超过5万吨	664
		2016：农村沼气、林业类	2015年	本省连片特困地区	
		2017年和2018年：农村沼气、林业类	2013—2015年	长江中游城市群（湖北）区域贫困县	
		2019年：农村沼气、林业类	2013.1.1后	湖北省	
重庆	排放量8%	非水电；节约能源和提高能效；清洁能源和非水可再生能源；碳汇；能源、工业生产、农业、废物处理等领域	2010.12.31后投产，非碳汇	无	0

资料来源：数据来自各试点交易所。

注：上海2013–2015年为5%，之后年份为1%。

CCER交易情况。国家主管部门签发的CCER，通过国家CCER注册登记签发到项目业主账户，项目业主可以在七个试点中，选择将持有的CCER划至交易系统并进行交易。截至2019年年底，七个试点累计交易量为1.7亿吨。由于市场供给量远远大于需求量，CCER价格通常低于配额价格。能用于抵消的CCER存在差异，因此不同的项目产生的CCER价格也不一样。

二、中国强制碳市场建设进展

全国碳市场建设是个系统工程。目前，全国市场主要开展了如下工作。

一是顶层制度设计。2017年12月，国家发改委发布《全国碳排放权交易市场建设方案（发电行业）》，明确了全国碳市场的建设思路、工作任务和进度安排等。2019年3月，生态环境部发布了《碳排放权交易管理暂行条例（征求意见稿）》，作为部门行政法规，具备法律性文件的性质，这是碳交易立法的重要一步。2019年12月，财政部发布了《碳排放权交易有关会计处理暂行规定》，明确了碳排放权交易相关的会计处理方式。另外，碳排放报告管理办法、核查管理办法、市场交易监督管理办法等配套制度文件也已初步完成。

二是市场管理机制。根据碳市场顶层制度设计思路，全国碳市场的主管部门分为国家主管部门和地方主管部门两级，国家主管部门负责领导、统筹和管理，侧重于制度体系建设、技术规范标准制定、对地方主管部门和各类市场支撑机构等进行监督管理。地方主管部门负责制度的执行、具体工作的实施，如数据报送、核查组织、企业履约等。碳市场支撑机构，为碳市场提供技术支持或咨询服务，包括注册登记机构、交易机构、核查机构及其他支撑机构。

三是技术规范体系。排放核查和配额分配是碳市场最关键的环节。2019年1月，生态环境部发布《关于做好2018年度碳排放报告与核查及排放监测计划制定工作的通知》，该项工作为制定科学的配额分配方法提供了数据支撑。在《全国碳排放权配额总量设定与分配方案》的基础上，2019年9月，生态环境部发布《2019年发电行业重点排放单位（含自备电厂、热电联产）二氧化碳排放配额分配实施方案（试算版）》，针对燃煤和燃气机组分配配额，提出了两套方案，均采用了基准线法，但行业基准值不同，并于2019年10月底—12月初通过全国范围的培训，对全国企业进行了分配测试。

四是系统平台建设。碳市场的业务管理和交易是通过注册登记系统和交易系统实现的。注册登记系统，是为各类市场主体提供碳排放权的法定确权、登记和结算服务，并实现配额分配、清缴及履约等业务管理的电子系统。交易系统，是为各类市场主体提供碳排放权交易的系统，即市场主体如果进行交易，划入交易系统方可进行。注册登记系统和交易系统分别由湖北和上海承建。

三、全国碳市场展望

我国碳市场纳入的企业标准是八大行业年温室气体排放量达到2.6万吨二氧化碳当量或综合能源消费量约1万吨标准煤及以上的企业或者其他经济组织。第一批纳入的发电企业及自备电厂的企业，大约有2500家，二氧化碳排放总量超过30亿吨，约占全国碳排放量的1/3，待其他行业逐步纳入后，企业数量可能达到上万家。以2018年数据计算，除航空业外，其他七大行业规模以上工业企业的资产可达42万亿元，占规模以上工业企业总资产的37%。按市场规模为60亿吨、碳价格30元计算，未来全国碳市场的现货配额资产总值将近 2000 亿元，如果考虑远期、期货交易，市场交易规模可能上万亿元。

碳市场将为企业开展节能降碳提供发展机遇。一方面，碳市场的金融属性，会催生出碳核查、碳基金、碳质押、碳托管等行业的发展，为绿色金融市场注入新的活力。例如，纳入企业开展碳金融创，企业通过质押、期货等金融手段，可以拓宽融资渠道、降低企业融资成本，为企业开展节能降碳提供资金支持；另一方面，碳市场的抵消机制，将会推动风电、水电、光伏发电和农村林业和户用沼气等节能减排项目的开发，推动清洁能源、新能源的发展。

第四节 碳市场对能源转型的影响

碳市场和能源发展的战略目标是一致的，控制温室气体排放必将倒逼企业减少化石燃料消耗，优化能源结构。因此，碳市场的建设，有利于新能源行业的发展，有助于推动能源转型。

一、促进新能源项目的开发

我国可再生能源装机规模不断扩大，截至 2019 年 6 月底，可再生能源发电装机达到 7.5 亿千瓦，同比增长 9.5%，发电量达 8879 亿千瓦时，同比增长 14%。碳市场的抵消机制将在推动新能源发展中发挥重要作用。

一方面，抵消机制将给新能源项目带来经济收益，促进新能源项目的开发。中国自愿碳市场中，风电、水电、光伏等清洁能源减排量占比较大，试点碳市场由于规模较小，对 CCER 的吸纳能力有限，所以对新能源项目的抵消有所限制。全国碳市场启动后，碳市场抵消机制将给新能源发展带来新机遇。以企业排放量 10% 的抵消比例计算，全国碳市场每年对 CCER 的需求将超过 5 亿吨，远超目前新能源项目的每年减排量，CCER 价格按 20 元计算，每年将会产生 100 亿元的市场需求，必将推动新能源产业的发展。

另一方面，碳市场会促进纳入企业调整电力消费结构，转换成清洁用电，提升新能源的消费需求。碳市场在制度设计时，可以把新能源排除在排放核算边界之外，这样纳入企业为了降低碳排放成本，减少购买碳排放强度较高的火电，选择有政策补贴的成本较低的新能源进行生产，在能源需求端提升新能源的消费比例，从而推动新能源的发展。

二、推动发电企业的能源转型

约束性的碳市场将把碳价格传递到发电企业的生产成本上，发电企业将会采取多种措施减少碳排放量，从而推动能源转型。

一是碳市场发电行业配额分配政策，有利于燃气机组电厂的发展。全国碳市场第一批覆盖的就是发电企业，从2019年发电行业重点排放单位配额分配方案来看，燃煤机组要承担减排任务，燃气机组不参与履约且多余的配额可以出售，这在一定程度上鼓励了燃气机组电厂的发展。

二是碳市场将倒逼煤电企业节能改造，提高能源利用率，淘汰高排放机组。燃煤发电是最主要的发电方式，也是碳市场减排的重点，发电企业为了降低购买配额的成本，必定会通过加大节能减排技术研发、减少化石燃料消费量、选择低排放机组、降低排放强度等措施，降低温室气体排放。碳市场也可以淘汰一部分管理水平低、单位产品排放高的煤电企业。

三是碳市场可以调整能源结构，促进煤电企业向清洁能源转型。煤电企业为了避免过多购买碳配额，可以将运营的部分煤电厂转变成光伏电站或者风电站，改变自身的电力供给结构，提高清洁能源发电的占比来降低碳排放。例如，建设光伏发电站，发电企业在获得CCER收益的同时，还可以缓解企业的减排压力。

图书在版编目（CIP）数据

国际能源大转型：机遇与挑战/中国现代国际关系研究院能源安全研究中心著.—北京：时事出版社，2020.10
ISBN 978-7-5195-0379-6

Ⅰ.①国… Ⅱ.①中… Ⅲ.①能源发展—研究—世界 Ⅳ.①F416.2

中国版本图书馆 CIP 数据核字（2020）第 160379 号

出 版 发 行：时事出版社
地　　　 址：北京市海淀区万寿寺甲 2 号
邮　　　 编：100081
发 行 热 线：（010）88547590　88547591
读者服务部：（010）88547595
传　　　 真：（010）88547592
电 子 邮 箱：shishichubanshe@ sina. com
网　　　 址：www.shishishe.com
印　　　 刷：北京朝阳印刷厂有限责任公司

开本：787×1092　1/16　印张：24　字数：410 千字
2020 年 10 月第 1 版　2020 年 10 月第 1 次印刷
定价：146.00 元

（如有印装质量问题，请与本社发行部联系调换）